MW01615783

# Aprenda astrología

## Volumen segundo

Marion D. March y Joan McEvers

# Aprenda astrología
## Volumen segundo
### Cálculo y técnicas de interpretación

México, D.F. 1991

Título original: *The Only Way to... Learn Astrology*
Traducción al español por: Miquiela Misiego
De la edición en inglés de ACS Publications, Inc.
Revisión de Román Cano

No está permitida la reproducción total o
parcial de este libro, ni la recopilación en un
sistema informático, ni la transmisión en
cualquier forma o por cualquier medio, por
registro o por otros métodos, sin el permiso
previo y por escrito de Ediciones Martínez
Roca, S.A.

Derechos reservados:

© 1977 Astro-Analytic Publications
© 1981 Marion D. Merch y John McEvers
© 1990 Ediciones Martínez Roca, S.A., Barcelona, España.
© 1991 Ediciones Roca, S.A.
        General Francisco Murguía 7
        06170 México, D.F.

Edición hecha con autorización y por cuenta de Ediciones
Martínez Roca, S.A., Gran Vía 774, 7°, 08013 Barcelona, España.
para Ediciones Roca, S.A.

ISBN 968-21-0813-6
ISBN 84-270-1443-0 (Ediciones Martínez Roca, S.A.)

Impreso en México

Printed in Mexico

*Dedicamos este libro a nuestros estudiantes que tantas veces nos pidieron, con incansable insistencia, que pusiéramos por escrito lo que hemos estado «enseñando y predicando» durante tantos años.*

# Prólogo

La astrología, como cualquier otro conjunto sistemático de conocimientos, debería ser enseñada por el maestro y aprendida por el alumno de un modo lógico y sistemático. Hoy tenemos a nuestro alcance muchos libros de astrología, pero muy pocos podrían llamarse libros de texto; es decir, pocos podrían usarse dle modo que los usan las escuelas y universidades, para elaborar un programa sistemático del curso. Los que además van provistos de pruebas de repaso y asignaciones de trabajo individual son aún menos. Esta serie de volúmenes satisface esta necesidad notablemente bien.

Durante muchos años he tenido la oportunidad de observar la actuación de las autoras de este libro, he observado sus clases y he visto por mí mismo con qué rapidez sus alumnos dominaban el material astrológico presentado en esta colección de libros. Sé que el método que usan para impartir esta materia es bueno, porque he enseñado personalmente a sus estudiantes. En mis clases, los estudiantes que provienen de March-McEvers son realmente superiores y sobresalientes. Es más fácil enseñarles porque tienen una sólida formación y dominan los conocimientos básicos. El material presentado en este conjunto de libros contiene el secreto de su éxito en la enseñanza; es decir, no necesariamente el material básico, que puede hallarse en muchos otros libros, sino el método, el modo y la secuencia con que lo enseñan. Su verdadero secreto reside en el modo como el estudiante se *integra en el proceso de aprendizaje. No basta que los estudiantes escuchen y tomen notas; tiene que haber una inclusión personal a base de asignaciones de trabajo y pruebas de repaso, cuidadosamente pensadas, para que el material presentado se aprenda y se comprenda de verdad.*

*Son especialmente dignas de mención, en este libro, las lecciones que tratan de «Aspectos al Ascendente y Medio Interpretación Cielo» y De las cúspides de las casas». Ambas son inimitables, porque el material es nuevo y original, y se basa en la observación llevada personalmente a cabo por las autoras al estudiar a varias personas en el proceso de vivir sus horóscopos. Prácticamente cada maestro de Astrología básica tiene su propio medio para enseñar los cálculos matemáticos necesarios para levantar una carta astral; pero el método que aquí se presenta puede fácilmente adaptarse a cualquiera de los sistemas de enseñanza de esta parte tan vital de la Astrología básica. Otro de los puntos que me han impresionado en especial es el modo como las autoras han colocado los distintos componentes de la descripción de un horóscopo en la debida perspectiva, es decir, poniendo en primer lugar aquello que es verdaderamente importante.*

*Sir Isaac Newton dijo: «Ser capaz de decir él (o ella) fue uno de mis estudiantes, ser capaz de sostener aunque sea el peso de un solo estudiante que, erguido sobre nuestras espaldas, llega quizá a ver más allá de lo que nosotros hemos visto, esto debería ser la meta de cualquier maestro». Marion March y Joan McEvers han aceptado esta carga con alegría y, al hacerlo, nos han dado en verdad una excelente colección de libros de texto de astrología de los que todos podemos disfrutar y aprender.*

ROBERT CARL JANSKY

Van Nuvs, California

# Prefacio

En el primer volumen de *Aprenda Astrología* presentamos los elementos básicos de Astrología: los signos del Zodíaco, los planetas, las casas, los aspectos y las correlaciones de los principios implicados. Enseñamos cómo se interpreta un horórcopo natal, usando palabras y frases clave solamente en tanto en cuanto se referían al horóscopo en cuestión, y usando buen juicio y discriminación en la elección. En este segundo volumen ofrecemos al lector material adicional para la descripción de un horóscopo. El libro se divide en tres partes.

La primera parte presenta los elementos matemáticos necesarios para calcular o levantar un horóscopo.

La segunda parte presenta los elementos que perfeccionarán la habilidad interpretativa del lector: información adicional que permite adentrarse en las áreas menos evidentes del horóscopo.

La tercera parte proporciona elementos para adentrarse más en la lectura, de modo más psicológico o subconsciente, al mostrar algunos de los puntos sensibles en cada carta.

La enseñanza, en este libro, es a nivel básico y sigue el modelo adoptado en nuestro Aquarius Workshops. El conjunto, una vez más, se presenta en forma de lecciones en lugar de hacerlo en forma de capítulos, y cada lección se basa en muchos años de experiencia profesional; podemos, por lo tanto, anticiparnos a la mayoría de las preguntas del lector. Hemos incluido, también, ejercicios en cada lección, como lo hicimos ya en el primer volumen. Hablando, una vez más, por experiencia, hemos de advertir al lector que es cierto el proverbio chino que dice: «Lo que se ve, se olvida; lo que se oye, se recuerda; lo que se escribe, se comprende». A menos que el lector escriba sus ejercicios, a menos que pruebe las fórmulas por sí mismo, olvidará y, lo que es aún peor, no comprenderá la naturaleza esencial de la Astrología y los principios implicados en la interpretación. Hemos tenido suerte en el número de buenos astrólogos que han dado con resultado positivo nuestros métodos de enseñanza. Sin embargo, estos buenos astrólogos llegaron a serlo porque hicieron una gran cantidad de cartas entre lección y lección, porque pasaron las notas a sus cuadernos y las leyeron una y otra vez, tratando incansablemente de armonizar las cualidades que componen cada uno de los seres humanos. Al entender la naturaleza básica de cada signo, planeta, casa y aspecto, la propio lógica del lector le guiará. Nuestras explicaciones, ejemplos, palabras y frases deben tomarse como orientaciones, y nunca deben usarse literalmente. Si el lector encuentra que algo carece de sentido, si no puede explicárselo en sus propios términos lógicos, no debe usarlo. Y esto lo decimos de verdad.

Al acabar este libro, el lector podrá interpretar cualquier horóscopo a un nivel básico. Quizá no pueda determinar los potenciales, características y necesidades psicológicas de menor importancia porque, para lograr hacerlo, debería pasar unos cuantos años interpretando las cartas de aquellos que puedan decirle si se equivoca o está en lo cierto. Por encima de todo, el lector debe tener presente que cada persona tiene su libre albedrío y puede, por lo tanto, decidir qué partes del horóscopo usará. Debe comprenderlo y no desconcertarse cuando, después de ver un estelio en la décima casa de una persona, ésta le diga: «¿Yo, con ambiciones profesionales? ¡De ninguna manera! Soy una persona hogareña». Debe primero comprender el sentido y, luego, guiar a esa persona en la dirección debida. Esto lleva tiempo, y exige práctica, comprensión de la naturaleza humana, o visión psicológica. No debe, pues, desanimarse; la práctica hace al maestro.

Buena suerte, y que el conocimiento de la Astrología le permita un mayor conocimiento de uno mismo y de los demás.

JOAN MCEVERS y MARION MARCH

# Primera parte

# Lección 1

## Reglas generales, abreviaturas y herramientas necesarias

Como ya dijimos muchas veces en el primer volumen de *Aprenda Astrología*, nuestros libros no son simplemente libros de astrología. Son libros de texto, o manuales, surgidos de años de experiencia en las aulas. Por lo tanto, nuestro modo de enseñar los cálculos matemáticos para levantar un horóscopo será también diferente. Empezamos dando la fórmula completa, o modelo, para trazar una carta y luego, paso a paso, explicamos todos los detalles.*

Hay unas reglas básicas que el lector debe aprender y algunas herramientas que le serán necesarias.

**Regla número 1.** Para levantar un horóscopo natal preciso se necesita conocer la hora exacta de nacimiento. La mejor fuente de información sobre la hora de nacimiento es el Certificado de Nacimiento, cuya denominación puede diferir de un país a otro, lo mismo que el modo de obtenerlo.** En Estados Unidos, por ejemplo, dicho docu-

---

* Dado el carácter didáctico de este libro, las abreviaturas y la grafía de las medidas de tiempo y espacio utilizadas en el mismo aparecen como en el original inglés. Así, por ejemplo, en adelante los minutos se indican con una comilla, los segundos con dos, y el punto cardinal oeste con W. (*Nota del revisor.*)

** En España, una Copia Literal de la Partida de Nacimiento, que nos puede dar en ocasiones diferencias de hasta 3 horas, es el documento más preciso del que podemos disponer. (*Nota del revisor.*)

mento está archivado en el Departamento de Sanidad del Estado en que uno nació; concretamente hay que dirigirse a la Oficina de Estadísticas Vitales de dicho departamento y pedir el Registro de Nacimiento que contiene la hora, también llamado «impreso extenso».

Si este documento no indica la hora de nacimiento, lo cual suele suceder, deberá buscarse otro medio de hallar ese dato; quizá un libro de familia, una partida de nacimiento, una Biblia familiar o, en algunos lugares, el historial médico del hospital. Los recuerdos personales de miembros de la familia, como «Mamá cree que fue hacia las seis de la mañana», no bastan. Porque, si bien es cierto que la madre estaba allí, también lo es que tenía cosas más urgentes que hacer que mirar el reloj, y los recuerdos del parto se debilitan con el paso del tiempo. Siempre que sea posible, la hora de nacimiento debe obtenerse de un *documento escrito,* incluso si el hallarlo exige persistencia, esfuerzos, trabajo y tiempo; en caso contrario, el lector puede encontrarse con que todos sus cálculos matemáticos para levantar un horóscopo no le hayan servido de nada. Si después de buscarlo bien no puede determinarse con exactitud el momento del nacimiento, deberá explicársele a esa persona que no puede garantizarse una interpretación exacta. Esto evitará desconcierto más adelante.

Hay un axioma astrológico que debe recordarse: «La exactitud de la interpretación no es mayor que la exactitud de la hora y fecha de nacimiento y la longitud y latitud usadas en la construcción del horóscopo». A causa de la velocidad de rotación de la Tierra, un nuevo grado del Zodíaco cruza por el Medio Cielo cada cuatro minutos. Algunos horóscopos son tan sensibles en cuanto a la hora, que un error de cuatro minutos puede cambiar la posición de uno o más planetas en una casa o en un signo y, por lo tanto, también la interpretación dada cambiará.

Debe procurarse, por todos los medios, obtener los datos más exactos posible acerca del nacimiento.

**Regla número 2.** El lector empleará libros de referencia que contienen muchas abreviaturas. Debe aprendérselas de memoria. A continuación presentamos la lista de las abreviaturas que aparecen más frecuentemente:

| | | |
|---|---|---|
| (Standard Time) | ST | Hora oficial |
| (Eastern Standard Time) | EST | Hora oficial del este |
| (Central Standard Time) | CST | Hora oficial del centro |
| (Mountain Standard Time) | MST | Hora oficial de la región de las montañas |
| (Pacific Standard Time) | PST | Hora oficial del Pacífico |

| | | |
|---|---|---|
| (War Time) | WT | Hora de guerra |
| (Local Mean Time) | LMT | Hora local |
| (Greenwich Mean Time) | GMT | Hora de Greenwich |
| (Sidereal [Star] Time) | ST | Hora sideral |
| (Planet Logarithm) | PLR | Logaritmo planetario |
| (Constant Logarithm) | CL | Constante logarítmica |
| (Longitude Time Equivalent) | LTE | Longitud equivalente, lo mismo que EGMT |
| (Daylight Saving Time) | DST | Hora de verano |
| (Eastern Daylight Time) | EDT | Hora de verano del este |
| (Central Daylight Time) | CDT | Hora de verano del centro |
| (Mountain Daylight Time) | MDT | Hora de verano de la región de las montañas |
| (Pacific Daylight Time) | PDT | Hora de verano del Pacífico |
| (Prime Meridian) | PM | Meridiano Patrón |
| (Local Mean Time Interval) | LMTI | Intervalo de hora local |
| (Equivalent Greenwich Mean Time) | EGMT | Hora equivalente de Greenwich, lo mismo que LTE |
| (True Calculated Sidereal Time) | TCST | Verdadera hora sideral calculada |

**Regla número 3.** Deberán aprenderse también de memoria los equivalentes matemáticos que siguen:

60" (segundos) = 1' (minuto)
60' (minutos) = 1° (grado) o 1 hora
30° (grados) = 1 signo
12 signos = 360° o el zodíaco completo y la circunferencia de la rueda del horóscopo.

**Regla número 4.** Guardar cuidadosamente todos los cálculos matemáticos hechos para componer un horóscopo; le interesa incluso al más experimentado de los astrólogos profesionales y por varias razones. Aconsejamos seriamente al lector que haga todos sus cálculos en el reverso de la hoja que use para la carta. Debe repasar una y otra vez todas las operaciones, para evitar posibles errores. Otros astrólogos juzgarán su capacidad profesional a base de su habilidad en levantar con exactitud un horóscopo natal. El lector debe, por lo tanto, adquirir el hábito de comprobar repetidamente sus operaciones matemáticas desde el mismo principio. Debe también acostumbrarse a llenar todos los espacios en blanco que aparecen en los formularios de horóscopos y en el modelo que usará en breve. Toda la información es necesaria, y debe emplearse. Mantener el orden es imperativo.

## Herramientas básicas de referencia necesarias para construir un horóscopo

1. *Efemérides*. Éste es el libro básico de referencia que nos da la posición diaria exacta de cada planeta en una hora dada (mediodía o medianoche) para Greenwich, Inglaterra, que está exactamente a 0° de longitud. Estas efemérides pueden compararse para intervalos de uno o diez años, y a veces hasta para cien. Algunas efemérides son más precisas que otras. Por su precisión, destaca una de las más recientes, *The American Ephemeris*, publicada por ACS Publications, Inc. Se encuentra para mediodía y para medianoche. Otras efemérides acreditadas son: *Simmons 1890-1950, Raphael's*, que se publican en ediciones de un año; la alemana *Die Deutsche Ephemeride*, e *Hieratic 1890-1950, 1950-2000*.

2. *American Atlas; U.S. Latitudes and Longitudes, Time Changes and Time Zones*, de ACS Publications, Inc.

3. *The International Atlas; World Latitudes, Longitudes, Time Changes and Time Zones*, publicados por ACS Publications, Inc.

4. *Time Changes in the U.S.* se hallan incorporados en *The American Atlas*.

5. *Koch Book of Tables*, publicado por ACS Publications, Inc. Hay muchas Tablas de Casas distintas; todas son válidas y tienen sus partidarios. Nosotros preferimos las de Koch, que sigue el método Placidus, pero basa las cúspides de casas intermedias en la situación geográfica.

## Notas sobre longitud y latitud

Geográficamente, la Tierra está dividida por dos conjuntos imaginarios de círculos. Uno de estos conjuntos utiliza el Ecuador como punto de referencia, va de Este a Oeste y se emplea para medir las distancias al Norte o al Sur del Ecuador. A esta distancia se la denomina *latitud*.

Si se observa el mapa de la página 22, se verán unos números colocados en el margen izquierdo. A estas medidas de latitud se les da corrientemente el nombre de *paralelos*. Si el lector examina el paralelo 40 a través del mapa verá que Denver, Colorado, se halla muy cerca de esta línea. Por lo tanto, describiríamos Denver diciendo que tiene una latitud de cerca de 40° al *Norte* del Ecuador. Filadelfia se halla también en esta línea, y tiene, por lo tanto, la misma latitud que Denver.

Puesto que ambos lugares tienen, aproximadamente, la misma latitud, es necesario buscar otro modo de determinar su situación geográfica para poder diferenciar una de otra.

Dijimos antes que la Tierra está dividida por *dos* grupos de círculos. El segundo grupo de círculos imaginarios divide la Tierra longitudinalmente, de un polo al otro: éstos son los *Meridianos de Longitud*. Todos los lugares que se encuentran en la misma línea de longitud tienen el mediodía en el mismo instante, sea cual sea la distancia a que se hallen del Ecuador, hacia el Norte o hacia el Sur.

En el mapa de la página 22 pueden verse unas líneas numeradas que van desde la parte superior a la inferior. Son las líneas de longitud, y la que se halla numerada 0° es el Primer Meridiano en Greenwich, Inglaterra. Todos los lugares del mundo se considera que están al Este o al Oeste de Greenwich, o del Meridiano Patrón 0°.

Por lo tanto, la longitud designa una situación geográfica al Este o al Oeste de Greenwich, y la latitud indica una situación al Norte o al Sur del Ecuador.

Cuando se dan la longitud y la latitud de un lugar, estas medidas indican un lugar determinado sin posibilidad alguna de confusión. Por ejemplo, Denver está a 140°W59' 39°N45', y Filadelfia está a 75°W11' 39°N37'; aunque ambas tienen casi el mismo grado de latitud, la longitud las diferencia y las coloca en dos puntos completamente diferentes de la superficie de la Tierra.

## Notas sobre el tiempo

El tiempo en la Tierra se basa en el movimiento de la Tierra alrededor del Sol. A los habitantes de la Tierra nos gusta tener un cierto orden en nuestras vidas, y queremos saber qué día es, qué hora, qué año, qué mes, etc. Para ello tenemos que ir contra las leyes de la naturaleza, puesto que la Tierra no se mueve a una velocidad constante. Por lo tanto, el día no tiene exactamente 24 horas, y cada cuatro años tenemos que añadir un día más (año bisiesto) para compensar la irregularidad de nuestro movimiento. El mismo principio de hallar una solución práctica explica las zonas horarias o Primeros Meridianos establecidos en la Tierra.

El Sol, en relación con la Tierra, parece moverse 60 millas cada cuatro minutos. En el mapa, 60 millas es igual a 1°. Por lo tanto, el movimiento del Sol es de 2° en ocho minutos, 5° en 20 minutos, y 15° en 60 minutos, o en una hora. Por cada 15°, el Sol se halla a una hora de distancia del Meridiano Patrón 0° de Greenwich. Puesto que el Sol surge en el Este y se pone en el Oeste, si es mediodía en Greenwich y vamos 30° hacia el Este, serán las 2.00 de la tarde; el Sol ha estado allí y ha seguido su camino. Por el contrario, si vamos 60° al Oeste de Greenwich, sabemos que tiene que ser cuatro horas más temprano (60/15 = 4). Yendo de Este a Oeste, el Sol no ha llegado aún a ese punto; por lo tanto, las 12 del mediodía en el Meridiano Patrón 0° serán las 8.00 de la mañana a 60° Oeste.

Para simplificar las cosas, la mayoría de Meridianos Patrón se han establecido en intervalos de 15° de longitud, es decir, una hora más para cada PM. En Estados Unidos y Canadá, estos PM se llaman Hora Oficial. Estados Unidos se divide en cuatro zonas horarias, ya que la mayoría de la parte continental del país se halla entre los 65° y 125° de longitud Oeste. (Véase el mapa de la pág. 22.) La ciudad de Nueva York se encuentra a 73°W57', y cae por lo tanto en el PM 75°W, o 5 horas más temprano (Oeste) que Greenwich. De hecho, todo el estado de Nueva York usa el PM 75°W; de modo que, cuando en Greenwich es mediodía, en todo el estado de Nueva York son las 7:00 de la mañana. A esto se le llama 7.00 AM EST (Hora oficial del Este). Pero en tiempo verdadero (de acuerdo con el Sol), ¿son realmente las 7.00 AM EST en todos los lugares del estado de Nueva York? Claro que no. Serán las 7.00 de la mañana tan sólo en aquellos lugares que se hallen en el PM 75° exactamente. La ciudad de Nueva York, a 73°W57', está 1°03' (' = minutos) al este del PM, tanto más cerca de Greenwich que el PM 75°W. Sería, por lo tanto más tarde en la ciudad de Nueva York, en realidad, que el PM existente de 5 horas de diferencia.

Para calcular esta diferencia con exactitud, debe convertirse la distancia (73°W57') en tiempo. La fórmula para hacerlo es: *Se multiplica por 4 y se divide el resultado por 60.* Debe recordarse que el Sol recorre 4 minutos en 60 millas, o 1°. 1° equivale también a 1 hora o 60 minutos cuando se pasa de distancia a tiempo. 73 x 4 = 292; 292 dividido por 60 es igual a 4 horas y 52 minutos. 57' x 4 = 228; 228 dividido por 60 es igual a 3 minutos y 48 segundos. La conversión total es: 4 horas, 55' 48", o 4' 12" más tarde que las 7:00 AM, hora del reloj. (5h00'00"– 4h55'48" = 4'12"). Para comprobar la veracidad del cálculo se resta 73°W57' de 75°W00' = 1°03', se multiplica por 4, lo que nos da 4'12", y sabemos que los cálculos son correctos.

Por lo tanto, la LMT (Hora Media Local) para la ciudad de Nueva York es 7h04'12". Debe recordarse que al Este del PM es más tarde que Greenwich, y hay que sumar el tiempo. Al Oeste del PM es más temprano que Greenwich, y hay que restarlo. En el modelo se mostrará al lector, paso a paso, cómo y cuándo se hace esto; debe, sin embargo, comprenderse el principio que obliga a esta rectificación.

Hay otro problema horario que requiere una especial atención: el horario de verano (también llamado horario de guerra, en tiempo de guerra). Esto es un convenio artificial que debe tenerse en cuenta en los cálculos para un horóscopo. Los libros mencionados anteriormente son de gran ayuda para saber qué zonas se hallaban en Horario de Guerra o de Verano y cuándo sucedió así. Hasta 1971, cada Estado y cada municipio obraron como querían a este respecto. En Estados Unidos se promulgó finalmente una ley federal para evitar confusiones, y todo el país entra en horario de verano el último domingo del mes de abril y vuelve a la hora oficial el último domingo del mes de octubre. Desde el 9 de febrero de 1942 hasta el 30 de septiembre de 1945, Estados Unidos tuvo el Horario de Guerra. En Europa occidental, todos los países excepto Suiza adoptan ahora el Horario de Verano. En 1974 sufrimos una crisis energética y Estados Unidos, con la excepción de Arizona, Idaho y Oregón, adoptó el Horario de Verano desde el 6 de enero hasta el 27 de octubre. En Illinois y en Pennsylvania, los relojes adoptan el Horario de Verano, pero no así en los hospitales. Hasta época muy reciente (1959 en Illinois) se continuaba usando allí la hora oficial. A menos que se tengan al alcance de la mano el *American Atlas* o los libros de *Time Changes,* debe buscarse la información exacta en una biblioteca o en cualquier otro lugar oficial. El Horario de Guerra y el de Verano adelantan el reloj una hora; se debe restar, por lo tanto, una hora de la que se haya dado para el nacimiento, antes de empezar los cálculos.*

## Pasar de hora oficial (basada en un meridiano patrón) a hora media local

Las zonas horarias locales se basan en el Meridiano Patrón. La hora oficial del este, a 75W; hora oficial del centro, a 90W; hora oficial de la región montañosa, a 105W; hora oficial del Pacífico, a 120W.

Los Ángeles se encuentra en la hora oficial del Pacífico, pero está situada a 118W15 o 1° y 45' al Este del Meridiano Patrón de 120W.

El Sol recorre 60 millas o 1° cada 4 minutos; por lo tanto, 1° = 4' y 45' = 3/4° o 3'. 4' + 3' = 7' Rectificación de Meridiano que se añade, porque Los Ángeles se encuentra al Este del Meridiano Patrón.

---

* En España existe una hora de adelanto todo el año, a partir de 1950 y hasta 1973. Desde 1974 en adelante se añade otra hora durante el verano. (*Nota del revisor*.)

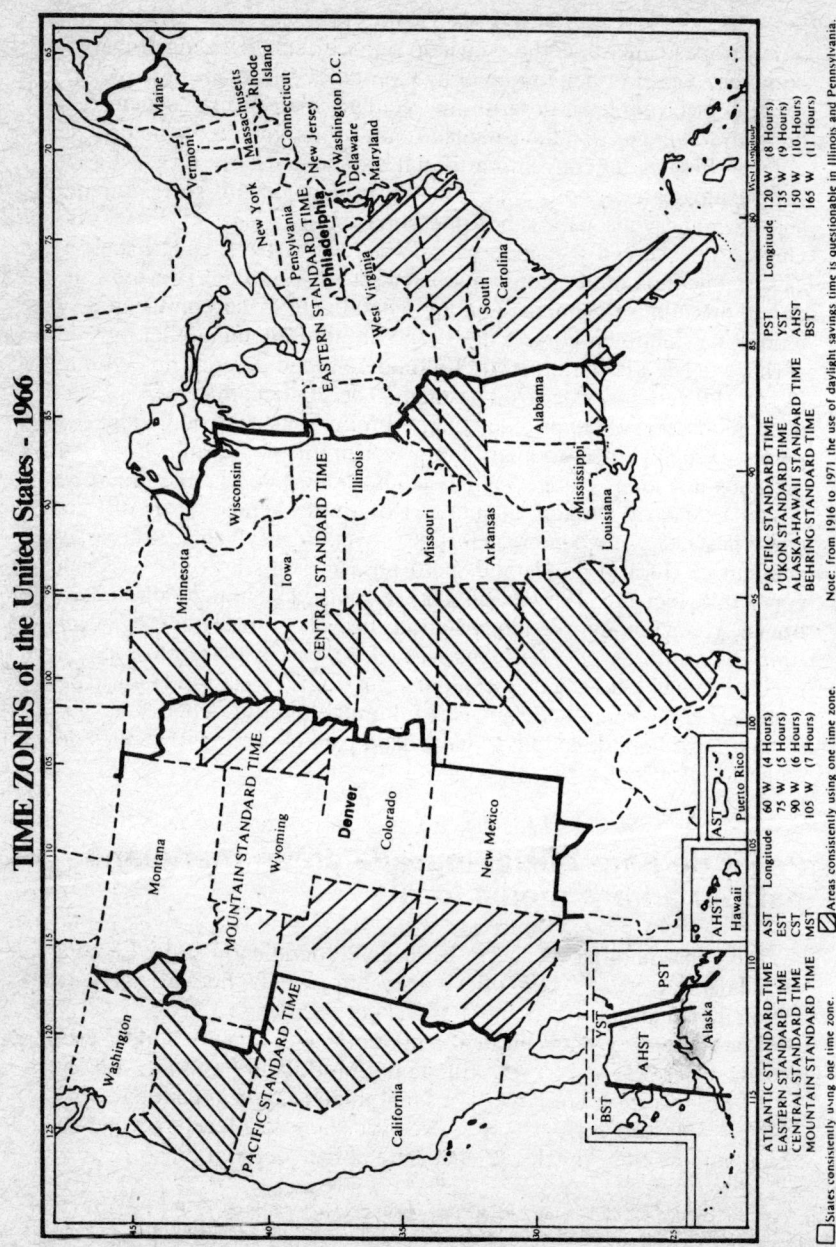

# TIME ZONES of the United States - 1966

States consistenly using one time zone.

Areas consistenly using one time zone.

| | | Longitude |
|---|---|---|
| ATLANTIC STANDARD TIME | AST | 60 W (4 Hours) |
| EASTERN STANDARD TIME | EST | 75 W (5 Hours) |
| CENTRAL STANDARD TIME | CST | 90 W (6 Hours) |
| MOUNTAIN STANDARD TIME | MST | 105 W (7 Hours) |

| | | Longitude |
|---|---|---|
| PACIFIC STANDARD TIME | PST | 120 W (8 Hours) |
| YUKON STANDARD TIME | YST | 135 W (9 Hours) |
| ALASKA-HAWAII STANDARD TIME | AHST | 150 W (10 Hours) |
| BEHRING STANDARD TIME | BST | 165 W (11 Hours) |

Note: from 1916 to 1971 the use of daylight savings time is questionable in Illinois and Pennsylvania.

**Published by permission from Astro-Numeric Service, El Cerrito, Ca.**

**Regla.** Debe sumarse para lo que se halla al Este de cualquier Meridiano Patrón, y para lo que se halla al Oeste de cualquier Meridiano Patrón, se resta.

Por ejemplo: Chicago, Illinois, está situado a 87W39. El Meridiano Patrón es 90°, por lo tanto Chicago está a 2° y 21' al Este del Meridiano Patrón. Se multiplica 2° 21' por 4 para obtener la rectificación de Meridiano (llamada también Hora Media Local —LMT— variación de la hora oficial). 2° x 4 = 8' 21' x 4 = 84" o 1'24". Se suman 8' + 1'24" = 9'24 que es la rectificación de Meridiano, y se añade a la hora que marca el reloj, porque Chicago se halla al Este del Meridiano Patrón.

# Convertir la distancia en tiempo o pasar a la hora media equivalente de Greenwich

Para hacer la rectificación de hora media equivalente de Greenwich (EGMT) para Chicago, a 87W39, se multiplica por 4 y se divide por 60.

$$\begin{array}{cc} 87° & 39' \\ \underline{x\ 4} & \underline{x\ 4} \\ 348/60 = 5h48' & 156/60 = 2'36" \end{array}$$

Sumando ambas cifras, resulta 5h50'36", que es la EGMT para Chicago.

Para hacer la rectificación EGMT para San Francisco, California, situado a 122W26:

$$\begin{array}{cc} 122° & 26' \\ \underline{x\ 4} & \underline{x\ 4} \\ 488/60 = 8h08' & 104/60 = 1'44". \end{array}$$

Sumando estos datos

$$\frac{+1'44"+}{8h09'44"}$$

que es la EGMT para San Francisco.

**Regla.** Todas las rectificaciones para el Oeste de Greenwich, se suman. Todas las rectificaciones para el Este de Greenwich, se restan.

El lector encontrará prácticamente todos estos cálculos en el *American Atlas*, pero hemos creído que es útil saber el principio básico en que se fundan. Además, muchas personas han nacido en pequeños pueblos que no se hallan en las listas de ninguno de esos libros.

## Hora sideral (o estelar)

Este término aparece muchas veces en Astrología. Se refiere a la moción del Zodíaco –empezando en el punto 0 de Aries– del mismo modo que la hora media local (LMT) se refiere a la moción del Sol. Puesto que el 0 de Aries surge y se pone más rápidamente que el Sol, la Hora Sideral es más rápida, o va por delante de la solar. La mayoría de efemérides dan listas de la hora sideral para cada día; no es, pues, necesario llevar a cabo estos cálculos. Pero conviene reconocer este término cuando aparezca.

# Lección 2

## Fórmulas para cálculos matemáticos de mediodía al Oeste de Greenwich

### Fórmula 1:
### Encontrar las casas para un nacimiento AM (usando unas Efemérides de Mediodía)

Fecha: 12 de julio de 1977   Hora: 10:30 AM PDT  Lugar: Los Ángeles (California)
Se buscan la longitud y latitud de Los Ángeles en el Atlas: 118W15-34N03.

Se busca la rectificación de Meridiano: +7 minutos. Se halla la EGMT: +7 horas 53 minutos. Se compueba en el Atlas o en la última columna de Cambios Horarios para ver si se adoptó el horario de verano.

|   | H.M.S. | | |
|---|---|---|---|
| a. | 10:30:00 | AM | Hora de nacimiento PDT 12/7/1977 |
| b. | −1:00:00 | | Se resta una hora por horario de verano |
| | 9:00:00 | AM | PST 12/7/1977 |
| c. | +7:00 | | rectificación de meridiano (se añaden 7' porque Los Ángeles está al Este del Meridiano oficial) |
| | 9:37:00 | AM | LMT (Hora media local) |
| d. | +12:00:00 | | Se añaden 12 horas porque éste es un nacimiento AM y hay que tener en cuenta el tiempo que transcurre hasta el mediodía. |
| | 21:37:00 | | LMTI (Intervalo de hora media local) |

*e.*    +3:36         Se añade la rectificación LMTI (21h37'/6 = 3'36")
*f.*    +1:19         Se añade la rectificación EGMT (7h53'/6 = 1'19")
*g.*    +7:17:08      Se añade la hora sideral para el 11/7/77 (el día anterior, porque ésta es una carta AM). Se encuentra en las efemérides.
*h.*    28:58:63      Se reducen los segundos a minutos.
*i.*    28:59:03      Siendo esta cifra mayor que 24 horas, deben
        −24:00:00     restarse 24 horas, o un día sideral.

*j.*    4:59:03       TCST (Verdadera hora sideral calculada)

Se busca ahora, en la Tabla de Casas de Koch, la hora sideral más cercana a ésta (4:59:11) y se halla el Medio Cielo o cúspide de la décima casa (16). A lo largo de la página, se busca la latitud apropiada (34 N es la más cercana) y se hallan las cúspides de casas intermedias. Se anotan en la rueda (véase pág. 27). La Tabla de Casas de las cúspides de la décima a la tercera casa. De la cuarta a la novena tienen los mismos grados y minutos, pero con signos opuestos.

Si la persona nació a las 12 AM (medianoche), se usa 0:00:00 AM.

Siempre debe comprobarse que el Sol caiga en la casa debida. Una persona que haya nacido cerca del mediodía, tendrá el Sol en la novena o décima casas; si ha nacido a primera hora de la mañana, el Sol debería estar cerca del Ascendente; si ha nacido cerca de la medianoche, el Sol estará en la tercera o cuarta casas, y así sucesivamente.

## Explicación de la fórmula 1

Para levantar un horóscopo natal (o radical), se siguen dos procedimientos. Uno permite encontrar las cúspides de las casas debidas; el otro rectifica los planetas para la hora exacta de nacimiento.

**Primer paso.** En el modelo de las páginas 25 y 26, efectuando las operaciones de (*a*) a (*j*) se llega a la Verdadera Hora Sideral Calculada, que permite encontrar las cúspides de las casas.

*a.* La hora dada para este nacimiento es 10:30 AM PDT, 12/7/77. Buscando en la Tabla horaria del *American Atlas* se encuentra que se había adoptado el horario de verano.

*b.* Puesto que el mes de julio de 1977 caía dentro del horario de verano, debe restarse una hora. La verdadera hora de nacimiento es 9:30 AM.

**Fecha** 12/7/77   **Hora** 10:30 AM PDT   **Lugar** Los Ángeles, California   **Long.** 118W15   **Lat.** 34N03

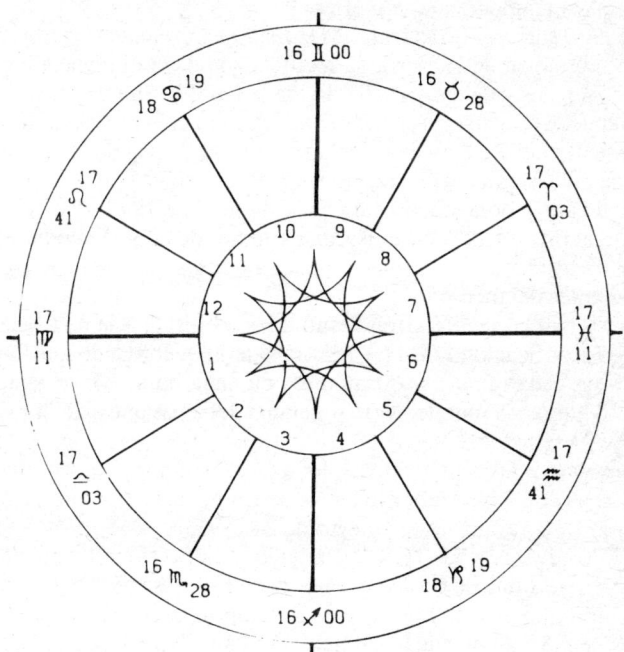

*c*. Se añade una rectificación de 7' a la hora de nacimiento. Esto se halla restando la EGMT de 7:53 de las 8:00 de la Zona Horaria del Pacífico (está en la tercera columna del libro de Dernay *Longitude and Latitude*); por lo tanto, la LMT (Hora Media Local) es 9:37 AM.

*d*. Se añaden 12 horas para un nacimiento AM. Al usar una Efemérides de Mediodía, debe tenerse en cuenta el tiempo transcurrido hasta el mediodía, por lo tanto, se añaden 12 horas a todos los nacimientos AM. Esto da el LMTI (Intervalo de Hora Media Local).

*e*. Se añade la rectificación LMTI. Aunque se dice que la Tierra es redonda, su forma no es perfecta. Es algo protuberante, y esto hace que se bambolee durante su rotación e impide que tenga un ritmo perfecto. Para tener en cuenta ese bamboleo de 10" (segundos) por hora, debe dividirse el LMTI por 6 horas. El LMTI es 21h y 37". Convertido en minutos y dividido por 6: 1297/6 = 216" o 3'36". Hay una fórmula mucho más rápida: dividir 21 por 6 = 3. Se coloca esta cifra en la columna de los minutos. El resto, 3, se coloca en la segunda columna. Luego se divide 37 entre 6 y se colocan esos 6 segundos en el lugar debido. Puede usarse el método que se prefiera.

*f.* Se añade la rectificación EGMT. Ésta es la segunda rectificación debida al bamboleo de la Tierra: la rectificación de la diferencia horaria entre Los Ángeles y Greenwich. Se divide la EGMT (7h53') por 6h. Este resultado puede buscarse en el *American Atlas,* en el libro *Longitude and Latitude* (columna 4), o puede calcularse como en la página 20. Se usa el método de división anteriormente indicado. La rectificación es 1'19".

*g.* Se añade la hora sideral para el 11 de julio de 1977. Esto se halla en las efemérides. Cuando se usa una Efemérides de Mediodía, debe usarse la hora sideral del día anterior para todos los nacimientos que tienen lugar antes del mediodía.

*h.* Se suman las cuatro cifras resultantes: el LMTI + la rectificación LMTI + la rectificación EGMT + la hora sideral, recordando que hay 60 segundos en cada minuto y 60 minutos en cada hora. Por lo tanto, el total de 28 horas, 58 minutos y 63 segundos debe pasarse a 28 horas, 59 minutos y 03 segundos.

*i.* Puesto que las matemáticas son una ciencia muy lógica, ningún día tiene más de 24 horas; por lo tanto, deben restarse 24 horas siempre que la cifra final resultante sea mayor de 24.

*j.* Así se llega a la TCST (verdadera hora sideral calculada): 04:59:03. En la Tabla de Casas (usamos la de Koch) se busca, en la parte superior de la página, la hora que más se aproxime a la TCST. En la página 43, en la columna de la izquierda, se halla 4h59'11", que se aparta de la TCST en 8" solamente.

Inmediatamente debajo de la hora se halla la letra «M» y 16° ♊. Ésta es la posición del Medio Cielo y debe anotarse en el gráfico. (Véase el ejemplo de la pág. 27). Se busca ahora la latitud correspondiente (aquí de 34°N03'), que se halla 19 líneas más abajo. Debe usarse siempre la latitud más aproximada; por ejemplo, 35°N48'; se usa 36°N. En la parte superior de la página se hallan los números romanos «XI, XII», la letra «A», y los números «II» y «III». Significan las cúspides de las casas undécima y duodécima, el Ascendente, y las cúspides de la segunda y tercera casas. Se anota la información debida en el gráfico. Deben comprobarse siempre los signos del Zodíaco para asegurarse de que no ha habido un cambio de signo durante el proceso. (En la pág. 35 del libro *Koch Table of Houses* hay un ejemplo en el que el Ascendente empieza con Leo en la parte superior y luego cambia a Virgo.)

En el gráfico que hemos puesto como ejemplo, la cúspide de la undécima casa es 18° ♋ 19', la de la duodécima casa es 17° ♌ 11', y así sucesivamente. Sólo se dan las posiciones de seis casas: las otras (de la cuarta a la novena) tienen los mismos grados y minutos, pero son de signos opuestos.

Esto completa el primer paso. La pregunta que suele surgir al llegar aquí es: «¿Qué hacemos si la TCST no se aproxima a ninguna de las dadas en la Tabla de Casas?». La respuesta es que debe tomarse la que más cerca esté y no preocuparse de rectificarla hasta llegar a nivel intermedio y empezar a calcular progresiones.

## Fórmula 2:
## Encontrar las posiciones de los planetas

Fecha: 12 de julio de 1977   Hora: 10:30 AM PDT  Lugar: Los Ángeles (California)

|   | H.M.S. |   |
|---|---|---|
| k. | 7:53:00 | EGMT (hora media equivalente de Greenwich), se halla en la columna 4 de *Longitude and Latitude* y en la columna 3 del *American Atlas*. |
| l. | +9:37:00 AM | LMT (hora media local) 12/7/77. Añádase. |
| m. | 16:90:00 | Conviértase (no pueden contarse 90 minutos) |
|   | 17:30:00 | Puesto que 17:30 es mayor que 12 (AM o PM), |
| n. | –12:00:00 | debe restarse 12 del total. Al haber empezado con un nacimiento AM, el resultado será PM del *mismo día*. Si se restan 12 horas de un nacimiento PM, se convierte en AM del día siguiente. |
| o. | 5:30:00 PM | GMT (hora media de Greenwich) 12/7/77. |

p. Se busca el logaritmo de este número (5h30') en la Tabla de Logaritmos de la página 31. Se encontrará en el cruce de la columna vertical encabezada por 5 (horas o grados) con la línea horizontal encabezada por 30 (minutos). La cifra hallada, 6398, es la CL (Constante Logarítmica) de este gráfico AM.

Se ha determinado que si una persona nació a las 9:30 AM PST en Los Ángeles, la hora en Greenwich es 5:30 PM del mismo día (es decir, 8 horas más tarde).

q. Si se trata de un AM hora media de Greenwich, el modo de hallar la Constante Logarítmica es algo distinto. Hay que encontrar el interva-

lo, es decir, cuántas horas y minutos hay entre la hora dada y el mediodía próximo. Si la hora es 5:30 AM GMT, debe hacerse lo siguiente:

> 11:60        (mediodía en horas y minutos, más fácil que 12:00)
> −5:30  AM GMT
> 6:30         *Intervalo* (entre GMT y el mediodía próximo)

Se busca el logaritmo de este número (6h30') en la Tabla de Logaritmos. La cifra resultante, 5673, es la CL (Constante Logarítmica).
*Sólo se da este paso si se trata de un AM hora media de Greenwich.*

## Explicación de la fórmula 2

**Segundo paso.** Una vez construida la rueda, deben empezar a
ponerse los planetas en las casas. Se toma la efemérides 1977 y se busca
el 12 de julio de 1977. Hay una dificultad: los planetas aparecen en la
posición que tienen al mediodía, hora de Greenwich. Juan Pérez nació a
las 9:30 AM PST. ¿En qué relación está esa hora con el mediodía de
Greenwich? Lo hemos mostrado en el modelo de la página 29.

*k.* Se toma la EGMT (hora media equivalente de Greenwich) para
Los Ángeles. Esto se halla o bien en el *American Atlas,* o bien por el
método de conversión explicado en la página 20. La EGMT es 7h53'.

*l.* Se añade la LMT (hora media local), 9h37'00" AM. Esto se obtu-
vo añadiendo la rectificación de meridiano (*c*) a la hora de nacimiento.

*m.* 16h90'00" se convierte en 17h30'00" (90 minutos se convierten
en 1 hora y 30 minutos).

*n.* 17h30' es después de las 12 del mediodía; cuando se restan 12
horas se obtienen las 5:30 de la tarde.

*o.* 5:30 PM es la GMT (hora media de Greenwich). Ésta es la hora
de nacimiento pasada a Greenwich. Juan Pérez, nacido a las 9:30 AM en
Los Ángeles, nació a las 5:30 PM en Greenwich. Nótese cuánta importancia tiene indicar la fecha y la posición AM o PM.

*p.* Se busca el logaritmo de este número, 5h30' (o 5°30') en la Tabla
de Logaritmos de la página 31 de este libro. Esta tabla ahorra una gran
cantidad de operaciones a todos los que no son especialistas en matemáticas. Mirando en la parte superior, donde se indican las horas, se
encuentra el número 5; se busca luego, en la columna de los minutos de
la misma página, la línea 30, y se halla el punto en que estas dos columnas se cortan. Allí se halla la cifra 6398. Ésta es la Constante Logarítmica, o CL. Ésta es la cifra necesaria para convertir las posiciones de los
planetas al mediodía en las posiciones en la hora dada de nacimiento.

# Logaritmos diurnos 0 a 7 horas/Grados para cada minuto de tiempo/Arc

**HORAS O GRADOS**

| | | 0 | 1 | 2 | 3 | 4 | 5 | 6 | 7 | |
|---|---|---|---|---|---|---|---|---|---|---|
| M | 0 | 9.9999 | 1.3802 | 1.0792 | .9031 | .7782 | .6812 | .6021 | .5351 | 0 M |
| I | 1 | 3.1584 | 1.3730 | 1.0756 | .9007 | .7763 | .6798 | .6009 | .5341 | 1 I |
| N | 2 | 2.8573 | 1.3660 | 1.0720 | .8983 | .7745 | .6784 | .5997 | .5331 | 2 N |
| U | 3 | 2.6812 | 1.3590 | 1.0685 | .8959 | .7728 | .6769 | .5985 | .5320 | 3 U |
| T | 4 | 2.5563 | 1.3522 | 1.0649 | .8935 | .7710 | .6755 | .5973 | .5310 | 4 T |
| O S | 5 | 2.4594 | 1.3454 | 1.0615 | .8912 | .7692 | .6741 | .5961 | .5300 | 5 O S |
| | 6 | 2.3802 | 1.3388 | 1.0580 | .8888 | .7674 | .6726 | .5949 | .5290 | 6 |
| D | 7 | 2.3133 | 1.3323 | 1.0546 | .8865 | .7657 | .6712 | .5937 | .5279 | 7 D |
| E | 8 | 2.2553 | 1.3259 | 1.0512 | .8842 | .7639 | .6698 | .5925 | .5269 | 8 E |
| T | 9 | 2.2041 | 1.3195 | 1.0478 | .8819 | .7622 | .6684 | .5913 | .5259 | 9 T |
| I | 10 | 2.1584 | 1.3133 | 1.0444 | .8796 | .7604 | .6670 | .5902 | .5249 | 10 I |
| E | 11 | 2.1170 | 1.3071 | 1.0411 | .8773 | .7587 | .6656 | .5890 | .5239 | 11 E |
| M | 12 | 2.0792 | 1.3010 | 1.0378 | .8751 | .7570 | .6642 | .5878 | .5229 | 12 M |
| P O | 13 | 2.0444 | 1.2950 | 1.0345 | .8728 | .7552 | .6628 | .5867 | .5219 | 13 P O |
| | 14 | 2.0122 | 1.2891 | 1.0313 | .8706 | .7535 | .6614 | .5855 | .5209 | 14 |
| O | 15 | 1.9823 | 1.2833 | 1.0280 | .8683 | .7518 | .6601 | .5843 | .5199 | 15 O |
| | 16 | 1.9542 | 1.2775 | 1.0248 | .8661 | .7501 | .6587 | .5832 | .5189 | 16 |
| A | 17 | 1.9279 | 1.2719 | 1.0216 | .8639 | .7484 | .6573 | .5820 | .5179 | 17 A |
| R | 18 | 1.9031 | 1.2663 | 1.0185 | .8617 | .7467 | .6559 | .5809 | .5169 | 18 R |
| C | 19 | 1.8796 | 1.2607 | 1.0153 | .8595 | .7451 | .6546 | .5797 | .5159 | 19 C |
| | 20 | 1.8573 | 1.2553 | 1.0122 | .8573 | .7434 | .6532 | .5786 | .5149 | 20 |
| | 21 | 1.8361 | 1.2499 | 1.0091 | .8552 | .7417 | .6519 | .5774 | .5139 | 21 |
| | 22 | 1.8159 | 1.2445 | 1.0061 | .8530 | .7401 | .6505 | .5763 | .5129 | 22 |
| | 23 | 1.7966 | 1.2393 | 1.0030 | .8509 | .7384 | .6492 | .5752 | .5120 | 23 |
| | 24 | 1.7782 | 1.2341 | 1.0000 | .8487 | .7368 | .6478 | .5740 | .5110 | 24 |
| | 25 | 1.7604 | 1.2289 | 0.9970 | .8466 | .7351 | .6465 | .5729 | .5100 | 25 |
| | 26 | 1.7434 | 1.2239 | 0.9940 | .8445 | .7335 | .6451 | .5718 | .5090 | 26 |
| | 27 | 1.7270 | 1.2188 | 0.9910 | .8424 | .7319 | .6438 | .5707 | .5081 | 27 |
| | 28 | 1.7112 | 1.2139 | 0.9881 | .8403 | .7302 | .6425 | .5695 | .5071 | 28 |
| | 29 | 1.6960 | 1.2090 | 0.9852 | .8382 | .7286 | .6412 | .5684 | .5061 | 29 |
| | 30 | 1.6812 | 1.2041 | 0.9823 | .8361 | .7270 | .6398 | .5673 | .5051 | 30 |
| | 31 | 1.6670 | 1.1993 | 0.9794 | .8341 | .7254 | .6385 | .5662 | .5042 | 31 |
| | 32 | 1.6532 | 1.1946 | 0.9765 | .8320 | .7238 | .6372 | .5651 | .5032 | 32 |
| | 33 | 1.6398 | 1.1899 | 0.9737 | .8300 | .7222 | .6359 | .5640 | .5023 | 33 |
| | 34 | 1.6269 | 1.1852 | 0.9708 | .8279 | .7206 | .6346 | .5629 | .5013 | 34 |
| | 35 | 1.6143 | 1.1806 | 0.9680 | .8259 | .7190 | .6333 | .5618 | .5004 | 35 |
| | 36 | 1.6021 | 1.1761 | 0.9652 | .8239 | .7175 | .6320 | .5607 | .4994 | 36 |
| | 37 | 1.5902 | 1.1716 | 0.9625 | .8219 | .7159 | .6307 | .5596 | .4984 | 37 |
| | 38 | 1.5786 | 1.1671 | 0.9597 | .8199 | .7143 | .6294 | .5585 | .4975 | 38 |
| | 39 | 1.5673 | 1.1627 | 0.9570 | .8179 | .7128 | .6282 | .5574 | .4965 | 39 |
| | 40 | 1.5563 | 1.1584 | 0.9542 | .8159 | .7112 | .6269 | .5563 | .4956 | 40 |
| | 41 | 1.5456 | 1.1540 | 0.9515 | .8140 | .7097 | .6256 | .5552 | .4947 | 41 |
| | 42 | 1.5351 | 1.1498 | 0.9488 | .8120 | .7081 | .6243 | .5541 | .4937 | 42 |
| | 43 | 1.5249 | 1.1455 | 0.9462 | .8101 | .7066 | .6231 | .5531 | .4928 | 43 |
| | 44 | 1.5149 | 1.1413 | 0.9435 | .8081 | .7050 | .6218 | .5520 | .4918 | 44 |
| | 45 | 1.5051 | 1.1372 | 0.9409 | .8062 | .7035 | .6205 | .5509 | .4909 | 45 |
| | 46 | 1.4956 | 1.1331 | 0.9383 | .8043 | .7020 | .6193 | .5498 | .4900 | 46 |
| | 47 | 1.4863 | 1.1290 | 0.9356 | .8023 | .7005 | .6180 | .5488 | .4890 | 47 |
| | 48 | 1.4771 | 1.1249 | 0.9331 | .8004 | .6990 | .6168 | .5477 | .4881 | 48 |
| | 49 | 1.4682 | 1.1209 | 0.9305 | .7985 | .6975 | .6155 | .5466 | .4872 | 49 |
| | 50 | 1.4594 | 1.1170 | 0.9279 | .7966 | .6960 | .6143 | .5456 | .4863 | 50 |
| | 51 | 1.4508 | 1.1130 | 0.9254 | .7948 | .6945 | .6131 | .5445 | .4853 | 51 |
| | 52 | 1.4424 | 1.1091 | 0.9228 | .7929 | .6930 | .6118 | .5435 | .4844 | 52 |
| | 53 | 1.4341 | 1.1053 | 0.9203 | .7910 | .6915 | .6106 | .5424 | .4835 | 53 |
| | 54 | 1.4260 | 1.1015 | 0.9178 | .7891 | .6900 | .6094 | .5414 | .4826 | 54 |
| | 55 | 1.4180 | 1.0977 | 0.9153 | .7873 | .6885 | .6081 | .5403 | .4817 | 55 |
| | 56 | 1.4102 | 1.0939 | 0.9128 | .7855 | .6871 | .6069 | .5393 | .4808 | 56 |
| | 57 | 1.4025 | 1.0902 | 0.9104 | .7836 | .6856 | .6057 | .5382 | .4798 | 57 |
| | 58 | 1.3949 | 1.0865 | 0.9079 | .7818 | .6841 | .6045 | .5372 | .4789 | 58 |
| | 59 | 1.3875 | 1.0828 | 0.9055 | .7800 | .6827 | .6033 | .5361 | .4780 | 59 |

# Logaritmos diurnos 8 a 15 horas/Grados para cada minuto de tiempo

### HORAS O GRADOS

| | 8 | 9 | 10 | 11 | 12 | 13 | 14 | 15 | |
|---|---|---|---|---|---|---|---|---|---|
| 0 | .4771 | .4260 | .3802 | .3388 | .3010 | .2663 | .2341 | .2041 | 0 |
| 1 | .4762 | .4252 | .3795 | .3382 | .3004 | .2657 | .2336 | .2036 | 1 |
| 2 | .4753 | .4244 | .3788 | .3375 | .2998 | .2652 | .2331 | .2032 | 2 |
| 3 | .4744 | .4236 | .3780 | .3368 | .2992 | .2646 | .2325 | .2027 | 3 |
| 4 | .4735 | .4228 | .3773 | .3362 | .2986 | .2640 | .2320 | .2022 | 4 |
| 5 | .4726 | .4220 | .3766 | .3355 | .2980 | .2635 | .2315 | .2017 | 5 |
| 6 | .4717 | .4212 | .3759 | .3349 | .2974 | .2629 | .2310 | .2012 | 6 |
| 7 | .4708 | .4204 | .3752 | .3342 | .2968 | .2624 | .2305 | .2008 | 7 |
| 8 | .4699 | .4196 | .3745 | .3336 | .2962 | .2618 | .2300 | .2003 | 8 |
| 9 | .4691 | .4188 | .3737 | .3329 | .2956 | .2613 | .2295 | .1998 | 9 |
| 10 | .4682 | .4180 | .3730 | .3323 | .2950 | .2607 | .2289 | .1993 | 10 |
| 11 | .4673 | .4172 | .3723 | .3316 | .2944 | .2602 | .2284 | .1988 | 11 |
| 12 | .4664 | .4164 | .3716 | .3310 | .2939 | .2596 | .2279 | .1984 | 12 |
| 13 | .4655 | .4156 | .3709 | .3303 | .2933 | .2591 | .2274 | .1979 | 13 |
| 14 | .4646 | .4149 | .3702 | .3297 | .2927 | .2585 | .2269 | .1974 | 14 |
| 15 | .4638 | .4141 | .3695 | .3291 | .2921 | .2580 | .2264 | .1969 | 15 |
| 16 | .4629 | .4133 | .3688 | .3284 | .2915 | .2574 | .2259 | .1965 | 16 |
| 17 | .4620 | .4125 | .3681 | .3278 | .2909 | .2569 | .2254 | .1960 | 17 |
| 18 | .4611 | .4117 | .3674 | .3271 | .2903 | .2564 | .2249 | .1955 | 18 |
| 19 | .4603 | .4110 | .3667 | .3265 | .2897 | .2558 | .2244 | .1950 | 19 |
| 20 | .4594 | .4102 | .3660 | .3259 | .2891 | .2553 | .2239 | .1946 | 20 |
| 21 | .4585 | .4094 | .3653 | .3252 | .2885 | .2547 | .2234 | .1941 | 21 |
| 22 | .4577 | .4086 | .3646 | .3246 | .2880 | .2542 | .2229 | .1936 | 22 |
| 23 | .4568 | .4079 | .3639 | .3239 | .2874 | .2536 | .2224 | .1932 | 23 |
| 24 | .4559 | .4071 | .3632 | .3233 | .2868 | .2531 | .2218 | .1927 | 24 |
| 25 | .4551 | .4063 | .3625 | .3227 | .2862 | .2526 | .2213 | .1922 | 25 |
| 26 | .4542 | .4055 | .3618 | .3220 | .2856 | .2520 | .2208 | .1918 | 26 |
| 27 | .4534 | .4048 | .3611 | .3214 | .2850 | .2515 | .2203 | .1913 | 27 |
| 28 | .4525 | .4040 | .3604 | .3208 | .2845 | .2510 | .2198 | .1908 | 28 |
| 29 | .4516 | .4033 | .3597 | .3201 | .2839 | .2504 | .2193 | .1903 | 29 |
| 30 | .4508 | .4025 | .3590 | .3195 | .2833 | .2499 | .2188 | .1899 | 30 |
| 31 | .4499 | .4017 | .3583 | .3189 | .2827 | .2493 | .2183 | .1894 | 31 |
| 32 | .4491 | .4010 | .3576 | .3183 | .2821 | .2488 | .2178 | .1889 | 32 |
| 33 | .4482 | .4002 | .3570 | .3176 | .2816 | .2483 | .2173 | .1885 | 33 |
| 34 | .4474 | .3995 | .3563 | .3170 | .2810 | .2477 | .2169 | .1880 | 34 |
| 35 | .4466 | .3987 | .3556 | .3164 | .2804 | .2472 | .2164 | .1876 | 35 |
| 36 | .4457 | .3979 | .3549 | .3158 | .2798 | .2467 | .2159 | .1871 | 36 |
| 37 | .4449 | .3972 | .3542 | .3151 | .2793 | .2461 | .2154 | .1866 | 37 |
| 38 | .4440 | .3964 | .3535 | .3145 | .2787 | .2456 | .2149 | .1862 | 38 |
| 39 | .4432 | .3957 | .3529 | .3139 | .2781 | .2451 | .2144 | .1857 | 39 |
| 40 | .4424 | .3949 | .3522 | .3133 | .2775 | .2445 | .2139 | .1852 | 40 |
| 41 | .4415 | .3942 | .3515 | .3126 | .2770 | .2440 | .2134 | .1848 | 41 |
| 42 | .4407 | .3934 | .3508 | .3120 | .2764 | .2435 | .2129 | .1843 | 42 |
| 43 | .4399 | .3927 | .3502 | .3114 | .2758 | .2430 | .2124 | .1839 | 43 |
| 44 | .4390 | .3919 | .3493 | .3108 | .2753 | .2424 | .2119 | .1834 | 44 |
| 45 | .4382 | .3912 | .3488 | .3102 | .2747 | .2419 | .2114 | .1829 | 45 |
| 46 | .4374 | .3905 | .3481 | .3096 | .2741 | .2414 | .2109 | .1825 | 46 |
| 47 | .4366 | .3897 | .3475 | .3089 | .2736 | .2409 | .2104 | .1820 | 47 |
| 48 | .4357 | .3890 | .3468 | .3083 | .2730 | .2403 | .2099 | .1816 | 48 |
| 49 | .4349 | .3882 | .3461 | .3077 | .2724 | .2398 | .2095 | .1811 | 49 |
| 50 | .4341 | .3875 | .3454 | .3071 | .2719 | .2393 | .2090 | .1806 | 50 |
| 51 | .4333 | .3868 | .3448 | .3065 | .2713 | .2388 | .2085 | .1802 | 51 |
| 52 | .4325 | .3860 | .3441 | .3059 | .2707 | .2382 | .2080 | .1797 | 52 |
| 53 | .4316 | .3853 | .3434 | .3053 | .2702 | .2377 | .2075 | .1793 | 53 |
| 54 | .4308 | .3846 | .3428 | .3047 | .2696 | .2372 | .2070 | .1788 | 54 |
| 55 | .4300 | .3838 | .3421 | .3041 | .2691 | .2367 | .2065 | .1784 | 55 |
| 56 | .4292 | .3831 | .3415 | .3034 | .2685 | .2362 | .2061 | .1779 | 56 |
| 57 | .4284 | .3824 | .3408 | .3028 | .2679 | .2356 | .2056 | .1775 | 57 |
| 58 | .4276 | .3817 | .3401 | .3022 | .2674 | .2351 | .2051 | .1770 | 58 |
| 59 | .4268 | .3809 | .3395 | .3016 | .2668 | .2346 | .2046 | .1765 | 59 |

# Logaritmos diurnos 16 a 23 horas/Grados para cada minuto de tiempo

**HORAS O GRADOS**

| MINUTOS DE TIEMPO O ARC | 16 | 17 | 18 | 19 | 20 | 21 | 22 | 23 | MINUTOS DE TIEMPO O ARC |
|---|---|---|---|---|---|---|---|---|---|
| 0 | .1761 | .1498 | .1249 | .1015 | .0792 | .0580 | .0378 | .0185 | 0 |
| 1 | .1756 | .1493 | .1245 | .1011 | .0788 | .0576 | .0375 | .0182 | 1 |
| 2 | .1752 | .1489 | .1241 | .1007 | .0785 | .0573 | .0371 | .0179 | 2 |
| 3 | .1747 | .1485 | .1237 | .1003 | .0781 | .0570 | .0368 | .0175 | 3 |
| 4 | .1743 | .1481 | .1233 | .0999 | .0777 | .0566 | .0365 | .0172 | 4 |
| 5 | .1738 | .1476 | .1229 | .0996 | .0774 | .0563 | .0361 | .0169 | 5 |
| 6 | .1734 | .1472 | .1225 | .0992 | .0770 | .0559 | .0358 | .0166 | 6 |
| 7 | .1729 | .1468 | .1221 | .0988 | .0767 | .0556 | .0355 | .0163 | 7 |
| 8 | .1725 | .1464 | .1217 | .0984 | .0763 | .0552 | .0352 | .0160 | 8 |
| 9 | .1720 | .1459 | .1213 | .0980 | .0759 | .0549 | .0348 | .0157 | 9 |
| 10 | .1716 | .1455 | .1209 | .0977 | .0756 | .0546 | .0345 | .0153 | 10 |
| 11 | .1711 | .1451 | .1205 | .0973 | .0752 | .0542 | .0342 | .0150 | 11 |
| 12 | .1707 | .1447 | .1201 | .0969 | .0749 | .0539 | .0339 | .0147 | 12 |
| 13 | .1702 | .1443 | .1197 | .0965 | .0745 | .0535 | .0335 | .0144 | 13 |
| 14 | .1698 | .1438 | .1193 | .0962 | .0741 | .0532 | .0332 | .0141 | 14 |
| 15 | .1694 | .1434 | .1189 | .0958 | .0738 | .0529 | .0329 | .0138 | 15 |
| 16 | .1689 | .1430 | .1186 | .0954 | .0734 | .0525 | .0326 | .0135 | 16 |
| 17 | .1685 | .1426 | .1182 | .0950 | .0731 | .0522 | .0322 | .0132 | 17 |
| 18 | .1680 | .1422 | .1178 | .0947 | .0727 | .0518 | .0319 | .0129 | 18 |
| 19 | .1676 | .1417 | .1174 | .0943 | .0724 | .0515 | .0316 | .0125 | 19 |
| 20 | .1671 | .1413 | .1170 | .0939 | .0720 | .0512 | .0313 | .0122 | 20 |
| 21 | .1667 | .1409 | .1166 | .0935 | .0716 | .0508 | .0309 | .0119 | 21 |
| 22 | .1663 | .1405 | .1162 | .0932 | .0713 | .0505 | .0306 | .0116 | 22 |
| 23 | .1658 | .1401 | .1158 | .0928 | .0709 | .0501 | .0303 | .0113 | 23 |
| 24 | .1654 | .1397 | .1154 | .0924 | .0706 | .0498 | .0300 | .0110 | 24 |
| 25 | .1649 | .1392 | .1150 | .0920 | .0702 | .0495 | .0296 | .0107 | 25 |
| 26 | .1645 | .1388 | .1146 | .0917 | .0699 | .0491 | .0293 | .0104 | 26 |
| 27 | .1640 | .1384 | .1142 | .0913 | .0695 | .0488 | .0290 | .0101 | 27 |
| 28 | .1636 | .1380 | .1138 | .0909 | .0692 | .0484 | .0287 | .0098 | 28 |
| 29 | .1632 | .1376 | .1134 | .0905 | .0688 | .0481 | .0284 | .0095 | 29 |
| 30 | .1627 | .1372 | .1130 | .0902 | .0685 | .0478 | .0280 | .0091 | 30 |
| 31 | .1623 | .1368 | .1126 | .0898 | .0681 | .0474 | .0277 | .0088 | 31 |
| 32 | .1619 | .1363 | .1123 | .0894 | .0678 | .0471 | .0274 | .0085 | 32 |
| 33 | .1614 | .1359 | .1119 | .0891 | .0674 | .0468 | .0271 | .0082 | 33 |
| 34 | .1610 | .1355 | .1115 | .0887 | .0670 | .0464 | .0267 | .0079 | 34 |
| 35 | .1605 | .1351 | .1111 | .0883 | .0667 | .0461 | .0264 | .0076 | 35 |
| 36 | .1601 | .1347 | .1107 | .0880 | .0663 | .0458 | .0261 | .0073 | 36 |
| 37 | .1597 | .1343 | .1103 | .0876 | .0660 | .0454 | .0258 | .0070 | 37 |
| 38 | .1592 | .1339 | .1099 | .0872 | .0656 | .0451 | .0255 | .0067 | 38 |
| 39 | .1588 | .1335 | .1095 | .0868 | .0653 | .0448 | .0251 | .0064 | 39 |
| 40 | .1584 | .1331 | .1091 | .0865 | .0649 | .0444 | .0248 | .0061 | 40 |
| 41 | .1579 | .1326 | .1088 | .0861 | .0646 | .0441 | .0245 | .0058 | 41 |
| 42 | .1575 | .1322 | .1084 | .0857 | .0642 | .0438 | .0242 | .0055 | 42 |
| 43 | .1571 | .1318 | .1080 | .0854 | .0639 | .0434 | .0239 | .0052 | 43 |
| 44 | .1566 | .1314 | .1076 | .0850 | .0635 | .0431 | .0235 | .0049 | 44 |
| 45 | .1562 | .1310 | .1072 | .0846 | .0632 | .0428 | .0232 | .0045 | 45 |
| 46 | .1558 | .1306 | .1068 | .0843 | .0628 | .0424 | .0229 | .0042 | 46 |
| 47 | .1553 | .1302 | .1064 | .0839 | .0625 | .0421 | .0226 | .0039 | 47 |
| 48 | .1549 | .1298 | .1061 | .0835 | .0621 | .0418 | .0223 | .0036 | 48 |
| 49 | .1545 | .1294 | .1057 | .0832 | .0618 | .0414 | .0220 | .0033 | 49 |
| 50 | .1540 | .1290 | .1053 | .0828 | .0615 | .0411 | .0216 | .0030 | 50 |
| 51 | .1536 | .1286 | .1049 | .0825 | .0611 | .0408 | .0213 | .0027 | 51 |
| 52 | .1532 | .1282 | .1045 | .0821 | .0608 | .0404 | .0210 | .0024 | 52 |
| 53 | .1528 | .1278 | .1041 | .0817 | .0604 | .0401 | .0207 | .0021 | 53 |
| 54 | .1523 | .1274 | .1037 | .0814 | .0601 | .0398 | .0204 | .0018 | 54 |
| 55 | .1519 | .1270 | .1034 | .0810 | .0597 | .0394 | .0201 | .0015 | 55 |
| 56 | .1515 | .1266 | .1030 | .0806 | .0594 | .0391 | .0197 | .0012 | 56 |
| 57 | .1510 | .1261 | .1026 | .0803 | .0590 | .0388 | .0194 | .0009 | 57 |
| 58 | .1506 | .1257 | .1022 | .0799 | .0587 | .0384 | .0191 | .0006 | 58 |
| 59 | .1502 | .1253 | .1018 | .0795 | .0583 | .0381 | .0188 | .0003 | 59 |

*q*. Si la hora de nacimiento en Los Ángeles hubiera sido 9:30 PM, al añadirla a la EGMT y luego restar 12 horas, la GMT habría sido 5:30 AM del día siguiente, y se habría necesitado un paso más. Habría que restar esta cifra del mediodía, para encontrar cuántas horas hay desde las 5:30 hasta el mediodía. A esto se le llama *intervalo*. Entonces se debería encontrar la Constante Logarítmica para 6h30'. Debe recordarse que este paso sólo se da si la GMT es AM.

```
        H.M.
        07:53  EGMT              17:30
       +09:30  PM-LMT          −12:00
        16:90                   05:30 AM GMT
        17:30
```

# Fórmula 3:
# Rectificar las posiciones de los planetas

Fecha: 12 de julio de 1977   Hora: 10:30 AM PDT  Lugar: Los Ángeles (California)

**Recuérdese:** 1 signo = 30°, 1 grado = 60', 1 minuto = 60"

*r*. De las efemérides se saca la posición de la Luna para 2 días: el día después del nacimiento 13/7/77    19° ♊ 07' se convierte  para restar en
                                                 18°    67'
el día del nacimiento    12/7/77    −7° ♊ 15' se resta para encontrar la diferencia:
                                      11°    52'  que es la moción de la

Luna durante 24 horas (del mediodía del 12/7 al mediodía del 13/7).
*s*. Se busca esta cifra (11°52') en la Tabla de Logaritmos. La cifra 3059 es el PLR (logaritmo planetario).

```
Se añade el PLR    3059
        a la CL   +6398  (véase p. Fórmula 2, en pág. 30)
t.                 9457
```

Se busca esta cifra en la Tabla de Logaritmos y se convierte en grados y minutos. La cifra más cercana es 9462, donde se cortan 2° y 43'. Por lo tanto, 9457 = 2°43'. Esto indica cuánto se ha alejado la Luna desde el Mediodía de Greenwich, el 12/7 a las 5:30 PM GMT.

*u.* Si el GMT es PM (como en nuestro caso), se añade la cantidad calculada (2°43') a la posición de la Luna el día del nacimiento.

$$12/7/77 \qquad 7° \; \text{Ⅱ} \; 15'$$
$$\underline{+2° \qquad 43'}$$
$$9° \; \text{Ⅱ} \; 58' \qquad \text{Luna rectificada}$$

Si el GMT es AM, se resta la moción de la Luna de la posición de la Luna en el mediodía próximo.

$$13/7/77 \qquad 18° \; \text{Ⅱ} \; 67'$$
$$\underline{-2° \qquad 43'}$$
$$16° \; \text{Ⅱ} \; 24' \qquad \text{Luna rectificada}$$

Todos los planetas pueden rectificarse del mismo modo, usando la misma CL (Constante Logarítmica). Si un planeta es retrógrado (indicado en las efemérides con una Rx), se invierte el procedimiento.

## Explicación de la fórmula 3

El lector está ahora en disposición de rectificar la posición de los planetas usando la CL (Constante Logarítmica). Estamos tratando de una persona que nació a las 5:30 PM GMT (Hora Media de Greenwich), el 12 de julio de 1977. En otras palabras, después o más tarde del mediodía del 12 de julio, pero antes del mediodía del 13 de julio. Por lo tanto, para rectificar la posición de la Luna tomamos las dos fechas entre las cuales cae la hora del nacimiento. Rectificamos la Luna en el gráfico modelo; todos los planetas que se mueven rápidamente deben rectificarse de modo similar. El Sol, la Luna, Venus, Mercurio y Marte son los únicos planetas cuya rapidez de movimiento exige una cuidadosa rectificación. Júpiter, Saturno, Urano, Neptuno y Plutón se toman tal como aparecen en las efemérides, en el mediodía más próximo.

*r.* En las efemérides se busca la posición de la Luna para el Mediodía de Greenwich en el día 13 de julio de 1977, y para el Mediodía del 12 de julio de 1977. Se halla la diferencia en grados y minutos de un día al otro. Como se vio, convertimos uno de los grados en minutos para poder restar. Este procedimiento es normal en matemáticas, pero hay que tener presente que aquí se trata de minutos, que se transforman en 60, en lugar de una simple conversión decimal. El movimiento de la Luna es de 11°52'.

*s.* Se busca el resultado de este proceso en la Tabla de Logaritmos.

Se encuentra 11 en la columna de las horas, y 52 en la columna de los minutos. Se halla el punto en el que estas dos columnas se cortan y anotamos el número 3059. Éste es el PLR (Logaritmo planetario) para la Luna. Se suma esta cifra (PLR) a la Constante Logarítmica (véase el paso *p*).

*t*. El total de esa suma es 9457. Se busca esta cifra en la Tabla de Logaritmos invirtiendo el procedimiento anterior. Se busca la cifra más cercana (en este caso 9462) y se transforma en grados y minutos. 9462 = 2°43'. Ésta es la distancia que la Luna ha recorrido desde el Mediodía (Greenwich) del 12/7 a las 5:30 PM.

*u*. Hemos determinado que la Luna ha de rectificarse 2°43'. Pero ¿en qué sentido debe rectificarse? La persona en cuestión nació a las 5h30', después del mediodía del 12 de julio, o 18h30' antes del mediodía del 13 de julio. Se toma la posición más cercana, y se calcula a partir de ésta. Es fácil recordarlo con esta regla: *Si la GMT es PM, la rectificación se suma al día de nacimiento. Si la GMT es AM, la rectificación se resta del mediodía próximo.* Aplicando esta regla, rectificamos la posición de la Luna a 9° ♊ 58'.

Usando el mismo método, se rectifica el Sol, Mercurio, Venus y Marte.

Nótese que los planetas Urano y Neptuno tienen, en las efemérides, una Rx junto a su posición. Esto indica movimiento retrógrado. Para no pasar por alto este movimiento retrógrado, es importante leer siempre la línea superior y la inferior, para ver si el planeta se mueve hacia adelante o hacia atrás. Así, se verá que Urano el 12 de julio está a 7°♍ 42', pero el 13 de julio está a 7° ♍ 41', moviéndose, por lo tanto, hacia atrás. En la parte superior de la página, en la columna de Urano, se halla la letra R, que indica este movimiento retrógrado; sin embargo, como no siempre se mira la parte superior de la página, el lector podría no darse cuenta. Es mejor, por lo tanto, revisarlo todo cuidadosamente. Explicaremos más detalladamente el movimiento retrógrado en otra lección, más adelante.

En muchas efemérides no se dan los Nodos Lunares para cada día, sino sólo para cada tres días; en algunas, solamente se dan para el primer día de cada mes. La mayoría de los Nodos se mueven de modo regular, siempre *hacia atrás*, aproximadamente 03' por día y exactamente 10' en 3 días. Puesto que estamos calculando para el 12 de julio, se trata de 4 × 3 días, o 40' menos que la posición dada para el primero de julio, es decir, 20° ♎ 16'. La posición nodal rectificada, por lo tanto, es 19° ♎ 36' para el Nodo Norte. El Nodo Sur está siempre en oposición directa al Nodo Norte: por ello, su posición sería 19° ♈ 36'. Algunas efemérides usan los Verdaderos Nodos, que se mueven irregular-

**Fecha** 12/7/77  **Hora** 10:30 AM PDT  **Lugar** Los Ángeles, California  **Long.** 118W15  **Lat.** 34N03

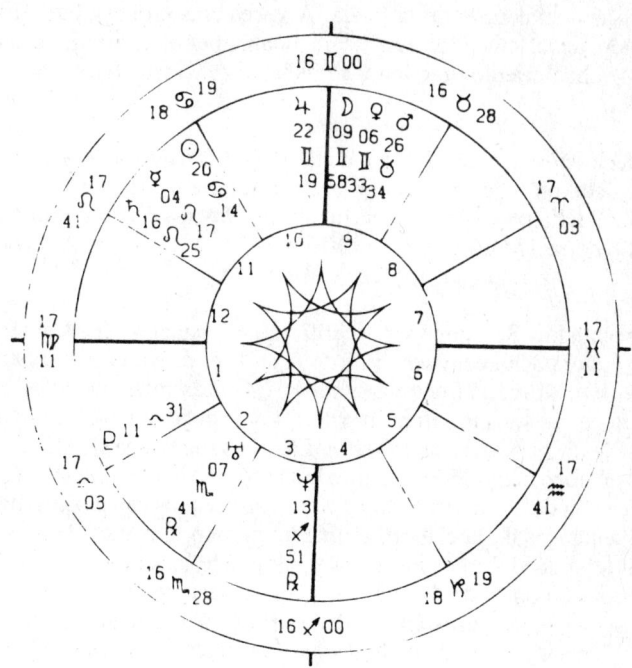

mente y se dan, por lo tanto, para cada día. Hablaremos más de los Nodos en otra lección.

El lector está ahora en condiciones de insertar los planetas en la rueda. Antes de hacerlo, sin embargo, le aconsejamos tomar unas cuantas precauciones para asegurarse de que sus cálculos son correctos.

**Precaución 1.** El lector sabe que nuestro Juan Pérez nació a las 9:37 AM LMT y si recuerda la rueda del primer volumen de *Aprenda Astrología*, sabe que cada casa tiene una zona horaria. Un Sol de primera casa indica una hora de nacimiento entre las 4:00 y las 6:00 AM; en la segunda casa, entre las 2:00 y las 4:00 AM, y así sucesivamente. Una persona nacida a las 9:30 AM, tendría el Sol alrededor de la undécima casa, que cubre el período de tiempo de las 8:00 a las 10:00 AM. Si el lector observa la rueda que ha construido, verá que la cúspide de la undécima casa es 18° ♋ 19', y que el Sol rectificado está a 20° ♋ 14'. Cae en la undécima casa, donde debe estar. Ésta es una buena manera de revisar la exactitud de la rueda. A veces el Sol puede caer justo al otro lado de la cúspide, aunque razonablemente cerca. Esto sucede cuando el nacimiento tuvo lugar a mucha distancia al Norte o al Sur del Ecuador.

**Precaución 2.** Cuando se calcula la GMT (Hora media de Greenwich), debe recordarse siempre la zona horaria de la que se parte. La hora del Pacífico es 8 horas anterior a la de Greenwich, longitud 120°W. El Sol recorre 15° cada hora; 120/15 = 8. Por lo tanto, 9:30 AM más 8 horas serán las 5:30 de la tarde.

**Precaución 3.** Cuando se rectifican los planetas, debe tenerse en mente la hora de Greenwich. 5:30 de la tarde es casi una cuarta parte del día (24 horas dividido entre 6 horas = 1/4). Las rectificaciones, por lo tanto, deberían ser aproximadamente 1/4 o un poco menos, puesto que se trata de las 5:30 y no de las 6:00 PM. En el caso de la Luna, 2°43' es justamente un poco menos de un cuarto de 11° 52'. Si hubiéramos hallado una rectificación de 5°, nos habríamos equivocado en los cálculos. Al enseñar las matemáticas de la elaboración de un gráfico, tratamos de mostrar la lógica de lo que estamos haciendo y por qué lo hacemos. El lector debe revisarlo todo antes de insertar los planetas; así evitará cometer errores por descuido y la confusión resultante. Hacer una lista de las posiciones de los planetas en el aspectario del gráfico, antes de insertar sus posiciones en el mismo gráfico, ayudará a darse cuenta de cuántos planetas van en cada casa, y podrá dejarse bastante espacio para todos.

**Precaución 4.** Cuando se trata de nacimientos que han tenido lugar a las 12:00 del mediodía o a las 12:00 de la medianoche, debe usarse 00:00:00; por ejemplo, si nació a las 12:10 PM, se usa 00:10 PM; si nació a las 12:25 AM, debe usarse 00:25 AM. Cualquier error cometido en esta área, se descubre cuando el Sol cae en una casa donde no debe estar.

## El lector debe insertar ahora los planetas en la rueda

Véase el ejemplo de nuestro gráfico en la página 37.

El gráfico, una vez acabado, no sólo tiene que ser exacto, debe también presentar un cuadro visual. Por ejemplo, el Sol está a 20° ♋ 14', y está en la undécima casa pero muy cerca de la cúspide de la décima. Debe, por lo tanto, colocarse cerca de esa cúspide, no en el centro de la undécima casa. Plutón está a 11° ♎ 31' en la primera casa, pero cerca de la cúspide de la segunda casa. Allí debe colocarse. Para la interpretación, estas colocaciones visuales son de gran ayuda. Hay que tomarse el tiempo necesario, ser exacto y tener cuidado al colocar los planetas en el gráfico.

En las páginas que siguen, damos las fórmulas para hacer cartas PM, cartas para lugares al Sur del Ecuador y para lugares al Este de Greenwich. Como se trata siempre de aplicar el mismo principio, no es necesario dar explicaciones extensas. Aconsejamos al lector que no se limite a leer el texto, sino que haga los ejemplos por sí mismo, que los siga con sus propias efemérides y Tabla de Casas. Sólo haciendo realmente las operaciones las comprenderá bien y alcanzará la habilidad necesaria para construir sus propias cartas.

**Ejercicio de repaso.** Calcular y levantar el horóscopo para Walt Disney. Nació el 5 de diciembre de 1901 AM CST, en Chicago, Illinois (87°W37' 41°N53'). Véanse las operaciones debidas y su verdadera carta en el apéndice, páginas 289-290.

## Fórmula 4:
## Hallar las casas para un nacimiento PM usando Efemérides de Mediodía

Fecha: 12 de julio de 1977   Hora: 4:13 PM PDT    Lugar: Los Ángeles (California)
   Se buscan la longitud y latitud de Los Ángeles en el *American Atlas* = 118W15 34N03
      Se halla la rectificación de meridiano = +7 minutos.
      Se halla la EGMT = +7 horas 53 minutos.
      Se comprueba si se había adoptado el horario de verano.

| H.M.S. | |
|---|---|
| 4:13:00 PM | Hora de nacimiento – 12/7/77 PDT |
| −1:00:00 | Se resta una hora debido al horario de verano |
| 3:13:00 PM | PST – 12/7/77 |
| +7:00 | rectificación de meridiano (se añaden 7' porque Los Ángeles está al ESTE del meridiano oficial) |
| 3:20:00 PM | LMT (Hora local media) 12/7/77 |
| +0:33 | Se añade rectificación LMT (3h20' 6h = 0'33") |

| | |
|---|---|
| +1:19 | Se añade rectificación EGMT (7h53' 6h = 1'19") |
| +7:21:04 | Se añade hora sideral para 12/7/77 (nacimiento) |
| 10:42:56 | TCST (verdadera hora sideral calculada). |

Se busca en la Tabla de Casas de Koch la hora sideral que más se aproxime a la dada (10:42:24) y se halla el Medio Cielo o cúspide de la décima casa (9 ℗). A lo largo de la página se busca la latitud (34N) y se halla el Ascendente y las cúspides de las casas intermedias. La carta acabada queda como la de esta página.

A veces, debido a la latitud y a la desigualdad en la forma de la Tierra, parece que un signo quede interceptado entre las cúspides de dos

**Fecha** 12/7/77   **Hora** 10:30 AM PDT   **Lugar** Los Ángeles, California   **Long.** 118W15   **Lat.** 34N03

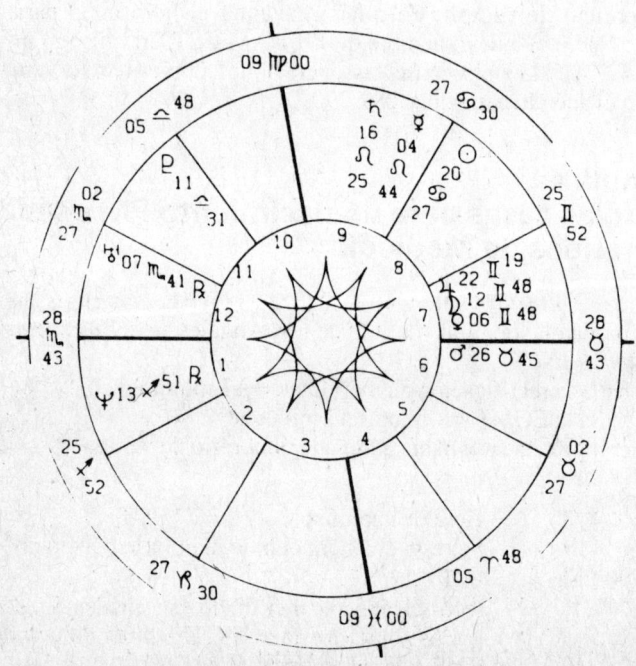

casas. Si esto sucede, el mismo signo aparecerá en cúspides sucesivas a uno u otro lado del gráfico. Explicaremos más a fondo este punto en la lección 8.

Si la persona nació a las 12 PM (mediodía), debe usarse 0:00:00 PM.

**Ejercicio de repaso:** Calcular y levantar el horóscopo de Farrah Fawcett. Nació el 2 de febrero de 1947, a las 3:10 PM CST, en Corpus Christi, Texas. Véanse los cálculos exactos y un ejemplar de su horóscopo en el apéndice, páginas 291-292.


# Fórmula 5:
# Casos en que la LMT y la GMT son AM

Cuando la LMT es AM y la GMT también lo es, la rectificación de los planetas es algo distinta, y la mejor manera de entenderlo es verla a través de un ejemplo.


Fecha: 12 de julio de 1977  Hora: 1:15 PM PDT   Lugar: Los Ángeles (California)
118W15        34N03   Rect. Merid. + 7'   EGMT 7h53'


| H.M.S. | | |
|---|---|---|
| 1:15:00 | AM | Hora de nacimiento PDT 12/7/77 |
| −1:00:00 | | Se resta una hora por horario de verano |
| 0:15:00 | AM | PST 12/7/77 |
| +7:00 | | Rectificación de meridiano para Los Ángeles |
| 0:22:00 | AM | LMT (hora media local) |
| +12:00:00 | | Se añaden 12 horas por un nacimiento AM |
| 12:22:00 | | LMTI |
| +2:04 | | Se añade rectificación LMTI (12h22'/6h = 2'04") |
| +1:19 | | Se añade rectificación EGMT (7h53'/6h = 1'19") |
| +7:17:08 | | Se añade hora sideral para 11/7/77 (día anterior) |
| 19:42:31 | | TCST (verdadera hora sideral calculada) |

A continuación se prepara la rueda como en la página 27. La hora que más se le acerca es 19h43'33" = MC de 24 ♑.

H.M.S.

| | | |
|---|---|---|
| 7:53:00 | | EGMT para Los Ángeles |
| +0:22:00 | AM | Se añade LMT del 12/7/77 |
| 7:75:00 | | Haciendo la conversión de minutos a horas: |
| 8:15:00 | AM | GMT (permanece AM del mismo día) 12/7/77 |

Puesto que se trata de un AM, debe RESTARSE este resultado del mediodía para encontrar el INTERVALO.

11:60
−8:15
 3:45

Se busca en la Tabla de Logaritmos 3°45' y se halla la Constante Logarítmica 8062.

Al rectificar planetas se usa la posición del planeta *en el día del nacimiento* (12/7/77) y para el *día anterior al nacimiento* (11/7/77), porque la GMT es antes de mediodía en Greenwich el día del nacimiento, o entre el mediodía del día 11 y del día 12 de julio.

Posición de la Luna 12/7/77          7° ♊ 15'
Posición de la Luna 11/7/77         −25° ♉ 27'
                                       11°      48' = PLR 3083
                                               + CL 8062
                                              1,1145 = 1°51'

Puesto que se trata de una GMT AM, 1°51' se restará de la Luna el día del nacimiento 12/7/77.

  7° ♊ 15'
−1°     51'
 5° ♊ 24'  LUNA RECTIFICADA para la hora de nacimiento 1:15 AM.

El movimiento diario de la Luna varía de 11°48' a 15°10'. El movimiento diario del Sol varía de 0°57' a 1°01'. Si en el resultado aparece una variación mayor o menor que las dadas en 24 horas, se han cometido errores de cálculo.

# Lección 3

## Fórmulas matemáticas para el mediodía de otros lugares

### Fórmula 6:
### Cálculos para el Este de Greenwich

Herman Hesse, nacido el 2 de julio de 1877 en Calw (Wuerttemberg) Alemania, a las 7:00 PM 8E03 48N01 Rectificación meridiana = 27'48" EGMT = – 0h32'12". No se adoptó horario de verano ni de guerra.

| H.M.S. | |
|---|---|
| 7:00:00 PM | 2/7/1877 |
| –27:48 | Rectificación meridiano para 8E03 |
| 6:32:12 PM | LMTI (Intervalo hora media local) |
| + 1:05 | Rectificación LMTI (6h32'/6 = 1'05") |
| 6:33:17 | |
| – 0:05 | Rectificación EGMT. Se resta para el Este de Greenwich (0h32"/6 = 0'05") |
| 6:33:12 | |
| +6:42:31 | Hora sideral para el 2/7/77 |
| 13:15:43 | TCST (verdadera hora sideral calculada). |

Se busca esta hora sideral en la Tabla de Casas y se prepara la rueda.

H.M.S.
6:32:12 PM    LMT 2/7/1877
−0:32:12    EGMT (se resta)
6:00:00 PM    GMT 2/7/1877
CL (Constante Logarítmica) para 6°00 = 6021

Puesto que la GMT es 6 PM o 6 horas después del mediodía del 2 de julio, deben usarse los planetas para el 2 y el 3 de julio.

|  | Sol | Luna | Mercurio | Venus | Marte |
|---|---|---|---|---|---|
| 3/7 | 11♋35 | 7♈20 | 23♊56 | 27♋07 | 12♓02 |
| 2/7 | −10♋38 | −25♓15 | −22♊15 | −25♋54 | −11♓39 |
|  | 57 | 12  05 | 1  41 | 1  13 | 23 |
| PLR | 1.4025 | .2980 | 1.1540 | 1.2959 | 1.7966 |
| CL | + 6021 | + 6021 | + 6021 | + 6021 | + 6021 |
|  | 2.0046 | 9001 | 1.7561 | 1.8971 | 2.3987 |
|  | = 14' | 3° 01' | 25' | 18' | 6' |
| 2/7 | 10♋38 | 22♓15 | 22♊15 | 25♋54 | 11♓39 |
|  | + 14 | + 3 01 | + 25 | + 18 | + 6 |
|  | 10♋52 | 28♓16 | 22♊40 | 26♋12 | 11♓45 |

Siendo una GMT PM (6 horas después del mediodía del 2 de julio), las rectificaciones se añaden a los planetas del 2 de julio.

## Explicación de la fórmula 6

**Cálculos para lugares al Este de Greenwich.** Al llegar a este punto, el lector debe ya tener práctica en levantar cartas y debe conocer la mayor parte de los términos usados.

Es evidente que la fórmula para el Este de Greenwich no difiere mucho de las empleadas para lugares del Oeste de Greenwich, y la variación AM y PM se mantiene exactamente igual. El único cambio es la rectificación de 10" necesaria para rectificar el bamboleo de la Tierra.

En la página 19, en las «Notas sobre el tiempo», el lector recordará que dijimos que siempre que nos movemos hacia el Oeste del Meridiano Patrón en Greenwich (el punto 0°), es más temprano porque el Sol aún no ha llegado allí en su moviminto de Este a Oeste. Por lo tanto, cuando vivimos al Oeste de Greenwich y pasamos a la hora media de Greenwich (GMT), debemos sumar. Lo mismo sucede cuando compensamos por el bamboleo al ejecutar la rectificación de 10" EGMT. Los *sumamos*.

Si nacemos al Este de Greenwich, el Sol ya ha pasado por allí. Es

**Nombre:** Hermann Hesse
**Fecha:** 2 de julio de 1877
**Hora:** 7:00 PM
**Lugar:** Calw (Wuerttemberg) Alemania
**Long.** 8E03
**Lat.** 48N01

**Fuente**
Sus propias notas

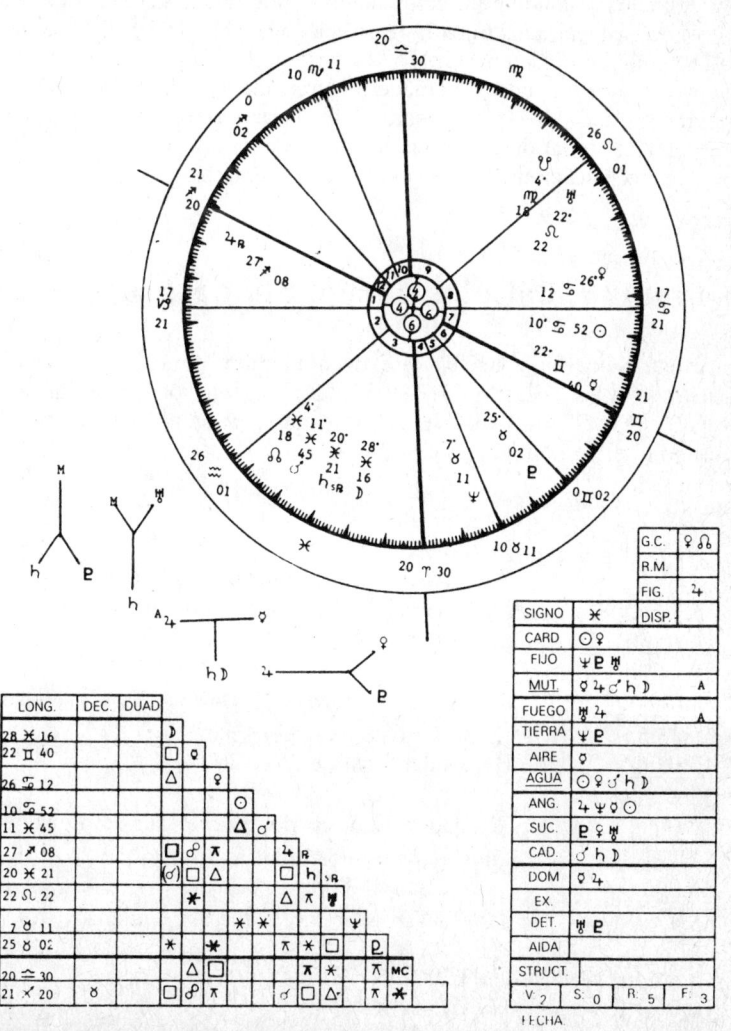

| LONG. | DEC. | DUAD | | | | | | | | | | | | | | |
|---|---|---|---|---|---|---|---|---|---|---|---|---|---|---|---|---|
| 28 ♓ 16 | | | ☽ | | | | | | | | | | | | | |
| 22 ♊ 40 | | | □ | ♀ | | | | | | | | | | | | |
| 26 ♋ 12 | | | △ | | ♀ | | | | | | | | | | | |
| 10 ♋ 52 | | | | | | ☉ | | | | | | | | | | |
| 11 ♓ 45 | | | | | | △ | ♂ | | | | | | | | | |
| 27 ♐ 08 | | | □ | ☍ | ⚹ | | | ♃ ᴿ | | | | | | | | |
| 20 ♓ 21 | | | (♂) | □ | △ | | | □ | ♄ ₅ᴿ | | | | | | | |
| 22 ♌ 22 | | | | ⚹ | | | | △ | ⚹ | ♅ | | | | | | |
| 7 ♉ 11 | | | | | ⚹ | ⚹ | | | | | ♆ | | | | | |
| 25 ♉ 02 | | | ⚹ | | ⚹ | | | ⚹ | ⚹ | □ | | ♇ | | | | |
| 20 ♎ 30 | | | | △ | □ | | | ⚹ | ⚹ | ⚹ | ⚹ | ⚹ | MC | | | |
| 21 ✶ 20 | ♉ | | □ | ☍ | ⚹ | | | ♂ | □ | △ᴿ | ⚹ | ⚹ | | |

| | | |
|---|---|---|
| G.C. | ♀ ☋ | |
| R.M. | | |
| FIG. | ♃ | |

| SIGNO | ♓ | DISP. | |
|---|---|---|---|
| CARD | ☉ ♀ | | |
| FIJO | ♆ ♇ ♅ | | |
| MUT. | ♀ ♃ ♂ ♄ ☽ | | A |
| FUEGO | ♅ ♃ | | A |
| TIERRA | ♆ ♇ | | |
| AIRE | ♀ | | |
| AGUA | ☉ ♀ ♂ ♄ ☽ | | |
| ANG. | ♃ ♆ ♀ ☉ | | |
| SUC. | ♇ ♀ ♅ | | |
| CAD. | ♂ ♄ ☽ | | |
| DOM | ♀ ♃ | | |
| EX. | | | |
| DET. | ♅ ♇ | | |
| AIDA | | | |
| STRUCT. | | | |
| V. 2 | S. 0 | R. 5 | F. 3 |
| FECHA. | | | |

más tarde al Este de Greenwich que en Greenwich, y cuando pasamos a GMT debemos *restar* para obtener la hora exacta. Si restamos el EGMT (equivalente de la hora media de Greenwich), es evidente que también tenemos que restar la rectificación de 10" de EGMT.

Como puede verse en el modelo, esto es exactamente lo que hicimos para el Este de Greenwich. Tomamos la hora de nacimiento, la rectificamos restándole la rectificación de meridiano para encontrar la hora media local, añadimos la rectificación LMTI de 10", y restamos del total la rectificación EGMT. Al resultado le añadimos la hora sideral, y esto nos da nuestra Verdadera Hora Sideral Calculada.

En resumen, la fórmula para el Este de Greenwich se desarrolla exactamente igual que las otras fórmulas de cartas *excepto* que *restamos* las rectificaciones EGMT en lugar de sumarlas.

## Fórmula 7: Cálculos para el Sur del Ecuador

Joan Sutherland, nacida el 7 de noviembre de 1926 en Sydney, Australia, a las 5:30 PM 151E10 33S55. Rectificación de meridiano = +4'40" EGMT = –10h04'40". No se había adoptado el horario de verano ni el de tiempo de guerra.

| H.M.S. | | |
|---|---|---|
| 5:30:00 | PM | 7/11/26 |
| +4:40 | | Rectificación de meridiano para Sydney |
| 5:34:40 | PM | LMTI (Intervalo de hora media local) |
| +0:56 | | LMTI rectificado (5h34'/6 = 0'56") |
| 5:34:96 | | |
| –1:41 | | Rectificación EGMT (10h04'/6 = 1'41") se resta |
| 5:33:55 | | para el Este de Greenwich |
| +15:03:43 | | Hora sideral para el 7/11/26 |
| 20:37:38 | | |
| +12:00:00 | | Se añaden 12 horas por estar al Sur del Ecuador |
| 32:37:38 | | Puesto que esta cantidad es mayor que 24 (1 día) |
| –24:00:00 | | se restan 24 horas |
| 8:37:38 | | TCST (Verdadera hora sideral calculada) |
| H.M.S. | | |
| 5:34:40 | PM | LMT 7/11/27 |
| –10:04:40 | | EGMT (se resta) |

7:30:00 AM    GMT 7/11/26 (se añaden 12 horas para poder hacer
la sustracción)

AM GMT    – hallar el intervalo
11:60
–7:30
4:30    Intervalo

Constante Logarítmica 7270

Se busca la TCST en la Tabla de Casas. La que más se aproxima es
8:37:36. Esto nos da un Medio Cielo de 7 ♌. Invirtiendo para la Latitud
Sur se tiene 7 ♒. Se buscan las otras cúspides para 34N y se invierten.

Puesto que se trata de una GMT AM o 4 horas 30 minutos antes del
mediodía del 7 de noviembre, deben usarse los planetas para noviembre
7 y 6. Luego se restan las rectificaciones de los planetas al acercarse al
mediodía (7 de noviembre). Debe recordarse que hay que invertir el
procedimiento para Marte, que es retrógado en su movimiento.

|  | Sol | Luna | Mercurio | Venus | Marte Rx |  |
|---|---|---|---|---|---|---|
| 7/11 | 14 ♍ 19 | 6 ♐ 30 | 7 ♐ 23 | 10 ♍ 51 | 10 ♉ 30 | 6/11 |
| 6/11 | –13 ♏ 19 | –23 ♏ 42 | –6 ♐ 29 | –9 ♍ 35 | –10 ♉ 08 | 7/11 |
|  | 1  00 | 12  28 | 54 | 1  16 | 22 |  |
| PLR | 1.3802 | 2730 | 1.4260 | 1.2775 | 1.8159 |  |
| CL | + 7270 | + 7270 | + 7270 | + 7270 | + 7270 |  |
|  | 2.1072 | 1.0000 | 2.1530 | 2.0045 | 2.5429 |  |
|  | = 11' | 2°24' | = 10' | = 15' | = 4' |  |
| 7/11 | 14 ♍ 19 | 6 ♐ 30 | 7 ♐ 23 | 10 ♍ 51 | 10 ♉ 08 |  |
|  | – 11 | –2  24 | – 10 | – 15 | + 4 |  |
|  | 14 ♍ 08 | 4 ♐ 06 | 7 ♐ 13 | 10 ♍ 36 | 10 ♉ 12 |  |

# Explicación de la fórmula 7

La fórmula matemática básica para estos cálculos es exactamente la
misma que hemos estado practicando. En nuestro ejemplo hemos usado
Australia, que está al Este de Greenwich; por lo tanto, restamos la rectificación de EGMT de 10" como ya explicamos en el ejemplo anterior
del Este de Greenwich. La única diferencia real es que al final, antes de
hallar la TCST (Verdadera hora sideral calculada), añadiremos 12 horas.

El porqué de esta última operación es evidente: en todas las efemérides, la hora sideral se calcula empezando en el punto 0 durante el
Equinoccio de primavera, que tiene lugar alrededor del 22 de marzo de

**Nombre:** Joan Sutherland
**Fecha:** 7 de noviembre de 1926
**Hora:** 5:30 PM
**Lugar:** Sydney, Australia
**Long.** 151E10
**Lat.** 33S55

**Fuente**
Robert Jansky

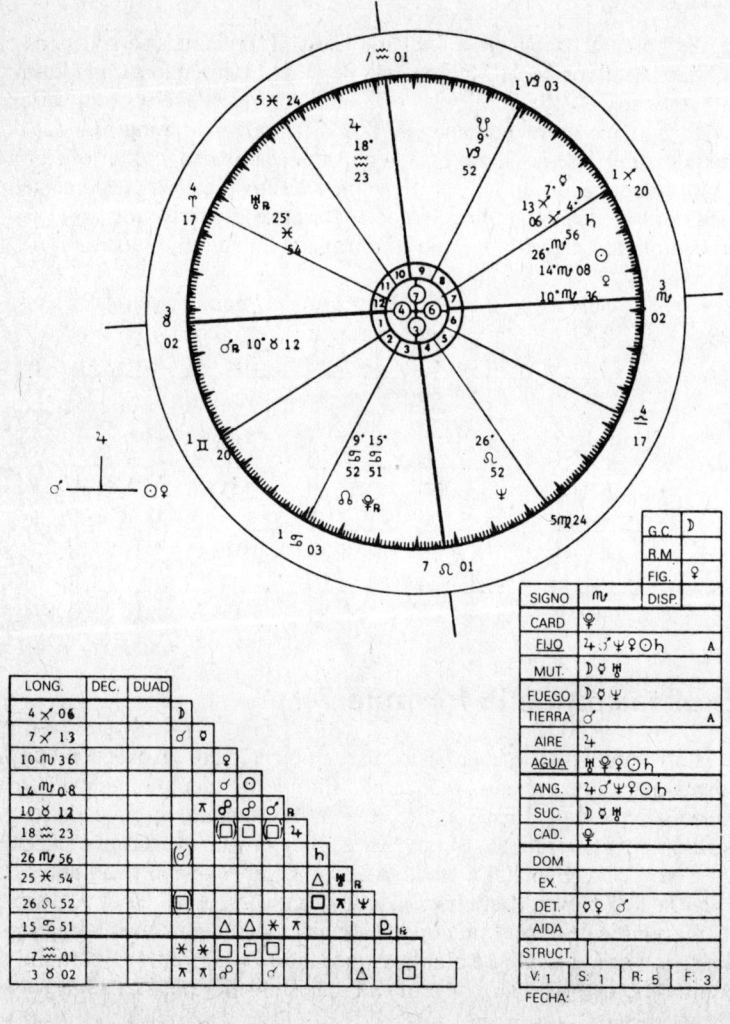

| LONG. | DEC. | DUAD |
|-------|------|------|
| 4 ♓ 06 | | |
| 7 ♓ 13 | | |
| 10 ♏ 36 | | |
| 14 ♏ 08 | | |
| 10 ♉ 12 | | |
| 18 ♒ 23 | | |
| 26 ♏ 56 | | |
| 25 ♓ 54 | | |
| 26 ♌ 52 | | |
| 15 ♋ 51 | | |
| 7 ♒ 01 | | |
| 3 ♉ 02 | | |

| | | |
|---|---|---|
| G.C. | | ☽ |
| R.M. | | |
| FIG. | | ♀ |
| SIGNO | ♏ | DISP. |
| CARD | ♀ | |
| FIJO | ♃♂♇♀☉♄ | A |
| MUT. | ☽☿♅ | |
| FUEGO | ☽☿♆ | |
| TIERRA | ♂ | A |
| AIRE | ♃ | |
| AGUA | ♅♀♀☉♄ | |
| ANG. | ♃♂♆♀☉♄ | |
| SUC. | ☽☿♅ | |
| CAD. | ♀ | |
| DOM | | |
| EX. | | |
| DET. | ♀♀♂ | |
| AIDA | | |
| STRUCT. | | |
| V: 1 | S: 1 | R: 5 | F: 3 |
| FECHA: | | |

cada año. Pero al Sur del Ecuador, es otoño cuando en las latitudes del Norte es primavera. Tenemos que ajustar la hora sideral añadiendo 12 horas (o cambiando Aries por Libra). Puede comprobarse rápidamente si todos los cálculos se han hecho bien fijándose en si el Sol cae en la casa que le corresponde por zona horaria. Joan Sutherland, por ejemplo, nació entre las 4:00 y las 6:00 PM, por lo tanto sabemos que el Sol tiene que estar en su séptima casa.

Debe tenerse en cuenta un cambio importante que no es, en realidad, un cambio en los cálculos sino en la lectura de la Tabla de Casas. En la Tabla de Casas de Koch (y en la mayoría de las que se encuentran hoy), las latitudes se dan siempre para el Norte del Ecuador. Para encontrar las posiciones del Sur, debe invertir la carta. En nuestro ejemplo, encontramos en la página 68 de la Tabla de Casas de Koch la TCST de 8h37'36" (muy cercana a nuestra TCST real de 8h37'38"). El Medio Cielo o punto más septentrional indicado es 7° Leo. Pero se trata de una situación al Sur del Ecuador, por lo tanto debería ser el punto más meridional, o la cúspide de la cuarta casa, la que se encontraría a 7° Leo. El Medio Cielo, por lo tanto, tendría en su cúspide el signo opuesto en el mismo grado, es decir, 7° Acuario.

A lo largo de la página 68 de la Tabla de Casas de Koch buscamos 33°S55'; el que más se aproxima es 34, pero no Sur, que no se da en nuestras tablas; en ellas se encuentra 34°N. Una vez más, se trata de puntos opuestos. La cúspide de la duodécima casa sería la opuesta, es decir, la sexta casa. La sexta casa tendría 4° ♎ 15' en la cúspide; la duodécima casa tendría 4° ♈ 15', y así sucesivamente a lo largo de la carta.

# Fórmula 8: Cálculos rápidos y fáciles

Fecha: 12 de julio, de 1977 Hora: 10:30 AM PDT en Los Ángeles, California
118W15 34N03 EGMT: 7:53:00

| H.M.S. | | |
|---|---|---|
| 10:30:00 | AM | PDT 12/7/77 |
| −1:00:00 | | (se resta por horario de verano) |
| 9:30:00 | AM | PST 12/7/77 |
| +8:00:00 | | (se añade la zona horaria, véase el mapa en pág. 22 para Los Ángeles, zona del Pacífico = 8 horas) |
| 17:30:00 | | Esto es el GMT (se resta 12 si pasa de 12) = GMT 5:30 PM 12/7/77 |
| +12:00:00 | | (se añaden 12 horas porque es un nacimiento AM) |

| | |
|---|---|
| 29:30:00 | Esto se usa para obtener la Constante Logarítmica (si pasa de 24 horas, se resta 24) = 5°30 CL 6399 |
| +4:55 | rectificación 10" (29h30'/6 = 4h55') |
| +7:17:08 | se añade ST (hora sideral) para el día anterior, ya que éste es un nacimiento AM, 11/7/77 |
| 36:51:63 | |
| −7:53:00 | se resta EGMT para Los Ángeles (si EGMT es ESTE, se debe sumar) |
| 28:58:63 | |
| 28:59:03 | se convierten los 63" |
| −24:00:00 | si pasa de 24 horas, se resta 24 |
| 4:59:00 | TCST (Verdadera hora sideral calculada). Se busca ésta en la Tabla de Casas para 34N y se construye la rueda. |

Para rectificar los planetas, se toma la posición del día del nacimiento y del día después; se halla la diferencia y se obtiene el PLR (logaritmo planetario) de la tabla de logaritmos; se añade la CL al PLR; se busca en la tabla de logaritmos y se añade esta cifra al planeta en el día del nacimiento.

**Ejemplo:**

$$
\begin{array}{lll}
\text{Sol } 13/7/77 & 20° \text{ ♋ } 58' & \\
\quad\ \ 12/7/77 & -20° \text{ ♋ } 01' & \\
& \qquad 57' & = 1,4025 \text{ PLR} \\
& \qquad + 6399 & \text{CL} \\
& \qquad 2,0424 & = 13'
\end{array}
$$

$$
\begin{array}{lll}
\text{Sol } 12/7/77 & 20° \text{ ♋ } 01' & \\
& + \qquad 13' & \\
& 20° \text{ ♋ } 14' & \text{Sol rectificado}
\end{array}
$$

$$
\begin{array}{lll}
\text{Luna } 13/7/77 & 19° \text{ ♊ } 07' & \\
\quad\ \ \ 12/7/77 & -7° \text{ ♊ } 15' & \\
& 11° \qquad 52' & = 3059 \text{ PLR} \\
& + \qquad 6399 & \text{CL} \\
& 9458 & = 2° 43'
\end{array}
$$

$$
\begin{array}{lll}
\text{Luna } 12/7/77 & 7° \text{ ♊ } 15' & \\
& +2° \qquad 43' & \\
& 9° \text{ ♊ } 58' & \text{Luna rectificada}
\end{array}
$$

Con ese sistema, siempre *se suman las rectificaciones.*

**Regla**. Si la hora de nacimiento es AM y después de añadir la zona horaria la GMT es PM, se toma el día de nacimiento y el día después y se añade al de nacimiento, como en el ejemplo anterior.

Si la hora de nacimiento es PM y después de añadir la zona horaria la GMT es PM, se toma el día de nacimiento y el día después y se añade al de nacimiento, como en el ejemplo anterior.

Si la hora de nacimiento es AM y después de añadir la zona horaria la GMT es aún AM se usan los planetas del día de nacimiento y del DÍA ANTERIOR, pero también se SUMAN las rectificaciones.

Lo mismo sucede si la hora de nacimiento es a última hora PM pero se convierte en GMT a primera hora AM, después de añadir la zona horaria.

**Ejemplo:**

```
H.M.S.
 0:15:00 AM      12/7/77
+8:00:00         Zona horaria del Pacífico
 8:15:00 AM      GMT 12/7/77 (esta cifra no pasa del mediodía)
+12:00:00        se añaden 12 horas por ser un nacimiento AM
20:15:00         ésta es la constante logarítmica = CL 0738
   +3:23         10" rectificación
 +7:17:08        ST 11/7/77 (día anterior para un nacimiento AM)
27:35:31
 -7:53:00        EGMT Los Ángeles
19:42:31         TCST
```

Para rectificar planetas:

```
Luna 12/7/77         7°  ♊ 15'
Luna 11/7/77       -25°  ♉ 27'
                    11°    48' = 3083 PLR
                          +0738 CL
                           3821 = 9°57'
Luna 11/7/77        25°  ♉ 27'
                    +9°    57'
                    34°    84'
Luna rectificada     5°  ♊ 24'
```

Estos cálculos rápidos y fáciles deben usarse solamente después de aprender bien todas las fórmulas de la 1 a la 7 y de comprender por qué se hacen cada una de las operaciones. Lo que consigue que esta fórmula sea fácil es no tener que preocuparse nunca por saber si hay que sumar o restar. Siempre se suma. Siempre. Lo único que debe tenerse presente es las fechas que hay que usar. Pero si se recuerdan las reglas: PM GMT emplea el día de nacimiento y el día después, AM GMT emplea el día de nacimiento y el día antes, todo es muy fácil.

Si observamos la fórmula 1, veremos que hemos obtenido la misma TCST con cualquiera de los dos sistemas cuando el nacimiento es a las 10:30 AM PDT 12/7/77.

En la fórmula 3 hemos visto que la rectificación de la Luna (de *r* a *u*) nos da una Luna rectificada de 9° ♊ 58', sea cual sea el sistema usado.

La fórmula 5 muestra que ambos sistemas llegan a las mismas TCST y rectificación planetaria cuando la persona nació a la 1:15 AM PDT (o a las 0:15 AM PST).

Puesto que con los cálculos fáciles se hace todo en una sola etapa, es importante marcar muy claramente la GMT y la Constante Logarítmica, ya que ambas se usarán para otros fines al ir avanzando en los estudios astrológicos.

Todas las demás reglas y regulaciones son tal como se dieron en alguna de las otras fórmulas. Cuando el lugar de nacimiento es al ESTE de Greenwich, la zona horaria se resta (primer paso) y la EGMT se suma (último paso), exactamente lo contrario del procedimiento para el OESTE de Greenwich mostrado en nuestros ejemplos.

Para el SUR del Ecuador, se añaden 12 horas en una última operación, tal como se mostró en la fórmula 7. Debe estudiarse bien cómo se lee la Tabla de Casas para el Sur del Ecuador, tal como explicamos en la fórmula 7.

Para facilitarle el camino al lector, hemos añadido un mapa de las zonas horarias oficiales en la página 22.

# Lección 4

## Fórmulas matemáticas
## para medianoche y para cuando
## no se conoce la hora del nacimiento

### Fórmula 9

En las próximas páginas explicaremos cómo se usan las Efemérides de Medianoche por si el lector quisiera usar este método. El principio y los resultados son, desde luego, los mismos. Emplear este método es cuestión de gusto personal o de cuáles sean las efemérides que se tienen a mano.

### Cálculo de medianoche — Carta AM

Fecha: 12 de julio de 1977 Hora: 10:30 AM PDT Lugar: Los Ángeles (California)
118W15   34N03   Rect. Merid. +7'   EGMT +7h53'

| H.M.S.  AM | 12/7/77 PDT |
|---|---|
| 10:30:00 | |
| −1:00:00 | Horario de verano |
| 9:30:00 AM | 12/7/77 PST |
| +7:00 | Rectificación de meridiano |
| 9:37:00 AM | LMTI |
| +1:36 | LMTI rectificación (9h37'/6 = 1'36") |
| +1:19 | EGMT rectificación (7h53'/6 = 1'19") |

| +19:19:06 | Hora sideral para 12/7/77 |
| 28:58:61 | reduciendo |
| 28:59:01 | más de 24 horas (1 día) |
| −24:00:00 | se restan 24 |
| 4:59:01 | TCST (Verdadera hora sideral calculada) |

Para hallar GMT y CL:

H.M.S.

| 7:53:00 | EGMT para Los Ángeles |
| +9:37:00 AM | LMT 12/7/77 |
| 16:90:00 | se reduce |
| 17:30:00 AM | no existe |
| −12:00:00 | se restan 12 horas |
| 5:30:00 PM | GMT 12/7/77 |

Para hallar el Intervalo:

11:60 (Medianoche en horas y minutos)
−5:30
6:30: Intervalo

Constante Logarítmica 5673

Para rectificar posiciones planetarias:

Luna 13/7/77  13° ♊ 10'
12/7/77  −1°     20'
11°  ♊ 50'

PLR = 3071
CL  + 5673
8744 = 3°12'
Luna 13/7/77     13° ♊ 10'
−3°     12'
9° ♊ 58'    Luna rectificada

**Regla.** Si la GMT es PM, se resta la rectificación de la medianoche que se aproxima. Se rectifican todos los demás planetas usando la misma constante logarítmica y la misma regla.

# Fórmula 10:
# Cálculo de medianoche — Carta PM

Fecha: 12 de julio de 1977 Hora: 4:13 PM PDT    Lugar: Los Ángeles (California)

118W15    34N03    Rectif. Mer. + 7'    EGMT +7h53'
Para hallar las cúspides de las casas:

| H.M.S | |
|---|---|
| 4:13:00 PM | PDT-12/7/77 |
| −1:00:00 | Horario de verano |
| 3:13:00 PM | PST 12/7/77 |
| +7:00 | Rectificación de Meridiano |
| 3:20:00 PM | LMT 12/7/77 |
| +12:00:00 | para nacimiento PM (tiempo pasado desde media-noche anterior) |
| 15:20:00 | LMTI |
| +2:33 | Rectificación LMTI (15h20'/6 = 2'33") |
| +119 | Rectificación EGMT (7h53'/6 = 1'19") |
| +19:19:06 | Hora Sideral para 12/7/77 |
| 34:42:58 | Más de 24 horas (1 día) |
| 24:00:00 | Se restan 24 horas |
| 10:42:58 | TCST (Verdadera hora sideral calculada) |

Para encontrar GMT y CL:

| H.M.S. | |
|---|---|
| 7:53:00 | EGMT para Los Ángeles |
| +3:20:00 | PM LMT 12/7/77 |
| 10:73:00 | se reduce |
| 11:13:00 PM | GMT 12/7/77 |

Para hallar el Intervalo    11:60 (Medianoche en horas y minutos)
Se resta la GMT    −11:13
                   0:47 Intervalo
Constante Logarítmica 1:48:63

Para rectificar las posiciones de los planetas:
Luna 13/7/77    13° ♊ 11'
Luna 12/7/77    −1° ♊ 21'
                11°    50'
        PLR    = 3071
        CL    + 1.4863
               1.7934 = 23'

Luna 13° ♊ 11'
        − 23'
12° ♊ 48' Luna rectificada.

**Regla.** Si la GMT es PM, se resta la rectificación de la medianoche que se aproxima.

Se rectifican todos los demás planetas usando la misma Constante Logarítmica y la misma regla.

## Fórmula 11:
## Cálculo de medianoche — Carta PM

Fecha: 12 de julio de 1977 Hora: 6:15 PM PDT    Lugar: Los Ángeles (California)
118W15   34N03   Rect.   Merid. +7'   EGMT +7h53'

Para hallar las cúspides de las casas:
H.M.S.

| | | |
|---|---|---|
| 6:15:00 PM | PDT 12/7/77 |
| −1:00:00 | Horario de verano |
| 5:15:00 PM | PST 12/7/77 |
| +7:00 | Rectificación de meridiano |
| 5:22:00 PM | LMT |
| +12:00:00 | para un nacimiento PM (tiempo pasado desde mediodía previo) |
| 17:22:00 | LMTI |
| +2:54 | Rectificación LMTI (17h22'/6 = 2'54") |
| +1:19 | Rectificación EGMT (7h53'/6 = 1'19") |
| +19:19:06 | Hora sideral 12/7/77 |
| 36:44:79 | Se reduce |
| 36:45:19 | Más de 24 horas (1 día) |
| −24:00:00 | Se restan 24 horas |
| 12:45:19 | TCST (Verdadera hora sideral calculada) |

Para hallar la GMT y CL:
H.M.S.

| | | |
|---|---|---|
| 7:53:00 | EGMT para Los Ángeles |
| +5:22:00 PM | LMT 12/7/77 |
| 12:75:00 | Se reduce |
| 13:15:00 PM | (no es posible) |
| −12:00:00 | se restan 12 horas |
| 1:15:00 AM | GMT 13/7/77, o sea, el día siguiente. |

Constante Logarítmica 1,2833.

Para rectificar las posiciones de los planetas:

$$
\begin{array}{ll}
\text{Luna } 14/7/77 & 25° \text{ ♊ } 05' \\
13/7/77 & \underline{-13° \quad 10'} \\
& 11° \text{ ♊ } 55' \\
\text{PLR } = & 3041 \\
\text{CL } & \underline{+1,2833} \\
& 1,5874 = 37' \\
\text{Luna } 13/7/77 & 13° \text{ ♊ } 10' \\
+ & \underline{\quad\quad 37'} \\
\text{Luna rectificada} & 13° \text{ ♊ } 47'
\end{array}
$$

**Regla**. Si la GMT es AM, se añade la rectificación a la posición del planeta al acercarse la medianoche. Nótese que las dos medianoches que aparecen en el ejemplo son las del 14/7 y 13/7.

Se rectifican todos los demás planetas usando la misma constante logarítmica y la misma regla.

## Explicación de las fórmulas 9, 10 y 11

**Exposición razonada del cálculo para medianoche.** Si el lector se ha ejercitado en levantar cartas con unas Efemérides de Mediodía, de la cual le hemos proporcionado muchos ejemplos distintos, le será muy fácil comprender el mismo principio referido a las Efemérides de Medianoche. Al mostrar aquí los cálculos de medianoche, hemos usado de nuevo, intencionadamente, 10:30 AM y 4:13 PM en Los Ángeles para mostrar que el resultado final es exactamente el mismo (una diferencia de 2" no cambia ciertamente nada). Y, desde luego, tampoco hay diferencia alguna en la rectificación de los planetas.

Véase la fórmula 1, página 25, para un nacimiento AM al Oeste de Greenwich, y compárese luego con la misma información de nacimiento que se calculó usando una Efemérides de Medianoche. (Nosotras hemos usado «Die Deutsche Ephemeride», 1971-1980, pero puede usarse cualquier Efemérides de Medianoche.) Tenemos también que restar una hora a causa de DST. Tenemos asimismo que sumar la rectificación del meridiano para hallar la hora local exacta. Pero aquí hay un cambio. En un nacimiento AM, usando una Efemérides de Mediodía, debemos tener en cuenta el tiempo pasado hasta el mediodía. Cuando se usa una Efemérides de Medianoche, esto no es necesario. Se hacen solamente las rectificaciones de LMT y EGMT y luego se añade la hora sideral (la del verdadero día de nacimiento, no la del día anterior a él). Ésta es la segunda variación, basada, desde luego, en el mismo principio. Nótese que la hora sideral en la Efemérides de Mediodía aparece como 07:17:08 para el 11 de julio, y 7:21:04 para el 12 de julio (se encontrará en el ejemplo del gráfico PM de la pág. 40). La hora sideral en la Efemérides de Medianoche es 19:19:06. Esto es a causa de las 12 horas que añadimos en los cálculos de mediodía. En otras palabras, en cualquier Efemérides de Medianoche, el día empieza un segundo después de la medianoche; mientras que, en una Efemérides de Mediodía, el día empieza un segundo después del mediodía.

Vamos a invertir el procedimiento. Se trata de alguien que nació por la tarde, como en la carta de la página 55, fórmula 10. Tenemos también que restar una hora a causa del horario de verano y añadir la rectificación del meridiano para Los Ángeles, pero ahora se trata de un nacimiento que ocurrió después de las 12 del mediodía; como nuestro día empieza a medianoche, tenemos que añadir 12 horas para tener en cuenta el tiempo pasado desde la medianoche al mediodía. A continuación se sigue exactamente el mismo procedimiento, pero tomamos la hora sideral del verdadero día de nacimiento, porque las 4:13 PM aún caen entre la medianoche del 12 y la medianoche del 13. Al levantar la carta AM para un nacimiento AM con unas Efemérides de Mediodía, el nacimiento ocurriría por la mañana antes del mediodía del verdadero día de nacimiento. (La persona había nacido a las 9:30 AM PST, el 12 de julio; el día de las efemérides empieza al mediodía de esa fecha, por lo tanto tomamos el día anterior, 11 de julio).

**Resumen:** Al trabajar con unas Efemérides de Medianoche, se usa la suma de 12 horas solamente para una persona nacida después de mediodía. Siempre se usa la hora sideral del día real del nacimiento.

## Para encontrar la GMT y la Constante Logarítmica, y para rectificar planetas

En nuestra fórmula 9, cálculos de Medianoche AM, se vio que, fuera cual fuese el método usado, la GMT era siempre la misma, es decir, 5:30, y el intervalo del cual sacamos la Constante Logarítmica era también el mismo, 5673. (Véase fórmula 2, pág. 29). La diferencia está en la posición de los planetas que, desde luego, es distinta al mediodía de lo que sería a medianoche. El cambio más evidente aparece en la posición de la Luna, porque ésta es el planeta que se mueve a mayor velocidad. La posición para la medianoche del 13 de julio es 13° ♊ 10', y para la medianoche del 12 de julio es 01° ♊ 20'. Usamos estas dos medianoches porque la GMT de 5:30 PM cae entre las dos. Si se procede a la conversión logarítmica, se verá que la diferencia real de tiempo para las 5:30 PM es 3°12'.

A las 5:30 PM se está más cerca de la medianoche del 13 de julio que de la del 12 de julio; por lo tanto, se resta 3°12' del 13, y la Luna rectificada es 9° ♊ 58'. Si repasamos ahora la fórmula 3, página 34, veremos que la rectificación de la Luna, hecha con una Efemérides de Mediodía, nos da el mismo resultado: 9° ♊ 58'.

La rectificación planetaria en la fórmula 10 es la misma que acabamos de explicar. Tenemos una GMT PM y restamos la diferencia de la medianoche del 13 de julio. Si se observa el gráfico de la página 40, basado en nuestra fórmula 4 para cálculos PM, se verá que la Luna se halla a 12° ♊ 48', exactamente lo mismo que se halla con los cálculos de medianoche.

La rectificación planetaria para nuestra fórmula 11 muestra un cambio. La persona en cuestión había nacido a las 5:15 PM PST, y al pasar esta hora a GMT nos encontramos a la 1:15 AM del día siguiente, el 13 de julio. Esto nos coloca más cerca de la medianoche del 13 que de la del 14, por lo tanto añadimos la diferencia horaria de 37' al día 13.

**Resumen:** Siempre debe tenerse en cuenta cuál es la medianoche que está más cerca, y ajustar los cálculos en la debida forma.

# Fórmula 12:
# Cálculos rápidos y fáciles para medianoche

Fecha: 12 de julio de 1977 Hora: 10:30 AM PDT Lugar: Los Ángeles (California)
118W15   34N03   EGMT   7:53:00

H.M.S.

| | |
|---|---|
| 10:30:00 AM | PDT 12/7/77 |
| −1:00:00 | Horario de verano |
| 9:30:00 AM | PST 12/7/77 |
| +8:00:00 | Zona horaria del Pacífico |
| 17:30:00 | Ésta es la CL 1372 y GMT (17:30 horas) 5:30 PM |
| | GMT 12/7/77 |
| +2:55 | Rectificación 10" (17:30/6 = 2:55) |

+19:19:06        ST 12/7/77
39:51:61
−7:53:00        EGMT para Los Ángeles
28:58:61
−24:00:00
4:58:61        se reduce
4:59:01        TCST

Para rectificar los planetas, se toma su posición en el día del nacimiento y en el día que sigue a éste.

Sol 13/7/77   20° ♋ 30'
    12/7/77  −19° ♋ 33'
                57' = 1,4025 PLR
                    +1372 CL
             1,5397 = 41'

Sol 12/7/77   19° ♋ 33'
           +     41'
          19°    74' se reduce
          20° ♋ 14' Sol rectificado

Luna 13/7/77  13° ♊ 11'
     12/7/77  −1° ♊ 21'
            11°    50' = 3071 PLR
                    +1372 CL
                  4443 = 8° 37'
Luna 12/7/77  1° ♊ 21'
        +8°   37'
        9° ♊ 48'         Luna rectificada

Si se observa la fórmula 9, cálculo de medianoche-carta AM, se verá que la hora y la fecha de nacimiento son las mismas, como también lo son los resultados de la verdadera hora sideral calculada y de la rectificación de los planetas; sólo los pasos necesarios para llegar a esos resultados son ligeramente distintos.

Fecha: 12 de julio de 1977 Hora: 4:13 PM PDT   Lugar: Los Ángeles (California)
118W15  34N03  EGMT  7:53:00

H.M.S.

| | |
|---|---|
| 4:13:00 PM | PDT 12/7/77 |
| −1:00:00 | Horario de verano |
| 3:13:00 PM | PST 12/7/77 |
| +8:00:00 | Zona horaria del Pacífico |
| 11:13:00 PM | GMT 12/7/77 |
| +12:00:00 | por pasar de la medianoche |
| 23:13:00 | Ésta es la CL 0144 |
| +3:52 | Rectificación 10" (23:13/6 = 3:52) |
| +19:19:06 | ST para el 12/7/77 |
| 42:35:58 | |
| −7:53:00 | EGMT para Los Ángeles |
| 34:42:58 | |
| −24:00:00 | |
| 10:42:58 | TCST |

Se toman los planetas para el 13/7 y el 12/7

Luna 13/7/77    13° ♊ 11'
    12/7/77    −1° ♊ 21'
        11°    50' = 3071 PLR
            + 0144 CL
            3215 = 11° 27'

Luna 12/7/77    + 1° ♊ 21'
        +11°    27'
        +12° ♊ 48'    Luna rectificada

Si se observa ahora la fórmula 10, cálculo de medianoche-carta PM, se verá que con la misma hora y fecha de nacimiento se han obtenido los mismos resultados para TCST y para la rectificación planetaria.

El lector debe repasar bien todas las explicaciones matemáticas dadas en las lecciones anteriores antes de usar esta fórmula rápida y fácil. Es importante comprender bien el porqué de cada uno de los pasos dados en los métodos más complicados antes de adoptar el abreviado y hacer los cálculos de memoria. Deben leerse también las explicaciones de estos cálculos rápidos y fáciles dadas en la fórmula 8, página 49.

## ¿Qué sucede si no se conoce la hora de nacimiento?

Ésta es una de las situaciones difíciles que pueden darse en Astrología. Hay unos métodos determinados con los cuales se puede rectificar un horóscopo, pero es un procedimiento difícil y complicado y, aunque se hayan pasado muchas horas tratando de que un suceso se adapte a una determinada posición astral, nunca se puede tener la seguridad absoluta de que la carta rectificada sea la correcta.

Hay varios métodos fáciles para levantar una carta que nos proporcione algo de conocimiento, pero ninguno de ésos revelará nunca tanto como un gráfico natal (radical) basado en la hora verdadera del nacimiento.

**Carta Plana**. Ésta es la rueda natural o plana que enseñamos en el primer volumen. Se coloca 0° Aries en el Ascendente, 0° Tauro en la cúspide de la segunda casa, 0° Géminis en la cúspide de la tercera casa, y así sucesivamente alrededor de la rueda. Simplemente se copia la posición de los planetas según se encuentran en la efemérides para la fecha de nacimiento, y se insertan en las casas debidas. Desgraciadamente, la Luna llega a moverse hasta 15° cada día; no podrá, por lo tanto, verse la verdadera relación de la Luna con los demás planetas. Naturalmente, no podrán interpretarse las posiciones en las casas, pero podrán tenerse en cuenta los aspectos entre planetas e interpretarlos, así como el signo en que cada planeta está colocado. Esta clase de carta puede mostrar algunas de las *tendencias naturales* y de las *características básicas* de un individuo, pero nada más.

**Carta de Equilibrio Solar**. De la efemérides de la fecha de nacimiento se obtiene la posición exacta del Sol; el grado y signo obtenidos se colocan en el Ascendente. Walt Disney, por ejemplo, nació el 5 de diciembre de 1901. Las efemérides para ese día sitúan el Sol a 12° Sagitario 40'. Ésta será la cúspide de la primera casa. La segunda es, por lo tanto, 12° Capricornio 40', la tercera casa 12° Acuario 40', y así sucesivamene con las doce casas. Igual que se hizo con el gráfico plano, deben ahora colocarse el resto de los planetas en la rueda. Se determinan las relaciones entre unos y otros planetas por sus aspectos. Este gráfico tampoco es equivalente al gráfico natal, pero al colocar el grado del Sol en el Ascendente pueden verse algunas de las *habilidades y destrezas,* del *potencial básico* de la persona en cuestión.

Usando la Carta Plana y la de Equilibrio Solar puede saberse algo

**Carta en reposo**
**Nombre:** Walt Disney

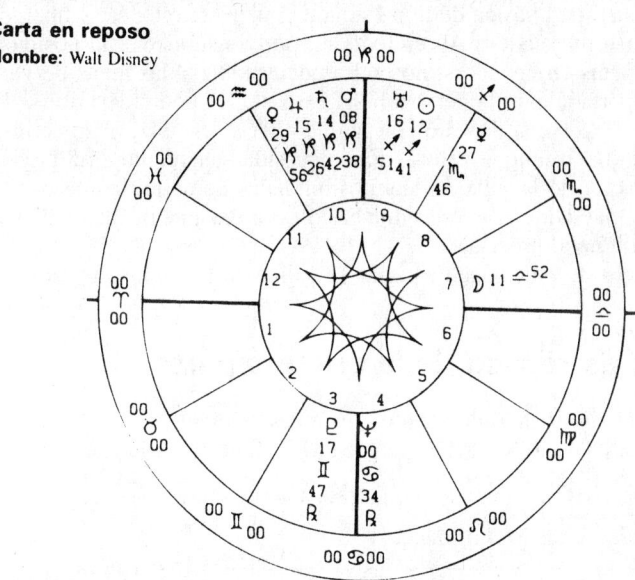

**Equilibrio Solar**
**Nombre:** Walt Disney

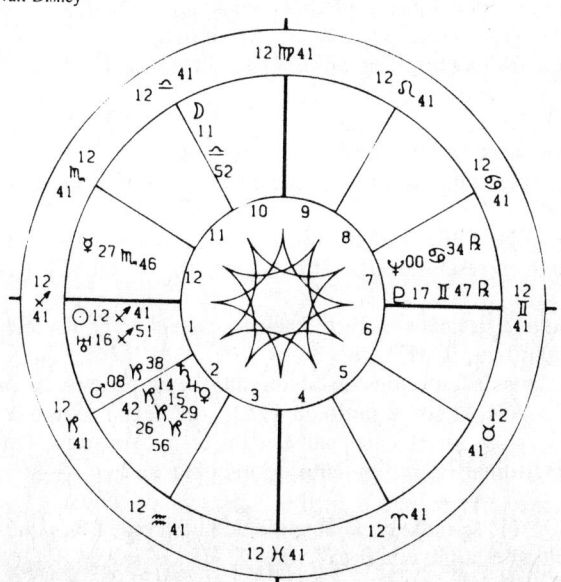

de la personalidad básica de la persona de quien se trate; sin embargo, al no tener un verdadero Ascendente ni, por consiguiente, la posición de los planetas en las casas, no podrán determinarse las áreas de verdadera importancia, ni la personalidad externa. No podrá describirse la pareja que la persona desea o con la que podría ser feliz, ni su actitud hacia los hijos, ni lo que valora, ni su necesidad en cuanto a religión o a una filosofía de la vida, ni sus posibilidades de adquirir una buena formación, ni cualquiera de las muchas otras cosas que pueden hallarse en una carta natal precisa.

Ejemplos de esta clase de cartas se hallan en la página anterior.

## Prueba de repaso de la primera parte

1. Diga el significado de las abreviaciones siguientes:

   ST                    PM
   LMT                   CL
   GMT                   TCST

2. Llene los espacios en blanco:

   60" = ———————————————————— = 1° o 1 hora

   ———————— = 1 signo 12 signos = ————————

3. ¿Entre qué direcciones mide distancias de latitud?
   ¿Entre qué direcciones mide distancias de longitud?

4. ¿Cuántos grados recorre el Sol en 16 minutos?

5. Al calcular una carta usando una Efemérides de Mediodía:
   ¿Cuándo se añaden 12 horas?
   ¿Cuándo se restan 24 horas?
   ¿Cuándo se resta una hora?

6. Si una persona ha nacido a las 8:30 PM, ¿en qué casa se encontrará el Sol?

7. Un nuevo grado del zodíaco cruza el MC cada ———— minutos.

8. ¿Sumamos o restamos las rectificaciones para el OESTE de Greenwich?
   ¿Sumamos o restamos las rectificaciones para el ESTE de Greenwich?

9. ¿Qué significa EGMT?

10. Usando unas Efemérides de Mediodía, si una persona ha nacido a las 11:15 AM, el 15 de junio de 1952, ¿qué fecha se usaría para el ST? ———————— ¿Cuáles son las dos fechas que deberían usarse para determinar el movimiento de los planetas? ————————
    y ————————

11. Si 11° ♌ 21' se halla en la cúspide de la tercera casa, ¿qué hay en la cúspide de la novena casa?

12. Si una persona ha nacido a la 1:10 PM en la ciudad de Nueva York, ¿qué hora era en Greenwich?
13. ¿Cómo se rectifica un planeta Rx?
14. Reglas para rectificar la posición de los planetas; ¿se suma o se resta?
    Si la GMT es AM ——————— las rectificaciones del planeta en el mediodía más próximo.
    Si la GMT es PM ——————— las rectificaciones al planeta en el mediodía más próximo.
15. Si una persona ha nacido al mediodía o a la medianoche, ¿cómo se escribiría con números?
16. Si la LMT es AM, y la GMT es también AM, ¿qué operaciones adicionales deben llevarse a cabo?
17. Cuando una persona ha nacido al ESTE de Greenwich, ¿se suma o se resta la rectificación de EGMT?
18. Cuando una persona ha nacido al Sur del Ecuador, ¿qué operación adicional es necesaria para hallar la TCST?
19. Al usar unas Efemérides de Medianoche, ¿cuándo deben sumarse 12 horas?
20. ¿Cuáles son las dos clases de cartas que pueden usarse cuando no se sabe la hora de nacimiento?

Las respuestas a esta prueba se hallarán en el apéndice, páginas 293-294.

# Segunda parte

# Introducción

## Cómo perfeccionar la interpretación

Como ya dijimos en el primer volumen de *Aprenda Astrología*, los cálculos matemáticos necesarios para levantar un horóscopo sólo deben aprenderse después de haber alcanzado una comprensión básica de la interpretación. Esperamos que el lector haya practicado algunas descripciones básicas, como apuntamos y sugerimos en el primer volumen, porque en esta sección del libro aprenderá a perfeccionar esa interpretación, basándose en los principios fundamentales de la astrología.

A menos que el lector conozca bien la naturaleza y sentido de cada planeta, signo, casa y aspecto, estos perfeccionamientos podrán parecerle complicados o difíciles de entender. Para evitar cualquier clase de dificultades, aconsejaríamos al lector que, antes de seguir adelante tomara una de sus cartas, o la de Muhammad Ali del final del primer volumen, y la interpretara de acuerdo con los conceptos básicos que aprendió allí.

Lo primero que debe hacer es observar la carta en su totalidad; después, estudiarla por partes e interpretar el Sol por el signo, el regente de la casa y los aspectos, y hacer lo mismo con el resto de los planetas y casas. Debe repasar cualquier palabra clave que le parezca elusiva en este momento. En nuestras clases, siempre dedicamos una lección al repaso inmediatamente después de aprender los cálculos, que constituyen en sí mismos una materia aparte del análisis astrológico.

Una vez el lector ha hecho un buen repaso y ha recordado todos los elementos básicos, se halla en disposición de aprender a descubrir algunos de los rasgos menos evidentes y característicos que cada persona posee.

Puesto que usaremos los gráficos de Walt Disney, Farrah Fawcett, Herman Hesse y Joan Sutherland, sería aconsejable que el lector copiara estos gráficos en horóscopos en blanco. Este pequeño ejercicio tiene un doble propósito: en primer lugar, es más fácil seguir la explicación con el gráfico en la mano que buscarlo entre las hojas del libro y, en segundo lugar y de mayor importancia, está el hecho de que al copiar una carta por sí mismo, el lector obtendrá un cierto conocimiento del carácter y personalidad de la persona de la que se trate. Parece que trazar las cúspides en la rueda en blanco, situar los planetas y estudiar los aspectos por sí mismo ayuda más que mirar lo que otros han hecho. No estamos tratando de darle al lector más trabajo adicional; estamos simplemente sugiriendo las cosas útiles que hemos aprendido en los años que llevamos enseñando los principios de astrología.

# Lección 5

## La dominante: Carencia de elementos, carencia de cualidad, carencia de énfasis en las casas y planetas sin aspectos

¿Qué es una dominante? En realidad, puede ser muchas cosas distintas. Puede ser la falta de una especial cualidad o elemento, o un planeta sin aspectos. Puede ser una formación planetaria evidente, como un estelio de planetas o una cuadratura en T. Puede ser cualquier elemento de un horóscopo que llame la atención, incluso, al que se está iniciando en estos estudios y que, al preguntársele por qué se fijó en ello, responderá invariablemente: «¡Porque parece dominar!». En esta lección hablaremos de estas dominantes.

### Carencia de un elemento en el horóscopo

En los horóscopos en blanco que usamos, tanto en el primer volumen como en éste, se observará que al pie de página se halla un *Aspectario*. A la izquierda se apuntan los aspectos de un planeta con otro; a la derecha hay una tabla con los indicadores que consideramos importantes para la interpretación. Entre ellos se incluyen las cualidades, los elementos, los tipos de casas (divididas en angulares, sucedentes y cadentes en relación con las cualidades), tipos de casas (divididas en vitales, de sustancia, de relaciones y terminales en relación con los elementos), dignidades planetarias, exaltaciones, detrimento y caída, las estructuras de la carta (lección 10), el regente de la carta, el dispositor final (lección 9), recepciones mutuas (Lección 9) y grados críticos (lección 18).

Al observar el horóscopo y marcar estas áreas, se verá rápidamente si faltan algunas de las cualidades o elementos, o cualquier otro factor importante. Si se estudia, por ejemplo, el horóscopo de Farrah Fawcett, se verá que su gráfico no tiene planetas en el elemento *Tierra;* sin embargo, si se observa la división de las casas al pie de la carta, verá que tiene tres planetas en las casas de sustancia (que se relacionan con el elemento Tierra). Saturno y Plutón están en su segunda casa, que se relaciona con Tauro, y Venus en su sexta casa, que se relaciona con Virgo. Esto nos dice que los rasgos que se asocian con el elemento Tierra están ahí. Algo del sentido práctico de Tauro la ayudará a mantenerse firme en el mundo real. Venus en Sagitario puede precipitarse en muchas direcciones y desparramar sus sentimientos, pero su posición en la sexta casa (Virgo) le añade un matiz de reflexión antes de obrar, le permite analizar las cosas y, desde luego, le da una disposición para el trabajo.

Supongamos que se tiene un horóscopo en el cual no hay planetas en Tierra ni tampoco en las casas de sustancia. Se descubrirá que se trata de una persona que no vive en la realidad, que no puede conservar su dinero porque no le parece importante, que sueña con imposibles y raras veces usa estos sueños en la vida práctica. Y lo más grave es que estas personas tienen mucha dificultad en distinguir lo que realmente es importante («lo importante» es práctico y mundano), de lo que es pasajero y carece de importancia. Hacen montañas de granos de arena y raras veces tienen tiempo de llegar al fondo de la cuestión. La escritora Zelda Fitzgerald, alocada, inquieta, siempre enzarzada en búsquedas inacabables, representa bien ese tipo de carencia. Entre los personajes famosos que carecen de Tierra pero que poseen unos cuantos planetas en las casas de sustancia, se hallan los escritores Mark Twain, Eugene O'Neill y Arthur Miller, el periodista Ernie Pyle, la duquesa de Windsor y el jugador de béisbol Joe di Maggio. Estas personas buscan la realidad a tientas, pero generalmente logran hallar una parte de ella. Mark Twain, un hombre idealista y muy poco práctico, describe de manera muy real su juventud en el Mississippi en varios de sus libros. Otro ejemplo puede verse en el gráfico de Ernie Pyle, en la página siguiente.

**Carencia de Fuego.** Lo dicen las mismas palabras. A estas personas les falta chispa. Se siente a veces el deseo de azuzarles porque no muestran entusiasmo por nada. Pueden ser cumplidores, prácticos, ambiciosos, inteligentes, intelectuales y todo lo demás que muestre su

## Carencia de tierra

**Nombre:** Ernie Pyle
**Fecha:** 3 de agosto de 1900
**Hora:** 5:00 PM CST
**Lugar:** Dana, In.
**Long.** 87W30
**Lat.** 39N48

**Fuente:**
Biografía *Story of Ernie Pyle,* de Miller

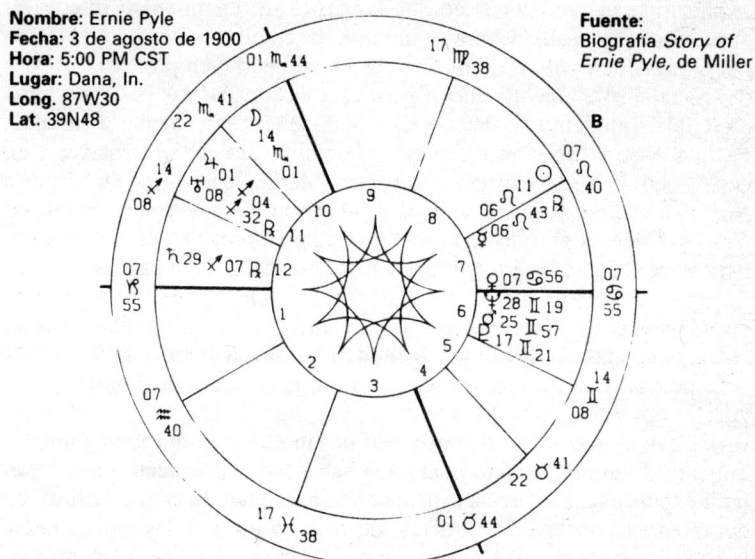

## Carencia de fuego

**Nombre:** Jack Benny
**Fecha:** 14 de febrero de 1894
**Hora:** 4:04 AM CST
**Lugar:** Waukegan, Ill.
**Long.** 87W50
**Lat.** 42N22

**Fuente:**
Símbolos Sabeos, 89

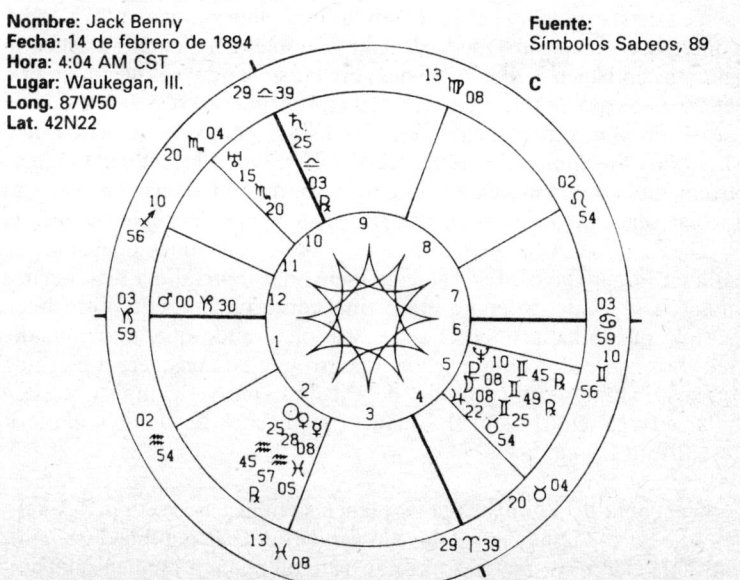

horóscopo, pero les falta algo. Su motivación no surge del deseo de expansionarse y crecer (Leo/Sagitario), ni de un impulso interno al atrevimiento y osadía (Aries), sino que nace de la necesidad o el deseo del éxito. El científico Louis Pasteur es un buen ejemplo.

Si falta el elemento Fuego pero están ocupadas las casas de vida, algo del sentimiento de fuego existe aunque no sea evidente. Pensemos en Jack Benny (un pionero en el tipo de comedia que presentaba) y en su espléndida cara inexpresiva. La actriz Merle Oberon, con su hermosa pero casi inexpresiva cara, se halla en el mismo caso. Otros ejemplos son Vincent Price, el presidente Franklin Delano Roosevelt y el gran beisbolista Babe Ruth. El gráfico de Jack Benny se halla en la página anterior.

**Carencia de Aire.** Cuando no hay Aire y las casas de relaciones no están ocupadas, la habilidad mental y sensorial o bien falta, o está entorpecida, y el énfasis se ejercita en otras direcciones. Puesto que el Aire se considera como el elemento de comunicación (Géminis/Mercurio), estas personas han de encontrar un tipo de comunicación completamente diferente, usando cualquier habilidad o potencial que posean para expresarse. El Aire se asocia con la habilidad de intelectualizar, de comprender conceptos abstractos, de hacer a un lado las emociones y ver las cosas de manera objetiva y real (Acuario/Urano). El Aire también muestra como nos relacionamos socialmente con los demás. Si se carece de estas posibilidades, o bien las emociones tomarán las riendas o habrá que buscar otro modo de salir adelante. Un ejemplo drástico lo hallamos en Helen Keller. No tenía Aire en su carta y sólo tenía un planeta en una casa de relaciones (Plutón en la séptima). A pesar de que no podía ver ni oír (percepción sensorial), logró convertirse en modelo para todos los minusválidos del mundo. El pintor Vincent van Gogh es otro ejemplo de un individuo sin Aire y sin ningún planeta en las casas de relaciones. El gráfico de Helen Keller se halla en la página siguiente.

Carencia de Aire, pero con las casas de relaciones ocupadas, se halla en Edgar Cayce. Este vidente (sensorial) aprendió a relacionarse viendo a la gente no cómo eran, sino cómo habían sido. Otro buen ejemplo puede hallarse en el actor Marlon Brando que, mascullando, creó otro estilo de comunicación y logró que se considerara elegante su casi incomprensible modo de dicción. Otros ejemplos pueden hallarse en el actor Dustin Hoffman, el predicador Jim Jones y el escritor Clifford Irving.

**Carencia de Agua** y falta de planetas en las casas terminales indican una persona que carece de sensibilidad o de la habilidad de sentir profunda e intuitivamente. Implican generalmente a alguien que con-

## Carencia de aire

**Nombre:** Helen Keller
**Fecha:** 27 de junio de 1880
**Hora:** 4:02 PM LMT
**Lugar:** Tuscumbia, Ala.
**Long.** 87W42
**Lat.** 34N44

**Fuente:**
Dewey cita a Wemyss
*Astrological Quarterly*
Diciembre de 1930

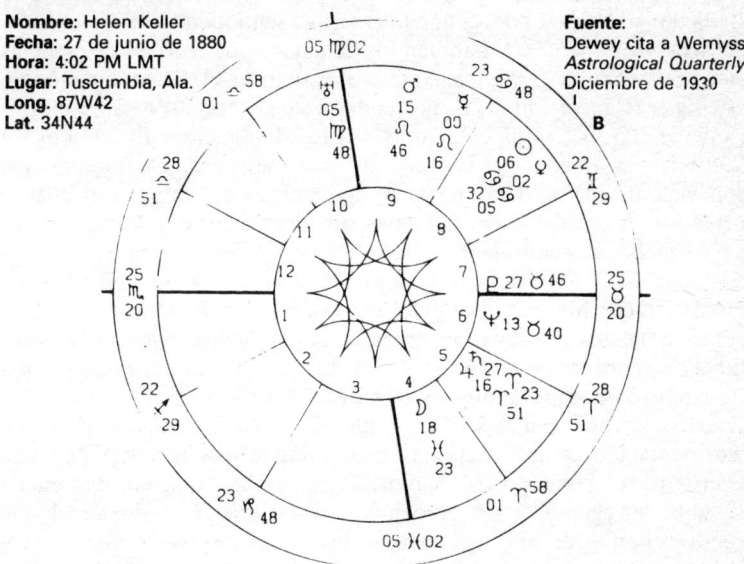

## Carencia de agua

**Nombre:** Adolf Hitler
**Fecha:** 20 de abril de 1889
**Hora:** 6'30 PM LMT
**Lugar:** Braunau, Austria
**Long.** 13E03
**Lat.** 48N15

**Fuente:**
*Hitler*, de Alan Bullock

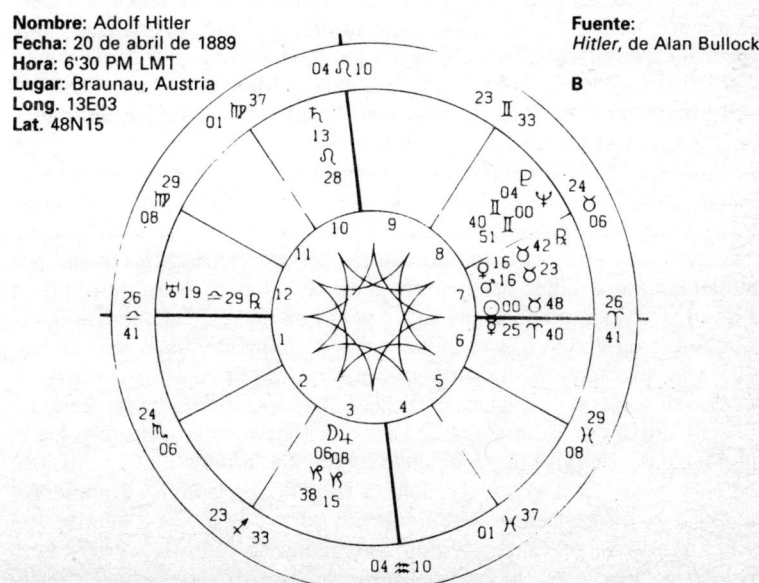

trola bien sus emociones, que no se deja influir por lo que está a su alrededor y que esconde, generalmente, sus sentimientos. Todo el mundo tiene sentimientos, y también los tienen los que carecen de planetas en agua, pero esta gente los expresa a distinto nivel. Su motivación no es educar (Cáncer), ni sentir profundamente (Escorpio) o saber intuitivamente (Piscis); otros elementos son los dominantes. El compositor Ludwig van Beethoven era una de esas personas. Cualquiera que conozca su vida se dará cuenta de que era un hombre por el cual la gente sentía aversión. En casi todas sus biografías se le llama «insensible» (falta de sentimiento = falta de agua). Se le consideraba mal educado, irritable, suspicaz y falto de tacto. Tenía pocos amigos, e insistía en que prefería estar solo. Pero su falta de sensibilidad hacia la gente se hallaba ciertamente compensada por su creatividad y su habilidad de sentir a través de la música. La creatividad del Fuego (tenía un estelio Sagitario) dominó, y ha pasado a la historia como uno de los grandes genios musicales. Un ejemplo de carencia de Agua, pero con representación en las casas terminales nos lo dan la actriz Marlene Dietrich y el boxeador Muhammad Alí. Ambos son, en apariencia, serenos, sosegados y sin emociones. Sin embargo, todo aquel que conoce el amor de Marlene hacia su hija y sus rasgos de ama de casa se da cuenta de que ahí se halla una potente cuarta casa. Y al observar a Muhammad Alí podemos sentir que, detrás de la apariencia de «Soy el mejor», se halla una persona que se preocupa por los demás y que incluso es emotiva. Otros ejemplos los tenemos en el editor Bennett Cerf, el actor Maurice Chevalier, la senadora Margaret Chase Smith, el gerente de la Ópera Rudolf Bing y el dictador Adolf Hitler, cuyo gráfico hemos visto en la página anterior.

Uno de los fenómenos más interesantes de la carencia de un elemento ocurre cuando el Ascendente se encuentra en el elemento que falta. La sobrecompensación parece total, y la personalidad externa (Ascendente), el modo como le ven los demás, viene representada por el elemento que falta. Un ejemplo claro se halla en el multimillonario J. Paul Getty, sin planetas en Tierra pero con un Ascendente Capricornio. Sin duda vivía en la realidad, sabía ciertamente distinguir aquello que financieramente era importante y cómo transformar poco en mucho. Napoleón Bonaparte carecía de Aire, pero tenía un Ascendente Libra y era el típico estratega de Libra, el hombre que necesitaba hacer la guerra para equilibrar la balanza, que tenía la necesidad angustiosa de comunicar sus ideas y creencias a base de los Códigos Napoleónicos, y a quien le hacía falta un compañero, o dos o tres o cuatro, con quien relacionarse. Otros ejemplos los hallaríamos en la actriz Fanny Brice, sin Fuego en su gráfico pero con un Ascendente Leo; en la

**Carencia de cardinales**

**Nombre:** Bruno Hauptmann
**Fecha:** 26 de noviembre de 1899
**Hora:** 1:00 PM MET
**Lugar:** Kamenz, Alemania
**Long.** ME06
**Lat.** 51N16

**Fuente:**
TP Davis cita un radiograma
«de su madre a Paul Clancy»
**A**

**Carencia de fijos**

**Nombre:** Errol Flynn
**Fecha:** 20 de junio de 1909
**Hora:** 9:25 PM AST
**Lugar:** Hobart, Tasmania
**Long:** 147E22
**Lat.** 42S24

**Fuente:**
La Iglesia de la Luz cita a D.C.
Doane diciendo «según él».
Muchas informaciones distintas
sobre hora de nacimiento
**DD**

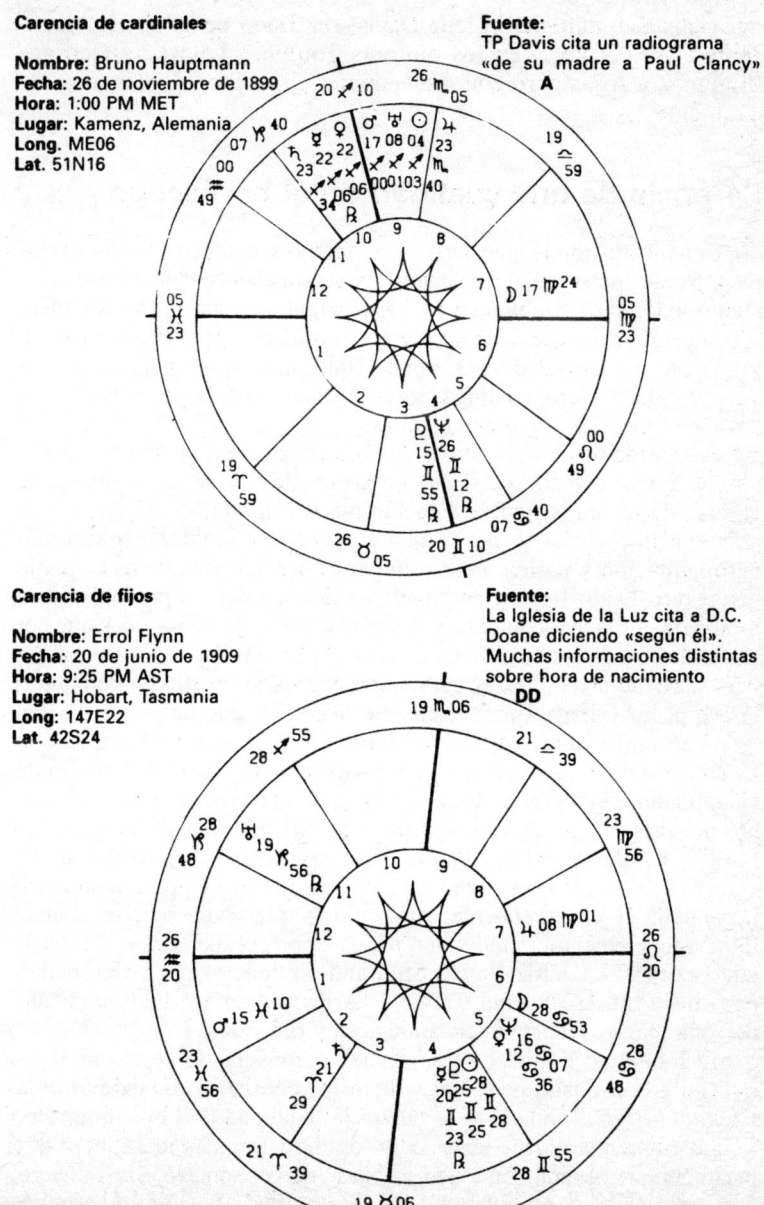

especialista en nutrición Adelle Davis, sin Tierra pero con un Ascendente Capricornio, y en los pintores Toulouse-Lautrec y Georges Braque, sin Agua pero con Ascendentes Escorpio y Piscis, respectivamente.

## Carencia de una cualidad en el horóscopo

Del mismo modo que buscamos factores compensatorios en las casas vitales de sustancia, relaciones y terminales cuando falta en elemento, buscamos también en las casas angulares, sucedentes y cadentes cuando vemos que *falta una de las cualidades.* Hay cuatro elementos y sólo tres cualidades; es, por lo tanto, más difícil hallar personas que, al faltarles una cualidad, lo compensen con la correspondiente posición por casas. Pero hay algunas.

Si recordamos las palabras clave básicas para las cualidades, podemos imaginar qué sucede si una de las cualidades se halla totalmente ausente de un horóscopo. Si está ausente la *Cualidad Cardinal* todo lo relacionado con ella, es decir, iniciativa, acción, rapidez, espíritu pionero, ambición y pasión, deja su lugar al pensamiento de que «¡ya lo harán otros!». Si llega a emprenderse una acción, es probablemente motivada por la autocompasión —«nunca tengo suerte»— más que por un verdadero sentido de dirección o de prioridad. Por otra parte, si esa persona tiene posibilidades para emprender algo creativo o de naturaleza espiritual, llegará probablemente más lejos que otros que pueden estar tan enfrascados en lo que están haciendo, que no les quede ni siquiera tiempo para pensar en sí mismos. El secuestrador Bruno Hauptmann, cuyo gráfico está en la página anterior, es un buen ejemplo del primer tipo de este apartado, de los que dicen «nunca tengo suerte». El filósofo Manly Palmer Hall representa el segundo tipo.

Si se carece de la cualidad por posición planetaria, pero se encuentra aquélla en el Ascendente, como vimos que podía suceder cuando faltaba un elemento, el individuo parece sobrecompensar esta carencia una vez más. La actriz Barbra Streisand no tiene planetas Cardinales, pero tiene un Ascendente Cardinal (Aries), y sería difícil hallar una persona más activa, enérgica, ambiciosa y dinámica.

El individuo Fijo es estable, resuelto, convencido de lo que hace, quizá algo obstinado pero leal y digno de confianza. Cuando *falta la Cualidad Fija,* al individuo le faltará la habilidad de llevar a término lo que emprenda. Puede tener valor, osadía y grandes ideas, pero otra persona tiene generalmente que acabar lo que él empezó. Sin embargo, aun careciendo de estabilidad, si se usa de modo positivo este indivi-

## Carencia de mutables

**Nombre:** Arturo Toscanini
**Fecha:** 25 de marzo de 1867
**Hora:** 2:00 AM LMT
**Lugar:** Parma, Italia
**Long.** 10E10
**Lat.** 44N48

**Fuente:**
Iglesia de la Luz,
directamente de
la persona
**A**

## Carencia de vida

**Nombre:** Patty Hearst
**Fecha:** 20 de febrero de 1954
**Hora:** 6:01 PM PST
**Lugar:** San Francisco, Cal.
**Long.** 122W25
**Lat.** 37N47

**Fuente:**
Horóscopos Siderales
Contemporáneos
**A**

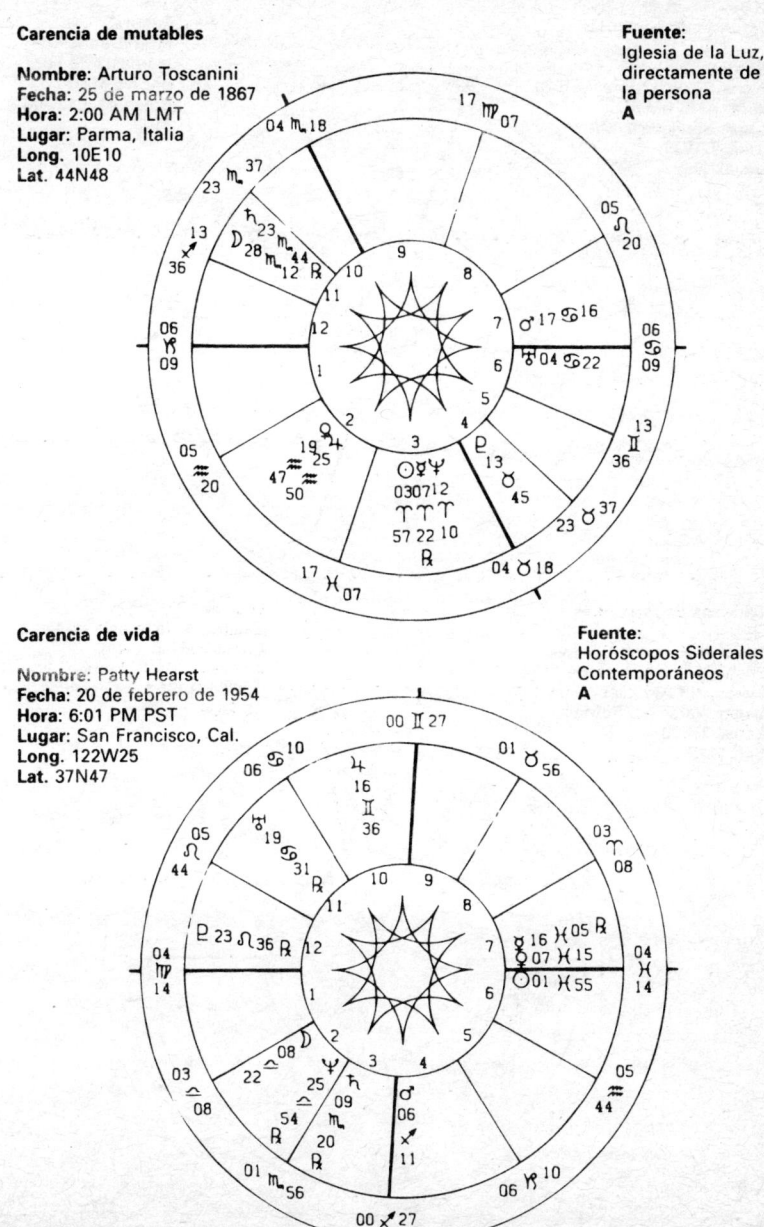

**Carencia de sustancia**

**Nombre:** Timothy Leary
**Fecha:** 22 de octubre de 1920
**Hora:** 10:45 AM EDT
**Lugar:** Springfield, MA
**Long.** 72W35
**Lat.** 42N06

**Fuente:**
«Hand Book» de
la Iglesia de Luz,
por M. Mayer.
Breen da 9:43 AM
EST.

**Carencia de relaciones**

**Nombre:** Samuel Goldwyn
**Fecha:** 27 de agosto de 1882
**Hora:** 4:29 AM LMT
**Lugar:** Varsovia, Polonia
**Long.** 21E00
**Lat.** 52N12

**Fuente:**
Ziegler, de la Iglesia de Luz.
Círculo 387 da 14/8.
*Goldwyn*, de A. Marx
da 27/8/1881
**DD**

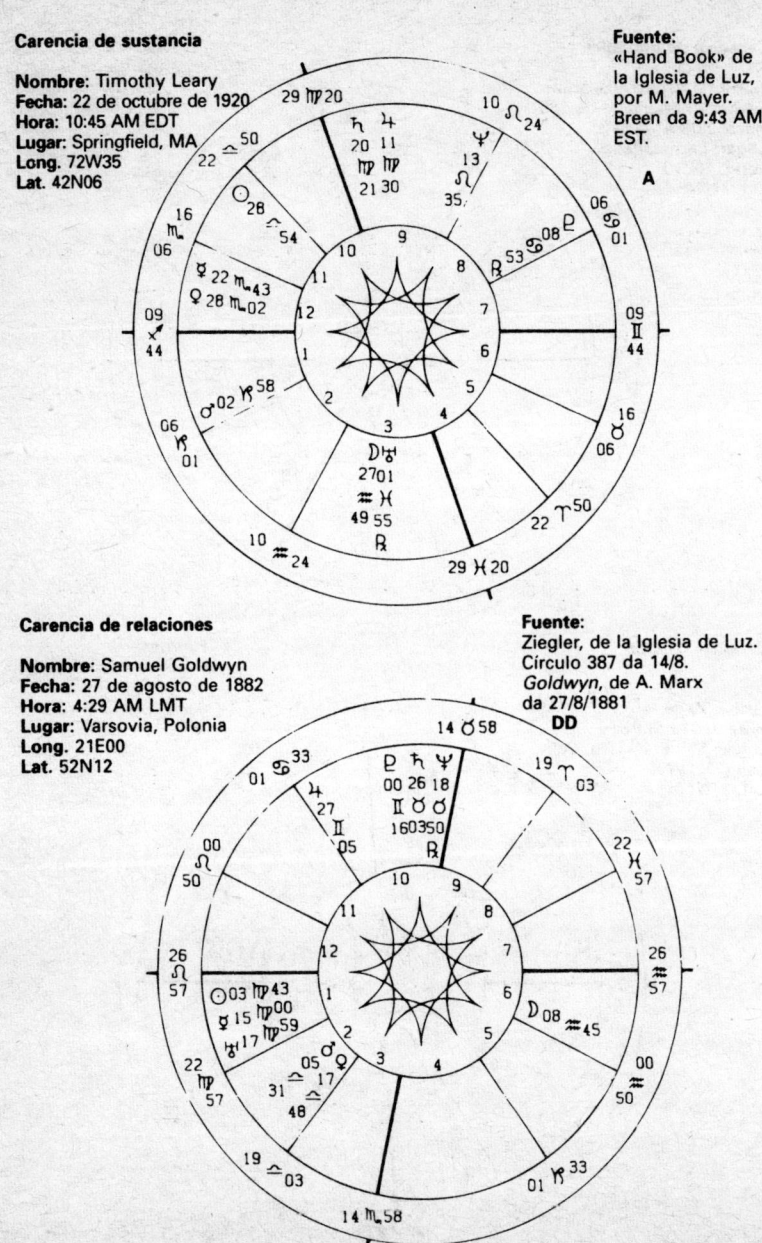

duo puede ser más libre que los demás, menos agobiado por sus auto-
defensas, con la posibilidad de cambiar y prosperar sin el sufrimiento
que los cambios suelen causar. Pueden verse ejemplos en el actor Errol
Flynn, cuyo gráfico está en la página 77, en el cantante Nelson Eddy y
en la poetisa Elizabeth Barrett Browning.

Cuando *falta la Cualidad Mutable* al individuo puede faltarle algo
de la versatilidad, adaptabilidad y aptitud para el cambio que representan
los signos. Esto puede indicar que es muy responsable y que su mente
sigue siempre una sola dirección, quizá hasta llegar a hacerse pesado,
demasiado seguro de lo que hace y exigiendo a los demás que sean tan
perfectos como él mismo. Por otra parte, los signos Mutables se relacionan mucho con los demás, de hecho casi dependen de ellos; si esta necesidad no existe, el individuo queda libre para desarrollar su personalidad,
crecer y evolucionar a su manera, sin preocuparse de lo que los demás
puedan decir o pensar. El violinista Yehudi Menuhin, que fue niño pro-
digio a los 9 años y hoy sigue aún trabajando diligentemente en el
mismo campo artístico, puede servirnos de ejemplo. Es uno de los grandes violinistas de este siglo, pero fue también uno de los primeros en
adentrarse en la música y filosofía orientales, mucho antes de que se
pusiera de moda hacerlo. Otro ejemplo pertinente es el del director de
orquesta Arturo Toscanini, cuya carta se halla en la página 79.

## Carencia de énfasis en las casas

Esto implica un procedimiento a la inversa del que seguimos con
los elementos y las cualidades. Para compensar cualquier carencia en
las casas vitales de sustancia, relaciones y terminales, obsevamos los
elementos. La falta de planetas en casas angulares, sucedentes o cadentes se compensa con planetas en signos cardinales, fijos o mutables.
Una falta de intensidad en la casa no es tan importante como la falta
de un elemento o de una cualidad, pero tiene que examinarse, porque
cualquier carencia implica falta de equilibrio.

Las *casas vitales* desocupadas pueden indicar falta de inspiración o
idealismo, o incluso una determinada dificultad en planear el futuro.
Después de todo, se trata de las casas primera, quinta y novena. La
heredera Patty Hearst es un buen ejemplo; su carta puede verse en la
página 79. No tener planetas en las *casas de sustancia* suele indicar
una persona a quien le cuesta mucho decidirse en cuanto a su vocación
y que tiende a vacilar en cuanto a su sentido de los valores. Teniendo
vacías la segunda, la sexta y la décima casa, puede verse empujado a
emprender un trabajo o carrera más por las circunstancias que por una

**Carencia de terminales**

**Fuente:**
Autobiografía *Van Gogh,
un autorretrato,*
Gauquelin, volumen 4,
1444
A

**Nombre:** Vincent van Gogh
**Fecha:** 30 de marzo de 1853
**Hora:** 11:00 AM LMT
**Lugar:** Groot-Zundert, Holanda
**Lat.** 50N51

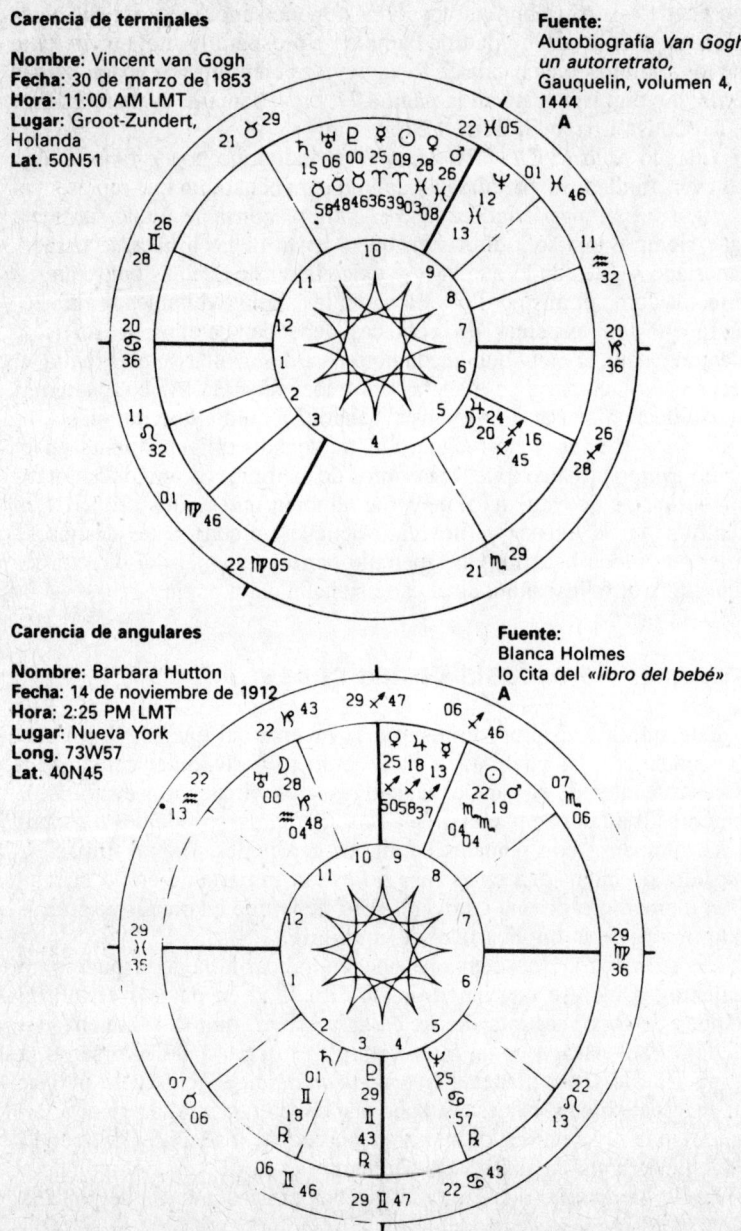

**Carencia de angulares**

**Fuente:**
Blanca Holmes
lo cita del *«libro del bebé»*
A

**Nombre:** Barbara Hutton
**Fecha:** 14 de noviembre de 1912
**Hora:** 2:25 PM LMT
**Lugar:** Nueva York
**Long.** 73W57
**Lat.** 40N45

## Carencia de sucedentes

**Nombre:** T. E. Lawrence
**Fecha:** 16 de agosto de 1888
**Hora:** 5:00 AM GMT
**Lugar:** Tremodoc, Gales
**Long.** 4WW15
**Lat.** 52N50

**Fuente:**
La biografía *Vidas secretas de Lawrence de Arabia* dice por la mañana, temprano. La madre también dice a primera hora AM. Tucker dice 15 de agosto, SS 554 dice 11PM GMT
**DD**

## Carencia de cadentes

**Nombre:** Mike Douglas
**Fecha:** 11 de agosto de 1920
**Hora:** 5:30 PM CDT
**Lugar:** Chicago, Ill
**Long.** 87W39
**Lat.** 41N52

**Fuente:**
*American Astrology* de Julio de 1977, Joy Rank. Penfield da el mismo mes y día, pero de 1925
**C**

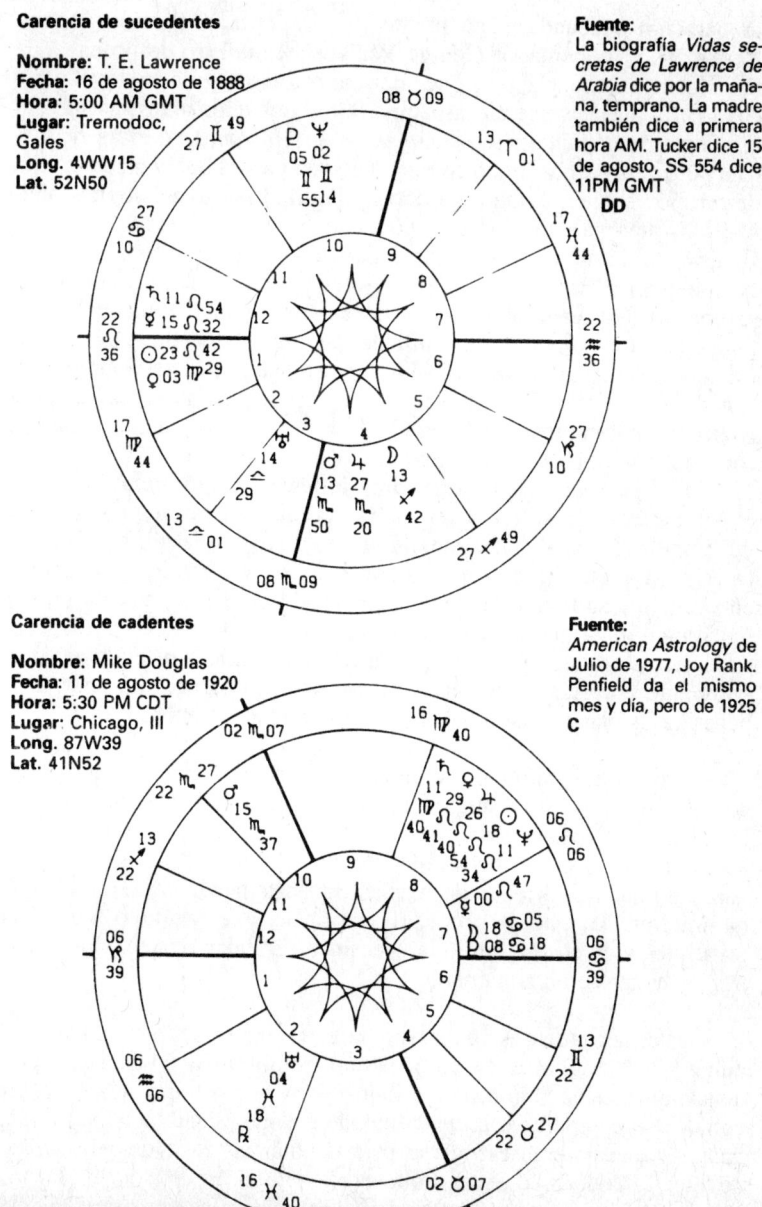

preparación adecuada. Tienen este tipo de carta el dictador Benito Mussolini, el gobernador George Wallace, el ministro de propaganda nazi Joseph Goebbels y el líder del culto a la droga Timothy Leary, cuya carta puede verse en la página 80. Todos ellos muestran bien el problema que apuntamos. Si las *casas de relaciones* no están ocupadas, podemos encontrarnos con una persona para la cual cualquier tipo de relación es de mínima importancia. Podría tratarse del eterno solterón (o solterona), de un solitario, o incluso de un huérfano. Alice Longworth, la hija algo excéntrica de Teddy Roosevelt, podría ser un buen ejemplo. También lo es Sam Goldwyn, cuya carta se halla en la página 80. No tener planetas en las *casas terminales* puede indicar falta de profundidad o de sensibilidad, pero más frecuentemente muestra que existe una gran dificultad, o incluso temor, de examinar el interior de uno mismo. Los actores Desi Arnaz y Orson Welles, la reina Isabel II y el pintor Vincent van Gogh ilustran este problema. Véase la carta de Van Gogh en la página 82.

Un gráfico de una persona famosa que *no tenga planetas en las casas angulares* es difícil de encontrar, porque son los ángulos los que nos impulsan a la acción y, sin algún tipo de acción, es difícil alcanzar la fama. Barbara Hutton es uno de los pocos ejemplos que hemos encontrado y su fama se debía a la riqueza de su padre, no a su propia iniciativa. Su carta puede verse en la página 82. Carencia de planetas en las casas primera, cuarta, séptima y décima indican una persona que raramente empieza algo por sí misma, parece carecer de energía y necesita los planetas cardinales para ayudarle a ser activo.

**Carecer de planetas en las casas sucedentes** no es tan grave como no tenerlos en los ángulos; si en la carta se hallan algunos planetas fijos, la compensación es bastante fácil. Falta, sin embargo, un cierto equilibrio, y es un buen ejemplo de ello T. E. Lawrence, mejor conocido como Lawrence de Arabia. Su Carta puede verse en la página anterior. Aunque su propósito era firme y se mantuvo fiel a sus principios y creencias, sintió la necesidad de andar errante, sin encontrar un hogar en ninguna parte.

**Las casas cadentes vacías** son, una vez más, mucho menos importantes que los ángulos vacíos, y es fácil equilibrarlas con algunos planetas mutables en el horóscopo. La carencia se mostraría en áreas tales como la adaptabilidad, la versatilidad o la movilidad, o cualesquiera palabras que quieran escogerse para denotar las casas tercera, sexta, novena y duodécima. Sería un buen ejemplo el presentador de televisión Mike Douglas, cuya carta se encuentra en la página anterior.

**Sol sin aspectos**

**Nombre:** Robyn Smith Astaire
**Fecha:** 14 de agosto de 1944
**Hora:** 0:03 AM PWT
**Lugar:** San Francisco, California
**Long.** 122W25
**Lat.** 37N47

**Fuente**
Una carta de 1977 a Lois Rodden
A

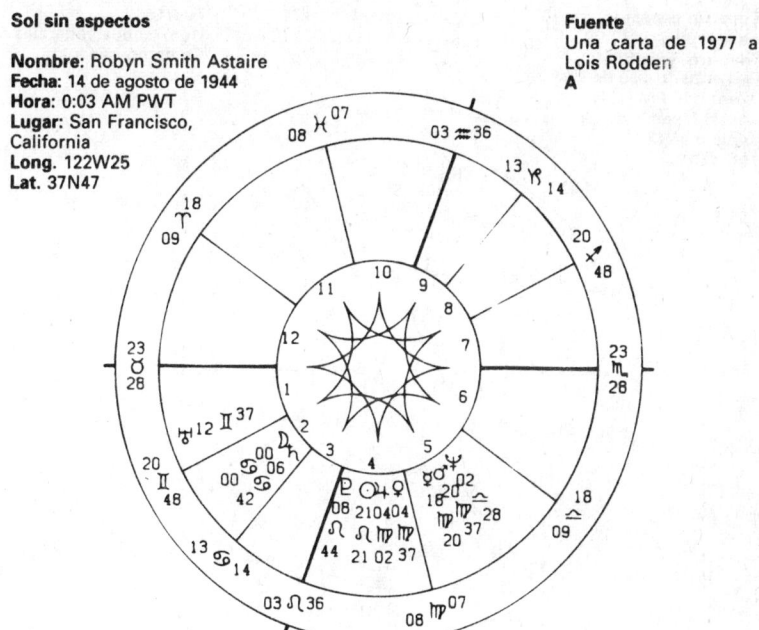

# Planetas sin aspectos

Es difícil encontrar un planeta que carezca por completo de aspectos; existen, sin embargo, planetas que no tienen los aspectos que llamamos mayores (conjunciones, oposiciones, cuadraturas, quincucios, trígonos y sextiles) y, cuando lo encontramos, la pauta que se genera es extremadamente interesante. No hay que sacar la conclusión de que se trata de un planeta débil porque no se integra con el resto del gráfico; al contrario, se esfuerza mucho más, como si quisiera compensar el hecho de hallarse solo. Esta actuación en solitario puede ser agotadora, pero nunca es aburrida. Mucho dependerá de cuál sea el planeta sin aspectos, del signo en que se halle y de la casa que ocupe.

**El Sol** que representa la individualidad, el ser interno, el corazón del gráfico, sin aspectos con otros planetas se manifestará de varias

**Luna sin aspectos**

**Nombre:** Vida Blue
**Fecha:** 28 de julio de 1949
**Hora:** 2:10 PM CST
**Lugar:** Mansfield, LA
**Long.** 93W43
**Lat.** 32N02

**Fuente**
Horóscopos Siderales
Contemporáneos

A

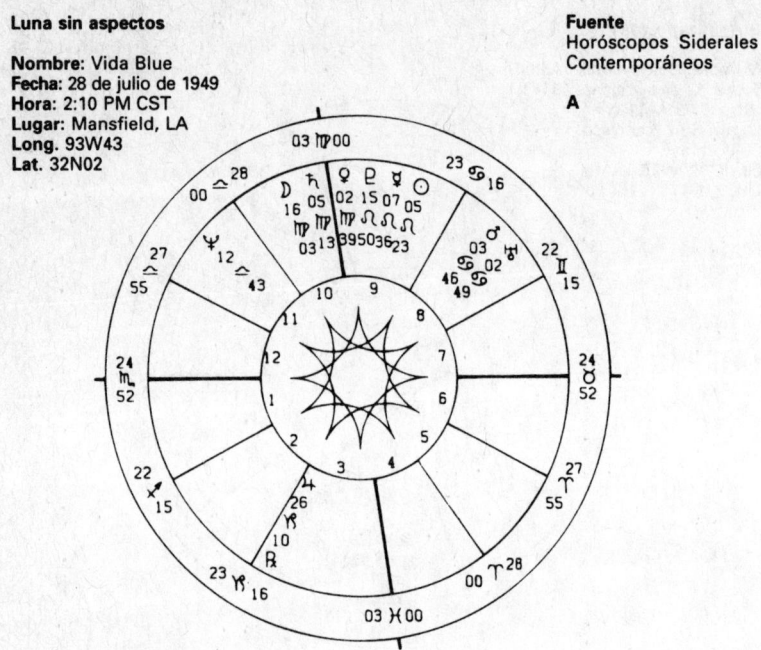

maneras, todas ellas muy importantes ya que se trata del Yo Interior. Si este Yo Interior se halla solo, y todo lo que hace lo lleva a cabo sin impedimentos y sin preocuparse por los demás, ni siquiera por otras partes de sí mismo —pensamientos, sentimientos, ambiciones, compañeros, familia—, entonces puede ser diferente. Dentro de sí mismo puede ser lo que el Sol quiera que sea. Quizá tenga que esforzarse en ello, pero será relativamente fácil porque nada ni nadie podrá detenerle. Son buenos ejemplos de ello la reina Isabel II, que se atrevió a ser humana a pesar de ser reina, la independiente actriz Mia Farrow, Robyn Smith-Astaire, la mujer que fue jinete profesional rompiendo por primera vez un tabú, y el pintor Vincent van Gogh. La carta de Robyn puede verse en la página anterior.

**La Luna** muestra las emociones, los sentimientos, las necesidades, los hábitos y los instintos. Cuando no tiene aspectos, si el resto de la carta lo confirma, puede inducir a realizar grandes proezas. Nada obstaculiza tanto nuestro camino como las emociones. Nos impiden pensar con claridad, no nos dejan mostrar nuestro amor o afecto por miedo al rechazo y nos impiden alcanzar la meta deseada por temor a causar daño a otros o a fracasar, y así en muchos aspectos. Naturalmente, si no nos sentimos emotivamente afectados, podemos perder el más importante aspecto de la vida, es decir, la verdadera relación con otro ser humano. Sin embargo, todas las áreas prácticas de la vida serán más fáciles sin traumas emocionales u obsesiones. Louis Pasteur, el gran científico francés, tenía una Luna en Géminis sin aspectos en su octava casa. En su caso, el resto de la carta confirma el impulso hacia logros concretos y su habilidad para alcanzar el éxito, puesto que tiene un estelio de seis planetas en Capricornio en su tercera casa, regida por un Saturno angular en Tauro en trígono con este estelio. Otro ejemplo es el jugador estrella del béisbol Vida Blue. Su carta puede verse en la página anterior.

**Mercurio** representa la habilidad de razonar, la mente, el impulso intelectual y la vía de la expresión. Cuando Mercurio se halla solo, sin aspectos, todo el proceso mental se separa del resto del horóscopo, es decir, de uno mismo. Uno puede sentirse como un verdadero manojo de emociones y quedarse llorando en un rincón, mientras su mente le dirá «¿Qué haces ahí, llorando?» y permanecerá completamente aparte en su tristeza y autocompasión. Tanto si se está en el centro de una aventura romántica como en un sueño profundo, la mente no cesa de trabajar y siempre empuja a la persona en una dirección mental. Si Mercurio está en uno de los signos razonables o mentales, la dirección será lógica, serena y calmada. Si está en un signo inestable, puede a veces convertirse en algo imposible de dominar y entonces la persona puede estallar en cólera o sufrir un descalabro nervioso. La meditación o el yoga, que ofrecen a la mente la oportunidad de descansar de vez en cuando, pueden ser de grandísima ayuda para estas personas. La pedagoga María Montessori es uno de los personajes famosos con un Mercurio sin aspectos; en su caso, es un Mercurio en Libra en la décima casa. Otro ejemplo es el del comediante Jonathan Winters, con Mercurio en Sagitario en la quinta casa de creatividad. Un buen horóscopo en el que un Mercurio sin aspectos sirvió para dar mayor fortaleza a la mente es el de Mohandas Gandhi, cuya carta puede verse en la página siguiente. Gandhi, cariñosamente llamado «Mahatma», tiene un Mercurio sin aspectos en Escorpio, en la primera casa; esto puede ayudar a comprender su increíble habilidad en colocar la mente por encima de la materia y su capacidad de sobrevivir largas temporadas en la cárcel e interminables huelgas de hambre y que, después de todo eso, fuera aún capaz de llevar a la India hacia su independencia con serenidad y prudencia.

**Mercurio sin aspectos**

**Nombre:** Mohandas Gandhi
**Fecha:** 2 de octubre de 1869
**Hora:** 7:11:48 AM LMT
**Lugar:** Porpandar, India
**Long.** 69EE37
**Lat.** 21N38

**Fuente**
Datos muy confusos
sobre hora de su na-
cimiento. Este gráfico
es aceptado general-
mente en la India.

DD

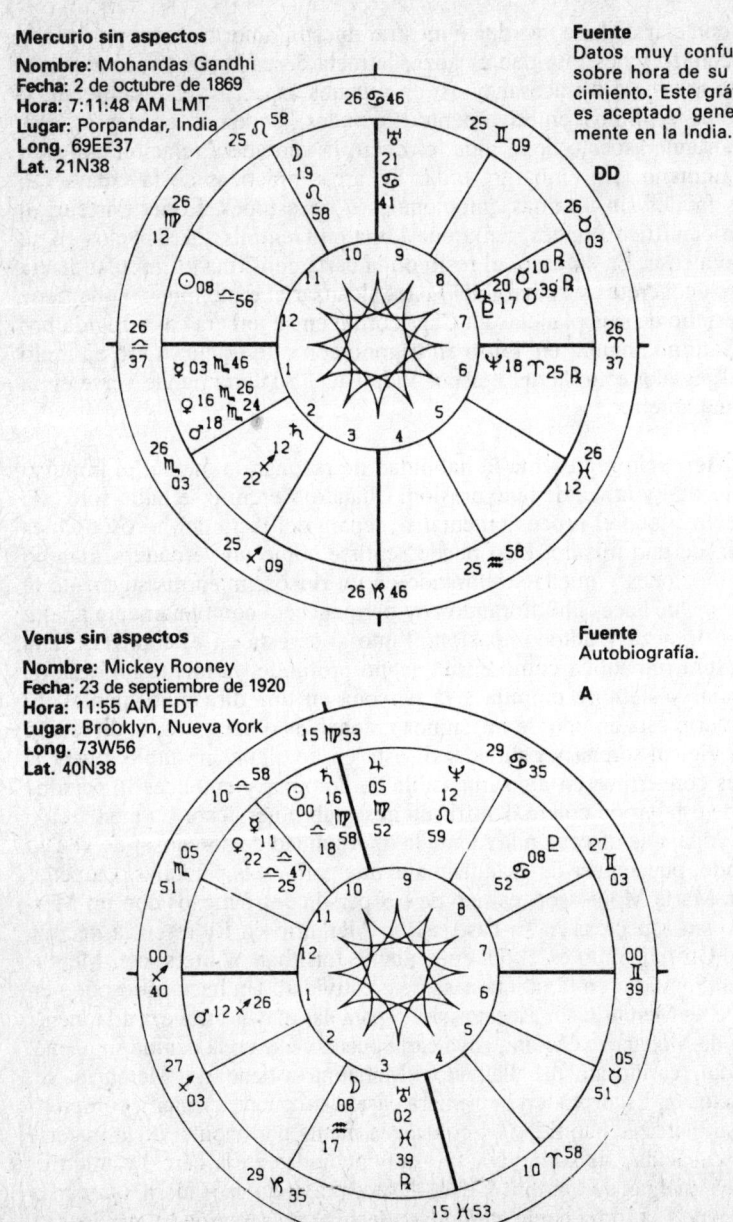

**Venus sin aspectos**

**Nombre:** Mickey Rooney
**Fecha:** 23 de septiembre de 1920
**Hora:** 11:55 AM EDT
**Lugar:** Brooklyn, Nueva York
**Long.** 73W56
**Lat.** 40N38

**Fuente**
Autobiografía.

A

**Venus** es el planeta de los afectos, de los valores y de los impulsos sociales. Cuando le falta la capacidad de integración, puede tomar dos direcciones distintas. La persona en cuestión puede tratar de alcanzar sus fines y objetivos sin sentir la necesidad de amor y afecto, independiente y autosuficiente —de manera parecida a una Luna sin aspectos—, pero más evidente, ya que las emociones permanecen algo escondidas, mientras que los afectos se perciben en la pauta de conducta externa. Por otra parte, la persona puede experimentar una constante necesidad de dar y recibir amor y afecto pero, al mismo tiempo, por mucho que dé o que reciba, puede aún sentirse solo, sin amor y creyendo que nadie le desea a su lado. Ejemplos de ambos tipos se encuentran en conocidos personajes. Tenemos al actor Mickey Rooney con Venus en Libra y cambiando varias veces de pareja para sentirse amado; a Sammy Davis, jr., con Venus en Acuario en su undécima casa, que incluso cambió de religión para integrarse en su grupo de amigos; y ahí está también el famoso esquiador y atleta francés Jean Claude Killy, con Venus en Virgo en su segunda casa, independiente y satisfecho de su propio sistema de valores, con el dinero como uno de los dominantes. La carta de Rooney puede verse en la página anterior.

**Marte** simboliza energía, impulso, acción e iniciativa. Cuando estos atributos obran en solitario, son a veces excesivos. El individuo puede esforzarse hasta el límite y quemar toda su energía con rapidez. Es mucho mejor cuando Marte se halla en un signo pasivo. Estas personas son los exploradores, pioneros, inventores, trabajadores incansables que ahuyentan a los demás por su misma intensidad. El explorador Roald Amundson es un buen ejemplo. También lo es el portavoz de la mayoría en el Senado, Howard Baker, que utiliza su Marte en Escorpio sin aspectos en la séptima casa para influir en los demás y convencerles para que adopten su propio punto de vista. Tiene fama de ser infatigable, de poseer una gran capacidad de acción y de esforzarse sin cesar para cumplir con todas sus obligaciones en el Senado.

**Júpiter.** Empezamos ahora a alejarnos de los planetas personales para entrar en un terreno más general. Júpiter y Saturno se hallan entre los planetas personales y los trascendentales, entre la acción que encuentra el impulso en sí misma y la esfera de lo abstracto y lo impersonal. Sin embargo, Júpiter representa un factor de la vida muy importante para el desarrollo personal: la habilidad de extenderse y usar la capacidad mental en direcciones tales como las ideas, ideales, filosofía y religión. Cuando Júpiter no tiene aspectos, la persona adopta sus propias creencias e imágenes mentales en edad temprana; puede

**Marte sin aspectos**

**Nombre:** Howard Baker
**Fecha:** 15 de noviembre de 1925
**Hora:** 3:00 PM CST
**Lugar:** Huntsville, TN
**Long.** 84W29
**Lat.** 36N25

**Fuente**
Libro de Gauquelin de
Gráficos Americanos.

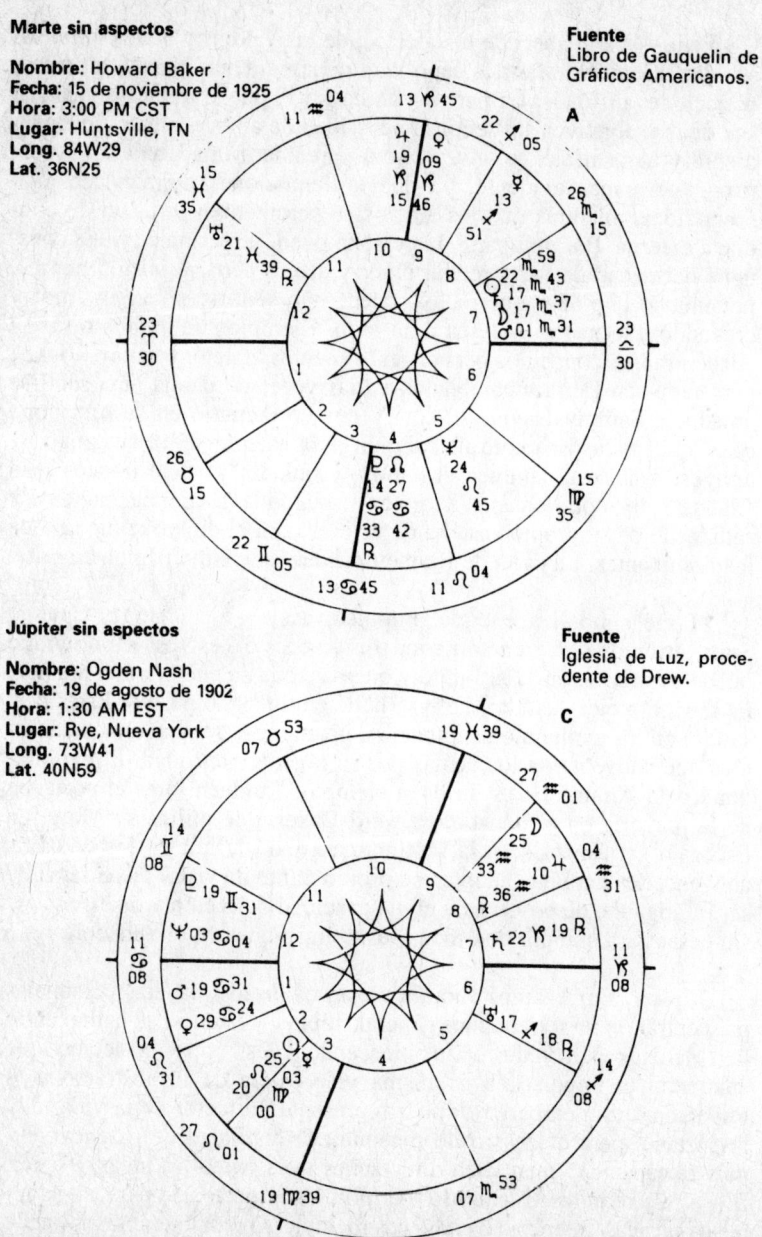

**Júpiter sin aspectos**

**Nombre:** Ogden Nash
**Fecha:** 19 de agosto de 1902
**Hora:** 1:30 AM EST
**Lugar:** Rye, Nueva York
**Long.** 73W41
**Lat.** 40N59

**Fuente**
Iglesia de Luz, proce-
dente de Drew.

## Saturno sin aspectos

**Nombre:** Ted Kennedy
**Fecha:** 22 de febrero de 1932
**Hora:** 3:58 AM EST
**Lugar:** Dorchester, MA
**Long.** 71W04
**Lat.** 42N18

**Fuente**
Registro del hospital, según AFA, abril de 1972.

A

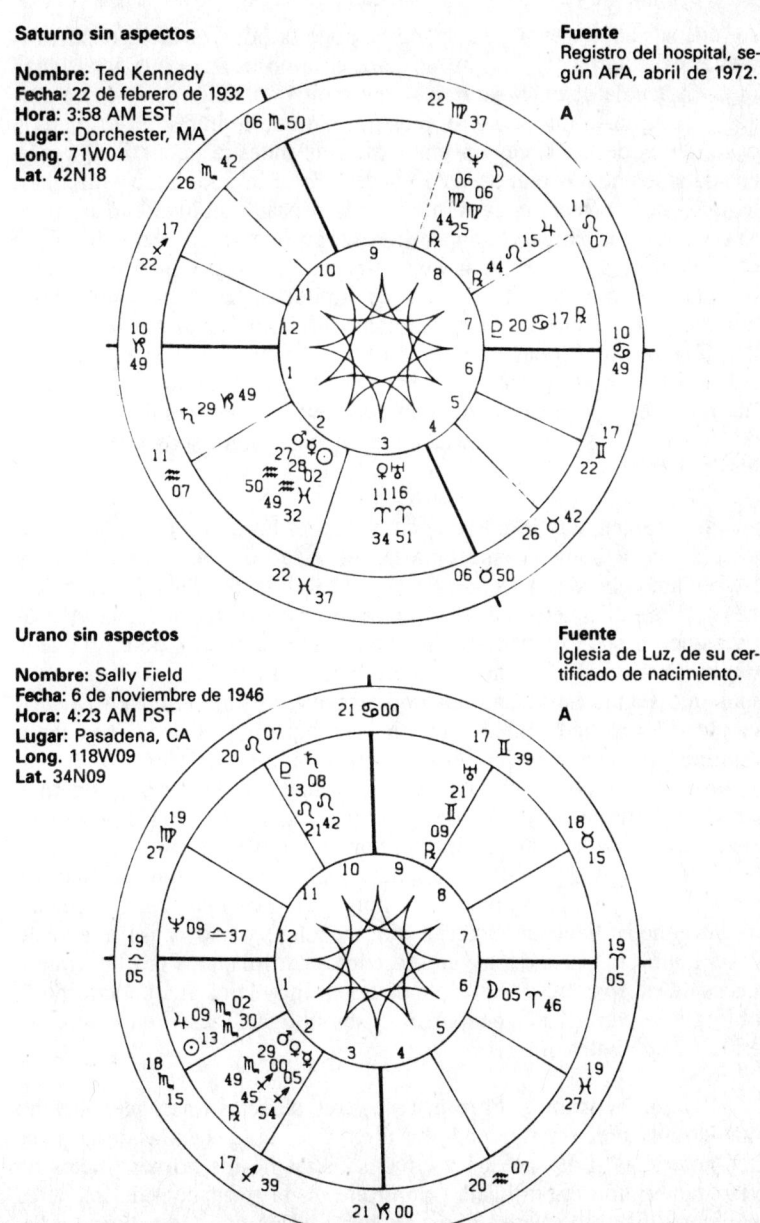

## Urano sin aspectos

**Nombre:** Sally Field
**Fecha:** 6 de noviembre de 1946
**Hora:** 4:23 AM PST
**Lugar:** Pasadena, CA
**Long.** 118W09
**Lat.** 34N09

**Fuente**
Iglesia de Luz, de su certificado de nacimiento.

A

ser que sus compañeros le consideren poco ortodoxo e incluso extravagante, especialmente porque no parece importarle lo que los demás piensen acerca de él. Si su horóscopo indica ambición, y él desea crecer y extenderse, lo hará a su manera, sin que le importen los usos y costumbres de la época. En una carta que muestre buena integración en todos los demás puntos, esto puede indicar un individuo estimulante, que puede ofrecer nuevas maneras de pensar a un mundo hambriento de ellas. Sin embargo, en un horóscopo que ya aparezca difícil en otros puntos, puede conducir a excesos propios de este planeta; es también muy importante el lugar donde Júpiter se halle ubicado. Véase, por ejemplo, el horóscopo del asesino Richard Loeb, donde se hace muy mal uso de Júpiter en Tauro en la undécima casa. Por el contrario, ahí está Oscar Wilde, con Júpiter en Aries en su séptima casa. Wilde fue quizá extravagante, pero al menos dejó a la humanidad el legado de su maravillosa obra literaria, como hizo el humorista y poeta Odgen Nash, cuya carta puede verse en la página 90.

**Saturno** es muy importante en cualquier horóscopo aunque no sea un planeta personal. Representa la necesidad de hallar estabilidad y seguridad; concede el sentido de responsabilidad; moldea las ambiciones y el impulso personal; es el maestro y supervisor que necesitamos para que no nos excedamos. Cuando no tiene aspectos, Saturno puede llegar a ser excesivamente exigente; nada parece satisfacernos, tenemos que seguir esforzándonos constantemente y ni aun así será suficiente. El resultado puede ser una persona muy aislada, con tanto dominio de sí mismo que no halle en la vida ni alegrías ni placeres, solamente trabajo y obligaciones. Si el resto de la carta es ligero y mutable, Saturno puede ser de gran ayuda al dirigir la vida de la persona y, en este sentido, se interpretaría como benefioso; pero en un horóscopo sensitivo y con tendencia a producir tensión, un Saturno sin aspectos y exigente puede ser muy difícil de manejar. El senador Ted Kennedy tiene un Saturno sin aspectos, y eso causa que se le exija tanto por parte de su familia como a sí mismo. Por ello, trata a veces de escapar, pero nunca puede llegar muy lejos ya que Saturno le obliga a volver atrás y ocuparse de sus obligaciones. Véase su carta en la página anterior.

**Urano, Neptuno y Plutón.** Estos tres planetas trascendentales no pueden interpretarse siguiendo las directrices usadas en las descripciones anteriores. Los sucesos y circunstancias de los primeros años de vida tienen una importancia primordial en la formación de los seres humanos. El ambiente en que transcurre la infancia, la actitud de los padres, los hermanos; todo eso es parte de los factores determinantes que influirán en la conducta que adoptaremos en el futuro. Urano, Neptuno y Plutón están muy lejos de la Tierra; son planetas impersonales y abstractos, y durante la infancia no captamos sus vibraciones; al menos, de un modo consciente. Puede incluso decirse que más que la influencia de sus modernos regentes, un niño Acuario sentirá la influencia de Saturno, un niño Piscis la de Júpiter y un niño Escorpio la de Marte. Cualquiera que sea la influencia que exista, parece darse a su nivel menos desarrollado. Algo de la intensidad de Plutón puede aparecer en el niño Escorpio; el niño Acuario puede ser algo más original o rebelde que la persona verdaderamente regida por Saturno, y el niño Piscis puede tener más imaginación y ser más soñador, pero esto parece ser el alcance de la influencia. Por lo tanto, si estos planetas aparecen solos y sin aspectos influirán solamente en la segunda parte de la vida, una vez se ha formado ya la personalidad básica. Urano en solitario permite a la persona usar cualquier singularidad que haya desarrollado durante su vida adulta, para hacerle sobresalir como distinto o especial en un momento dado de su vida. Tenemos ejemplos en el general Charles de Gaulle, en el obispo James Pike, el tenor Enrico Caruso, el líder sindical James Hoffa y la actriz Sally Field, cuya carta se halla en la página 91. Neptuno saca a relucir la creatividad, espiritualidad o habilidad artística que ya se habían hecho evidentes y puede atraer la atención de los demás sobre el individuo en cuestión en el momento en que la influencia del planeta empiece a obrar. Algunos ejemplos podemos hallarlos en el cantante Frank Sinatra, el astrónomo Johannes Kepler y el actor Roddy McDowall. La carta de Sinatra está en la página 94. Plutón, el planeta de la transformación, es también el planeta de las masas, el que para bien o para mal dirige la atracción de las masas hacia el individuo; cuando esta persona empiece a captar la fuerza y la intensidad de Plutón, empezará a destacarse de entre los demás como alguien que debe tenerse en cuenta, como sucedió con los presidentes John F. Kennedy y Gerald Ford. Véase la carta de Kennedy en la página siguiente.

**Urano sin aspectos**

**Nombre**: Frank Sinatra
**Fecha**: 2 de diciembre de 1915
**Hora**: 1:19 PM EST
**Lugar**: Hoboken, NJ
**Long**. 74W02
**Lat**. 40N44

**Fuente**
Karma Welch. Lynn Palmer cita 3 AM.

**DD**

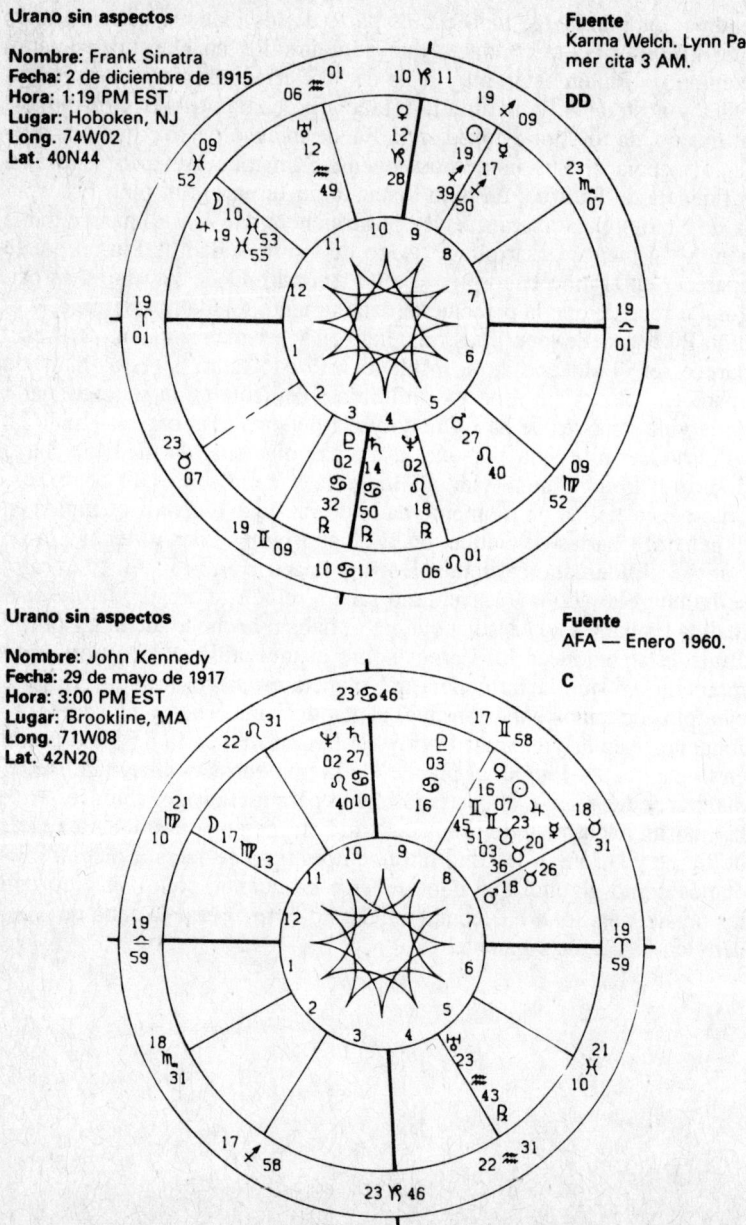

**Urano sin aspectos**

**Nombre**: John Kennedy
**Fecha**: 29 de mayo de 1917
**Hora**: 3:00 PM EST
**Lugar**: Brookline, MA
**Long**. 71W08
**Lat**. 42N20

**Fuente**
AFA — Enero 1960.

**C**

# Lección 6

## Más sobre la dominante: Carencia de un aspecto específico, aspectos compuestos y tipo final

## Carencia de un aspecto específico

Un planeta que carece de cuadraturas, o de oposiciones, de conjunciones, de quincucios, de trígonos o de sextiles, salta a la vista en el aspectario de un horóscopo; es, de hecho, prominente. La carencia de un aspecto específico no es excesivamente importante si se trata de trígonos o sextiles, pero la persona que carezca de cuadraturas o de oposiciones notará ciertamente esta carencia. Siempre que en el horóscopo falta algo, lo notamos. Lo que nos preocupa, por lo tanto, es si podemos reemplazar lo que falta con otra cosa, si a pesar de esta carencia podemos seguir adelante.

**Carencia de cuadraturas.** Si volvemos a los elementos básicos de cualquier aspecto y usamos el gráfico plano como guía, veremos que la cuadratura es realmente Aries contra Cáncer o Capricornio. Aries, ardiente y orientado hacia el «Yo», está colocado en cuadratura frente al suave y acuoso Cáncer. ¿Qué efecto tiene el agua sobre el fuego? Lo apaga. ¿Cómo reacciona Aries cuando alguien trata de eliminarlo? Se enfurece, se irrita hasta el punto de impulsarle a la acción. ¿Qué sucede con el tranquilo, realista pero ambicioso Capricornio contra el ardiente y obstinado Aries? ¿Qué efecto tiene la Tierra sobre el Fuego? Lo mismo que el agua, trata de apagarlo, sofocándolo. Y de nuevo

Aries, creyéndose el más importante y el mejor de los signos —después de todo, es el número uno del Zodíaco—, siente que tiene que defenderse o será extinguido. Ésta es la razón por la cual una cuadratura comporta tanta tensión y desafío, y la razón de que necesitemos cuadraturas para llegar a ser algo, para luchar por sobrevivir, incluso para vencer la poderosa influencia de nuestros padres, astrológicamente representados por las casas cuarta y décima, las casas de Cáncer y Capricornio.

Si no hay cuadraturas en una carta, la persona allí representada no se da cuenta de la carencia; de hecho, esas personas pueden tener una vida difícil como cualquier otro individuo, pero nos dirán que todo es perfecto, que la vida es buena y que sienten el placer de vivir. Las tensiones y temores que otros intuyen no parecen afectarles. Puesto que ninguna cuadratura les obliga jamás a esforzarse por vencer obstáculos, deciden ignorar todas las dificultades y vivir felizmente en el *statu quo*. El problema está en que, cuando empiezan las verdaderas dificultades, no saben hacerles frente y, o tratan de escapar de ellas o se

**Carencia de cuadraturas**

**Nombre:** Charles Lindbergh
**Fecha:** 4 de febrero de 1902
**Hora:** 2:30 AM CST
**Lugar:** Detroit, MI
**Long.** 83W03
**Lat.** 42N20

**Fuente**
Símbolos Sabianos, n.° 581 más un recorte de periódico. Wemyss, en la famosa Nativity n.° 29, cita 3:02 AM LMT.

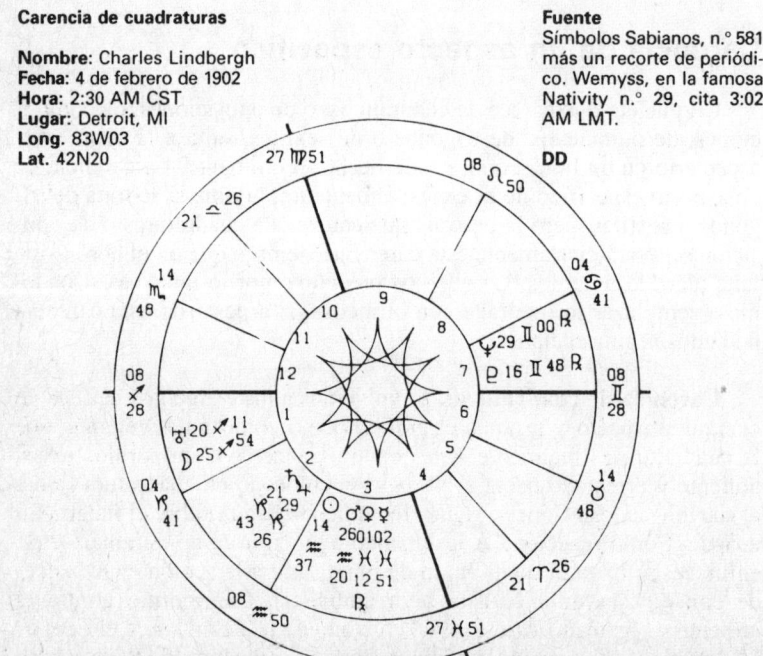

repliegan en sí mismos. No están acostumbrados a luchar o a encararse con un problema y si no aparecen en su carta otros puntos fuertes (conjunciones y oposiciones), poca cosa serán en la vida. Algunas personas famosas (o infames) carentes de cuadraturas son el teniente Calley, que se hizo célebre en Vietnam y que carece tanto de cuadraturas como de oposiciones, el aviador Charles Lindberg, cuya carta aparece a continuación, el poeta Ogden Nash, la actriz Marlene Dietrich y el gerente de la Ópera Rudolf Bing.

**Carencia de oposiciones.** Si volvemos a la carta plana, veremos al pionero, egocéntrico Aries tratando de decirle al mundo que no necesita a nadie, hasta que llega un día en que se da cuenta de que su fuego no puede arder a menos que el aire de Libra lo avive. Quizá se presente con demasiada exigencia y enfurezca a Libra de tal manera que provoque una verdadera tormenta, pero Aries comprenderá finalmente que nadie puede desentenderse por completo de los demás. Después de todo, Aries está representado por Marte, y Libra por Venus, y es agra-

**Carencia de oposiciones**

**Nombre:** Barbra Streisand
**Fecha:** 24 de abril de 1942
**Hora:** 5:04 AM EWT
**Lugar:** Brooklyn, Nueva York
**Long.** 73W55
**Lat.** 40N38

**Fuente**
Iglesia de Luz cita «Predictions» de Agosto de 1967.

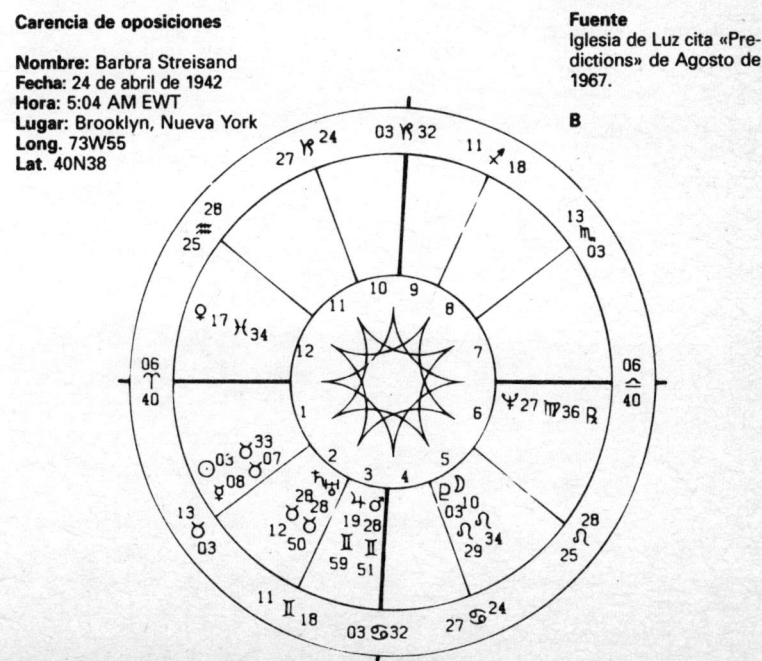

dable aparejar Marte y Venus. Las oposiciones, por lo tanto, nos enseñan a darnos cuenta de los demás y, al hacerlo, nos damos cuenta también de nuestras propias necesidades. Aries necesita del aire de Libra, pero Libra necesita del calor de Aries. Aries necesita a Libra para aportar modales y estilo a su naturaleza agresiva. Libra necesita a Aries para dejar de obrar con dilaciones; juntos, pueden beneficiarse cada uno de las polaridades del otro. Cuando no hay oposición, la necesidad de darse cuenta y de relacionarse con los demás no es innata, y debe aprenderse en el duro camino de la experiencia. Sin embargo, puesto que esta gente no se da cuenta de que relacionarse con los demás les cuesta mucho, creen realmente que les comprenden a la perfección, sean éstos sus socios en un negocio o su pareja en matrimonio. Cuando tienen que encararse de repente con el hecho de que algo va mal, no comprenden realmente de qué está hablando la persona con la que se enfrentan. Como a menudo salen lastimados, es posible que rehúyan cualquier clase de relación íntima, pensando que, de todos modos, «nunca sale bien». Como siempre, deben buscarse factores de

**Carencia de conjunciones**

**Nombre:** Clint Eastwood
**Fecha:** 31 de mayo de 1930
**Hora:** 5:35 PM PST
**Lugar:** San Francisco, California
**Long.** 122W25
**Lat.** 37N46

**Fuente**
Lockhart, certificado de nacimiento.

A

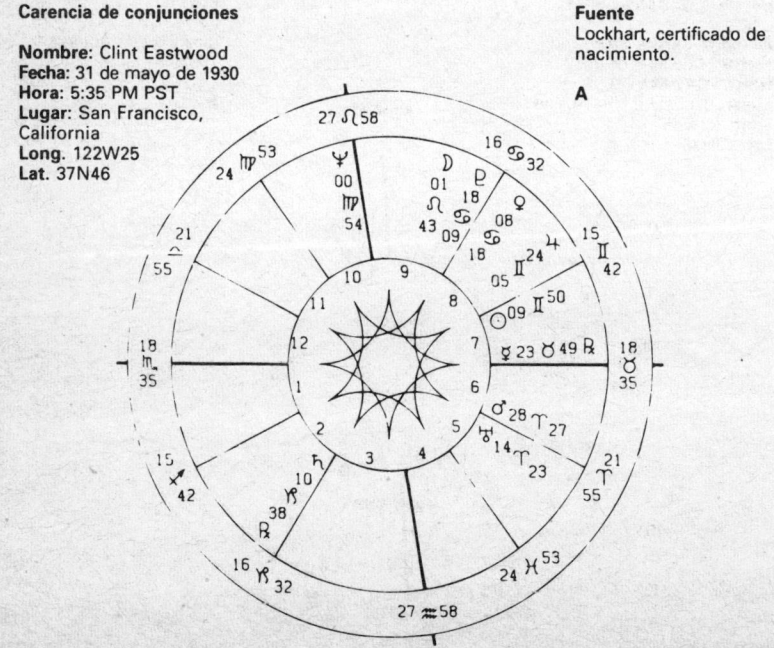

compensación, fuertes cuadraturas, por ejemplo, que les obliguen a encararse consigo mismos y con sus deficiencias. Un buen ejemplo se halla en la artista Fanny Brice, tan hábilmente representada en *Funny Girl* y en *Funny Lady* por Barbra Streisand, que carece de oposiciones. Véase esta carta más adelante. Otros ejemplos son los actores Montgomery Clift y Dustin Hoffman, la autora y conferenciante Helen Keller, el ayudante de la Casa Blanca Hamilton Jordan y el dictador Benito Mussolini.

**Carencia de conjunciones.** Hay muchas cartas sin conjunciones. Si una carta es muy dispersa, no tendrá ninguna conjunción. Este tipo de carta puede indicar una persona muy versátil; cuando una puerta se cierra, otra se abre. La conjunción simboliza el impulso y la acción inherentes en dos planetas colocados en Aries en la primera casa. Si falta este sentimiento, la persona puede diseminar su energía o dedicarse a demasiadas cosas. Una buena cuadratura puede compensar esta carencia. Ejemplos de estas personas los tenemos en las actrices Nina

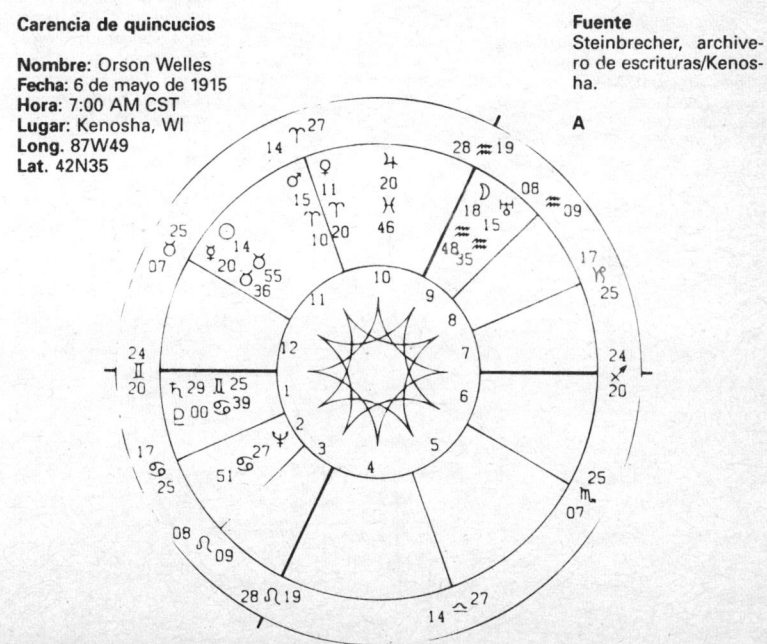

**Carencia de quincucios**

**Nombre:** Orson Welles
**Fecha:** 6 de mayo de 1915
**Hora:** 7:00 AM CST
**Lugar:** Kenosha, WI
**Long.** 87W49
**Lat.** 42N35

**Fuente**
Steinbrecher, archivero de escrituras/Kenosha.

A

Foch y Mia Farrow, en el pianista Ignace Paderewski y en el actor Clint Eastwood, cuya carta se halla en la página 98.

**Carencia de quincucios.** En el gráfico plano, el quincucio se refiere a la actitud de Aries contra Virgo o de Aries contra Escorpio. Aries es activo, cardinal y fuego. Virgo es pasivo, mutable y tierra, mientras que Escorpio es pasivo, fijo y agua. Todo es distinto, nada tienen en común estos signos y encuentran, por lo tanto, muy difícil relacionarse, comprender cada uno las necesidades o deseos del otro. Aries es puesto otra vez a la defensiva, porque la tierra y el agua amenazan su fuego. Pero el aspecto no es angular, por lo tanto, la amenaza es más bien psicológica (la octava casa de Escorpio) o mental (la sexta casa de Virgo). Nuestras palabras clave preferidas para los quincucios son «ajuste», cuando se usa positivamente, y «compromiso», cuando se usa negativamente. La gente que carece de quincucios en su gráfico

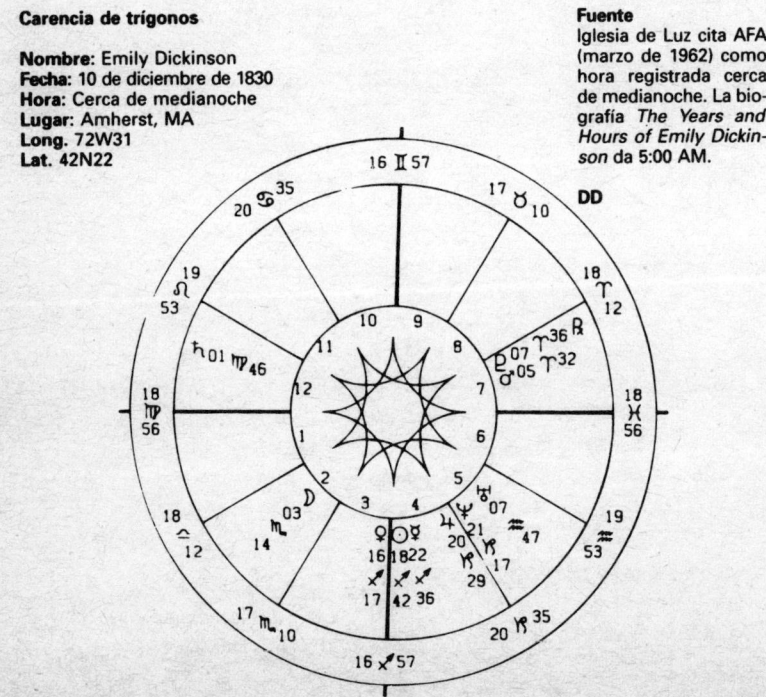

**Carencia de trígonos**

**Nombre:** Emily Dickinson
**Fecha:** 10 de diciembre de 1830
**Hora:** Cerca de medianoche
**Lugar:** Amherst, MA
**Long.** 72W31
**Lat.** 42N22

**Fuente**
Iglesia de Luz cita AFA (marzo de 1962) como hora registrada cerca de medianoche. La biografía *The Years and Hours of Emily Dickinson* da 5:00 AM.

ni siquiera sabe lo que se siente al ajustarse a las necesidades o deseos de otro. Pueden a veces sentir una punzada de inquietud, como si supieran que algo se espera de ellos sin saber exactamente qué es lo que se espera, pero básicamente piensan solamente en sus propios sentimientos. Tenemos buenos ejemplos en el actor Maurice Chevalier, el vidente Edgar Cayce, los actores Montgomery Clift y Orson Welles, el escritor Jess Stearn y el director de cine Alfred Hitchcock. La carta de Orson Welles se halla en la página 99.

**Carencia de trígonos o sextiles.** Sería extraño encontrar una carta que careciera tanto de trígonos como de sextiles. Muchas cartas carecen de uno de ellos, y uno compensa al otro. Los llamados aspectos duros nos dan el impulso necesario para lograr un fin, mientras que los trígonos proporcionan fluidez y facilidad y los sextiles la oportunidad de usar bien los aspectos duros; por lo tanto, cuando falta uno de los dos, el individuo puede tener que esforzarse un poco más para llegar al fin, pero a menos que falten ambos, es fácil hallar factores compensa-

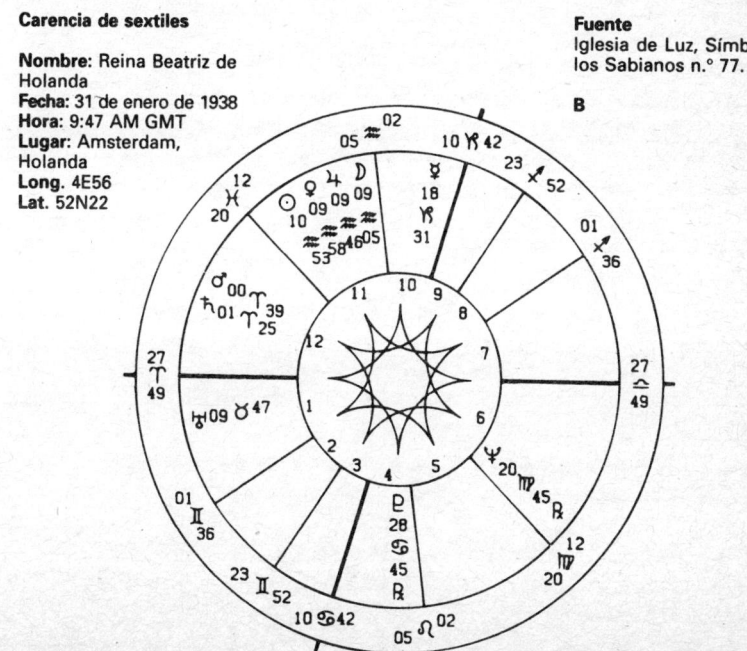

**Carencia de sextiles**

**Nombre:** Reina Beatriz de Holanda
**Fecha:** 31 de enero de 1938
**Hora:** 9:47 AM GMT
**Lugar:** Amsterdam, Holanda
**Long.** 4E56
**Lat.** 52N22

**Fuente**
Iglesia de Luz, Símbolos Sabianos n.° 77.

B

torios. Si faltan a la vez los trígonos y los sextiles, la tensión y la dificultad pueden llegar a ser excesivas y la persona puede llegar a abandonar la lucha y no hacer nada, o hacer muy poca cosa, o tratar de
hallar un camino más fácil, que puede a veces llevar a cometer actos
criminales. Entre las personas famosas carentes de trígonos se hallan la
poetisa Emily Dickinson, la escritora Simone de Beauvoir, el actor
Keenan Wynn, y el escritor Noel Coward. Ejemplos de personas carentes de sextiles son los autores Scott Fitzgerald, Anne Morrow Lindberg
y Gertrude Stein, el boxeador Muhammad Ali, las reinas Isabel II de
Inglaterra y Beatriz de Holanda y el consejero de la Casa Blanca John
Dean. La carta de Emily Dickinson se halla en la página 100, y la de
la reina Beatriz puede verse en la página 101.

## Aspectos compuestos

Las configuraciones no son tan evidentemente prominentes como
algunos de los elementos que acabamos de mencionar. Sin embargo, los
aspectos compuestos son unos de los rasgos más importantes a tener en

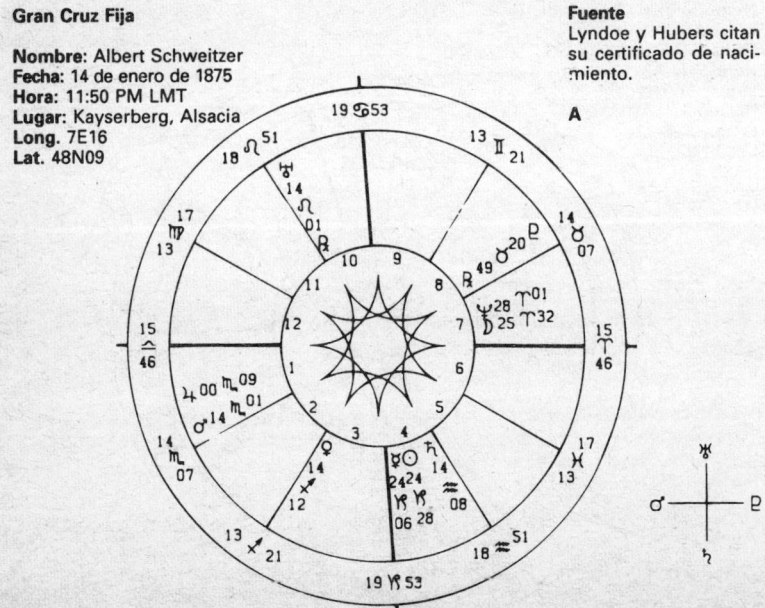

**Gran Cruz Fija**

**Nombre:** Albert Schweitzer
**Fecha:** 14 de enero de 1875
**Hora:** 11:50 PM LMT
**Lugar:** Kayserberg, Alsacia
**Long.** 7E16
**Lat.** 48N09

**Fuente**
Lyndoe y Hubers citan
su certificado de naci-
miento.

A

cuenta en la interpretación del horóscopo. En el primer volumen describimos brevemente algunos de los aspectos compuestos más importantes. Con este término, aspecto compuesto, designamos a tres o más planetas unidos por aspectos que, al conjuntarse así, forman una figura geométrica. Por ejemplo, dos planetas en oposición, y cada uno de ellos en cuadratura con un tercer planeta, forman una *cuadratura en T* o *cruz T*. En el horóscopo de Joan Sutherland encontramos Venus a 10° Escorpio 36' en oposición a Marte a 10° Tauro 12', con ambos planetas en cuadratura con su Medio Cielo a 7° Acuario. Si trazamos las líneas que mostrarán estos aspectos, el dibujo resultante será una perfecta «T». Asumamos que tenga también un planeta en su cuarta casa en los primeros grados de Leo (Neptuno, en su caso, está fuera de orbe), tendremos entonces otro modelo de aspecto compuesto, la llamada *gran cuadratura* o *gran cruz*. Si de nuevo conectamos estos puntos, veremos que se obtiene la forma de una cruz: Marte en oposición a Venus y el Medio Cielo en oposición a algún planeta en Leo, Marte y Venus en cuadratura con el MC y el planeta X en cuadratura con Marte y Venus. En este caso se trata de una cuadratura en T fija o de una gran cuadratura fija, porque todos los puntos se hallan en signos fijos. Cuadraturas en T y grandes cuadraturas pueden ocurrir en cualquiera de las tres cualidades. En la cuadratura en T, tres planetas y tres casas se encuentran unidos; cuando uno de ellos actúa, los otros dos se hallan automáticamente implicados. En realidad, existe una integración automática e innata en todos los aspectos compuestos: todos los planetas y casas implicadas se hallan unidos y tienen que obrar en colaboración, sean cuales sean sus particulares tendencias.

## La Gran Cruz

En la Gran Cruz o gran cuadratura nos encontramos con 4 planetas y 4 casas; 4 planetas que se relacionan entre sí y abarcan 4 áreas de vida y que, posiblemente, rigen otras casas o áreas de vida; al poner en juego tantas facetas de la carta, esta configuración se convierte en un factor importantísimo, y casi abrumador, del horóscopo.

Puesto que la Gran Cruz abarca 4 cuadraturas y 2 oposiciones, se tratará de una persona capaz de realizar grandes esfuerzos y mucha actividad. El modo como este esfuerzo o actividad se desarrolle dependerá de qué cualidad y de qué casas se hallen implicadas. Las cruces cardinales producen una acción rápida, las cruces fijas son más deliberadas en su acción, y las cruces mutables dependen mucho de la acción y reacción de otros.

**Cuadratura en T cardinal**

**Nombre:** George Patton
**Fecha:** 11 de noviembre
de 1885
**Hora:** 6:38 PM PST
**Lugar:** San Marino,
California
**Long.** 118W06
**Lat.** 34N07

**Fuente**
Biografía *Patton*, de
Ladislas Farago. Infor-
mación de la Biblia fa-
miliar.

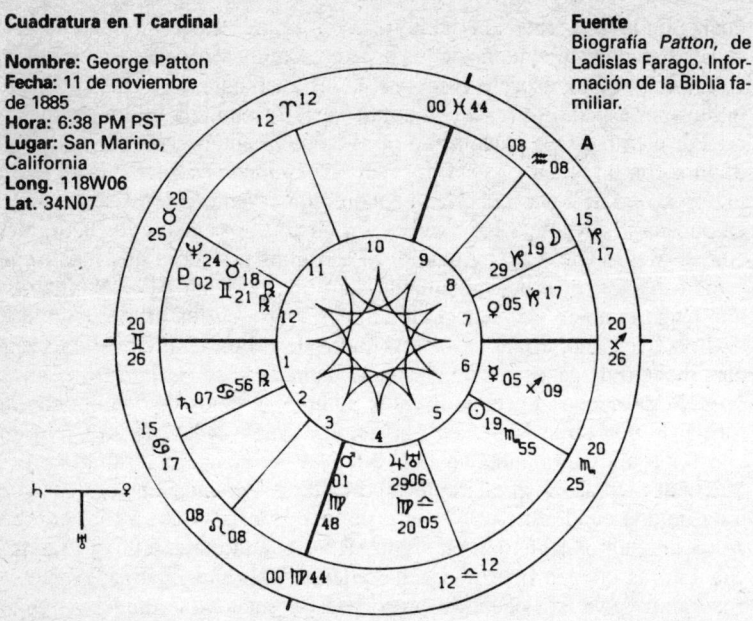

**La Gran Cruz Cardinal.** Nadie puede permanecer constantemente en actividad, por eso la Gran Cruz suele compararse a un molino de
viento: capaz de producir un tremendo rendimiento y actividad cuando
el viento sopla y de quedar casi inactivo después. De las tres cualidades, la Gran Cruz Cardinal es probablemente la más fácil. Cardinal
significa movimiento, hallar los problemas y resolverlos. Se tiene aquí
a la persona que obra, que es efectiva y con un claro fin determinado.
Pero para que su potencial funcione en su máximo grado, la gran cruz
cardinal necesita  —como lo necesitan todas las cuadraturas y oposiciones— un canal, un fluir hacia uno de los planetas implicados, o proce-
dente de ellos. Ésta puede ser un trígono o un sextil. Sin este canal de
desahogo, la cruz cardinal, con su necesidad constante de movimiento,
puede caer en el agotamiento. La bailarina Mitzi Gaynor y el escritor
Gore Vidal tienen ambos grandes cruces cardinales.

**La Gran Cruz Fija.** Es la más difícil de las tres. Los signos
fijos indican un serio propósito, gustan de planearlo todo y de crear

una base firme sobre la cual obrar. Necesitan sentirse motivados desde su propio interior, de dentro afuera; por lo tanto, si la cruz fija no recibe el flujo de ningún planeta, la persona de la cual se trate puede llegar a ser muy reprimida o sentirse emotivamente frustrada. Desarrollar algún tipo de aficiones suele ser útil para superar parte de esas frustraciones. El músico John Lennon y el médico misionero Albert Schweitzer (véase su carta en la página 102) tenían grandes cruces fijas.

**La Gran Cruz Mutable.** Aumenta los problemas inherentes a los signos mutables: indecisión, diseminación de energía o trabajar con propósitos distintos y contrarios. Mientras que los signos fijos dependen de sí mismos, los mutables dependen de los demás y no son, muchas veces, dueños de sus vidas. Al ser flexibles, se inclinan ante los deseos de los demás. Al ser indecisos, piden consejo a todo el mundo y acaban sumidos en la confusión. Con aspectos creadores de flujo pueden pasar una vida muy placentera, ya que pasarlo bien puede depender de saber transigir. Sin ese flujo, pueden acabar por malgastar la mayor parte de sus posibilidades. Dos ejemplos de personas con grandes cruces mutables son el escritor James Hilton y el cantante Bobby Darin.

## Cuadratura en T

La cuadratura en T implica dos cuadraturas y una oposición. Mientras que la gran cruz se integra en cuatro puntos, la cuadratura en T tiene la habilidad de equilibrar los dos planetas en oposición, pero el tercer planeta queda a su aire: tiene dos planetas en cuadratura, pero no tiene oposición, y se convierte en un foco dinámico del aspecto compuesto, reflejando generalmente el propio impulso. Mientras la oposición se ocupa de las relaciones, la cuadratura busca la acción. La casa y el signo del planeta focal, o brazo, como acostumbra a llamársele, adquieren una gran importancia.

**La Cuadratura en T Cardinal** es dinámica, rápida e inmediata. A la persona que la tenga le importan poco los temas abstractos, y suele precipitarse donde la prudencia no pondría los pies. Tiende a inmiscuirse en los asuntos de los demás. Si se usa positivamente, la persona es digna de confianza y con gran entereza en momentos de riesgo. El general George Patton, cuya carta se halla en la página 104, y el psicoanalista Sigmund Freud tienen cuadraturas en T cardinales.

**La Cuadratura en T Fija** obra de manera lenta y deliberada; los problemas más importantes se investigan a fondo antes de entrar en acción. A menos que un trígono o un sextil den fluidez a la configuración, la persona puede tener un punto de vista rígido, dogmático e inflexible. Dos buenos ejemplos son el primer ministro Winston Churchill y la reina Isabel II.

**La Cuadratura en T Mutable** suele hacer que la persona se sienta atraída por las ideas y por la gente. Le es fácil resolver sus problemas porque se lleva bien con los demás, pero la indecisión o la duda pueden ser dos de sus mayores dificultades. La primera ministra Indira Gandhi y el comediante Groucho Marx son dos ejemplos.

Hay unas cuantas palabras clave para describir los distintos planetas focales. Si se trata de la *Luna,* la persona se deja influir mucho por el estado de ánimo del momento, como le sucedía al poeta Robert Browning. Con *Mercurio,* puede explicar racionalmente y controlar lo que sucede de manera serena y tranquila, como el aviador Billy Mit-

**El estelio**

**Nombre:** Pablo Picasso
**Fecha:** 25 de octubre de 1881
**Hora:** 11:15 PM LMT
**Lugar:** Málaga, España
**Long.** 4W24
**Lat.** 36N43

**Fuente**
Biografía escrita por P. Cabanne. R. Penrose, Revill cita 9:30 PM.

**DD**

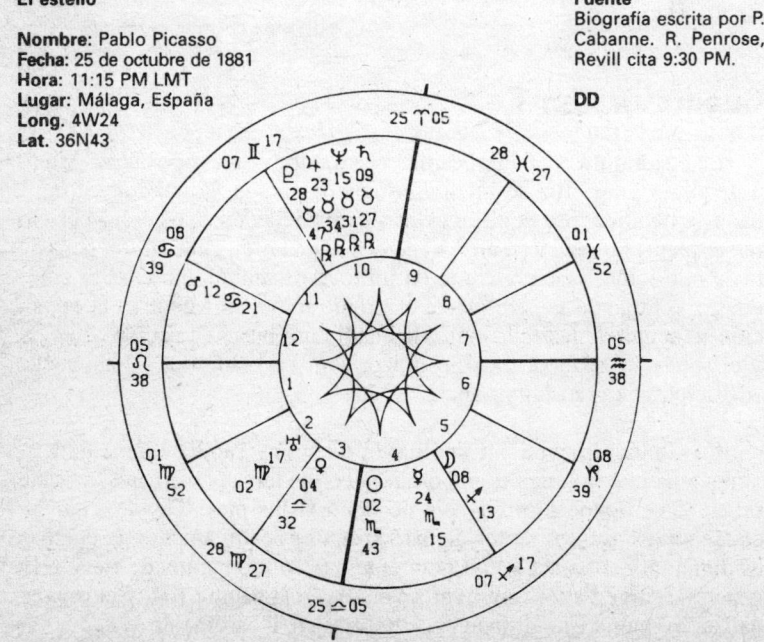

chell. Si el brazo es *Venus,* la persona podría buscar el modo de aprovecharse de la situación o, si ello implica un esfuerzo excesivo, abandonar el intento. Un buen ejemplo es la curandera evangelista Katherine Kuhlman. Con el *Sol* en el punto focal, la persona se sumergirá en la situación en cuerpo y alma, como la artista Vanessa Redgrave. *Marte* desprende la energía suficiente para salir adelante, sea cual sea la situación que se presente, pero el individuo puede encolerizarse y no llevar a cabo nada. El boxeador Muhammad Ali es uno de los ejemplos. Con *Júpiter,* la persona ampliará o adornará la situación pero, básicamente, la considerará como una aventura; el escritor Norman Mailer es un ejemplo. *Saturno* le incita a enfocarlo todo con grandes precauciones, pero la paciencia y una perspicacia innata le permiten salir vencedor. Las responsabilidades de las reinas Isabel de Inglaterra y Juliana de Holanda son buenos ejemplos. Con *Urano* manejará las cosas a su propia y exclusiva manera, sin permitir la interferencia de los demás, como el «predicador» Jim Jones, que convenció a 900 personas para que murieran con él. Con *Neptuno* puede serle difícil ver la

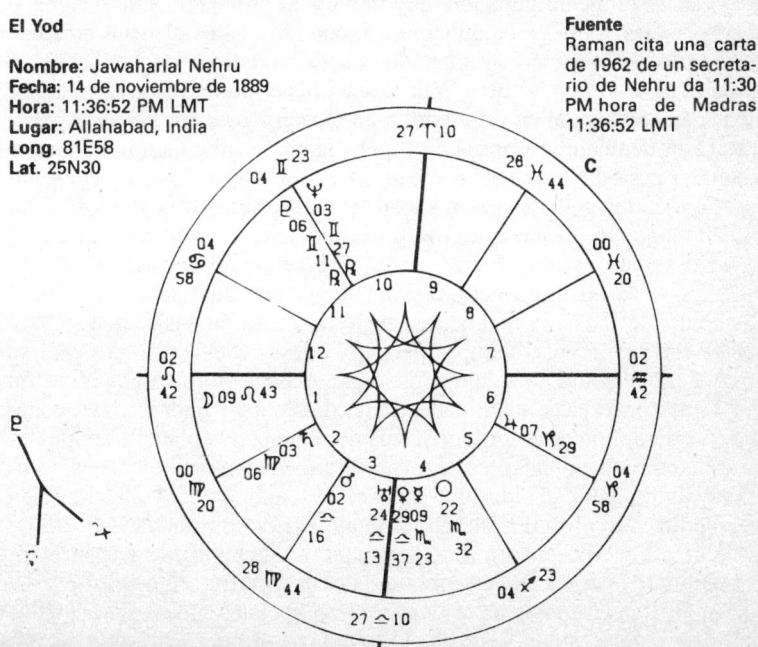

**El Yod**

**Nombre:** Jawaharlal Nehru
**Fecha:** 14 de noviembre de 1889
**Hora:** 11:36:52 PM LMT
**Lugar:** Allahabad, India
**Long.** 81E58
**Lat.** 25N30

**Fuente**
Raman cita una carta de 1962 de un secretario de Nehru da 11:30 PM hora de Madras 11:36:52 LMT

situación con claridad y podría llegar a un callejón sin salida, o su gran imaginación puede ayudarle a salir con éxito, como al director de cine Vittorio de Sica. Con *Plutón,* puede aprovechar la situación para convertirse en cruzado, no sólo para sí mismo sino para salvar la humanidad, o puede vivir con una honda sensación de frustración en su interior. La astróloga Evangeline Adams ilustra bien este caso.

El lugar vacío de la cuadratura en T es también un punto muy sensible y a veces puede usarse como válvula de escape. Puede verse esto en la carta de Hermann Hesse. Éste tiene una cuadratura en T mutable con Júpiter en la primera casa en oposición a Mercurio en la séptima y ambos en cuadratura con Saturno y la Luna en la tercera casa. Hesse aprendió a usar la novena casa de la filosofía y la religión con gran provecho. Es interesante, también, dedicar unos pocos minutos a estudiar la cuadratura en T cardinal de Disney y la fija de Joan Sutherland.

## El Estelio

Ésta es otra configuración muy importante. Aquí encontramos tres o más planetas, todos en conjunción uno con otro. Estos planetas crean su propio énfasis y acción, acentuando muchísimo la importancia del signo y de la casa en la que caen. Walt Disney tiene Marte, Saturno y Júpiter todos en conjunción en Capricornio en la cuarta casa (la Venus, de Disney, está también en Capricornio, pero fuera de orbe para una conjunción). A pesar de los indicios creativos e idealistas de Disney, el estelio en Capricornio le trajo a la realidad, exigió resultados concretos, pidió reconocimiento y sólidos logros, y eclipsó otras tendencias en su carta.

Un estelio es muy fuerte, ya que básicamente consiste en tres o más planetas en la primera casa en Aries; sea cual sea la casa y el signo donde el estelio realmente esté, esta sensación básica que se basa en la carta en reposo siempre persiste. Puesto que la primera casa se considera personal, una congregación de planetas reforzará la atención en la personalidad e identidad propia, dándonos palabras clave como egocéntrico o preocupado por sí mismo. Con tantos planetas empujando a la persona en una dirección, ésta es a menudo parcial y pocas veces tiene dudas para decidir qué dirección tomar en la vida. También encuentra muy difícil transigir en cualquier circunstancia. Al reflejar el estelio aquella sensación de la primera casa, también tiene influencia sobre la apariencia, sea cual sea la casa en la que el estelio se halle en el gráfico. Algunas de las personas conocidas que poseen estelios son: la cantante Della Reese y el director de orquesta Arturo Toscani-

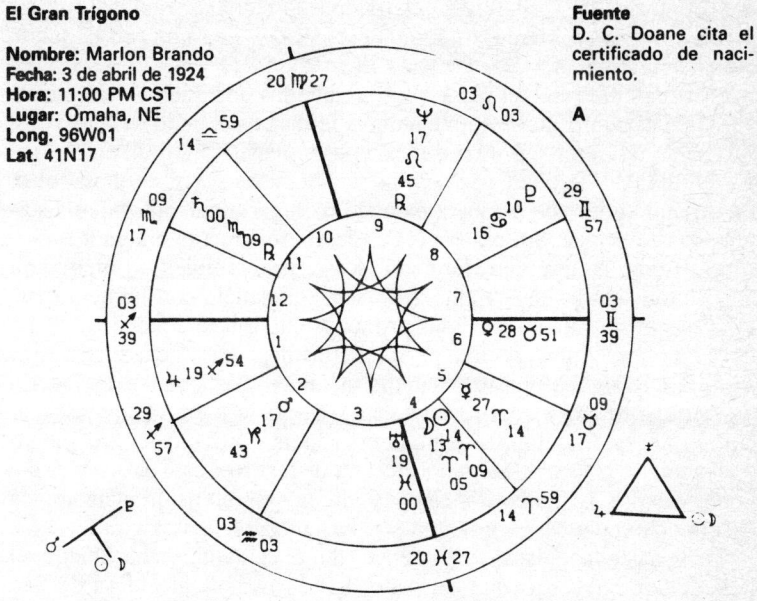

**El Gran Trígono**

**Nombre:** Marlon Brando
**Fecha:** 3 de abril de 1924
**Hora:** 11:00 PM CST
**Lugar:** Omaha, NE
**Long.** 96W01
**Lat.** 41N17

**Fuente**
D. C. Doane cita el
certificado de naci-
miento.

ni que tienen estelios cardinales; la actriz Arlene Dahl y el pintor Pablo Picasso estelios fijos, el escritor Jean Paul Sartre y el dramaturgo Noel Coward estelios mutables. La carta de Picasso se halla en la página 106.

# El Yod

El horóscopo de Disney puede también servirnos de ejemplo de otro aspecto compuesto importante: el Yod. Este aspecto consiste en dos planetas sextil uno con otro, y ambos quincucio con otro planeta. En el caso de Disney, Mercurio es sextil con Venus y ambos son quincucio con Neptuno. Como dijimos al hablar de la carencia de aspectos específicos, los quincucios siempre necesitan determinados reajustes o concesiones; no son aspectos de fácil manejo, pero en el caso del yod, el sextil de Venus y Mercurio le dio a Disney la oportunidad de conocer cuándo y cómo hacer el reajuste. El yod es muy importante en la carta de Disney, ya que Neptuno es el planeta más elevado y está en su décima casa de la carrera y las ambiciones mundanas. Neptuno, el planeta de la ilusión y el engaño, es traído a la realidad y obligado a ser usado a través de Mercurio (comunicaciones) y de Venus en la quinta casa de creatividad.

En cualquier yod, el planeta que recibe los dos quincucios se convierte en el punto focal y a menudo se le llama «el dedo de Dios». La necesidad de obrar surgirá a través de este planeta focal, mientras que la oportunidad de obrar yace en los dos planetas sextil el uno al otro. La dificultad del yod es que a menudo da lugar a maneras poco disciplinadas de pensar. Sin embargo, el «dedo» finalmente obliga a la persona a obrar. Nótese que Hermann Hesse tiene también un fuerte yod con Plutón sextil Venus y ambos planetas quincucio con Júpiter. Puesto que aquí se trata de las casas primera/sexta o primera/octava, debemos emprender una acción personal (primera casa) examinando el camino que siguen nuestros hábitos mentales y físicos (sexta casa) y nuestro deseo emocional (octava casa). Si no se logran cambios, reajustes o reorganización, la persona puede tener dificultades emocionales, mentales o físicas. La mejor manera de resolver esto es a través del conocimiento (Virgo/sexta casa) y de la comprensión psicológica (Escorpio/octava casa). Los yod son bastante frecuentes y algunas de las personas conocidas que los tienen son: el cantante Frank Sinatra, el gobernador Jerry Brown y su padre Pat Brown, la alcaldesa de San Francisco Diane Feinstein, el líder indio Jawaharlal Nehru, el senador Robert Kennedy, la actriz Ellen Burstyn y el actor Charlie Chaplin. La carta de Nehru se halla en la página 107.

## El Gran Trígono

El Gran Trígono es el último de los aspectos compuestos mayores. Como su nombre indica, se trata de un mínimo de tres planetas, cada uno en trígono con el otro. Generalmente todos los planetas están en el mismo elemento, y por éste clasificamos el trígono; en el caso de Farrah Fawcett, por ejemplo, decimos que tiene un gran trígono de aire. Tiene el Sol a 13° Acuario 11' en trígono con Urano a 17° Géminis 58' y ambos en trígono con Neptuno a 10° Libra 41'. Los tres planetas en signos de aire, le dan a Farrah inspiración y habilidad creativa. En cierto modo, tenemos el reverso de la situación de la Gran Cruz o cuadratura en T. Los tres planetas armoniosamente conectados necesitan el desafío y la tensión de una cuadratura o de una oposición para empujarlos a obrar. Si esto no ocurre, la persona podría sentirse muy feliz sin hacer nada y desperdiciando todo su potencial nativo. En el caso de Farrah, el Sol tiene una oposición exacta a Plutón y Neptuno cuadratura con la Luna, exactamente lo preciso para empujarla a obrar y a usar la habilidad indicada en su horóscopo.

**El Gran Trígono de Fuego** produce una gran confianza en uno mismo, actividad física, entusiasmo, un cierto sentido de dramatismo y un carácter sociable. La gente de fuego es muy perceptiva y puede inspirar a los demás. Sus aspiraciones suelen ser elevadas. El líder sindical César Chávez y el actor Marlon Brando tienen ambos grandes trígonos de fuego. La carta de Brando se halla en la página 109.

**El Gran Trígono de Tierra** hace que las personas que lo tienen amen la comodidad material, sean responsables, muy trabajadoras y, muchas veces, psíquicas. Probablemente a causa de que el elemento tierra se relaciona con las cosas prácticas, estas personas pueden ver la realidad en una dimensión mayor que otras personas. La actriz Vanessa Redgrave y el líder ruso Joseph Stalin son dos ejemplos.

**El Gran Trígono de Aire** produce gente muy idealista e individualista, pero con tendencia a ir a la deriva y sufrir frustraciones. Con un gráfico fuerte, tienen excelentes facultades mentales, gran facilidad y habilidad de comunicación, y llegan a influir en otros a través de sus ideas e ideales. No les gusta la rutina ni el trabajo servil. Dos ejemplos son el antiguo consejero de la Casa Blanca John Dean y el compositor George Gershwin.

**El Gran Trígono de Agua** lleva el mayor potencial creativo. Esta gente tiene la comprensión sutil e intuitiva de la concienciación de las masas. Son instintivos y compasivos y necesitan un canal productivo, de lo contrario sufrirán los ocultos desconciertos y ansiedades inherentes en el elemento agua. Son precavidos, y sólo actúan cuando tienen confianza en el resultado. Los nativos del agua son muy sensuales. Puesto que el agua lo envuelve todo y no conoce barreras, esta gente pocas veces sabe cuándo hay que decir basta, sea lo que sea lo que estén haciendo. Grandes trígonos de agua los tienen el secretario de Estado Henry Kissinger y el presentador Johnny Carson.

He aquí algunas configuraciones más que pueden ser de interés:

**La Cometa** consiste en un gran trígono en el cual uno de los planetas tiene una oposición. Si se traza una línea que una los tres planetas de un trígono, se formará un triángulo. Ahora se traza una línea entre los dos planetas en oposición y se conectan los planetas que están en sextil con el planeta en oposición, y el resultado será la figura de una cometa. Farrah Fawcett tiene una cometa. Su Urano está en trígono con su Neptuno y ambos en trígono con el Sol, pero el Sol se opone a Plutón y Plutón está en sextil con Urano y con Neptuno. La oposición entre el Sol y Plutón le da la percepción necesaria para utilizar los trígonos y sextiles. La mayor dificultad de la cometa es que tiene en sí misma tres aspectos distintos y puede ser, por lo tanto, excesivamente independiente y quizá el resto del gráfico no se use en todo su potencial. La actriz Rosemarie Guy tiene también una cometa en su carta, y también la tiene el dictador ruso Joseph Stalin, cuya carta se halla en la página siguiente.

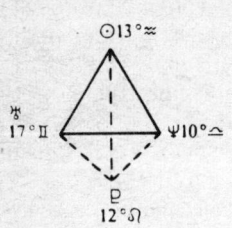

## El Bumerang

El Bumerang es un aspecto compuesto descubierto por Joan McEvers que observó su acción durante años antes de decidir que realmente actuaba como un aspecto compuesto. Consiste en un yod en el cual el planeta «dedo» tiene una oposición. El gráfico de Hermann Hesse puede servir de ejemplo. Ya explicamos su yod, con Plutón en sextil con Venus y ambos quincucio con Júpiter. Nótese que Júpiter es opuesto por Mercurio. Este aspecto compuesto hace exactamente lo que su nombre implica. La acción para el planeta focal, Júpiter, va en bumerang a Mercurio y la tendencia es resolver los problemas entre las dos oposiciones, aprovechándose de los sextiles para hacerlo, y dejando a un lado los quincucios. Esto, a la larga, puede ser peligroso, porque los reajustes que no se tienen en cuenta pueden llegar a ser profundas frustraciones.

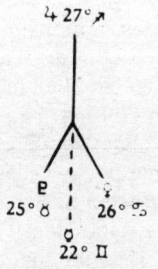

El escritor Henry David Thoreau también tenía un bumerang, como lo tiene la actriz Zsa Zsa Gabor, cuya carta se halla en la página siguiente.

## El Gran Sextil

El Gran Sextil es una de las configuraciones más excepcionales; manteniendo el orbe que recomendamos para los sextiles (5° y 6° para

## La Cometa

**Nombre:** José Stalin
**Fecha:** 2 de enero de 1880 NS
**Hora:** 8:15 AM Zona 2
**Lugar:** Gori, URSS
**Long.** 44E05
**Lat.** 42N00

**Fuente**
Fecha registrada, pero
la hora es desconoci-
da y especulativa.

DD

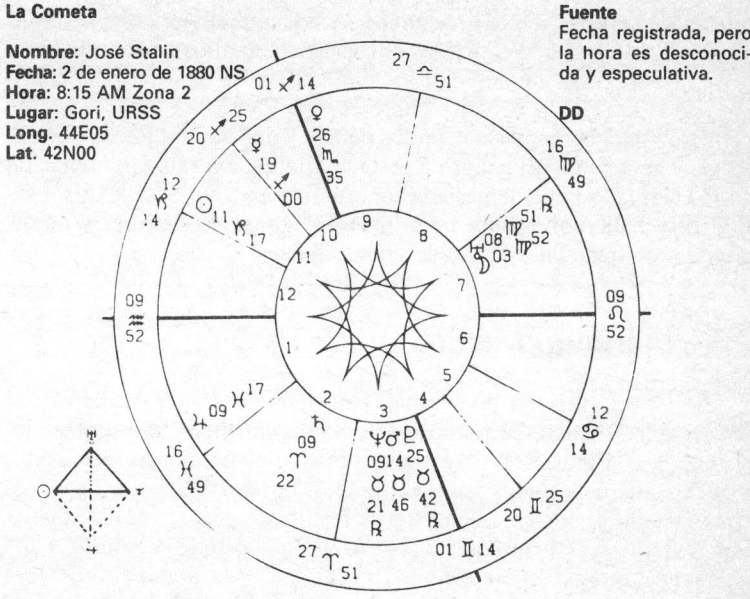

## El Bumerang

**Nombre:** Zsa Zsa Gabor
**Fecha:** 6 de febrero de 1915
**Hora:** 8:08 PM MET
**Lugar:** Budapest,
Hungría
**Long.** 19E05
**Lat.** 47N30

**Fuente**
Fecha autobiográfica
correcta. Su madre di-
jo: «Es la hora de la
cena» a las 8:08 PM.

B

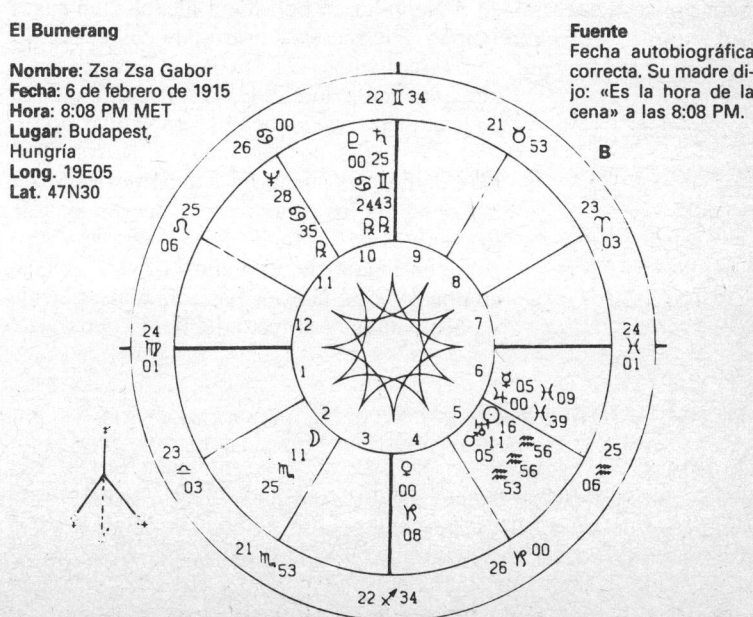

los luminares), no hemos encontrado a nadie que tuviera esta configuración. Implicaría a seis sextiles enlazando la totalidad del horóscopo, y su trazado visual tomaría la forma de la Estrella de David. La configuración daría a la persona enormes oportunidades, una excelente habilidad para comunicarse con los demás y una actitud jovial y orientada hacia la gente. El peligro de esta configuración es la diseminación de la energía, ya que demasiadas oportunidades y un exceso de versatilidad se hallan al alcance de la mano. Algunas cuadraturas y oposiciones o conjunciones serían de gran utilidad.

## El Rectángulo Místico

Otra configuración interesante, pero muy escasa, es la llamada el Rectángulo Místico. El porqué se le llama «místico» es un misterio, porque la configuración obra a muy práctico nivel. Consiste en cuatro planetas interconectados por dos trígonos, dos sextiles y dos oposiciones. Cuando se les enlaza, la figura resultante parece un rectángulo. Por ejemplo, si se tiene Marte a 14° Aries en oposición a Saturno a 20° Libra, en trígono con Neptuno a 16° Leo y en sextil con el Sol a 19° Acuario, se tiene también a Neptuno en oposición al Sol y en sextil con Saturno. Al mismo tiempo, Saturno está en trígono con el Sol. El resultado, por lo tanto, son dos trígonos, dos sextiles y dos oposiciones, y tiende a actuar de un modo parecido al de la cometa. Aquí tenemos también las oposiciones (esta vez dos, la cometa tenía sólo una) para darnos percepción y ayudarnos a utilizar la fluidez de los trígonos y la oportunidad de los sextiles de un modo útil. Y una vez más, como en la cometa, el peligro de este aspecto compuesto es que es demasiado autosuficiente y puede dominar al resto del horóscopo.

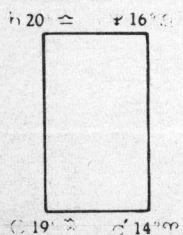

## El Tipo Final (o firma)

Esta última categoría no es en absoluto prominente. En realidad, tienen que hacerse bastantes cálculos para encontrarla. Si usamos el horóscopo de Hermann Hesse como ejemplo (lo encontraremos en la página 45), veremos que tiene cinco planetas mutables y cinco planetas en agua. En otras palabras, más mutabilidad y agua que cualquier otra cualidad o elemento. En el Zodíaco sólo hay un signo mutable de agua: Piscis. Por lo tanto, el tipo final de Hesse era Piscis. Esto no es siempre evidente al observar la carta. Sin embargo, al llegar a ese tipo, vemos que Herman Hesse era muy sensible, intuitivo, emotivo, introspectivo, y cualquier otro adjetivo con el que se quiera describir el sentido de Piscis.

Walt Disney tenía seis planetas cardinales y cuatro planetas de tierra como factores predominantes, lo que nos lleva a un tipo Capricornio para él. Esto confirma lo que ya habíamos observado en cuanto a su estelio en Capricornio. Joan Sutherland tiene seis planetas fijos y cinco planetas de agua, dándole un tipo final Escorpio, cosa que no sorprende mucho porque su Sol y otros dos planetas se hallan en Escorpio. Farrah Fawcett tiene un tipo final Acuario, cosa que tampoco es sorprendente porque tiene el Sol y otros dos planetas en Acuario.

A veces, puede hallarse un tipo final muy distinto del que podría esperarse, como en el caso de Helen Keller, cuyo horóscopo se halla en la lección 5. En un caso así, se obtienen datos adicionales y mayor posibilidad de comprensión de la persona de la que se trate. Algunas veces es difícil decidir cuál es el tipo final porque la división está muy igualada. En tales casos, aconsejamos que se use el Ascendente para deshacer el empate. No es negativo el hecho de no encontrar un tipo final: es otro modo de alcanzar una mayor comprensión.

A continuación describimos lo que suponen los distintos tipos finales. Debe tenerse siempre presente que hay que tomar en cuenta toda la carta, aunque generalmente esto proporciona un mayor discernimiento en cuanto a la personalidad del individuo y a su modo de conducta. Si no hay tipo final, no hay que preocuparse. Esto sólo querrá decir que la carta es muy equilibrada y no encaja en ninguna categoría específica. Pero cuando el tipo final existe, debe tenerse en cuenta. Si este tipo tiene el mismo signo que el Sol, la Luna o el Ascendente, a la persona le será más fácil manifestar este determinado signo.

**Fuego Cardinal (Aries).** Ésta es la combinación más cálida y más activa, y generalmente produce una personalidad amable y atractiva. De mentalidad rápida y ágil, es un pensador independiente. Su temperamento es ardiente y si el elemento agua es prominente, tiene que esforzarse en perdonar a otros. Tiene una mente penetrante, con grandes ideales y aspiraciones.

**Tierra Cardinal (Capricornio).** Ambicioso y social, le es necesario desarrollar una sensación de logro material. Es una persona que «toma la batuta», aunque a veces lo haga tácitamente. Muy competente y digno de confianza, es la sal de la tierra.

**Aire Cardinal (Libra).** Tiene una fuerte intuición y su mente rige la acción. Tiene gran habilidad y esto le da destreza y favorece una carrera profesional. Es comunicativo y concreto, y puede ser buen orador. Su manera de ser es honesta y educada, y porfía para llegar a la perfección. Muy cortés en sus palabras, muestra gran destreza manual y mental.

**Agua Cardinal (Cáncer).** Romántico y sensible, su humor varía según el tiempo, los contactos personales y la situación del momento. Es expresivo y muestra a los demás su ira y su dolor: no puede mantener ocultos sus sentimientos  Absorbe a menudo el humor de los demás, y puede sentirse muy vinculado por lazos de amistad, afectuoso y sentimental. Sus experiencias tienen un efecto profundo y duradero.

**Fuego Fijo (Leo).** Es el individuo de mayor fuerza de voluntad del zodíaco. Su temperamento está marcado por la ambición y hay una persistencia de fuerza y energía que le permite alcanzar sus fines, cualesquiera que sean. Algo reservado, se evidencia su orgullo en todo cuanto hace. Generalmente no disemina ni su amor ni sus esfuerzos profesionales.

**Tierra Fija (Tauro).** Excesivamente rígido, le es difícil dejarse llevar por las circunstancias. Si tiene cualquier otro elemento fuerte, especialmente el aire, puede modificarse esta cualidad. A menudo muestra un temperamento demasiado confiado y con un exceso de pundonor. Debería considerar sus propios logros con menos énfasis, o perderá la percepción necesaria para el éxito. Es a veces silencioso, reservado y aun triste, y sólo en contactos íntimos aparece su verdadera personalidad.

**Aire Fijo (Acuario).** Noble, cortés y amante de la paz, es el aristócrata que aporta la elegancia a lo que le rodea. Puede ser un buen artista, con la paciencia necesaria para la obra que se relaciona con la naturaleza, la escultura, la pintura y otras áreas semejantes. Su temperamento es sutil y tiene un conservadurismo básico; su disposición es firme y deliberada. Si tiene algunos planetas de tierra, puede alcanzar la fama a través del éxito.

**Agua Fija (Escorpio).** Tiene un espíritu receptivo y una misteriosa percepción del destino. En sentido negativo, puede ser celoso, suspicaz e incluso traidor. Por otra parte, sin embargo, puede ser un santo o un erudito. Puede sufrir depresión y es temperamental, con muchos y extremados altibajos. Tiene una manera de ser dramática y misteriosa, que le hace difícil ser comprendido. Esta combinación produce a menudo una persona morosa.

**Fuego Mutable (Sagitario).** Muy expresivo, muestra gran entusiasmo e incita a los demás a la acción, aunque raras veces logra grandes cosas por sí mismo. Con bastantes planetas de tierra para equilibrar el celo del fuego, puede ser prodigiosamente activo. Tiene un temperamento independiente y agudo y un modo de ser equilibrado, pero siempre necesita que se le anime y que otros le presten su apoyo.

**Tierra Mutable (Virgo).** Conservador, con un temperamento bastante nervioso, le gusta llevar un tipo de vida formal que puede llegar a ser monótono, llevando al estancamiento. Si la tierra es más fuerte que la mutabilidad, puede poseer buena mente para los negocios, su manera de ser se afianzará en un sentido de armonía y será estable y consistente. Si no, la preocupación y la duda serán predominantes.

**Aire Mutable (Géminis).** Es un soñador, el estudiante que va a la escuela toda la vida porque nunca se cansa de aprender. Su temperamento es complaciente; su carácter, anhelante. Busca una carrera científica o literaria, pero para llegar a ser prominente o alcanzar una situación elevada necesita algún planeta de fuego o de tierra. Debe siempre estar sobre aviso y consciente de lo que le rodea, porque puede ser fácilmente desviado por los demás.

**Agua Mutable (Piscis).** Tiene una extraña propensión a rodearse de indeseables, y muchos problemas pueden aparecer en su camino. Su temperamento varía de acuerdo con los años de la infancia en el hogar, años en los que una fuerte disciplina le hubiera ayudado. Su temperamento puede ser victimista por una parte, pero cariñoso cuando las cosas le salen bien. Aquí, más que con cualquier otra combinación, es necesario tomar en consideración tanto los otros elementos y cualidades como los aspectos planetarios.

## El Subtipo

Puede alcanzarse una mayor percepción usando las posiciones en las casas para hallar un «subtipo». Véase si hay una preponderancia de planetas angulares, sucedentes o cadentes. Obsérvese luego si las casas más ocupadas son las de vida, las de sustancia, las de relaciones o las terminales, y el subtipo revelerá qué área de la vida (casa) es realmente importante para la persona. Hermann Hesse tiene predominantemente planetas angulares con una mayoría de ellos en casas de relaciones. Por lo tanto, todo lo concerniente a la séptima casa será muy importante para él. Joan Sutherland tiene un subtipo de seis angulares/cinco casas de sustancia, dando un total de énfasis en la décima casa. Walt Disney, con cinco planetas angulares, pero con las casas de vida, sustancia y terminales acomodando cada una tres planetas, no tiene subtipo final. Farrah Fawcett tiene seis planetas sucedentes y seis planetas en casas terminales, lo que le da un subtipo de octava casa. Representa un símbolo sexual para el público, lo cual es una de las interpretaciones de la octava casa.

Con esta lección no le damos al lector ninguna tarea adicional, pero le instamos a que examine el resto de los horóscopos que hallará en este libro y trate de determinar las dominantes que en ellos se hallen.

# Lección 7

## Planetas retrógrados

Hemos mencionado bastantes veces la palabra retrógrado, y al calcular el horóscopo el lector ha visto los símbolos Rx y D en las efemérides. Pero ¿qué significan? ¿Debe uno describir un planeta retrógrado de una manera especial?

La palabra retrógrado significa que va hacia atrás (de retro = atrás y gradi = ir). Pero ¿cómo puede un planeta ir hacia atrás? Después de todo, sabemos que, en nuestro sistema solar, todo se mueve continuamente en una moción eclíptica hacia adelante. El planeta retrógrado no cambia de repente su moción para ir hacia atrás; sólo parece hacerlo. Lo parece porque cuando estos planetas disminuyen en moción longitudinal (según se ve desde la Tierra), parecen ir primero más despacio y finalmente parecen ir hacia atrás. Este fenómeno se comprenderá mejor si pensamos en dos trenes que pasan uno junto a otro, es decir, paralelos. Si estamos sentados en el tren que va a mayor velocidad, nos parecerá primero que el tren más lento está parado y luego, de repente, creeremos que el tren más lento va hacia atrás.

En el primer volumen, en la lección 3, mencionamos la velocidad de todos los planetas. Venus, por ejemplo, emplea 224 y 1/2 días para completar una órbita alrededor del Sol. La Tierra, como sabemos, tarda 365 y 1/4. Por lo tanto, en un momento determinado, Venus será el tren más rápido que pasará a la Tierra. Pero desde la Tierra parecerá que Venus está primero parado y luego empieza a ir hacia atrás. Puesto que Marte tarda 22 meses, o casi dos años, en completar la órbita, será ahora la Tierra el tren más veloz, mientras que Marte parecerá ir cada vez más despacio y finalmente volver atrás en su camino.

La misma ilusión visual sucede en determinados momentos, cuando un planeta cambia su posición angular en relación con la Tierra. Puesto que juzgamos nuestros horóscopos desde el punto de vista de la Tierra, debemos tener en cuenta esta ilusión y anotar este hecho.

Esta moción retrógrada se observa en tres estadios. Cuando el planeta va aparentemente perdiendo velocidad llega a quedarse estacionario. En las efemérides se verá que determinados planetas permanecen en el mismo grado uno, dos o tres días, algunos incluso una semana o más. El segundo estadio es el retrógrado. Cuando está a punto de cambiar de nuevo, observamos un segundo período estacionario y después el planeta parece ir de nuevo hacia adelante.

El lector debe señalar en su horóscopo con Rx o D y SRx cuando el planeta está quieto y a punto de volverse retrógrado, con SD cuando está quieto y a punto de volver a moverse hacia adelante. Todas estas distintas mociones pueden hallarse en las efemérides buscando unos días antes y unos días después.

Cuando la astrología se hallaba en sus comienzos, solían atribuirse al planeta retrógrado características como delibitado, extenuado, infortunado, y otros significados de mal agüero. Observando la moción retrógrada en los horóscopos, los astrólogos modernos han descubierto que esos términos se apartan de la verdad. Si el lector usa su propio sentido lógico (como siempre le aconsejamos que haga), puede analizarlo por sí mismo. Si el planeta es retrógrado, no se mueve del modo que suele hacerlo abiertamente. Por lo tanto, su acción será menos evidente, menos abierta y mucho más orientada hacia el interior. En determinados casos, esto será muy bueno; en otros casos, puede hacer más lento el proceso externo de maduración. Si muchos planetas personales (Mercurio, Venus, Marte), son retrógrados en el gráfico natal, la verdadera naturaleza de la persona será menos evidente en el exterior, porque la mayor parte de la acción tiene lugar en el interior. Si un planeta Rx rige al Sol, a la Luna o al Ascendente, la persona puede parecer tímida o mostrarse vacilante al enfrentarse a situaciones nuevas. Un horóscopo corriente suele tener dos planetas retrógrados.

Los estudiantes suelen preguntar qué sucede cuando no hay planetas retrógrados en una carta. Si los otros elementos no lo desmienten, la persona parece ser muy directa, sociable y sin complicaciones. Se ve todo lo que hay, por así decir. Si se observa la carta de Linda Rondstadt, en la página siguiente, se verá que no tiene ningún

**6 Rx**

**Nombre:** Graham Nash
**Fecha:** 2 de febrero de 1942
**Hora:** 1:50 AM BDDT
**Lugar:** Blackpool,
Inglaterra
**Long.** 3W03
**Lat.** 53N49

**Fuente**
Linda Graham, de la
interesada.

A

**Carencia de Rx**

**Nombre:** Linda Rondstadt
**Fecha:** 15 de julio de 1946
**Hora:** 5:39 PM MST
**Lugar:** Tucson, AZ
**Long.** 110W58
**Lat.** 32N13

**Fuente**
Ruth Elliot. Del certifi-
cado de nacimiento.

A

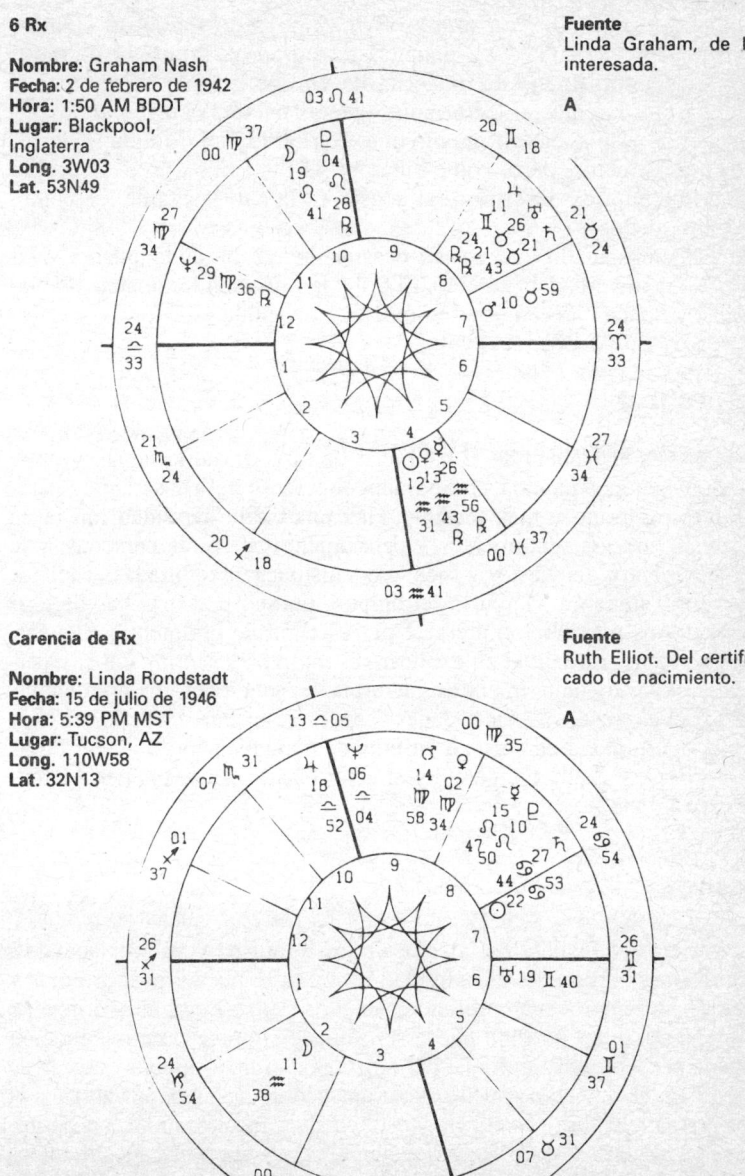

planeta retrógrado. En cambio, es muy poco corriente de Graham Nash (pág. 121), con seis planetas retrógrados. Tantos retrógrados añaden un sutil matiz de misterio, hacen que la persona sea menos abierta. Le daremos al lector unas cuantas palabras clave para explicar dónde el planeta en movimiento retrógrado se diferencia de los planetas directos, pero, como siempre, le instamos a usar su propio sentido común al describir y al pensar en la naturaleza de los planetas implicados.

Debemos añadir que, en esta ocasión, hemos usado la palabra «planetas» en su verdadero sentido. El Sol y la Luna son luminares, no planetas, y nunca parecen estar en moción retrógrada.

## Mercurio

Éste es el planeta de la habilidad de razonar, de la mente y de la comunicación. Cuando es retrógrado, el proceso del pensamiento parece más profundo y más sensible. Hay una cierta habilidad innata de afinidad con los sentimientos y pensamientos de otras personas, y le hacen menos dispuesto a sacar conclusiones precipitadas. Muchos escritores tienen a Mercurio retrógrado, porque para muchas de esas personas es más fáicl expresarse por escrito que oralmente. Algunas, parecen tener dificultad en explicar sus motivos y sentimientos, y permanecen en silencio, mientras que otras llegan a tener una gran habilidad para expresar sus necesidades después de madurar y de haber tenido la opurtunidad de corregir su falta de comunicación. Las escritoras Pearl Buck y Zelda Fitzgerald y el actor Charles Boyer tienen Mercurio retrógrado.

## Venus

Éste es el planeta del afecto, de los impulsos y valores sociales. Cuando es retrógrado, el individuo no siempre puede mostrar amor y afecto, no importa cuán profundamente los sienta. Le es muy difícil ser demostrativo. La persona puede ser tímida. El proceso de maduración puede ser lento y el enfoque del amor, por lo tanto, puede carecer de madurez. O la persona puede tomar una actitud despreocupada hacia el amor y la aventura romántica, y esto puede señalar la ninfa o el sátiro. La primera dama Mary Todd Lincoln, el actor Warren Beatty, el defensor del consumidor Ralph Nader son todos ejemplos de Venus retrógrado.

# Marte

Éste es el planeta de la acción, la energía y la iniciativa. Cuando Marte es retrógrado, la persona tiende a ser menos competitiva, a menos que esté en competición con sí misma. Puede decirse: «Hoy nadé diez piscinas completas; mañana tengo que nadar quince». Puesto que una gran parte de la acción se orienta hacia sí misma o hacia el interior, parece que su impulso vaya aflojándose. Esta persona es más deliberada y examina cada acción en su interior antes de hacerla abiertamente. De este modo evita los escollos y puede alcanzar rápidamente al que está en constante acción. Si se usa negativamente, puede obrar con precipitación y tener luego que rectificar o volver a rehacer lo que antes hizo. El gángster Al Capone, el líder en derechos civiles Martin Luther King y la artista Gypsy Rose Lee, todos tienen Marte retrógado.

# Júpiter

Júpiter es el planeta de la expansión, del optimismo y del idealismo. Cuando Júpiter es retrógrado, el individuo prefiere desarrollar sus propias creencias religiosas y filosóficas, sus ideales e incluso su moral, antes que aceptar lo que le enseñan. Busca respuestas intuitivas y las halla en su propio interior. Tiene también la habilidad de ver el cuadro completo, sin dejarse desviar por los detalles. Encontrará a menudo vías de expansión que otros pueden descuidar. La actriz Carol Burnett, por ejemplo, tiene Júpiter retrógrado en Virgo en su sexta casa de trabajo, rigiendo sus casas novena y décima de filosofía y carrera. Carol se aprovechó de ello hallando su propio lugar como actriz de comedia, pero desde luego Júpiter en conjunción con Neptuno la ayudó en este esfuerzo creativo. Rose Kennedy, la madre del presidente John F. Kennedy y el inventor Guglielmo Marconi son otros ejemplos.

# Saturno

Saturno es el planeta de la disciplina, el maestro, y rige el impulso hacia la seguridad y la indemnidad. Cuando es retrógrado, de todos los planetas descritos hasta ahora, es el mejor ejemplo de la actitud y voluntad libres. Como implica su naturaleza, un maestro puede abrir nuevos horizontes, hacer que se le obedezca y que se aprecie después la bondad de la disciplina resultante; pero la persona puede también sentirse atrapada, retrasada y retenida si se resiente al maestro y se resiste al proceso de aprender. En el caso de Saturno, no es solamente el signo, la casa y los aspectos que pueden marcar una diferencia, sino la propia respuesta de la persona. Por lo tanto, cuando es retrógrado, puede tener el efecto opuesto. Usado negativamente, la persona puede sentirse insegura, o incluso inferior, porque mira dentro de sí y no le gusta lo que ve. Teme ser rechazada, por lo tanto, evita, tanto como puede, exponerse a situaciones que podrían acabar en rechazo o hacer que se sintiera rechazada. Necesita que le animen constantemente, y le falta la ambición que generalmente es innata en Saturno. Si se usa positivamente, el individuo mirará dentro de sí y, desde una edad muy temprana, verá bastante claramente quién es, adónde va, y qué hará para poder llegar donde quiere ir. Usa más deliberación para lograr sus fines de manera serena y discreta, pero los logra. Habrá quien le considere demasiado serio, pero tiene sentido del humor, aunque es muy personal. La poetisa Emily Dickinson, el científico Albert Einstein y el escritor Thomas Mann tienen Saturno retrógrado.

## Urano

Se trata ahora del planeta de la libertad, del que alerta. Cuando Urano es retrógrado, su dirección hacia adentro refuerza la necesidad de ser diferente, de romper las cadenas de la tradición a una edad temprana. La necesidad de alcanzar la libertad personal, por extraño que parezca, crea el impulso de dominar a los demás. Muchos políticos, jefes de Estado, dictadores y líderes sociales tienen Urano retrógrado. Cuanto dominio sean capaces de obtener dependerá, desde luego, de la ubicación de Urano en el gráfico; será de gran ayuda tener a Urano retrógrado en una casa angular. Hay muchísimos ejemplos de líderes políticos con Urano retrógrado: Adolf Hitler, Winston Churchill, Franklin D. Roosevelt, Lyndon B. Johnson, Nelson Rockefeller, Robert Kennedy y Hubert Humphrey.

## Neptuno

Neptuno es el planeta de la intuición, de la ilusión o de la decepción, y del despertar espiritual. Los aspectos de Neptuno adquieren enorme importancia cuando es retrógrado. Si Neptuno, a causa de un aspecto, es brumoso u oscurecido, adentrarse en su propio espíritu no servirá para esclarecer las cosas; por el contrario, el individuo puede vivir en un mundo completamente irreal, o engañarse a sí mismo totalmente. La tendencia al martirio de Neptuno puede fortalecerse, o la persona puede sentirse digna solamente cuando se sacrifica por el bien de los demás. Con aspectos positivos para apoyar al Neptuno retrógrado, la acción de adentrarse en uno mismo puede producir una gran percepción personal; cualquier habilidad presente desde el nacimiento puede utilizarse fácilmente desde una edad relativamente temprana. Muchos pintores, compositores, poetas y personajes religiosos han tenido esta posición: los pintores Pablo Picasso y Toulouse-Lautrec, los escritores Eugene O'Neill, Elizabeth Barrett Browning y Robert Browning, el psicólogo Carl Jung, la científica Madame Curie y el compositor Johannes Brahms.

## Plutón

Plutón es el planeta de la transformación y la obsesión. Puesto que Plutón es retrógrado durante seis meses cada año, casi la mitad de todos los nacidos lo tienen retrógrado. Es, por lo tanto, imposible adjudicar tendencias claras a la moción. El lector puede tratar de estudiar por sí mismo si ve rasgos definidos que esa gente tenga en común. Según nuestras observaciones, sólo podemos decir que, puesto que Plutón está muy lejos y es muy irregular en su órbita, sus efectos, generalmente, se sienten en la edad adulta. Los niños no parecen reaccionar a la naturaleza profunda y transformadora de Plutón, sino solamente a la intensidad o carácter obsesivo inherente al planeta, que es una manifestación externa. Una acción retrógrada, que exige ir hacia dentro del espíritu, no se manifestará hasta que la persona haya dejado bastante atrás la infancia. Entonces, hay tantos factores en juego, que es difícil señalar la acción retrógrada como culpable o como beneficiosa.

Para ilustrar brevemente los retrógrados en las cartas que estamos usando como ejemplos en este libro, veamos el horóscopo de Hermann Hesse. En él, Júpiter está retrógrado en su primera casa. Júpiter rige también su Ascendente y como regente de la carta adquiere una gran importancia. Si leemos la descripción que dimos de Júpiter retrógrado, veremos que es completamente adecuado para Hesse. Al ser el regente de su carta, establece las bases de su personalidad; en búsqueda constante, dudando siempre de las respuestas fáciles, buscando un algo elusivo de los días de su primera juventud. Su Saturno está estacionario, dispuesto a ponerse retrógrado al día siguiente. El período estacionario de Saturno es relativamente corto; tan sólo tres días. Tiene una posición difícil en el gráfico de Hesse; flanqueado por Marte en un lado, que le impulsa a la acción, y por la Luna en el otro, que le impulsa a ser emotivo. Saturno es más fuerte que cualquiera de los dos; tiende a poner trabas a Marte (un pie en el acelerador; el otro, en el freno) y desanima a la emocional Luna, llevando a la sensación de lástima de sí mismo o al sentimiento de no ser amado y de no haber recibido ternura de sus padres. Saturno es también parte de su mutable cuadratura en T al Ascendente (personalidad externa) y a Mercurio (habilidad de razonar). Con todas estas dificultades, podemos comprender que Hesse usara los atributos más negativos de Saturno en su juventud. Sin embargo, al ayudarle Júpiter a encontrarse a sí mismo y a encontrar algunas de las respuestas que andaba buscando, se sintió más seguro de sí mismo y de adónde debía ir; se dedicó deliberadamente a perseguir sus fines y fue ciertamente capaz de alcanzar la mayoría de ellos.

El Neptuno retrógrado de Walt Disney obra de manera muy parecida a la que hemos descrito aquí, con una excepción. Su modo de vivir en un mundo de fantasía lo usó de la manera más positiva: permitiendo a los demás que compartieran con él su gran ensueño. El reto de llegar a ser algo, generado por las muchas cuadraturas a su Luna natal en la primera casa, le impidió esconderse en su privado mundo de ensueño. En lugar de ello, utilizó sus sueños de creación para los niños, y para el niño eterno de su interior.

## Tiempo que cada planeta pasa en un signo del Zodíaco

**La Luna.** Se mueve de 12 a 15° cada día; por lo tanto está en un signo de 2 1/4 a 2 1/2 días.

**Mercurio.** Puede atravesar un signo en sólo 14 días, pero puesto que nunca está a más de 28° del Sol, está retrógrado aproximadamente tres veces cada año, como si fuera para volver a ponerse en su lugar.

**Venus.** Necesita aproximadamente de 26 a 30 días. Venus nunca está a más de 46° del Sol y se encuentra retrógrado una o dos veces por año. Entonces pueden hacerle falta 2 meses para pasar un signo.

**El Sol.** Se mueve a la razón de 28 a 31 días por signo (nuestro mes terrestre).

**Marte.** Puede pasar de 40 días hasta 6 meses en un signo. El promedio es aproximadamente de 2 meses, y depende de si está retrógrado o no. Marte no está retrógrado cada año.

**Júpiter.** Entre 6 y 18 meses, dependiendo de si está retrógrado, lo que no sucede cada año. La moción media es alrededor de un signo por año.

**Saturno.** Pasa aproximadamente 2 1/2 años en cada signo y en este período está retrógrado dos o tres veces.

**Urano.** Necesita aproximadamente 7 años para atravesar cada signo, y durante este período suele estar retrógrado hasta 7 veces, o sea una vez por año.

**Neptuno.** Necesita 14 o 15 años para atravesar cada signo, y está retrógrado una vez al año, a veces durante 5 meses.

**Plutón.** La órbita de Plutón es tan excéntrica, que tarda de 12 a 25 años para cada signo. Necesitó 25 años para atravesar Cáncer, pero necesitará solamente unos 12 para atravesar Escorpio. Plutón está retrógrado una vez al año, durante 6 meses.

Los planetas se ponen retrógados solamente cuando están a una determinada distancia crítica del Sol. Éstas son las distancias:

| | |
|---|---|
| Marte | 133° |
| Júpiter | 116° |
| Saturno | 104° |
| Urano | 104° |
| Neptuno | 101° |
| Plutón | 101° |

No hay distancia crítica entre el Sol y Mercurio o el Sol y Venus. Estos dos planetas se mueven básicamente con más rapidez que el Sol, por lo tanto, a veces, parecen ir más despacio o incluso moverse hacia atrás, cuando su distancia de la Tierra aumenta. Como resultado, nunca exceden su distancia de 28° o 46° respectivamente del Sol, a pesar de su moción intrínsecamente más rápida.

A partir de esta información, el lector debe observar los hechos siguientes:

1. Cualquier planeta que está en oposición al Sol DEBE estar retrógrado.

2. Júpiter, Saturno, Urano, Neptuno y Plutón, cuando están en trígono o en quincucio con el Sol DEBEN estar en retrógrados. Marte en quincucio con el Sol debe también estar en retrógrado. Ocasionalmente, Júpiter en trígono con el Sol puede encontrarse directo, pero es muy poco frecuente.

3. A causa de la variación de los períodos retrógrados de los planetas, habrá determinados años en los cuales será imposible que nazca una persona sin planetas retrógrados en su horóscopo; por ejemplo, en 1975.

4. Cuando un planeta se encuentra directo, su distancia de la Tierra aumenta; cuando está retrógrado, su distancia de la Tierra disminuye.

**Prueba de repaso.** Describir brevemente los retrógrados Marte y Urano de Joan Sutherland. Véase en el apéndice nuestra descripción, en la página 294.

# Lección 8

## Casas y signos interceptados

A causa de la inclinación de la Tierra sobre su eje y del hecho de que no sea una esfera perfecta, hay a menudo una distorsión del tamaño de las casas cuando vamos de Norte a Sur desde el Ecuador. Cuando esto sucede, se hallan algunos signos situados completamente dentro de una casa; es decir, el signo no aparece en ninguna cúspide, y a este fenómeno se le llama Interceptación. En latitudes de más de 50° al Norte o al Sur, dos o más signos pueden ser interceptados en una casa, o puede haber dos grupos de casas con signos interceptados.

Si una casa tiene un signo interceptado, la casa opuesta contendrá también un signo interceptado. Una interceptación amplía la casa en la cual ocurre y, por lo tanto, complica las cosas de esa casa a causa de los signos adicionales implicados. Por ejemplo, en el horóscopo de Farrah Fawcett, el eje de las casas cuarta-décima contiene signos interceptados: Libra y Aries. Mercurio (regente de Virgo), rige la cúspide de la cuarta casa; Libra está interceptado y así Venus co-rige esta casa; Neptuno, de hecho, la ocupa. Al describir la cuarta casa deben tenerse en cuenta todos estos factores. Como puede verse, la descripción de una casa que contiene un signo interceptado puede llegar a ser muy compleja.

Muchas veces el eje de una casa que contiene signos interceptados es el eje más activo del horóscopo. Y, casi siempre, es la mayor de las casas; contiene el mayor número de grados de una cúspide a otra. Volviendo a la carta de Farrah Fawcett, véase que la cuarta casa contiene 8° de Virgo + 30° de Libra + algo más de 2° de Escorpio = 40+°. Compárese eso con su segunda casa, que contiene solamente un poco más de 26°, todos en el signo de Leo.

Aunque el significado de los planetas se hace más tenue en los signos interceptados, la fuerza de tales planetas se hace a menudo más poderosa. Un planeta interceptado, no tolerará ninguna interferencia una vez ha tomado impulso. Un planeta contenido dentro de un signo interceptado es como si estuviera enjaulado o mantenido en sujeción, hasta que el individuo aprende a usar la fuerza o poder generado por este planeta. Entonces, puede avanzar a toda marcha. Si el Sol, la Luna, el regente del Ascendente, o el regente del signo interceptado se encuentran también interceptados, puede haber algún retraso en la puesta en marcha de esa área de la vida en la dirección debida. Por ejemplo, si en la carta de Farrah Fawcett descubriéramos a Marte en Aries (que está interceptado) en su décima casa, sería mucho más difícil dejar en libertad la energía de Marte. Las tensiones y frustraciones deben resolverse y el mejor camino es, generalmente, a través de la casa regida por el planeta.

Si en el horóscopo no hay planetas en los signos interceptados, la casa en sí misma es la que necesita atención.

En el gráfico de Farrah Fawcett, Neptuno es el único planeta interceptado. Rige su décima casa de estado social y carrera. Por lo tanto, un camino para salir de la intercepción es a través de la décima casa. Desde luego, los aspectos de Neptuno deben también tomarse en consideración.

**El Sol interceptado** indica a alguien que tiene una libertad limitada, sobre todo en la primera parte de su vida. Esa persona necesita hallar una determinada área o lugar en la vida donde sentirse a gusto y estar solo. A menudo existe la sensación de que en el interior de uno falta algo, y para ese individuo será más difícil la relación con los demás. Por lo general se halla personalmente implicado en lo que se refiere al signo y la casa del Sol, y mediante la dedicación y una buena dirección puede encaminarse directamente hacia sus fines. El asesino Lee Harvey Oswald es un ejemplo de Sol interceptado. También lo son el pintor Vincent van Gogh, el beisbolista Vida Blue y el primer ministro Jawaharlal Nehru, cuyas cartas se hallan en las páginas 82, 86 y 107.

**La Luna interceptada** indica intensificación de emociones. El sentimiento se acentúa, pero puede haber dificultad de comunicación y, a veces, incluso un defecto de dicción (aunque se necesitarán otros factores en el horóscopo para confirmar eso). Hay una especie de retirada a nivel emocional, y se intensifica la sensación de rechazo. Cuando esa persona logra establecer una comunicación emocional, es muy eficaz y otros le prestarán atención. La escritora Fanny Hurst tiene la Luna interceptada. Así la tienen también el comediante Lenny Bruce y la cantante Linda Rondstadt, cuyas cartas se hallan en las pp. 152 y 121.

**Mercurio interceptado** indica que el proceso del pensamiento no es el mismo que el que tienen los demás. Esa persona se siente a menudo incomprendida o desplazada entre sus contemporáneos. Cuando ha aprendido a aceptar sus propias ideas, otros llegan a admirar sus dones de especialización intelectual. Saben muy bien apreciar los valores. Los científicos Louis Pasteur y Albert Einsten son algunos ejemplos. También lo es el director de orquesta Arturo Toscanini, cuya carta puede verse en la página 79.

**Venus interceptado.** El individuo busca el amor de modo enteramente personal; suele mantener su vida amorosa en secreto, sagrada y escondida, o mantenida completamente aparte de las otras fases de la vida. Esta persona puede sentir que nunca ha experimentado el verdadero amor, porque su idea del amor es demasiado intensa y limitada. La válvula de escape de la creatividad es de gran ayuda. El ex Beatle John Lennon y el arquitecto Frank Lloyd Wright tienen esta interceptación. También la tienen el senador Ted Kennedy y el psicoanalista Sigmund Freud, cuyas cartas están en las páginas 91 y 153.

**Marte interceptado** muestra poder y energía intensos. Este individuo necesita una meta concreta hacia la cual canalizar su energía agresiva. Tiene la habilidad de lograr que todo cuanto haga se convierta en un triunfo personal. Algunos ejemplos son el emperador Hiro-Hito y la escritora Agatha Christie. También la conferenciante Helen Keller, cuya carta está en la página 75.

**Júpiter interceptado** puede indicar dificultades en la primera parte de la vida y una represión del entusiasmo natural. Esta persona tiene un sentido de los valores que es particularmente suyo. Cuando se le presenta una oportunidad sabe aprovecharse de ella de distinto modo de lo que harían sus contemporáneos. El general Erwin Rommel y el pediatra Benjamin Spock sirven de ejemplos. También el pintor Pablo Picasso, cuya carta se halla en la página 106.

**Saturno interceptado** tiene una gran sensibilidad para con los problemas de los demás y una especial habilidad para resolverlos. Sin embargo, las cosas que a los demás les angustian, a él pocas veces le hacen mella. Tiende a encararse con fatalismo a sus propias dificultades. Dondequiera que se halle Saturno, se da una tendencia a la abstención o una tendencia a la congestión. Esta persona debe desarrollar su expresión externa para poder afrontar los peligros implicados en la consecución de sus fines. Dos ejemplos son el mago Harry Houdini y el actor Dustin Hoffman. También el escritor Hermann Hesse y la cantante Linda Ronstadt, cuyas cartas se hallan en las páginas 45 y 121.

**Urano interceptado** indica una cierta timidez de expresión, particularmente en lo que se refiere a originalidad. Hay un miedo al ridículo. Aunque el individuo es creativo e idealista, hay una necesidad de vencer la sensibilidad que no le permitirá expresar su fervor humanitario. El asesino Charles Manson y el consejero de la Casa Blanca John Dean tienen esta ubicación. También la tiene la reina Beatriz de los Países Bajos, cuya carta encontrará en la página 101.

**Neptuno interceptado** indica un deseo de evitar el liderazgo. Ésta es una persona que preferiría sentarse en la última fila y a quien hay que exhortar para que se adelante y haga valer sus derechos. O quizá se convierta en un eremita, o en un soñador completamente introvertido. Si Neptuno es angular, hay una gran necesidad de acercarse a los demás, y esto debe ser estimulado. Ésta es una buena ubicación para escritores, músicos, o cualquiera que trabaje solo. Los escritores Arthur Conan Doyle y Joseph Wambaugh, y el compositor Igor Stravinsky tienen Neptuno interceptado. También lo tiene la actriz Barbra Streisand, cuya carta se halla en la página 97.

**Plutón interceptado** muestra que la motivación de la vida es distinta de la que impulsa a los demás. La necesidad de acción que siente esa persona suele proceder de un sentimiento de grupo y de su enorme necesidad de sentir la aprobación de los demás. La regeneración es muy importante, y siente profundamente la obligación de investigar a fondo y totalmente la vida, una obligación que hay que animarle a cumplir. Algunos ejemplos son el socialista Karl Marx, y el músico Guy Lombardo. También el productor cinematográfico Sam Goldwyn, cuya carta hallará en la página 80.

Según la Tabla de Casas que se use, las interceptaciones pueden cambiar y, en algunos casos, incluso pueden ser eliminadas. Todas las cartas de este libro se basan en la Tabla de Casas de nacimientos de Koch.

Dondequiera que haya signos interceptados en un horóscopo, se encontrará que hay dos casas enlazadas porque tienen el mismo signo en cúspides de casas adyacentes. En la carta de Farrah Fawcett la segunda y la tercera casas están enlazadas, como lo están su octava y novena casas. Los signos implicados son Leo y Acuario. En el gráfico de Herman Hesse las casas sexta y séptima y la duodécima y la primera están enlazadas con Géminis y Sagitario en las cúspides, respectivamente.

Las actividades de las dos casas que comparten el mismo signo en sus cúspides se enlazan de muchas maneras. Lo que rigen estas dos casas tiende a mezclarse y a fundirse.

**Primera con Segunda.** La persona se labra su propio camino en la vida, determina su propia estructura de valores, o da una gran importancia a la comodidad material. La campeona de pantinaje Sonja Henie y el productor cinematográfico Alfred Hitchcock lo poseen, así como el actor Marlon Brando, cuya carta se halla en la página 109.

**Segunda con Tercera.** Esta persona avanza por las áreas de transporte o de comunicación. Sus propios valores pueden recibir la influencia de los hermanos o pueden influir en ellos, o quizá podría establecer un negocio en sociedad con un hermano o hermana. La cantante Cher y el escritor Leo Tolstoi lo tienen, como la actriz Farrah Fawcett y el humorista Ogden Nash, cuyas cartas se hallan en las páginas 292 y 90.

**Tercera con Cuarta.** Un hermano puede ocupar el lugar de los padres; puede haber una infancia insegura, con asistencia a distintas escuelas, o bien un hermano o hermana pueden compartir la casa de esa persona. La expresión y la comunicación pueden parecer más fáciles cuando se está en el hogar. Algunos ejemplos son el fiscal general Robert Kennedy, el pintor Vincent van Gogh y el actor Orson Welles, cuyas cartas pueden encontrarse en las páginas 82 y 99.

**Cuarta con Quinta.** Los hijos de esta persona siempre regresarán al hogar. Es muy creativo en su hogar, o puede incluso ser un artesano que trabaja en casa. El escritor Henry Miller y el compositor Georg Friedrich Händel sirven de ejemplo, como lo hacen el director de orquesta Arturo Toscanini y la cantante Barbra Streisand cuyas cartas están en las páginas 79 y 97.

**Quinta con Sexta.** Esta persona trabaja en el campo creativo y a través de su trabajo ayuda a los jóvenes (por ejemplo, como maestro), o puede trabajar en deportes o entrenar un equipo. Su trabajo se convierte en lo que más le llega al corazón. El escritor Joseph Wambaugh y el escultor Auguste Rodin tienen esta situación; también la tienen el beisbolista Vida Blue y la escritora ciega Hellen Keller, cuyas cartas se hallarán en las páginas 86 y 75.

**Sexta con Séptima.** Esta persona trabaja con su pareja o en asociación, o con el público en general (a menudo en términos de servicio). Su trabajo puede implicar la ley. El ex Beatle Ringo Starr y el estadista Benjamin Disraeli lo tienen; también el esquiador Jean-Claude Killy y el futbolista Joe Namath, cuyas cartas están en las páginas 152 y 150.

**Séptima con Octava.** Esta persona podría llegar muy lejos en política con la ayuda (octava) del público (séptima); podría entrar en una sociedad de negocios o puede heredar dinero de su pareja o asociado. El cultista Aleister Crowley sirve como ejemplo; también el productor Samuel Goldwyn, cuya carta está en la página 80.

**Octava con Novena.** Publicar o escribir podría referirse a novelas de misterio o de sexo. Podría ser un experto en finanzas o un magnate industrial, y puede tener la habilidad necesaria para enseñar lo psíquico, lo místico o las ciencias ocultas. Los científicos Enrico Fermi y Albert Einstein son algunos ejemplos; también lo es el estadista Jawaharlal Nehru, cuya carta está en la página 107.

**Novena con Décima.** Este individuo puede emprender grandes viajes a causa de su carrera; la enseñanza o la ley pueden tener un papel importante en su trabajo, o le puede ayudar en su carrera una persona extranjera, o quizá su padre o su madre sean extranjeros. El primer ministro Harold Wilson tiene esta situación, como la tienen el político Robert Kennedy y el pintor Vincent van Gogh, cuya carta se halla en la página 82.

**Décima con Undécima.** Amigos y relaciones sociales pueden ayudar a esa persona en su trabajo o carrera; pueden trabajar para el gobierno de alguna manera (a menudo en el cuerpo militar o en la política); es generalmente muy activo en las acciones de grupo como líder. El vicepresidente Spiro Agnew y el aviador Eddie Rickenbacker sirven como ejemplos, lo mismo que el senador Ted Kennedy y la cantante Barbra Streisand, cuyas cartas están en las páginas 91 y 97.

**Undécima con Duodécima.** A menudo le atrae el trabajo caritativo, o el de asistencia social. Necesita tiempo para sí mismo, o fuerzas que están fuera de su control pueden causarle enfermedad. Le gusta trabajar en segundo plano. Los escritores Robert Louis Stevenson y James Joyce y el director de cine Vittorio de Sica tienen esta colocación, lo mismo que el dictador José Stalin, cuya carta se halla en la página 113.

**Duodécima con Primera.** Este individuo tiene mucha fuerza interior en la que apoyarse; su personalidad puede necesitar ser definida o aguzada; quizá haya que luchar contra la timidez o la introversión. Si se usa mal, puede convertirse en su propio y peor enemigo. Un ejemplo es el Mariscal de Campo Hermann Goering, lo mismo que la cantante Linda Ronstadt y el músico Henry Mancini, cuyas cartas pueden hallarse en las páginas 121 y 150.

**Ejercicio de repaso.** A continuación se halla el horóscopo del cantante Bob Dylan. El lector debe interpretar este horóscopo en cuanto a las interceptaciones –los dos grupos de casas que comparten el mismo signo en sus cúspides–, sin olvidar incluir su propia interpretación de los interceptados Marte y Neptuno. Después de completar esta asignación, puede compararla con nuestras respuestas en el apéndice en la página 294.

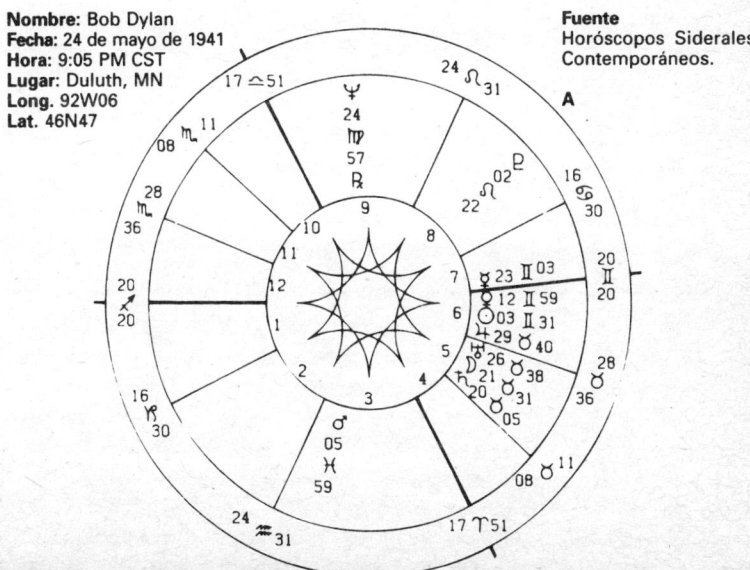

**Nombre:** Bob Dylan
**Fecha:** 24 de mayo de 1941
**Hora:** 9:05 PM CST
**Lugar:** Duluth, MN
**Long.** 92W06
**Lat.** 46N47

**Fuente**
Horóscopos Siderales
Contemporáneos.

# Lección 9

## Recepción mutua, último dispositor, regente de la carta y planeta focal

### Recepción mutua

Recepción mutua es un término que se usa cuando dos planetas están colocados cada uno en el signo de dignidad o regencia del otro. Por ejemplo, si Venus está en Aries y Marte está en Tauro —Venus rige a Tauro y Marte rige a Aries—, los dos planetas están en recepción mutua, o recíprocamente implicados cada uno en el regente del otro. Esto se considera una relación muy beneficiosa y armónica entre dos planetas. Es como si las fuerzas que emanan de cada uno se reunieran en una línea de acción. Al interpretar esta colocación, algunos astrólogos leerán Marte en Aries y Venus en Tauro, aduciendo que si los dos planetas están tan entrelazados o integrados a través de la recepción mutua, funcionan como si estuvieran colocados en sus propias dignidades. No estamos completamente de acuerdo con este razonamiento.

Para citar unos cuantos ejemplos: Jean Claude Killy tiene Venus en Virgo y Mercurio en Libra, por lo tanto los planetas están cada uno en el signo de dignidad del otro y en Recepción Mutua. Ambos están en su segunda casa (véase el horóscopo de Killy en página 152 en la Lección 10, «Diseños del Gráfico»). Venus en la segunda casa es accidentalmente dignificado, y, por lo tanto, muy bien colocado; sin embargo, Venus en Virgo no está en la mejor de sus posiciones en signo, sino en su caída. Venus es también retrógrado, obrando en dirección hacia el interior, que no es el modo en que Venus debe obrar. Al intercambiar los dos planetas y describir Venus como si estuviera en Libra, no se tendría en cuenta la naturaleza de Virgo; sin embargo, la mayor parte de la autocrítica de Killy y de la disciplina que se impone a sí mismo, tan necesarias en un esquiador de competición, procede de estar Venus en Virgo, pidiendo perfección y, por ser retrógrado, pidiendo perfección de sí mismo.

Nuestra interpretación de una recepción mutua es que la armonía de los dos planetas da una nueva dimensión o ayuda adicional para encontrar lo mejor que cada planeta puede dar en cualquier signo y casa en que esté y sean cuales sean los aspectos que tenga. En otras palabras, hace que sea más fácil para el individuo usar las cualidades más positivas posibles dentro de las limitaciones del horóscopo. En el caso de Killy puede decirse que, a causa de la recepción mutua, se exigía a sí mismo en lugar de volcar sus exigencias y críticas en los demás, lo cual, desde luego, es un enfoque mucho más positivo. Su Mercurio en Libra tiene tan buenos aspectos, que le sería fácil comunicarse bien y pensar claramente, pero tiene una estructura en cuña, lo que le hace difícil funcionar en relación con otros, por estar la energía concentrada en una sola área. Pero con Mercurio en Libra, el deseo y la habilidad de relacionarse y cooperar, la necesidad de Libra de obrar en sociedad, son facilitados por estar en recepción mutua con Venus en Virgo.

En el horóscopo de Walt Disney de la pág. 290, hay una recepción mutua entre Plutón en Géminis y Mercurio en Escorpio. Plutón tiene muy pocas salidas a través de las cuales canalizar las energías generadas en la cuadratura de su Ascendente, la oposición a Urano y al Sol, la conjunción con su Medio Cielo. Tampoco los dos quincucios a Júpiter y Saturno le ofrecen mucha salida. En el mejor de los casos, puede funcionar a través del amplio trígono de Plutón con la Luna. Aquí es donde la recepción mutua es realmente útil. Le permitió a Disney usar toda la intesidad y profundidad de Plutón de la manera más positiva. Del mismo modo, hizo surgir lo mejor de Mercurio. Su mente funcionaba sondeando e investigando; se comunicaba con los demás y se expresaba sin herir ni ser excesivamente sarcástico, cualidades muy propias de Mercurio en Escorpio cuando se usa negativamente.

Algunos astrólogos también usan las exaltaciones planetarias en la recepción mutua. Por ejemplo, la Luna en Libra y Saturno en Tauro, la Luna exaltada en Tauro y Saturno exaltado en Libra. No hemos visto que esto obre con tanta fuerza como el intercambio o recepción mutua de dignidades. Pero, como siempre en Astrología, el lector no debe simplemente aceptar lo que decimos en este punto. Debe comprobar por sí mismo si el razonamiento funciona.

**Prueba de repaso:** Describir brevemente cómo obra la recepción mutua en el horóscopo de Farrah Fawcett. Compárese con nuestro análisis en el apéndice, pág. 296.

## Último dispositor y planeta focal

Al observar un gráfico, a veces sobresale un planeta; quizá porque está *elevado* (en la novena o décima casas), o porque recibe y hace más aspectos que cualquier otro planeta, o porque es el *Determinante final* del horóscopo.

Muy pocos gráficos tienen un *Último dispositor*. Para hallarlo, hay que buscar un planeta dignificado. Tiene que haber *solamente un planeta dignificado* y *no haber recepción mutua* para tener un determinante final. Como ejemplo usaremos el horóscopo de Bob Dylan de la pág. 135.

**Planeta focal**

**Nombre:** Howard Cosell
**Fecha:** 25 de marzo de 1920
**Hora:** 2:15 PM EST
**Lugar:** Winston Salem, NC
**Long.** 80W15
**Lat.** 36N06

**Fuente**
Horóscopos Siderales
Contemporáneos.

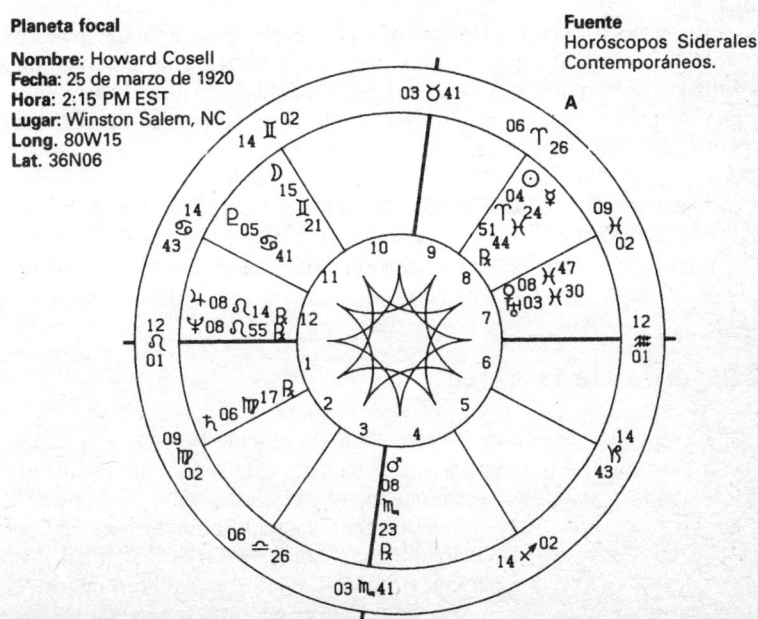

Bob Dylan tiene el planeta dignificado que se requiere: Mercurio en Géminis. El Sol y Venus están también en Géminis, por lo tanto, se dice que son eliminados por Mercurio. Júpiter, Urano, Saturno y la Luna están todos en Tauro, que es regido por Venus en Géminis, que nos lleva de nuevo a Mercurio. Marte está en Piscis regido por Neptuno en Virgo regido por Mercurio en Géminis. Plutón está en Leo, regido por el Sol en Géminis, llevándonos otra vez hacia Mercurio. Es decir, cada planeta es finalmente eliminado por Mercurio en Géminis, y Mercurio se convierte en el determinante final del horóscopo de Bob Dylan.

En la carta de Howard Cosell (página anterior) puede verse que Marte está en el asa de la estructura cubo. Marte está también implicado en ocho aspectos, por lo tanto, Marte es un planeta *muy importante* en el gráfico de Cosell. Esto se considera que es un *Planeta focal.*

Siempre que se encuentra esta situación —un último dispositor o un planeta focal— ese planeta adquiere un significado especial en el horóscopo y debe prestársele una especial atención en la interpretación. Mercurio, el último dispositor de Dylan, está en la séptima casa y tiene sólo dos aspectos: oposición al Ascendente y cuadratura con Neptuno. Pero muestra definitivamente su habilidad musical y su necesidad y oportunidad de usar esta habilidad para aparecer ante el público.

En el horóscopo de Howard Cosell, Marte focal con sus aspectos explica, en parte, el interés de Cosell en deportes y su personalidad abrasiva, puesto que el Sol es su regente y está en cuadratura con Júpiter y Neptuno. Estos aspectos son también responsables de su fascinante facilidad de palabra.

**Ejercicio de repaso:** Probar el método del último dispositor con los horóscopos de Walt Disney, Joan Sutherland y Farrah Fawcett, y ver por qué *no tienen* último dispositor. Nuestras respuestas se hallarán en el apéndice, páginas 294-296.

## Regente de la carta

El regente de la carta, a veces llamado regente personal, es el planeta que rige al Ascendente. Si este planeta está realmente localizado en el signo ascendente, la persona es típica de este signo. Si el planeta está en otro signo (que es lo que más a menudo suele suceder), se deben combinar los dos para poder entender esta personalidad. Por esta razón no hay dos personas iguales, aunque pueden compartir el mismo signo.

Por ejemplo, Hermann Hesse (véase su carta, pág. 45), Lenny Bruce y Henry Mancini, todos tienen Sagitario saliente. (Para Bruce y Mancini, véanse los horóscopos en las págs. 152 y 150.) Hesse tiene a Júpiter en Sagitario en la primera casa; para Mancini, Júpiter está también en Sagitario, pero en su duodécima casa; para Bruce, Júpiter está en su primera casa, pero en Capricornio. Una gran diferencia cuando llega el momento de describir el carácter, apariencia y personalidad de estas tres personas. La casa en la que se halla el regente del Ascendente muestra dónde la persona es especialmente activa y dónde quiere realmente estar.

El regente de la carta del compositor Frederic Chopin es Mercurio en Acuario en la sexta casa. Empezó su carrera musical a la edad de seis años y, como corresponde a un regente de la carta en la sexta casa, trabajó incesantemente. Compuso más de 27 estudios, 24 preludios, 20 nocturnos, 59 mazurcas, 16 polonesas, 14 valses, para mencionar sólo unas cuantas obras. Todo esto lo llevó a cabo a lo largo de una vida que no llegó a los cuarenta años. Este genio, hiperactivo y extremadamente nervioso (Mercurio en cuadratura a Urano), mantuvo ardientes relaciones amorosas con Madame Dudevant, más conocida como George Sand, y murió de tuberculosis en octubre de 1849. (Véase la carta en la pág. 143.)

A continuación se hallarán unas cuantas palabras clave para mostrar cómo se expresa el regente de la carta en las distintas casas. El lector, sin embargo, debe *asegurarse de observar también los aspectos* al hacer una descripción. (Para Hesse, por ejemplo, Júpiter es parte de una cruz-T mutable, que debe tenerse en cuenta.)

**Regente de la carta en la Primera Casa.** Éste es el individuo que triunfa en la vida por su propio esfuerzo, y expresa vivamente sus puntos de vista.

**Regente de la carta en la Segunda Casa.** Bienes, dinero y posesiones son tan importantes como establecer el propio sistema de valores. Serán de gran importancia la seguridad y la propia excelencia.

**Regente de la carta en la Tercera Casa.** Hay una necesidad de comunicación en todos los aspectos, de ser mental o intelectualmente activo; el trato con los familiares puede ser importante.

**Regente de la carta en la Cuarta Casa.** Esta persona realmente necesita el hogar como base y se halla a menudo ocupado con la familia, con instituciones o con bienes inmobiliarios.

**Regente de la carta en la Quinta Casa.** La expresión de la personalidad a través del amor, de la creatividad o de los niños es una de las necesidades de esta persona, como lo son también las diversiones, juegos y aventuras amorosas de muchas maneras.

**Regente de la carta en la Sexta Casa.** Éste puede ser el maníaco del trabajo del zodíaco, o un hipocondríaco si no trabaja. La rutina y el método son también importantes.

**Regente de la carta en la Séptima Casa.** Otras personas —el público y los compañeros— son importantes. Hay una necesidad de compartir la actividad y de competir, sea o no amistosa esta competición. El individuo se expresa con otra persona o a través de ella.

**Regente de la carta en la Octava Casa.** Esta persona trabaja bien con los recursos de otras personas (asuntos monetarios, bancos, etc.) o atrae la ayuda de otros (políticos). El sexo o la investigación pueden llegar a ser factores predominantes.

**Regente de la carta en la Novena Casa.** Para esta persona son importantes los estudios superiores, los viajes, leyes, religión, filosofía, ideas e ideales.

**Regente de la carta en la Décima Casa.** Necesidades primordiales son la expresión del ego y la consecución de una carrera. Puede ser de vital importancia el gobierno, el prestigio, la política o uno de los dos progenitores.

**Regente de la carta en la Undécima Casa.** Trabajar con un grupo, causas humanitarias, metas, amigos, circunstancias externas y actividades sociales: todo eso puede afectar su vida.

**Regente de la carta en la Duodécima Casa.** Esta persona puede prosperar con actividades entre bastidores o ser algo reservado, prefiriendo mantener sus asuntos personales en privado. El individuo tiene mucha fuerza interior que le ayudará en momentos de necesidad.

**Nombre:** Frederic Chopin
**Fecha:** 22 de febrero de 1810
**Hora:** 6:00 PM
**Lugar:** Varsovia, Polonia
**Long.** 21E00
**Lat.** 52N14

**Fuente**
SS, 201.

C

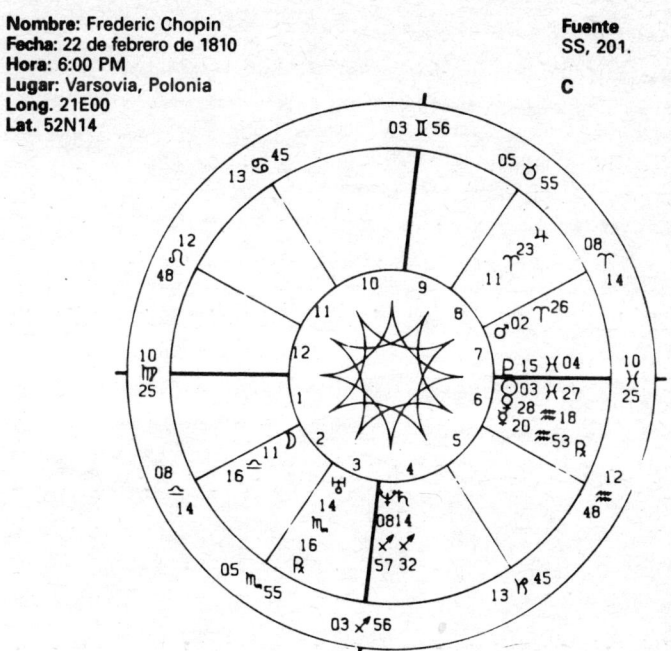

# Lección 10

## Estructuras

Un horóscopo es como el individuo que representa; debería observarse primero como un todo antes de dividirlo en sus distintas partes. El hecho de que el Sol esté en Virgo y de que la Luna y los otros planetas estén también situados en varios puntos del zodíaco, no tiene realmente valor hasta que no se observan en relación con el diseño del gráfico completo, aplicado, por lo tanto, al contexto completo de la vida de una persona. En último término, la descripción de un gráfico se divide en los detalles de signos, casas, aspectos y todos los demás factores. Esto puede hacerse de una manera mucho más inteligente si el intérprete tiene un concepto total del horóscopo o, como nosotras lo llamamos, una visión general.

El astrólogo Marc Edmund Jones fue el primero en usar Estructuras que él llamó determinantes focales. Los libros de Jones, *The Guide to Horoscope Interpretation* y *Essentials of Astrological Analysis* dan una gran comprensión del tema que resumimos en esta lección. Jones clasificó estos determinates focales, que son básicamente figuras geométricas, en *siete tipos básicos* que pueden reconocerse a primera vista. El astrólogo Robert Carl Jansky investigó profundamente el material original de Jones y añadió *un octavo tipo*. Su libro *Planetary Patterns* es lectura obligada para el que desee una información más completa sobre el tema.

En nuestra propia investigación hemos hallado que los ocho

tipos básicos de diseño son importantes porque parecen atraer la totalidad de la carta o la totalidad del individuo en una dirección concreta. Las palabras clave que damos para cada estructura mostrarán al lector esta dirección. Hemos descubierto que hay horóscopos que no caen en ninguna de esas ocho estructuras, y esto es exactamente lo que hace valiosa la lectura de las estructuras: no todas las cartas tienen una motivación global, y solamente las que verdaderamente la tienen deberían interpretarse como poseedoras de una estructura determinada.

Para identificar la estructura, *usamos sólo los 10 planetas*. Al trazar las cartas, es aconsejable usar un color para los planetas y otro para los factores adicionales (nodos, partes, etc.). Jones usa un enfoque completamente visual; Jansky emplea un enfoque visual y matemático. Por ejemplo, la estructura extendida (a la que Jansky llama Trípode) divide el gráfico en tres áreas distintas donde los planetas están agrupados, dejando el resto de la carta vacía. Jones cree que si parecen tres áreas, ya es lo que se buscaba. Jansky cree que, para ser un perfecto Trípode, las tres áreas deberían estar enlazadas por trígonos procedentes de, por lo menos, uno de los planetas de cada grupo. Evidentemente el método de Jansky es aún más potente, porque no sólo tenemos una dirección visual, sino también una astrológica. Sin embargo, creemos que ambos enfoques funcionan.

**Estructura Esparcida** (véase el horóscopo del director de orquesta Henry Mancini). Los diez planetas están muy bien distribuidos alrededor de la rueda. Idealmente, no hay conjunción en parte alguna. No importa qué planeta esté en cada lugar; lo que importa es la forma en que están. Ésta muestra un individuo de tipo universal que puede hacer muchas cosas bien; cuando una puerta se le cierra, puede abrir la siguiente. Puede crear el orden a partir de la confusión. En su forma más negativa, la carta esparcida indica la diseminación de energías de una persona que trata de ir en todas las direcciones.

**Estructura de Cuenco** (véase el horóscopo del atleta Joe Namath). Los planetas están todos en uno de los lados del zodíaco y ocupan solamente la mitad de la carta. Esta estructura es aún más acentuada cuando hay ángulos implicados (división por Ecuador o por Meridiano). Idealmente, los dos planetas que forman el borde del cuenco deberían formar una oposición el uno con el otro. Esta persona es muy independiente, bastante subjetiva y frecuentemente presumida. Puede sentir la necesidad de prestar su ayuda a alguna causa o de cumplir una misión. La parte desocupada de la carta llega a ser un desafío:

la cualidad desconocida que la persona desea y necesita comprender para poder funcionar apropiadamente.

**Estructura de Cubo** (véase el horóscopo del director de orquesta Zubin Mehta). Esta estructura parece la de un cuenco con asa. El asa es muy importante: representa la vía de salida de las energías almacenadas en el bol. Es el planeta aislado que puede indicar la capacidad o talento especial a través del cual el individuo puede expresarse. La posición de este planeta aislado es también importante. Si está en línea perpendicular en relación con el cuenco, la persona sabe lo que tiene que hacer y cómo hacerlo. Si se inclina hacia la izquierda, sabe y siente lo que quiere, pero su energía disminuye a medio camino y tiene que esforzarse mucho más. Si se inclina hacia la derecha, se esfuerza con exceso y usa más energía de la necesaria. En su aspecto positivo, esta persona puede inspirar o enseñar a los demás; en su aspecto negativo, se convierte en un agitador. La forma de cubo ocupa el segundo lugar entre las estructuras más frecuentes.

**Estructura de Balanza** (véase el horóscopo del actor Richard Chamberlain). Llamada por Jansky estructura reloj de arena. Aquí encontramos dos grupos de planetas, uno de los grupos opuesto al otro; por ejemplo, dos casas con planetas que se oponen a tres casas con planetas. Según Jansky, este modelo requiere un espacio libre de cuadratura en uno de los lados y más de un sextil de espacio libre en el otro lado. Esta estructura es la más habitual. Aquí la persona necesita aprender a considerar su vida y equilibrarla, porque su modelo natural es el del balanceo, siempre empujado primero en una dirección y después en la otra. Es una persona que tiende a actuar teniendo en mente el punto de vista opuesto, por lo cual tiende a vivir en un mundo conflictivo. Sin embargo, cuando esta energía se usa de modo positivo, es capaz de alcanzar grandes logros porque puede obtener verdadero conocimiento si comprende y usa esta polaridad opuesta. Si se usa negativamente, desperdiciará tiempo y energía.

**Forma de Locomotora** (véase el horóscopo del comediante Lenny Bruce). Los diez planetas están colocados en los dos tercios del gráfico, dejando un trígono vacío (un segmento de 120°). Según Jansky, esta formación no es válida si dentro del diseño hay un espacio abierto de más de 65°. La locomotora da un cierto equilibrio, puesto que el trígono vacío, simbólicamente, proporciona una libre extensión de experiencia, colocada frente a la extensión limitada abarcada por los dos tercios. Esto, sin embargo, puede proporcionar un fuerte sentimiento de carencia, obligando al individuo a resolver problemas o a llevar a cabo tareas. Esto nos muestra a una persona que actúa por su cuenta y que puede desplegar mucho poder para llevar a cabo sus objetivos. A menudo le mueven más los factores externos que sus propias tendencias. Pero tiene mucha capacidad práctica y puede llegar muy lejos cuando usa esta habilidad positivamente. Esta estructura ocupa el tercer lugar entre las más frecuentes.

Es importante determinar dónde está el «motor» de este modelo, el planeta que pondrá en movimiento a la locomotora. En el gráfico de Lenny Bruce, el motor es Plutón. Al pasar los años, los planetas se mueven (Urano avanza atravesando Piscis, y Júpiter a través de Capricornio, y así sucesivamente). Pero, al moverse todo el gráfico hacia adelante, siguiendo la dirección de las manecillas de un reloj, Capricornio llegará al Ascendente, y luego a Acuario; por lo tanto, Plutón arrastrará a los planetas exactamente del mismo modo que un motor arrastra un tren.

**Estructura de Bulto** (véase el horóscopo del esquiador Jean Claude Killy). Llamado por Jansky estructura de cuña, esta estructura es prácticamente la opuesta a la esparcida. Los diez planetas se hallan concentrados en el angosto interior de un trígono; el foco está, por tanto, muy unificado, y las energías tremendamente concentradas y confinadas. Este individuo, sin embargo, es capaz de hacer mucho partiendo de muy poco, y a menudo alcanza resultados inesperados. Usado positivamente, puede empezar con muy poca cosa y, saliendo con su esfuerzo de los límites del modelo, empezar a construir sobre bases sólidas. Usado negativamente, puede tener bastantes inhibiciones o tratar de imponer su limitado punto de vista a los demás.

**Estructura Extendida** (véase el horóscopo de la primera dama Rosalynn Carter). Jansky la llama Estructura de Trípode. Esta estructura tiene tres puntos precisos en la carta y, si es perfecta, algunos de los planetas del interior de los tres puntos forman un gran trígono. Este modelo tiene un impulso tremendo, y puede crear genios. Pero, incluso, la persona corriente podrá afianzarse en la existencia, y con una naturaleza bastante intensa y ardiente, puede raras veces limitarse a una sola dedicación. Será siempre de gran utilidad el fluir armonioso creado por los tres puntos, dónde uno trata de acercarse al otro.

**Estructura de Abanico** (véase el horóscopo del psiquiatra Sigmund Freud). Esta estructura, descubierta por Jansky, es parecida al cubo; pero, en lugar del cuenco, tenemos un apretado bulto y un único planeta para dar salida a todas las energías. Hay aún otra diferencia entre los dos diseños. En el del cubo, el planeta aislado parece realmente funcionar como vía o canal de salida para los nueve planetas contenidos en el cuenco. En el diseño de abanico, parece funcionar más como potencia de entrada para el bulto, como si estuviera en el asiento del conductor dirigiendo la acción del grupo. Jansky cree que el asa del bulto es el efecto, mientras que el asa del cuenco es la causa. La interpretación resultante, por lo tanto, es casi opuesta, y el impulso generado es aún mayor.

**Ejercicio de repaso:** El lector interpretará la estructura del bulto de Jean Claude Killy. Nuestra interpretación se hallará en el apéndice, página 297. Para perfeccionar el conocimiento, el lector puede tratar de interpretar por sí mismo el resto de las cartas de este capítulo.

**Estructura Esparcida**

**Nombre:** Henry Mancini
**Fecha:** 16 de abril de 1924
**Hora:** 0:10 AM EST
**Lugar:** Cleveland, OH
**Long.** 81W43
**Lat.** 41N30

**Fuente**
Jansky, del interesado.

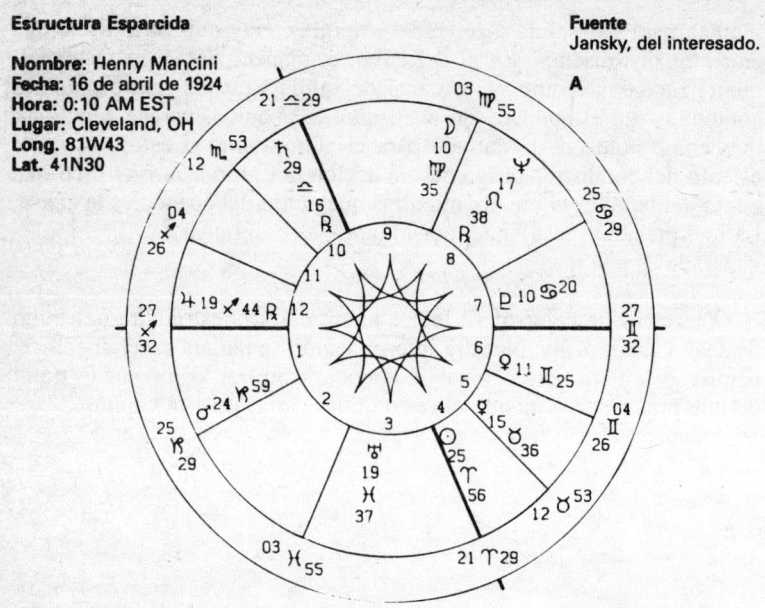

**Estructura de Cuenco**

**Nombre:** Joe Namath
**Fecha:** 31 de mayo de 1943
**Hora:** 6:20 AM EST
**Lugar:** Beaver Falls, PA
**Long.** 80W19
**Lat.** 40N45

**Fuente**
Jansky, del certificado
de nacimiento. Pen-
field cita «a su madre»
y da 0:30 AM EST.

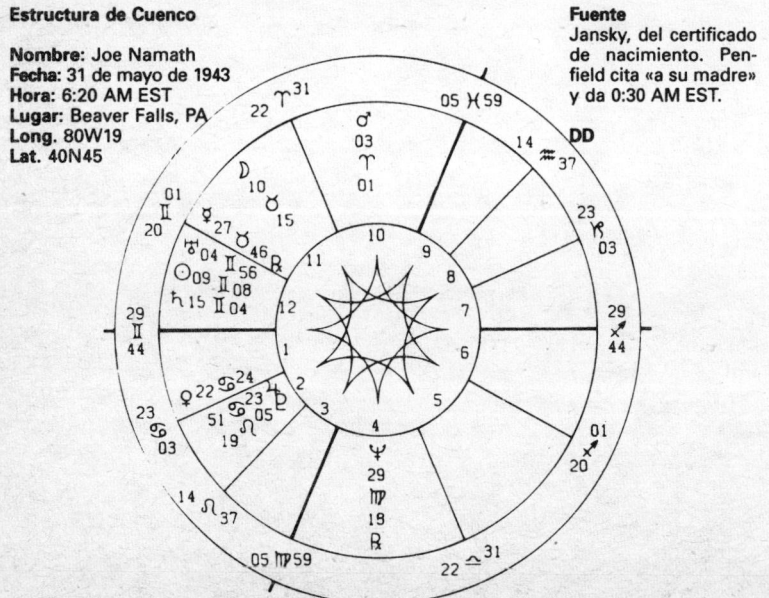

**Estructura de Cubo**

**Nombre:** Zubin Mehta
**Fecha:** 29 de abril de 1936
**Hora:** 2:50 AM IST
**Lugar:** Bombay, India
**Long.** 72E50
**Lat.** 19N00

**Fuente**
Biografía: *Mehta*, Brooks-
pan.

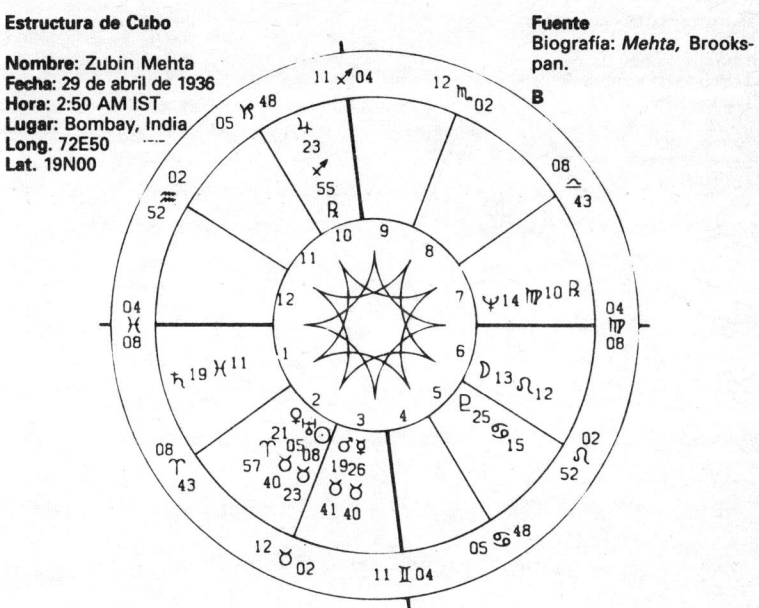

**Estructura de Balanza**

**Nombre:** Richard Chamberlain
**Fecha:** 31 de marzo de 1934
**Hora:** 6:20 PM PST
**Lugar:** Los Ángeles,
California
**Long.** 118W15
**Lat.** 34N04

**Fuente**
Horóscopos Siderales
Contemporáneos.

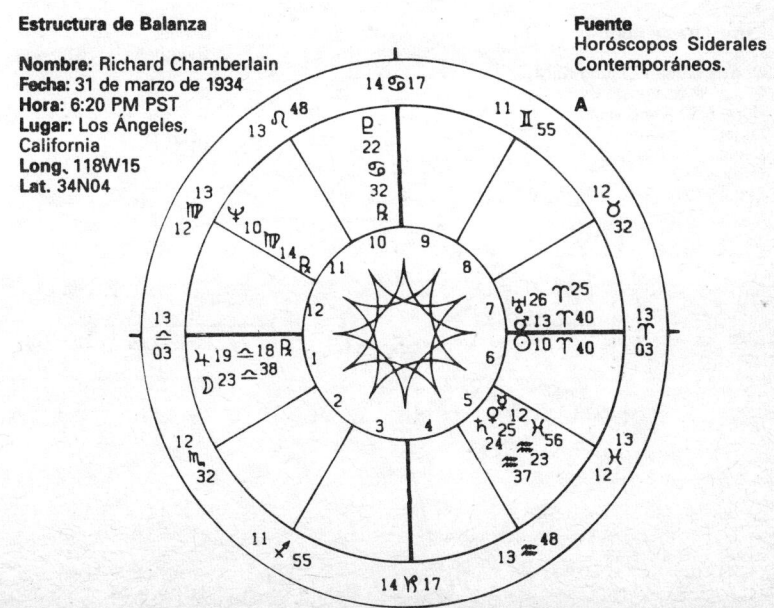

**Estructura de Locomotora**

**Nombre:** Lenny Bruce
**Fecha:** 13 de octubre de 1925
**Hora:** 11:25 AM EST
**Lugar:** Mineola,
Nueva York
**Long.** 73W38
**Lat.** 40N45

**Fuente**
Horóscopos Siderales
Contemporáneos

A

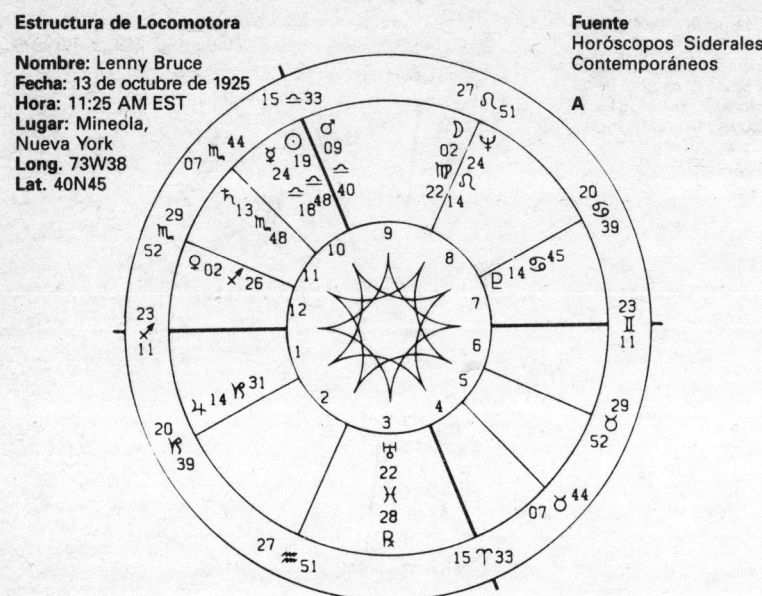

**Estructura de Bulto**

**Nombre:** Jean Claude Killy
**Fecha:** 30 de agosto de 1943
**Hora:** 5:10 AM DMET
**Lugar:** St. Cloud,
Francia
**Long.** 2E12
**Lat.** 48N51

**Fuente**
Gauquelin, I, 2018.

A

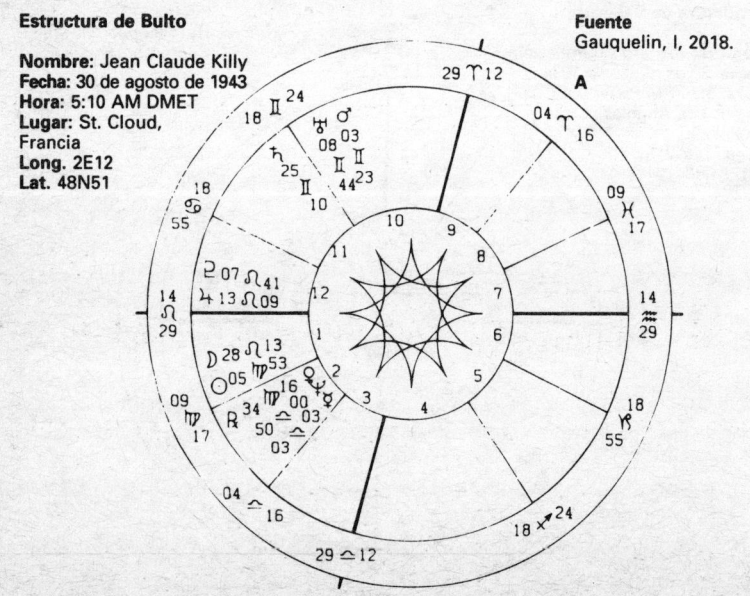

## Estructura Extendida

**Nombre:** Rosalynn Carter
**Fecha:** 18 de agosto de 1927
**Hora:** 6:00 AM CST
**Lugar:** Plains, GA
**Long.** 84W24
**Lat.** 32N02

**Fuente**
Su madre.

A

## Estructura de Abanico

**Nombre:** Sigmund Freud
**Fecha:** 6 de mayo de 1856
**Hora:** 6:30 PM LMT
**Lugar:** Friburgo,
Alemania
**Long.** 18E09
**Lat.** 49N38

**Fuente**
Diario de sus padres.
Fechas escritas en
hebreo y alemán.

A

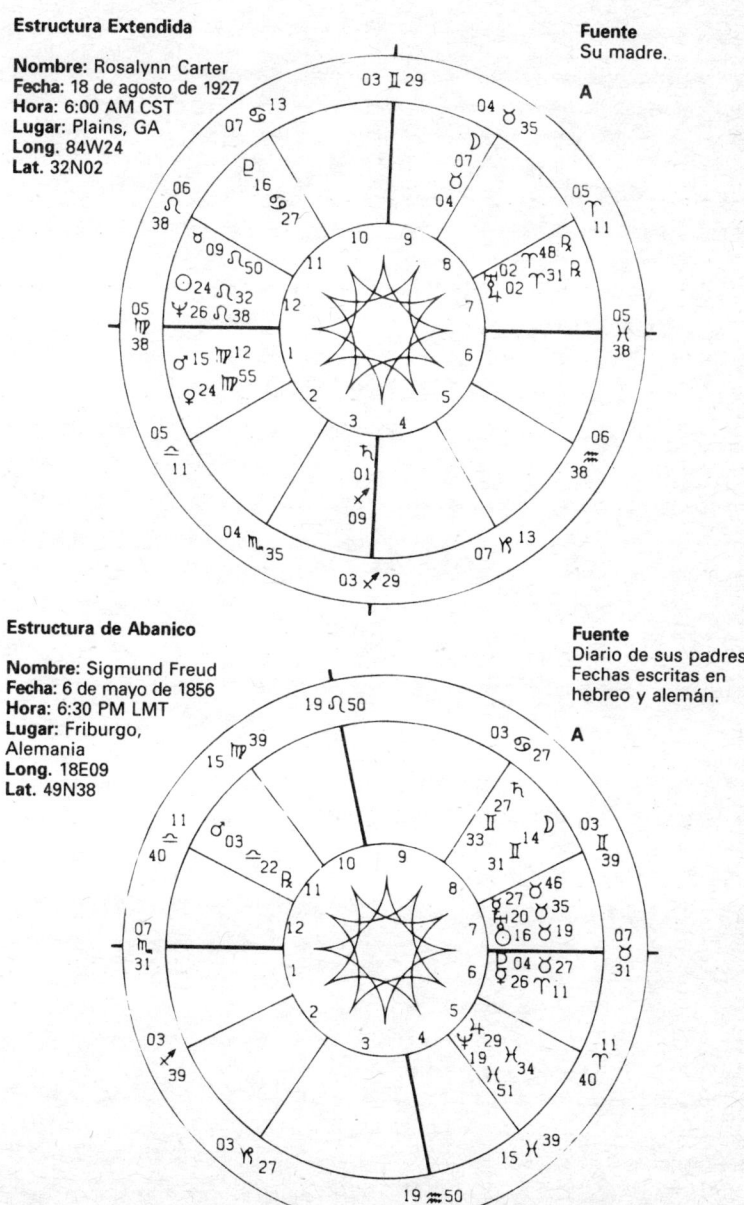

# Lección 11

## La visión general del horóscopo

Hemos hablado una y otra vez de considerar la carta como un todo y de examinar la visión general del horóscopo. En el primer volumen, cuando le pedimos al lector que interpretara el horóscopo de Judy Garland, le expusimos una breve visión general basada en los conocimientos que el lector había adquirido hasta entonces. Ahora, como en aquel momento, repetimos que cada persona es única; debemos, por lo tanto, observar primero el cuadro completo antes de separarlo en sus partes. Este cuadro completo, al que llamamos visión general, debe tenerse en mente *constantemente* cuando se va interpretando planeta por planeta y aspecto por aspecto. Esta visión general le permitirá discriminar y juzgar al seleccionar las palabras y frases clave.

Para ver la persona como un todo, empezamos con lo más evidente: una visión pictórica del horóscopo. Cuántos planetas hay por encima y por debajo del horizonte; cuántos planetas hay al este y al oeste del Meridiano; si el horóscopo tiene una estructura planetaria (lección 10); cómo se hallan distribuidas las cualidades y los elementos, si hay compensación por la posición en las casas, y si esta persona pertenece a un tipo determinado (lección 6); si hay un último dispositor o recepción mutua; qué planeta rige la carta o si hay un planeta focal (lección 9); si existen signos interceptados; si hay muchos planetas retrógrados, o si no hay ninguno (lecciones 7 y 8); cuántos planetas están dignificados o exaltados; si tienen mucha importancia en la carta los planetas anteriores; si hay aspectos compuestos y cuántas casas abarcan (lección 6); cuáles son los apectos más exactos, si no hay aspectos compuestos. Éstos proveerán la mayor energía y tendrán mucha importancia en el carácter básico del individuo.

Una vez determinados todos estos hechos, debe tenerse ya una idea bastante clara de la clase de persona de la que se trata. NUNCA HAY QUE OLVIDAR ESTO. Si la visión general muestra una persona bastante variable, versátil y con una estructura esparcida, incluso el más fijo Sol deberá describirse según los datos anteriores. Ese Sol fijo puede ayudar a contener la tendencia a la diseminación, pero no será tan contundente como un Sol fijo en una carta muy fija.

Se aprende más fácilmente por medio de ejemplos. Vamos a ver la visión general del horóscopo de Hermann Hesse de la página 45. Hay cuatro planetas encima del horizonte y seis por debajo de él, una división bastante igualada que muestra integración entre objetividad y subjetividad, habilidad para mirar hacia dentro, pero capacidad para actuar sin hacerlo. Hay cuatro planetas al este y seis al oeste del Meridiano. Una vez más, una división importante que enseña que, aunque a veces depende de otros o los necesita, puede también obrar con independencia para escoger su propio destino.

El horóscopo de Hesse tiene una estructura planetaria definida: un cubo, con Júpiter como asa. Júpiter es ya importante en esta carta porque es angular (en la primera casa) y es el regente de la carta, al estar dignificado en Sagitario. Ahora vemos que Júpiter alcanza un adicional énfasis al servir de vía de salida para la energía almacenada en el resto de la carta. Este asa o planeta aislado se inclina hacia la izquierda del centro; aunque Hesse parecía saber lo que quería, puede haberle costado a veces seguir su camino, un punto apoyado por la gran mutabilidad de su carta.

Puesto que el planeta aislado puede indicar una capacidad o talento especial a través del cual Hesse podría expresar sus deseos, también observamos que Júpiter está retrógrado (véase la descripción de retrógrados en la lección 7) e implicado en dos aspectos compuestos, una cuadratura en T y un yod. Las tremendas energías generadas con la cuadratura en T pueden ser usadas positivamente a través del trígono a Urano («el que despierta») en el dramático signo de Leo en la octava casa, a menudo oculta y siempre profunda. Urano hace un sextil a Mercurio, que es parte de la cuadratura en T, dando más peso a la habilidad de usar Urano. El yod, abarcando un quincucio de Júpiter a Plutón y a Venus (Plutón y Venus son sextil), hace que Júpiter sea el dedo o planeta focal hacia el cual tienen que ajustarse tanto Plutón como Venus.

Esto indica expansión personal (Júpiter en la primera casa) a través de elementos de la octava casa, pero de una manera sensible (Cáncer) y a través de la creatividad (quinta casa) y de la regeneración (Plutón), pero de una manera tangible (Tauro). Así es que su talento especial tenía que desarrollarse desde el interior (Júpiter está retrógrado), con todo el idealismo y la inclinación filosófica inherentes en Sagitario ampliando la personalidad, hasta que Hesse creció y maduró, retado por Saturno en la tercera casa de comunicación en el sensible signo de Piscis, pero dándole también la disciplina necesaria para que se mantuviera en su propósito.

La cuadratura a la Luna es menos productiva, a veces incluso con algo de complacencia para consigo mismo, pero dándole generosidad de espíritu y mucha energía nerviosa. Puesto que ambos planetas están en un signo interceptado, las emociones y sensibilidades se intensifican y se dirigen hacia el interior del ser. Los desconciertos y desequilibrios entre el optimismo y los anhelos de Júpiter y el pensamiento racional de Mercurio (en Géminis) y el deseo de aprender y de comunicar lo aprendido pueden utilizarse en el momento en que se usa esta oposición para comprender las propias necesidades y las de los demás.

Hesse no tiene último dispositor ni recepción mutua; hemos hablado ya de Júpiter como planeta focal, regente de la carta, y parte de dos aspectos compuestos. Sus cinco planetas mutables y cinco planetas en signos de agua equivalen a un tipo Piscis, acentuando una vez más la sensibilidad de su naturaleza, ya evidente en un Sol de Cáncer. Con cuatro planetas en casas angulares, vemos que Hesse tenía impulso suficiente para la acción, y con cinco planetas en las casas de relaciones podía comunicarse, razonar y pensar bien. No tenía planetas en las casas de sustancia, pero tenía dos en el elemento tierra; no le faltaba, por lo tanto, la calidad de lo verdadero y físico, pero sí algo de sentido práctico. Como mencionamos en la lección 5, fue más difícil para Hesse hallar su verdadera vocación en la vida.

Hemos hablado de la dignidad de Júpiter, pero Mercurio también está dignificado en Géminis. Es también angular y rige la séptima casa de compañeros y del público, en la que se encuentra. Mercurio es parte de la cuadratura en T; hace un sextil exacto a Urano. Así, Mercurio se convierte en otro planeta muy importante en el horóscopo de Hesse. Mercurio en Géminis pide una lógica serena e imparcial; el tipo Piscis al que equivale y los planetas en Piscis que están en cuadratura con Mercurio quieren sentimientos, emociones y expresión poética. Por lo tanto, dejando a un lado los aspectos, tenemos que recordar esta dicotomía al empezar a interpretar el horóscopo de Hesse.

Vemos también que Urano y Plutón están en los signos de su detrimento. Urano está en la octava casa (Escorpio), donde funciona muy bien, y forma dos trígonos y dos sextiles, que son de gran ayuda. Plutón no es muy feliz en Tauro y no se siente bien en la quinta casa (Leo). Sin embargo, las tensiones internas y las luchas de la vida de Hesse se expresaron todas finalmente en una intensa (Plutón) creatividad (quinta casa). En otras palabras, simplemente porque algo sea difícil no quiere decir que no funcione o no pueda funcionar; al contrario, si la carta es tan activa e integrada como la de Hermann Hesse, esto puede ser el reto necesario para obligarle a producir.

Hesse tenía también dos trígonos casi exactos: el Sol en trígono con Marte y Urano en trígono con el Ascendente; éstos servían de buenas salidas para las tensiones creadas por la cuadratura en T y el yod. En trígono del Sol de la séptima casa pública con Marte en la tercera casa, evidentemente ayudó a Hesse a comunicarse y expresarse; dondequiera que encontremos a Marte en el horóscopo es donde queremos actuar y hacer. Hesse ciertamente se expresó, y de una manera muy propia de Piscis, como prueban todos sus libros.

Después de comprender bien la visión general, el lector debería tener una idea bastante clara sobre quién era ese hombre y qué le movía y por qué. Ahora es el momento de estudiar la carta, de describirla paso a paso, y al hacerlo debe siempre recordar la visión general. Una vez acabada la descripción básica, como aprendió en el primer volumen, debe continuar con la materia adicional que ha aprendido en este libro.

**Ejercicio de repaso:** Interpretar la visión general del horóscopo de Joan Sutherland. Nuestra interpretación se hallará en el apéndice, en la página 294.

# Lección 12

## Decanatos y duads

### Decanatos

Para hacer aún más perfecta la lectura de un horóscopo hay un método llamado decanatos. La palabra (deriva de «deca», diez) divide cada signo (cada uno de los cuales contiene exactamente 30°) en tercios de 10° cada uno. El regente de los primeros 10° del signo es el regente de ese signo. Por ejemplo, Aries, desde 0° a 9°59' es puro Aries, regido por Marte. El segundo decanato, o Leo, desde 10° a 19°59' Aries, es regido por el Sol, y el tercer decanato, o Sagitario, desde 20° a 29°59', es regido por Júpiter. Como puede verse, cada decanato va regido por los planetas asociados con los otros dos signos del trígono; en este caso, por el trígono de signos de fuego de Aries/Leo/Sagitario.

Así, una persona cuyo Sol esté a 15° Aries, obrará de modo distinto de la persona cuyo Sol se encuentre a 22° Aries. En el primer caso, deben añadirse algunos de los atributos de Leo/Sol; en el segundo caso hay que mirar a Júpiter (regente de Sagitario) para ver qué cualidades deben añadirse. A continuación sigue una tabla que facilitará la determinación de decanatos.

|              | 0°-9°59'              | 10°-19°59'            | 20°-29°59'            |
|--------------|----------------------|-----------------------|-----------------------|
| **Aries**      | Marte (Aries)        | Sol (Leo)             | Júpiter (Sagitario)   |
| **Tauro**      | Venus (Tauro)        | Mercurio (Virgo)      | Saturno (Capricornio) |
| **Géminis**    | Mercurio (Géminis)   | Venus (Libra)         | Urano (Acuario)       |
| **Cáncer**     | Luna (Cáncer)        | Plutón (Escorpio)     | Neptuno (Piscis)      |
| **Leo**        | Sol (Leo)            | Júpiter (Sagitario)   | Marte (Aries)         |
| **Virgo**      | Mercurio (Virgo)     | Saturno (Capricornio) | Venus (Tauro)         |
| **Libra**      | Venus (Libra)        | Urano (Acuario)       | Mercurio (Géminis)    |
| **Escorpio**   | Plutón (Escorpio)    | Neptuno (Piscis)      | Luna (Cáncer)         |
| **Sagitario**  | Júpiter (Sagitario)  | Marte (Aries)         | Sol (Leo)             |
| **Capricornio**| Saturno (Capricornio)| Venus (Tauro)         | Mercurio (Virgo)      |
| **Acuario**    | Urano (Acuario)      | Mercurio (Géminis)    | Venus (Libra)         |
| **Piscis**     | Neptuno (Piscis)     | Luna (Cáncer)         | Plutón (Escorpio)     |

Como se puede ver en la tabla, los primeros 10° de cada signo tienen la cualidad pura de este signo y de su regente, mientras que los siguientes 10° añaden un matiz del signo siguiente dentro de la trilogía de elementos de que se trata. La trilogía de aire es de Géminis/Mercurio a Libra/Venus a Acuario/Urano. Si empezamos en Libra, el siguiente decanato es Acuario/Urano seguido por Géminis/Mercurio. Si se conocen los elementos, no habrá dificultad en comprender el principio implicado.

En el horóscopo de Walt Disney, el Sol está a 12°26' de Sagitario; está, por lo tanto, en el segundo decanato de Sagitario, o regido por Marte. Tenía más impulso y atrevimiento del que se esperaría al principio al ver el signo del Sol. Con Marte en Capricornio, su atrevimiento e impulso tenían una orientación muy práctica. Tanto la Luna como el Ascendente están en decanatos regidos por Venus (la Luna en el decanato Libra/Venus, y el Ascendente en el decanato Tauro/Venus). Venus está en su quinta casa de creatividad, por lo tanto, es fácil ver por qué Disney dirigió su actividad al campo creativo. Puesto que Venus está en Capricornio, pudo hacerlo de modo comercial.

Para dar otro ejemplo más: el Sol de Joan Sutherland está a 14°08' Escorpio, en el segundo decanato, o Piscis, de Escorpio regido por Neptuno en Leo. Al Sol, intenso y de profundo sentimiento, debemos añadirle la sensibilidad de Piscis. Puesto que Piscis es un signo mutable, debemos también añadirle la habilidad de desdoblar la tendencia fija y más bien rígida de Escorpio. Su Neptuno está en Leo, regido por el Sol, reforzando las tendencias solares que ya existían.

Desde luego, se puede usar este método de decanatos con los diez planetas. En nuestras clases sugerimos que se use, al menos, con el

## TABLA DUADS

| Signos | Aries | Tauro | Géminis | Cáncer | Leo | Virgo | Libra | Escorpión | Sag | Cap | Acuario | Piscis |
|---|---|---|---|---|---|---|---|---|---|---|---|---|
| 0° - 2½° | ♈ | ♉ | ♊ | ♋ | ♌ | ♍ | ♎ | ♏ | ♐ | ♑ | ♒ | ♓ |
| 2½° - 5° | ♉ | ♊ | ♋ | ♌ | ♍ | ♎ | ♏ | ♐ | ♑ | ♒ | ♓ | ♈ |
| 5° - 7½° | ♊ | ♋ | ♌ | ♍ | ♎ | ♏ | ♐ | ♑ | ♒ | ♓ | ♈ | ♉ |
| 7½° - 10° | ♋ | ♌ | ♍ | ♎ | ♏ | ♐ | ♑ | ♒ | ♓ | ♈ | ♉ | ♊ |
| 10° - 12½° | ♌ | ♍ | ♎ | ♏ | ♐ | ♑ | ♒ | ♓ | ♈ | ♉ | ♊ | ♋ |
| 12½° - 15° | ♍ | ♎ | ♏ | ♐ | ♑ | ♒ | ♓ | ♈ | ♉ | ♊ | ♋ | ♌ |
| 15° - 17½° | ♎ | ♏ | ♐ | ♑ | ♒ | ♓ | ♈ | ♉ | ♊ | ♋ | ♌ | ♍ |
| 17½° - 20° | ♏ | ♐ | ♑ | ♒ | ♓ | ♈ | ♉ | ♊ | ♋ | ♌ | ♍ | ♎ |
| 20° - 22½° | ♐ | ♑ | ♒ | ♓ | ♈ | ♉ | ♊ | ♋ | ♌ | ♍ | ♎ | ♏ |
| 22½° - 25° | ♑ | ♒ | ♓ | ♈ | ♉ | ♊ | ♋ | ♌ | ♍ | ♎ | ♏ | ♐ |
| 25° - 27½° | ♒ | ♓ | ♈ | ♉ | ♊ | ♋ | ♌ | ♍ | ♎ | ♏ | ♐ | ♑ |
| 27½° - 30° | ♓ | ♈ | ♉ | ♊ | ♋ | ♌ | ♍ | ♎ | ♏ | ♐ | ♑ | ♒ |

Sol, la Luna y el Ascendente, puesto que los tres representan las facetas más importantes de la persona.

**Prueba de repaso:** Interpretar el Sol de Hermann Hesse por decanatos. Nuestra interpretación se hallará en el apéndice, en la página 300.

## Duads

Hay otro método de división de signos llamado duads. La palabra es una abreviatura de Dwadasamas que, traducido libremente del sánscrito, significa duodecimal, o dividido en doce partes. Este antiguo sistema, que viene de la época caldea, enfoca un área aún más limitada de cada planeta, y permite una interpretación aún más perfecta.

No aconsejamos usar este método cuando se trate de una descripción en general, pero hay casos en que los duads pueden ser de gran ayuda; por ejemplo, cuando se estudian los gráficos de dos gemelos, en los que habrá poca diferencia en la posición planetaria. El decanato ayuda, pero el duad puede determinar con precisión las más sutiles diferencias.

Para facilitarle las cosas al lector, incluimos una tabla completa de duads en la página anterior. El principio se comprende fácilmente: cada 2 1/2° del signo adquiere una superposición de otro signo, esta vez no por elemento sino en el orden de los signos del zodíaco. El primer 2 1/2° duad añade un matiz de Tauro; el siguiente duad, de Géminis, y así sucesivamente a través de los 12 signos.

Usando una vez más el horóscopo de Disney, su Virgo Ascendente estaba en el duad de Géminis, dándole destreza y habilidad para comunicarse, lo cual reforzaba su Sol de tercera casa. Asumamos que Walt Disney tuviera un hermano gemelo que hubiera nacido 4 minutos más tarde. El Ascendente, en este caso, sería aproximadamente 1° después, o a 25° Virgo 53'. Esto sería aún en el tercer decanato de Virgo, y no serviría de mucha ayuda. Está, sin embargo, en el duad de Cáncer, y funciona a nivel muy distinto del duad Géminis de Disney.

**Ejercicio de repaso:** Describir los duads para la Luna y el Ascendente de Farrah Fawcet. Nuestra respuesta está en el apéndice, en la página 301.

# Lección 13

## Los Nodos de la Luna

En la lección 3 del primer volumen (Planetas), dimos una breve descripción de los Nodos de la Luna. Explicamos que no son planetas, sino planos en longitud celestial donde la Luna cruza el camino del Sol (la eclíptica). Dijimos también que el Nodo Norte (llamado también Cabeza del Dragón) es considerado un punto de ganancia, aumento y adquisición de confianza; el punto donde uno toma o recibe, el punto del horóscopo al que uno debería esforzarse en llegar para alcanzar la realización de un destino. El Nodo Sur (o Cola del Dragón) es un punto de dejar libre o de conceder; es donde uno da o donde le son arrebatabas las cosas; donde se encuentre en el horóscopo es donde uno podría sentirse cómodo.

Puesto que usamos los Nodos de la Luna en nuestros cursos de iniciación y de descripción básica, quisiéramos añadir algunas frases clave más para ayudar al lector a comprender la naturaleza de estos puntos sensibles de la carta.

Si nos imaginamos un dragón, es fácil ver que empieza a ingerir o recibir cosas en el punto donde está la cabeza. Al comer, la comida es ingerida por la boca, que está en la cabeza. Así es como funciona el Nodo Norte; es el punto en el que se reciben nuevos conocimientos, nuevas ideas e ideales, todo lo que es nuevo para uno; es, por lo tanto, el punto de ganancia o aumento. Al aumentar el conocimento se aumenta automáticamente la confianza: al aumentar la confianza, se adquiere también seguridad en uno mismo y se alcanza finalmente el punto más alto de paz interior o de realización prometido en el horóscopo.

Si el Nodo Norte, o Cabeza del Dragón, es el punto de entrada, evidentemente el Nodo Sur, o Cola del Dragón, será el de salida o expulsión. Sin embargo, no se expulsa el conocimiento adquirido a través del Nodo Norte; lo que se expele es lo que ya se tenía en el interior, el conocimiento, las ideas, actitudes y conceptos morales que formaban ya parte de uno mismo, basados en el pasado, en los recuerdos, en la infancia, o, si se prefiere un enfoque más esotérico, en el pasado a través de los tiempos.

El punto donde se nos quita algo, o donde debemos dar algo, puede que no parezca que es precisamente el punto donde acudiríamos, o donde podríamos sentirnos cómodos. Pero, reflexionemos unos instantes. Pensemos en si no es cierto que la mayoría de nosotros prefiere quedarse donde están las cosas conocidas, con las que se halla familiarizado, en lugar de tratar de alcanzar lo nuevo y, por lo tanto, desconocido; pensemos en cuántas veces conservamos tanto como podemos un viejo y un cómodo par de zapatos, antes de comprar un nuevo par que pueden resultar incómodos o molestarnos. Y esto es solamente una parte del problema. La otra parte se basa en el hecho de que a mucha gente le es más fácil dar con generosidad que aceptar con gratitud. Aceptar sin experimentar un sentimiento de obligación parece más difícil que dar, acción que nos hace sentir buenos e importantes. Si se recuerdan estos puntos, se comprenderá por qué tendemos a precipitarnos en el Nodo Sur en lugar de usar el Nodo Norte para crecer o evolucionar.

En las efemérides pueden hallarse dos clases de Nodos. Todas las efemérides americanas proporcionan lo que generalmente se conoce como Verdaderos Nodos. Estos Nodos se mueven alternativamente hacia adelante y hacia atrás. Se pueden mover hacia atrás a veces sólo 2 minutos en un mes y a veces hasta 21/2 grados. Al pasar los años, su moción es siempre hacia atrás. La mayoría de las otras efemérides ofrecen los Nodos Medios. Estos Nodos se mueven siempre hacia atrás y siempre a una moción media de aproximadamente 3 1/3 minutos por día o 10 minutos cada tres días.

Ninguno de los dos tipos de Nodos es más «verdadero» que el otro. La órbita de la Luna alrededor de la Tierra no se efectúa en un movimiento uniforme, sino con fluctuaciones a las que llamamos perturbaciones. Los Nodos Medios se calculan como si las perturbaciones no existieran, igualando la órbita por medio de un promedio. Los verdaderos Nodos se calculan de nuevo cada vez que hay una perturbación en la órbita por medio de un promedio. Los Verdaderos Nodos se calculan de nuevo cada vez que hay una perturbación en la órbita, calculando una nueva órbita para cada perturbación. Neil Michelsen, que preparó las «American Ephemerides», prefiere los «Verdaderos Nodos», porque no quiso ni pensar en usar la posición «Media» de la Luna, aunque su cálculo sea mucho más fácil.

De una efemérides a otra puede haber una diferencia de unos cuantos grados. El Nodo Norte Medio de Walt Disney está a 11° Escorpio 55', su Verdadero Nodo Norte está a 13° Escorpio 20'. El Nodo Norte Medio de Farrah Fawcett está a 8° Géminis 27', su Verdadero Nodo está a 9° Géminis 46'.

Puesto que en nuestra descripción de los Nodos damos más importancia a la posición en las casas que a los aspectos, cualquiera de los dos sistemas es aceptable.

Al ir adquiriendo más conocimientos sobre Astrología, puede el lector desear leer algunos libros muy interesantes acerca de los Nodos de la Luna, basados en una interpretación más esotérica o kármica. Isabel Hickey toca este tema en su libro *Astrology, a Cosmic Science*. El libro de Martin Schulman *Karmic Astrology — The Nodes and Reincarnation* es muy detallado, como lo es también el de Bernice Prill Grebner *Lunar Nodes — New Concepts*. En estos libros se incluyen la posición de los Nodos en los distintos signos del zodíaco, las posiciones en las casas y los aspectos que forman con los planetas natales.

No creemos que nada de eso sea necesario en la interpretación básica. De hecho, podría poner demasiado énfasis en algo que sólo debe considerarse como un punto o área sensible en el gráfico hasta que uno se siente preparado para efectuar una descripción mucho más profunda.

Nuestra opinión es que el lector debe observar las posiciones ocupadas por los nodos y poner el mayor énfasis en las casas en que están, y mirar después el signo para interpretar de qué manera se expresarán.

Por ejemplo: el Nodo Sur de Hermann Hesse está a 4° Virgo en su novena casa, su Nodo Norte a 4° Piscis en su tercera casa. Su primera y casi automática respuesta, por lo tanto, sería expresarse a través de la novena casa (la mente más elevada, sus filosofías y creencias), pero lo haría en un modo Virgo, sintiéndose bastante crítico tanto de sí mismo como de los demás, siempre analizándolo y seccionándolo todo. Finalmente, pero, para alcanzar su potencial más elevado, tiene que usar el Nodo Norte y comunicar sus sentimientos (verbalmente, o por escrito, o por medio de la pintura), sus emociones y su espiritualidad. En su caso, podría haber sido más fácil porque Saturno y la Luna en Piscis son el brazo o punto focal de su cuadratura en T (lección 6).

Farrah Fawcett tiene el Nodo Norte en la duodécima casa, a 8° Géminis 26' (o 9° ♊ 46'). Se expresa a través de su trabajo en la sexta casa, donde tiene el Nodo Sur en Sagitario. Su realización final, sin embargo, se encontrará alcanzando o armonizando con su Nodo Norte en la duodécima casa. Al interpretar cualquier punto sensible, la duodécima casa debe considerarse como el subconsciente, a menudo el ser interior, escondido. Cuando ella realmente mire hacia su interior de un modo Géminis (intelectual, sereno, mental), hallará la paz mental y la seguridad interna.

El eje nodal, al atravesar cada par de casas, parece dar una cierta indicación familiar. He aquí algunos ejemplos:

**Eje Nodal en las casas primera y séptima.** La persona tiene visibles rasgos de carácter, personalidad o apariencia en común con uno de sus progenitores o con sus abuelos.

**Eje Nodal en la segunda y octava casas.** El sistema de valores de la persona es similar al de uno de sus progenitores o al de los dos. A menudo trabaja en el mismo campo que sus padres.

**Eje Nodal en las casas tercera y novena.** Aquí la persona comparte un punto de vista religioso o filosófico con uno de sus progenitores, y las líneas de comunicación con ese progenitor están abiertas y operativas.

**Eje Nodal en las casas cuarta y décima.** Este individuo muchas veces se dedica a una carrera en la que sigue los pasos de uno de sus progenitores. Los lazos de unión con sus padres son muy fuertes.

**Eje Nodal en las casas quinta y undécima.** Aquí hallamos a una persona que es muy sociable con su familia, sobre todo con sus hijos, a veces con exclusión del resto de la gente.

**Eje Nodal en las casas sexta y duodécima.** Esta situación puede indicar una tendencia hereditaria a la enfermedad, en la que el individuo y uno de los progenitores muestran los mismos síntomas.

El lector encontrará que algunos libros astrológicos interpretan los Nodos como relaciones o implicaciones sociales; es decir, cómo el individuo se relaciona con la sociedad en su totalidad, o sus costumbres sociales, su moral y sus actitudes. Nosotras no hemos descubierto que eso sea tan importante como la interpretación que usamos, excepto en aspectos avanzados, que explicaremos en otro libro.

**Ejercicio de repaso:** Interpretar los Nodos de la Luna en el horóscopo de Walt Disney. Nuestra interpretación se hallará en el apéndice, en la página 301.

# Lección 14

## Interpretación de las cúspides
## de las casas

### Las cúspides

Tanto en el primer volumen como en este libro hemos hablado, hasta ahora, de las casas, de los signos en la cúspide de esas casas, de los significados de las casas y de los planetas que se encuentran en ellas, pero no hemos explicado realmente la importancia del signo en cada cúspide. Lo explicaremos en esta lección.

El procedimiento es simple y lógico, como lo es todo en Astrología. Se toma el significado de la casa, se combina con el signo en la cúspide y se añade el matiz dado por el regente de ese signo.

Por ejemplo: Walt Disney tiene a Libra en la cúspide de la segunda casa. Las palabras clave para las segundas casas son valores, posesiones, asuntos financieros, habilidad de ganar dinero, habilidades y recursos internos. Con Libra en la cúspide, regido por Venus en Capricornio, ¿cómo le afectaría todo lo pertinente a la segunda casa? A Libra le gusta la armonía y el equilibrio, hace las cosas en relación con los demás más que por sí mismo, pero a pesar de necesitar a los demás, Libra gusta de equilibrar la balanza a su manera. Libra necesita también la belleza a su alrededor, le disgusta la conducta insensata y tiene una orientación mental (Signo de Aire). Si se añade a esto algo del sentimiento de Capricornio, se ve que Libra en la cúspide de la segunda casa será ambicioso, serio y ordenado en sus asuntos financieros. O bien, podrá poner algunos de los principios de Venus en un plano práctico y real.

Vamos a ver los aspectos que Venus forma. ¿Tiene fluidez? ¿Energía? Usemos ahora algunas de las palabras clave de la combinación Libra/Capricornio en las áreas de la segunda casa y podríamos decir: Los valores y las posesiones son muy importantes para Disney. Le gusta rodearse de cosas bellas, pero tiene el suficiente buen sentido para no malgastar su dinero en darse gusto (Libra podría darse gusto, pero con el regente en Capricornio no lo hará). Su capacidad de ganar dinero es buena; Venus está en sextil con Mercurio, que rige el Medio Cielo y el Ascendente, dándole la oportunidad de ganar: la voluntad y la ambición ya están ahí, con Venus en Capricornio. Venus en cuadratura con el Ascendente le da el impulso necesario. El quincucio con Neptuno, el planeta más elevado del gráfico en la décima casa de carreras, le obligará en cierto momento al reajuste para usar a Neptuno, por medio de su carrera, para ganar dinero de algún modo neptuniano (como en el cine). Esto podría ser artístico o quizá conectado con el mundo del espectáculo, o, si el resto de la carta lo indica, puede ser espiritual. La habilidad de ganar dinero se halla enlazada con los recursos y habilidades internas, puesto que el regente de la segunda casa (Venus) está en la quinta casa de creatividad.

Aunque todo esto puede parecer complicado, en realidad no lo es si se recuerdan los significados básicos de cada signo, casa y aspecto, y los combinamos después tal como acabamos de hacer.

En esta lección se encontrarán las frases clave para cada signo en la cúspide de cada una de las casas. Sin embargo, repetimos que no deben usarse literalmente, porque no es así como funcionan. Como acabamos de demostrar con la segunda casa de Walt Disney, ésta no funciona solamente en el nivel de Libra. Lo hace a nivel de Libra/Capricornio, más la posición de Venus en la casa y sus aspectos. Si hay planetas en la casa, le añaden énfasis. La única manera de tener un puro significado de Libra sería cuando Venus estuviera en el signo de Libra y en la séptima casa. Como esto sucede muy pocas veces, hay que combinar para comprender los puntos más sutiles que hacen que cada individuo sea único.

## Aries ♈ en la cúspide de las casas

Puesto que la primera casa es la identidad, la personalidad externa, el cuerpo físico, la cara que se presenta al mundo, es la casa más importante y debería analizarse cuidadosamente. En este volumen no daremos palabras clave para la apariencia, porque deben considerarse muchos factores; el tema es demasiado complicado para este nivel.

*Siempre se combina la interpretación con el regente – Marte* ♂

**Aries** ♈ **en la cúspide de la primera casa.** Básicamente inquieto, se acerca al mundo de manera directa más que diplomática. Muy extrovertido y voluntarioso, no suele sentir el miedo físico; en realidad, tiende a irritar a los demás con su agresividad. Valiente y dinámico, luchará por sus ideas si es necesario, pero prefiere usar su inteligencia. Es generalmente una persona de iniciativa, pero le cuesta acabar lo que empieza porque se aburre con rapidez y pasa a otra cosa. La constancia es un arte que debe cultivar. Si Marte está en un signo pasivo, Piscis, por ejemplo, será más moderado y podría ser levemente dogmático, menos impulsivo, más comprensivo y sensible. Debe combinarse con la posición de Marte.

*Actriz Barbra Streisand, senador Howard Baker.*

**Aries** ♈ **en la cúspide de la segunda casa.** (Valores, posesiones, asuntos financieros, habilidad de ganar dinero, habilidades y recursos.) Si se tiene a Piscis saliente, le importarán las habilidades y recursos internos, pero con Aries en la cúspide de la segunda casa podría no tener la paciencia suficiente para tener buen cuidado de sus bienes y puede acabar con problemas financieros. Puede tener muchas ideas buenas y nuevas sobre cómo ganar dinero. Si Marte se halla en un signo estable, aprenderá a administrarse y a guardar un poco de ese dinero. Es impulsivo, y debe aprender conservadurismo financiero, puesto que las posesiones materiales le importan mucho y le proporcionarán seguridad interior hasta que sea capaz de usar el resto de sus recursos, como indica el horóscopo.

*Secretario de Estado Edmund Muskie, actriz Carol Burnett.*

**Aries** ♈ **en la cúspide de la tercera casa.** (Comunicaciones, hermanos, ambiente local y de los primeros años, formación, viajes cortos.) Su mente es enérgica, activa y constructiva. Si tiene Acuario saliente, la combinación de ser diferente, con Aries tan abierto y directo en la cúspide de la casa de comunicaciones, resulta en una persona muy abierta e interesante.

Es un buen conversador que sabe defender sus puntos de vista en cualquier discusión, pero tiene más facilidad para atacar que para aceptar los ataques de otro. A menos que Marte tenga buenos aspectos, le cuesta mucho aceptar la crítica. Un Saturno estable le ayudará a usar su ágil mente para una mayor concentración. Se moverá mucho en su juventud; si tiene hermanos, el ambiente pudo ser muy animado en sus años juveniles.

*Actriz Cindy Williams, periodista Edward Murrow.*

**Aries ♈ en la cúspide de la cuarta casa.** (El hogar, uno de los progenitores, raíces, fundamentos y bienes inmuebles.) Si tiene Capricornio en el Ascendente, sus años adolescentes pueden haber parecido difíciles; puede haberse sentido tan inquieto que quizá pensó en escapar del hogar, a pesar de tener un fuerte vínculo con uno de sus progenitores. Puede cambiar de residencia muchas veces durante su vida, y no todos los cambios serán bienvenidos. A menos que Marte tenga aspectos muy favorables, tenderá a sentir falta de amor y ternura. Esto, sin embargo, no sucedería tan fácilmente con Sagitario o Acuario salientes. En cualquier caso, sentirá un gran deseo de expansión y no siempre tendrá la habilidad para hacerlo. Al avanzar en años, tenderá a mandar y la situación de Marte mostrará si lo hará o no constructivamente. A menos que procure interesarse por cosas externas, puede usar toda su energía en el hogar y llegar a ser demasiado exigente para con sus seres amados. Es muy improbable que pase una vejez aburrida o solitaria.

*General Erwin Rommel, comediante Jack Benny, escritor Joseph Wambaugh.*

**Aries ♈ en la cúspide de la quinta casa.** (Hijos, amor y aventuras amorosas, creatividad, diversiones, asuntos especulativos.) Entusiasta, con gran amor por la vida, se da por completo a la diversión, el placer, los deportes, proyectos creativos y actividad física. Sería un gran entrenador o director, porque puede inspirar a los demás con su entusiasmo. Aunque le gustan los niños, se lleva mejor con ellos cuando han llegado a la edad de razonar, porque puede llegar a impacientarse. Puesto que ama la vida y el amor, puede usar su energía en actividad sexual excesiva y saltar de una aventura amorosa a otra. Si Sagitario es saliente y Marte está bien colocado, querrá canalizar parte de su idealismo en un proyecto creativo, o puede sentirse muy osado y aspirar a las estrellas, ya sea en una afición, en el juego o en la aspiración de toda su vida.

*Aviador Charles Lindbergh, astronauta John Glenn, compositor George Gershwin.*

**Aries ♈ en la cúspide de la sexta casa.** (Trabajo, salud y nutrición, hábitos, servicio prestado, empleados.) Es un incansable y gran trabajador; en realidad, el trabajo es natural para esta persona, que disfruta usando su energía en este campo. Sin embargo, con su energía casi sobrehumana, puede impulsar a otros tan despiadadamente como se impulsa a sí mismo, y esto no siempre es bien recibido. Se siente mejor si trabaja para sí mismo o si ocupa una posición ejecutiva, porque la autoridad le ofende y la interferencia le disgusta, especialmente si tiene a Escorpio saliente, o si Marte es muy activo en su gráfico. A pesar de parecer fuerte, necesita confianza y funciona mejor cuando se siente apreciado. Si no usa la energía de Marte en el trabajo, o en cualquier otra forma constructiva, puede sufrir cortas enfermedades o jaquecas, aunque se recuperará rápidamente porque su naturaleza es básicamente fuerte; cuando esté enfermo, sin embargo, tenderá a tener fiebre muy alta.

*Escritor Noel Coward, líder cubano Fidel Castro, actor Charlie Chaplin.*

**Aries ♈ en la cúspide de la séptima casa.** (Compañeros, tanto de negocios como de matrimonio; tratos con el público, asuntos legales.) Para que Aries esté aquí, *debe* tenerse a Libra ascendente, por lo tanto, los compañeros y el trato con los demás son muy importantes. Esta necesidad lleva muchas veces a un matrimonio temprano o precipitado, antes de ser lo bastante maduro para saber qué quiere y qué necesita. Busca un compañero fuerte, pero cuando lo encuentra resiente la fuerza de esa persona porque a su Ascendente Libra le gustan la paz y la armonía (mientras las cosas vayan por donde esa persona quiera). Si encuentra un compañero que le conviene, o ha madurado lo bastante para aceptar lo que su compañero puede ofrecerle, la vida parecerá mejor y más llena de significado, porque compartir y cooperar es muy importante para su bienestar. Para obtener una buena idea de su actitud hacia el matrimonio y la asociación, no debe descuidarse el combinar no sólo Marte sino también Venus, que rige el Ascendente.

*Presidente Jimmy Carter, dictador Adolf Hitler, humanitario Albert Schweitzer.*

**Aries ♈ en la cúspide de la octava casa.** (Ayuda de los demás, sexo, legados y herencias, impuestos, materias ocultas, finales, regeneración.) Si se tiene a Leo o a Libra como salientes, la excesiva energía sexual puede exigir ser encaminada hacia otra salida creativa. Con Virgo saliente, pueden sufrir sentimientos de inseguridad o incluso de inferioridad, con períodos alternativos de temeridad. Alcanzar paz interior y seguridad llega a ser una profunda necesidad psicológica, que puede saciarse sólo aprendiendo a servir a otros, en lugar de tomar siempre para sí mismo. Si se tiene una pareja sensible, puede ser de

gran ayuda en su búsqueda por la identidad. Si en el gráfico se hace
evidente el talento creativo, Aries en la cúspide de la octava casa
puede expresarse de una manera dramática y profunda, incluso oculta.
Puede sentirse preocupado por la muerte, pero no le causa miedo; se
siente simplemente inclinado a investigarla.

*Escritores Ernest Hemingway, Ralph Waldo Emerson, Thomas
Mann.*

**Aries ♈ en la cúspide de la novena casa.** (Mente superior, filosofía, estudios graduados, largos viajes, religión.) Si Leo está en su
Ascendente, Aries se expresará aquí de manera individual y entusiasta,
incluso experimental. Puede marcar nuevos caminos en sus enfrentamientos con la vida. Leo y Aries están en trígono, por lo tanto, puede
expresar fácilmente su propia personalidad en todas las cosas pertinen-
tes a la novena casa, a menos que Marte sea muy débil o tenga muchos
aspectos difíciles. Los viajes, o cualquier medio que amplíe su horizonte, serán bien recibidos. Si se inclina hacia las profesiones legales,
se desenvolverá mejor como abogado de los tribunales que manejando
impuestos o asuntos corporativos. Su filosofía no será dogmática ni
tradicional, porque prefiere todo aquello que le ofrece un nuevo enfoque. Puede incluso ser un agnóstico o un ateo antes que aceptar lo
aceptado por todos.

*Gobernador Jerry Brown, explorador Robert Peary, boxeador
Muhammad Ali.*

**Aries ♈ en la cúspide de la décima casa.** (Profesión, estado
social, reputación, ego, autoridad, uno de los progenitores.) Aries en la
cúspide de la casa de profesiones y carreras le convierte en una dinamo
que se dirige con toda su fuerza hacia la meta deseada, o puede empezar diez carreras, diez inventos nuevos, diez cosas que no se han inten-
tado antes... y no acabar ninguna de ellas. Mucho dependerá no sólo de
la posición de Marte sino también de la Luna, si se tiene Cáncer ascendente. Un Ascendente Cáncer o bien le hace tenaz, o hace que la persona ceda ante los altibajos de sus emociones. A veces proporciona un
progenitor dominador, que insiste en que la persona de su hijo siga sus
propios pasos en la vida. Puesto que Aries y Cáncer están en cuadratura por cualidad, la persona debería tener bastante reto e impulso para
salir con éxito, pero hay que recordar que se deben combinar cuidadosamente todos los factores de la carta antes de decidir esa conclusión.
Si Leo o Géminis están en el Ascendente, la posibilidad de una carrera
es distinta. Leo está en trígono con Aries, por lo tanto, el éxito no es
difícil. Con Géminis, el único obstáculo verdadero es la versatilidad de

Géminis combinada con la falta de perseverancia de Aries. Sin embargo, usada constructivamente, esta combinación es excelente, especialmente para un trabajo en que se trate de ventas. Puesto que la décima es una casa muy pública, la tendencia de Aries a ser mandón y discutidor necesita ser dominada, si no tendrá que enfrentarse con la hostilidad y combatir la rivalidad en su camino hacia el éxito, porque descubrirá que al resto de la gente no le gusta recibir constantemente órdenes.

*Industrial Henry Kaiser, actor Robert Stack.*

**Aries ♈ en la cúspide de la undécima casa.** (Amigos, esperanzas y deseos, intereses humanitarios, propósitos, circunstancias, organizaciones.) Mucha gente con Aries en esta posición están ocupados en trabajos con grandes grupos u organizaciones, especialmente con Géminis saliente. Si Marte es fuerte en la carta, la persona parece ejercer autoridad sobre los demás y puede convertirse en líder sin proponérselo. Parece llevar bien este liderazgo, y puesto que basa su atractivo en un enfoque mental, sus amigos o grupos le siguen gustosamente. Con Tauro o Cáncer ascendentes, tiende a carecer de diplomacia y se enfrasca en peleas y chismorreos, que le pueden causar problemas emocionales que debería evitar. Cualquiera de estos Ascendentes proporciona más ambición, y esta persona tiene grandes aspiraciones. Esta situación es frecuentemente buena para políticos, y proporciona la habilidad para convencer a las masas.

*Senador George McGovern, secretario de Estado Henry Kissinger, general George Patton.*

**Aries ♈ en la cúspide de la duodécima casa.** (El subconsciente, fuerza oculta, debilidades, actividades entre bastidores.) Ésta puede ser la casa de la propia anulación y, con Aries aquí, la persona puede ser demasiado inquieta para mirar hacia dentro, deseando siempre obrar hacia el exterior; sin embargo, si no llega a conocerse a sí mismo, puede carecer siempre de seguridad interior, lo cual puede causarle una gran frustración. Con Tauro en el Ascendente, un punto de vista estable y una naturaleza externa afectuosa compensan, hasta cierto punto, lo dicho anteriormente, dependiendo desde luego de la situación de Venus y Marte. Con Géminis o Aries salientes, el sistema nervioso está abrumado y adentrarse en sí mismo llega a ser imperativo. Cuando esta persona es joven, debe vigilar su estado de salud y protegerse contra accidentes. Es muy importante hallar la clase de trabajo adecuado para escapar de la tensión nerviosa.

*Presidente Gerald Ford, actriz Mia Farrow, escritor William Saroyan.*

# Tauro ♉ en la cúspide de las casas

*Siempre se debe combinar la interpretación con el regente –*
*Venus♀*

**Tauro ♉ en la cúspide de la primera casa.** (Personalidad externa, identidad, cuerpo físico.) Tiene una naturaleza tranquila y pacífica, a menos que Marte o Urano se hallen en la primera casa. Sea cual sea el signo del Sol y la colocación de Venus, necesita tiempo para captar impresiones y tiempo para absorberlas; una vez aprendidas, sin embargo, raras veces se olvidan. Cuidadoso en sus valoraciones, no se siente inclinado a gastar dinero y no le gusta sacar conclusiones precipitadas. Si Venus se halla en un signo indulgente consigo mismo (Leo, Libra, Tauro o Sagitario), puede excederse en los placeres físicos o materiales, o ceder a la pereza y la inercia. Tauro busca valores, y encontrará finalmente un verdadero propósito a la vida y lo seguirá de manera firme y tenaz. Hombres y mujeres se sienten atraídos por las joyas y gustan de adornarse con ellas.
*Cantante Elvis Presley, líder Charles Manson.*

**Tauro ♉ en la cúspide de la segunda casa.** (Valores, posesiones, asuntos financieros, habilidad de ganar dinero, habilidades y recursos). Ésta es la posición natural de Tauro y, a menos que Venus se encuentre muy acosado, todo lo pertinente a la segunda casa tiene bastante fluidez. Con Aries saliente, Tauro en la cúspide de la segunda casa es exactamente lo que necesita esta persona para aplicarse y mantenerse constante, sobre todo en el área de dinero y ganancia. Con el empuje de Aries, podrá ganarse bien la vida. Tauro ama el lujo, y las posesiones son importantes para el bienestar general de esa persona. Sabe aprovechar una buena ocasión porque es una persona muy buena para los negocios, con un enfoque práctico en cuanto a recursos. Con Venus estable, podrá retener lo que es suyo, porque su actitud hacia lo pertinente a la segunda casa es real y práctica. Si tiene a Piscis saliente, su meta puede ser más idealista, pero a menos que Venus sea muy débil en su carta, el deseo de estabilidad en asuntos financieros saldrá victorioso. Esto puede también indicar que tiene buena voz para cantar.
*Artista Liza Minelli, actriz y cantante Deanna Durbin, escritor Rabindranath Tagore.*

**Tauro ♉ en la cúspide de la tercera casa.** (Comunicaciones, hermanos, ambiente local y de los primeros años, formación, viajes cortos.) Esta situación da magnetismo personal. Aunque esta persona puede parecer dúctil y complaciente, puede ser terca como una mula, a menos que tenga un Ascendente Piscis y a Mercurio en un signo mutable. Es artístico, musical y creativo, especialmente si Acuario o Piscis son salientes. Debería usar esas habilidades en áreas tales como literatura o música. Parece tener una comprensión intuitiva de los demás, especialmente si Venus está bien colocado. Sus primeros años fueron agradables y su juventud estable, sin traslados o cambios excesivos a menos que Venus tenga aspectos poco favorables. Si tiene hermanos y hermanas, disfrutará de su compañía y mantendrá los lazos de amistad con ellos. Se siente a gusto en un ambiente placentero y sin tensiones y siempre trata de mostrar su aprecio hacia los valores de los demás.

*Psiconalista Karl Jung, actriz Mary Martin.*

**Tauro ♉ en la cúspide de la cuarta casa.** (El hogar, uno de los progenitores, raíces, fundamentos y propiedades). Un hogar estable y de tendencia conservadora. Rasgos hereditarios e influencia de los padres, fuerte y duradera. Le gusta considerar su hogar como un lugar de paz, pero también le enorgullece mostrarlo con objetos de valor, buena comida y cosas semejantes, especialmente si Capricornio es saliente. Acumula posesiones de las que raramente se desprende; en realidad, es un coleccionista extraordinario. Con Acuario saliente, su casa le servirá de refugio de los altibajos provocados por él mismo. Con Venus con buenos aspectos, su vejez será segura y feliz, sobre todo si ha aprendido a valorar lo que realmente tiene importancia en la vida y a no depender tan sólo de la comodidad material y las posesiones.

*Actor Alan Alda, escritor F. Scott Fitzgerald, líder religioso Vivekananda.*

**Tauro ♉ en la cúspide de la quinta casa.** (Hijos, amor y aventuras románticas, creatividad, diversiones, manifestación de la personalidad, especulación.) Enamoradizo, sensual y prolífico, le gustan los niños y los placeres sensuales. Tiene un agudo sentido táctil; necesita tocar las cosas para disfrutarlas. Con Capricornio saliente, la colocación de Venus marca una gran diferencia en su acercamiento a los asuntos amorosos y aventuras románticas; si está en Virgo o Capricornio, puede sentirse reacio a mostrar sus verdaderos sentimientos, que son bastante sensuales, por miedo al rechazo. Sin embargo, el bloqueo de su vía de escape emocional puede causar una gran frustración. Con Venus en buena posición, existe la promesa de una gran felicidad a causa del amor y de los hijos. Si Venus está en aspecto con Neptuno, o si Neptuno es importante en el gráfico por alguna otra razón, puede ser muy creativo, especialmente en el campo de la música. Aunque disfruta con las cosas buenas de la vida, los placeres relativamente sencillos pueden hacerle feliz. No es realmente un jugador.

*Comediante Jack Benny, violinista Yehudi Menuhin.*

**Tauro ♉ en la cúspide de la sexta casa.** (Trabajo, salud y nutrición, costumbres, guardarropa, animales domésticos, empleados.) Tauro en la cúspide de la sexta casa proporciona un gran vigor físico, pero tiende a excederse, a menos que Venus tenga aspectos difíciles. Es importante tener autodisciplina para no desarrollar un problema de obesidad. Esta disciplina le ayudará también a conseguir sus fines; sin ella, puede ir inútilmente a la deriva. En los primeros años de su vida suelen surgir enfermedades de garganta, pero raras veces son graves. En su trabajo es digno de confianza y cuidadoso de los detalles, pero es también algo dogmático y no muy dispuesto a cambiar de hábitos. Se lleva bien con los demás si éstos respetan sus costumbres. Si tiene el jovial Sagitario ascendente, la gente que espera algo distinto de esa persona se sorprenderá de sus diligentes hábitos de trabajo. Con Venus dignificado o en uno de los signos de agua, puede desear ocuparse en el campo de la creatividad.

*Escritores Philip Roth y Claire Booth Luce.*

**Tauro ♉ en la cúspide de la séptima casa.** (Compañeros de negocios o pareja matrimonial, tratos con el público, asuntos legales.) Para que Tauro esté en la cúspide de esa casa, *debe* tenerse a Escorpio ascendente. Esto proporciona una personalidad intensa, exigente y profunda. Esta persona desea una pareja que le aporte afecto, sensualidad, encanto, que guste de rodearse de cosas bellas, pero que sea también práctica y realista. Debido a su obstinación y firmeza de propósito básicas, cualquier asociación puede provocar dificultades a menos que se le permita salirse con la suya o que aprenda a ceder un poco. Sin embargo, esa misma firmeza le hace muy leal; una vez concede su afecto, no cambia a menos que se vea forzado a ello. La séptima casa tiene el signo de aire Libra en la carta de reposo (nunca debe olvidarse esto al interpretar). Libra es un signo bastante sentimental, pero independiente; con Tauro aquí, los conflictos prácticos y las aventuras románticas pueden ser extinguidos por el realismo.

*Estrella del tenis Chris Evert Lloyd, filántropo Andrew Carnegie, primera dama Jacqueline Kennedy Onassis.*

**Tauro ♉ en la cúspide de la octava casa.** (Ayuda de los demás, sexo, legados y herencias, impuestos, materias ocultas, finales, regeneraciones.) Si Libra es saliente, Tauro en la cúspide de la octava casa es también regido por Venus; Venus marcará una gran diferencia por posición y aspectos. Con Venus en buena situación, esa persona se beneficiará de la ingeniosidad de su compañero, al que a su vez servirá de ayuda. Hallará la manera de resolver situaciones complicadas y se sentirá confiado en su habilidad para desenvolverse en ellas. No habrá dificultades sexuales. Si Venus tiene aspectos difíciles en la carta, la persona tenderá a ser egoísta. Debe procurar no llegar a obsesionarse con el dinero. Con Escorpio saliente, podría usar parte de su habilidad para estudiar más profundamente las ciencias ocultas, o tener la habilidad de regeneración, pero con Virgo o Libra salientes, preferirá dedicarse a materias más concretas y definidas. Necesita saber que aquellos en quien confía estarán a su lado de modo práctico para ayudarle.

*Presentador Johnny Carson, líder sindical César Chávez, actor Richard Chamberlain.*

**Tauro ♉ en la cúspide de la novena casa.** (La mente superior, filosofía, leyes, ideales, largos viajes, formación universitaria, religión.) Con Virgo saliente, le interesa pensar prácticamente. La filosofía que adopte debe parecerle plena de sentido. Tiende a ser crítico de lo que no puede probarse. Sin embargo, con Venus sensitivo, puede incluso llegar a ser poético; si lo confirma Mercurio en la carta, podría ser escritor. Tiene normas y principios elevados y se adhiere a ellos, hasta el punto de ignorar cualquier problema de conciencia que le puedan crear. Con Leo ascendente, Tauro (como signo) estará en cuadratura con el Ascendente y la energía resultante debería canalizarse a través del trabajo, aficiones, o de alguna actividad física. Sus ideas y sentimientos son estables, pero el sentido místico y la valoración de lo intangible faltan a menudo en esa persona.

*Escritora Anne Morrow Lindbergh, pianista Ignace Paderewski.*

**Tauro ♉ en la cúspide de la décima casa.** (Profesión, estado social, reputación, ego, autoridad, uno de los progenitores.) Con Leo saliente, todo lo concerniente a la décima casa le importa mucho: le gusta y necesita el nivel social y su ego necesita expresarse. Si el resto de la carta indica una orientación comercial, puede beneficiarse de la suerte en el área de finanzas. Sería un buen ejecutivo, porque sirve más para dar órdenes que para recibirlas, pero debe aprender a delegar en los demás en lugar de tratar de hacerlo todo por sí mismo. El prestigio le importa mucho. Nunca dejará que nadie se entere de sus fracasos, porque siempre mantiene un buen semblante y una actitud generosa, incluso derrochadora. Con Cáncer o Virgo ascendentes, las necesidades de su ego son menos evidentes, pero su ambición sigue siendo tan fuerte como antes, aunque menos visible.

*Físico Albert Einstein, escritor Eugene O'Neill.*

**Tauro ♉ en la cúspide de la undécima casa.** (Amigos, esperanzas y deseos, circunstancias fuera de su control, grupos numerosos y organizaciones.) Tiene habilidad para combinar las amistades de negocios y las sociales; sin embargo, si tiene Cáncer ascendente, puede tender a sentirse maternal con sus amigos y a sentirse demasiado posesivo con respecto a ellos. Su inseguridad básica hace que quiera retenerlos con demasiada fuerza y al final les obligará a que se alejen. Con Leo ascendente, tiene una profunda necesidad de ser el primero. Tiene grandes ambiciones. Quiere destacar entre sus amigos y en los grupos en que esté. Sin embargo, con Géminis ascendente, sus esperanzas y sueños son más razonables. Si Venus es mutable, es un buen organizador y capaz de esforzarse mucho en lo concerniente a actividades de grupo, como la Asociación de Padres de Familia, los Elk, y otros.

*Gobernador Jerry Brown, actor Beau Bridges.*

**Tauro ♉ en la cúspide de la duodécima casa.** (El subconsciente, fuerza oculta, propia anulación, actividades entre bastidores.) Con Cáncer ascendente, necesitará dinero para sentirse protegido, porque siente un oscuro temor a carecer de recursos financieros. Es muy emotivo y le es difícil encararse honestamente consigo mismo. Necesita que se acerquen con suavidad y afecto. Con Géminis en el Ascendente, puede analizar y razonar las cosas, pero no siempre con objetividad o con plena honestidad. En este caso, el modo de llegar a su subconsciente es a través del sentido común y de la lógica, no a través de las emociones. Sin embargo, hay en esa persona un rasgo de obstinación que se resiste al cambio; preferirá sufrir con el *statu quo* antes de intentar algo nuevo. Puesto que es algo crédulo, tiene que estar alerta para no caer en una trampa, porque le engañarían donde más le duele: en el bolsillo.

*Escritora Mary Shelley, actriz Shirley Temple.*

# Géminis ♊ en la cúspide de las casas

*Siempre debe combinarse la interpretación con el regente – Mercurio ♀*

**Géminis ♊ en la cúspide de la primera casa.** (Personalidad externa, identidad, el cuerpo físico.) Es flexible como una cuerda de violín, cambiante como el tiempo, hoy aquí y mañana en otra parte. Sin embargo, si Mercurio se halla en un signo fijo, esta tendencia se reprime considerablemente. Tiene muy desarrollado el sentido de lo práctico, y su variabilidad se debe a pensar las cosas dos veces, la segunda vez con más prudencia, en muchas ocasiones. Por medio de rápidas deducciones, puede sacar ventaja de los demás. Es raras veces grosero o vulgar, es versátil, pero debe aprender a concentrarse y no actuar en arranques. Con Mercurio con buenos aspectos, es hábil y tiene el don de la imitación. Puede ser un gran hablador, y si usa prácticamente su más que considerable habilidad, puede ser un buen escritor o narrador.

*Actor Edward G. Robinson, estrella del baloncesto Wilt Chamberlain.*

**Géminis Ⅱ en la cúspide de la segunda casa.** (Ingresos, posesiones, habilidades y talentos, posibilidades financieras, valores, propia estimación.) Las fluctuaciones financieras le obsesionan, aunque a causa de su gran habilidad para ganar dinero puede tener dos empleos a la vez y raras veces se queda sin dinero. Si Aries o Géminis son ascendentes, es un buen vendedor, especialmente de sí mismo, y puede tener éxito en el terreno de la política. Si Mercurio está débilmente colocado, puede tender a extenderse demasiado tratando de actuar en demasiados campos a la vez, especialmente en el campo artístico, literario, de transportes o de comunicaciones. Si Tauro es saliente, su situación financiera es más firme, pero le cuesta encontrar verdaderos valores, ya que siente que el dinero no le resolverá todas las dificultades. Cuando aprenda a limitarse y a enfocar sus recursos en una o dos direcciones solamente, descubrirá que el triunfo financiero le llega mucho más fácilmente.

*Presidente Ulysses S. Grant, cantante Peggy Lee, escritora Taylor Caldwell.*

**Géminis Ⅱ en la cúspide de la tercera casa.** (Hermanos, viajes cortos, la mente consciente, ambiente y formación de los primeros años, comunicación.) Géminis se siente a gusto en esta posición de la tercera casa, y todas las áreas de la vida que pueden atribuirse a la tercera casa asumen una gran importancia en su vida. Se interesa en casi todo. Puede abarcar los trabajos y problemas más difíciles con muy poca dificultad. De mente rápida, fácil de palabra, hábil con la pluma, ingenioso en dar la vuelta a muchas situaciones para sacar ventajas personales, nunca parece sentirse desconcertado en ninguna situación,

especialmente si Mercurio tiene buenos aspectos. Con Tauro ascendente, puede tener muy buena voz, pero el aprendizaje en la escuela será
un proceso lento. Con Aries en el Ascendente, necesita frecuentemente
cuidar su fuerza para resistir; su período de atención es breve. Hay a
menudo mucha unión con los hermanos; puede sentirse responsable
por ellos, o pueden vivir juntos.

*Cantantes Johnny Cash y Pearl Bailey, astrólogo Carroll Righter.*

**Géminis ♊ en la cúspide de la cuarta casa.** (Uno de los progenitores, el hogar, bienes inmuebles, bases, raíces, seguridad final.) Las
tradiciones familiares, las relaciones con los padres y el ambiente cultural son factores importantes en su vida. Con Piscis saliente, suele
haber un gran interés en la herencia ancestral. Puede tener dos hogares,
o pudo tener una familia viviendo en la misma casa en sus años jóvenes. Si Mercurio tiene aspectos difíciles, o si Acuario es ascendente,
habrá muchos cambios de residencia y una gran actividad en su vejez.
Con Géminis aquí, frecuentemente puede usar un alias en sus actividades de autor que escribe en su casa. Sus padres consideraron necesario
proporcionarle libros y estimulación intelectual. Con Aries ascendente,
disfruta de la variedad que le ofrece una vida activa en el hogar.

*Filósofo Karl Marx, estrella del rock Mick Jagger, actor Robert
Redford.*

**Géminis ♊ en la cúspide de la quinta casa.** (Amor, aventuras
románticas, hijos, creatividad, pasatiempos, distracciones y especulación.) Como progenitor se halla más unido con sus hijos intelectualmente que emocionalmente, sobre todo si tiene Acuario ascendente.
No son raros los mellizos. Tiene una naturaleza determinada, es ambicioso y tiene una personalidad comprensiva. Con Capricornio ascendente, puede tener dotes musicales. Puesto que aprende rápidamente a
través de la experiencia, y tiene una buena actitud hacia todo cuanto
emprende, tendrá éxito en cualquier trabajo, aunque es especialmente
hábil para el arte y la artesanía. Con Piscis ascendente, pueden atraerle
empresas en los niveles más elevados del pensamiento, como la enseñanza, la filosofía o el servicio de la Iglesia.

*Compositor George F. Händel, cantante Diahann Carroll, escritor
James Joyce.*

**Géminis ♊ en la cúspide de la sexta casa.** (Trabajo, salud y nutrición, costumbres, servicio prestado, guardarropa, animales domésticos,
empleados.) Muy bien dotado para la investigación científica, debido a
su rápida y fácil comprensión de asuntos intelectuales y problemas

complejos, especialmente con Capricornio saliente. Con Sagitario o Acuario ascendentes, le atraen los trabajos que escapan a la rutina; puede haber muchos cambios de trabajo. Si Mercurio tiene aspectos difíciles, puede tener que vencer la irritabilidad y las preocupaciones a causa de su trabajo. Su salud depende en gran manera de su perspectiva mental. La monotonía le parece intolerable, y donde funciona mejor es en un campo que permita el movimiento y la flexibilidad.

*Animador Steve Allen, explorador Richard Byrd.*

**Géminis ♊ en la cúspide de la séptima casa.** (Asociaciones matrimoniales o financieras, tratos con el público, enemigos declarados, asuntos legales.) Con Géminis aquí, *debe* tenerse a Sagitario ascendente. Esa persona ama la libertad y necesita una unión intelectual y comprensiva. Raras veces le arrebatará la pasión. Ni la edad ni las condiciones sociales y financieras le importan en sus relaciones personales; lo que necesita es aprecio y ayuda moral. Cualquier irritación fuerte que sienta hacia los demás es raras veces duradera. Su filosofía es «vivir y dejar vivir». Si Mercurio tiene buenos aspectos, tendrá éxito en el área legal, aconsejando, actuando o en cualquier clase de trabajo en relaciones públicas. La posición de Júpiter en la carta es tan importante como la de Mercurio para determinar su pareja ideal.

*Actor Robert Reed, emperador Hiro-Hito.*

**Géminis ♊ en la cúspide de la octava casa.** (Ayuda de parte de los demás, sexo, legados y herencias, impuestos, ciencias ocultas, finales, regeneración.) Con Escorpio ascendente, tiene curiosidad acerca de los misterios de la vida y la muerte, y se siente inquieto hasta que puede obtener una mayor comprensión. Cualquier tendencia morbosa debe ser tratada prudentemente. Puede tener un interés profundo y duradero por las ciencias ocultas. Con Sagitario ascendente, siente un mayor interés por lo mental que por lo sexual, pero le gusta hablar sobre el sexo y a menudo cuenta historias con segunda intención. Muestra muy poca piedad al juzgar a los demás, pero le es muy difícil enfrentarse a sus propios errores, especialmente con Libra ascendente. Si Mercurio tiene buenos aspectos, puede hallar que su mejor profesión es la de escritor, particularmente en el campo del sexo, la ciencia o la investigación.

*Escritor Charles Dickens, líder cultista Werner Erhardt.*

**Géminis ♊ en la cúspide de la novena casa.** (Leyes, religión, la mente superior, estudios, largos viajes, parientes políticos.) En lo que se refiere a su conflicto interno entre la fe y la razón, raras veces escogerá un acercamiento místico o religioso a la vida, a menos que tenga a Escorpio ascendente. Siente curiosidad por los misterios de la vida, y quiere experimentar cada una de sus facetas. Es hábil para influir en los demás con su facilidad de palabra, lo que puede atraerle hacia el campo político. Con Virgo ascendente, Mercurio es doblemente importante y, si tiene aspectos difíciles, la persona puede ser víctima de la murmuración y tener conflictos con sus parientes políticos. Le gusta viajar; si no puede explorar el mundo, será un ávido lector que se complacerá en el tipo de viajes que se hacen desde la propia butaca.

*Presidente Harry S. Truman, estrella del rock Alice Cooper.*

**Géminis Ⅱ en la cúspide de la décima casa.** (Carrera, estado social, prestigio, ego, uno de los progenitores, reputación.) Le gusta trabajar con los demás y tiene el don de la diplomacia. Para sentirse satisfecho, necesita una variedad de intereses, sobre todo con Virgo saliente. Suele haber muchos cambios de carrera. Es una persona activa que siempre tiene que hacer algo. Puede ser un excelente orador, y debería desarrollar esta habilidad; a la gente le gusta escucharle. Podría ser un gran maestro. Sin embargo, tiene también la tendencia de trabajar demasiado, y esto podría causarle un colapso nervioso. Con Leo o Libra como ascendentes, podría dedicarse al arte, al diseño, o al teatro. Géminis en la cúspide de esta casa lleva a veces a dedicarse a dos carreras relacionadas entre sí, como la del escritor que es, a la vez, comentarista, o la del cantante que escribe sus propias canciones.

*Escritor Guy de Maupassant, actriz Brooke Shields.*

**Géminis Ⅱ en la cúspide de la undécima casa.** (Amigos, grandes grupos u organizaciones, esperanzas y deseos, fines, circunstancias inesperadas.) Buenas relaciones públicas y privadas le ayudarán a subir la escalera del éxito. Agradable y amistoso, tiene un buen sentido del humor y la habilidad de reírse de sí mismo. Con Cáncer o Leo ascendentes, se lleva bien con los más jóvenes, como si fuera también un niño. Puesto que muy raramente muestra resentimiento, se halla a menudo rodeado de agradables amigos y asociados. Si Mercurio tiene aspectos difíciles, puede ser víctima de los que se llaman sus amigos y sentirse a menudo solo en medio de la multitud.

*Actriz Liv Ullman, músico Herb Albert.*

**Géminis Ⅱ en la cúspide de la duodécima casa.** (Actividades entre bastidores, fuerza interior, la mente subconsciente, enemigos secretos.) Esta situación favorece la expresión de la propia personalidad. Se siente a menudo inclinado a la morbosidad y a la melancolía, especialmente con Géminis o Cáncer ascendentes. Tiende a obrar más a través de un instinto inconsciente que de la razón, y con Cáncer ascendente puede ser psíquico y debería desarrollar esta habilidad. Su intuición le sirve también en áreas como la psicología y la psiquiatría. Le cuesta aprender de memoria, pero adquiere conocimientos solamente escuchando lo que le dicen. Con Mercurio en aspectos difíciles, puede tener dificultades con la ley o en el desarrollo de su seguridad interna. Puede ser superficial y fácil de convencer.

*Actriz Hedy Lamarr, asesinos Richarl Loeb y William Heirens.*

## Cáncer ♋ en la cúspide de las casas

*Siempre debe combinarse la interpretación con el regente – la Luna ☽*

**Cáncer ♋ en la cúspide de la primera casa.** (Personalidad externa, identidad, el cuerpo físico.) Se siente fuertemente unido a su hogar y a su madre, especialmente si la Luna se halla en una casa angular. Le importan mucho el patriotismo y la tradición. Le gusta buscar en el pasado y coleccionar cosas antiguas. Tiene una buena imaginación, y su desarrollo dependerá de la situación de la Luna y de sus aspectos. Es básicamente tímido, y le hacen falta amor y estímulo para desarrollarse. Debido a su innata inseguridad, se aparta de cualquier cosa desagradable. Su trato es amable y amistoso, pero tiende a retirarse dentro de sí mismo cuando algo desagradable le ofende. A causa de su sensibilidad, el ambiente que le rodea le influye mucho.

*Compositora Carrie Jacobs Bond, humorista Will Rogers, pintor Salvador Dalí.*

**Cáncer ♋ en la cúspide de la segunda casa.** (Ingresos, finanzas, posesiones, habilidades y talento, valores, propia estimación.) Guarda lo que tiene, ahorrado característicamente para el día de mañana, en especial con Cáncer o Tauro ascendentes. Tiene talento natural para los bienes inmuebles y para tratar con el público, ventas o mercancías. Sin embargo, si la Luna tiene aspectos difíciles, puede experimentar altibajos financieros. Es frugal, pero no avaro; si se halla emocionalmente implicado, compartirá generosamente sus bienes, mentales y materiales. A pesar de una habilidad natural para ganar dinero, siempre teme sufrir contrariedades financieras.

*Comentarista Tom Snyder, primer ministro británico Harold Wilson, estrella de la ópera Cesare Siepi.*

**Cáncer ♋ en la cúspide de la tercera casa.** (Comunicaciones, viajes cortos, hermanos, la mente consciente, ambiente inmediato y de los primeros años.) Con Tauro ascendente, le falta habilidad académica debido a la pereza y poca atención en sus primeros años, pero tiene buena memoria y puede aprender a través de la lectura. Es de trato difícil a causa de sus marcadas preferencias y desagrados. Es tan sensible que su palabra clave es más sentir que pensar. Con Aries o Géminis ascendentes, le gustan los viajes locales. Se le halla poco en casa a causa de sus muchas actividades en su comunidad. Esta colocación, a veces, indica un buen cocinero y un gusto por las tareas de jardinería.

*Criminal nazi Adolf Eichmann.*

**Cáncer ♋ en la cúspide de la cuarta casa.** (El hogar, uno de los progenitores, bienes inmuebles, bases, finales.) Ésta es la casa natural de Cáncer y es, por lo tanto, armonioso, a menos que la Luna tenga aspectos difíciles. Sentimental, emocional y tradicional son palabras que le describen bien. Necesita raíces, pero puede haber abandonado el hogar familiar a una edad temprana, especialmente con Aries ascedente. La influencia moral de sus padres es muy fuerte. Es posible que sufra algunas enfermedades hereditarias. Los varones a menudo caen en una especie de servidumbre de la parte femenina de la familia, cuidando de la madre, la hermana o una pariente anciana. Con Piscis o Tauro en el ascendente, se atesoran las joyas o reliquias familiares, y es frecuentemente el cuidador del viejo hogar familiar. En su vejez puede vivir cerca del agua. Con Cáncer en la cúspide de esta casa, es posible que escoja el celibato como modo de vida.

*Trompetista Louis Armstrong, animadora Ann-Margaret, actriz Mary Crosby.*

**Cáncer ♋ en la cúspide de la quinta casa.** (Amor y aventuras románticas, hijos, especulaciones, diversiones, aficiones.) A menos que la Luna se halle en un signo fijo, se siente inclinado a ser frívolo e inconstante en su aspecto sentimental. Sin embargo, una vez canalizado su afecto, puede ser fuertemente maternal y amante. Es musical, imaginativo y dramático, y sus esfuerzos creativos atraen a menudo al público, especialmente cuando Acuario o Piscis están ascendentes. Tiene un fuerte sentido cultural. Muchas veces trabaja mejor a altas horas de la noche. Si la Luna tiene aspectos difíciles, debe dominar su intensa afición al juego antes de que le cause dificultades financieras.

*Cantante Nelson Eddy, ex Beatle Paul McCartney, secuestrador Bruno Hauptmann.*

**Cáncer ♋ en la cúspide de la sexta casa.** (Trabajo, salud y nutri- ción, costumbres, guardarropa, servicio prestado, empleados, animales domésticos.) Se halla generalmente inmerso en su trabajo y carrera, pero no es feliz a menos que realmente disfrute de lo que hace, sobre todo con Capricornio o Acuario ascendentes. Tiende a funcionar bien en posiciones subordinadas, pero tiene una gran ambición material que no siempre ven los demás. Con Piscis saliente y la Luna en un signo mutable, tiene oportunidades en el área de medicina o en cualquier campo que trate de dietética y nutrición. Es importante una buena digestión: la Luna con aspectos difíciles puede indicar úlceras, alergias o la compulsión de comer. Con Cáncer aquí, existe a menudo interés por las causas laborales. Es la posición de quien puede sentirse incli- nado a ayudar al desvalido.

*Actriz Leslie Caron, pediatra doctor Benjamin Spock, filósofo Karl Marx.*

**Cáncer ♋ en la cúspide de la séptima casa.** (Asociaciones matrimoniales o de negocios, tratos con el público, materias legales.) Profundas necesidades emocionales le impulsan a buscar una pareja que ame el hogar y que tenga recursos. Con Cáncer aquí, Capricornio *debe* ser su signo ascendente. Si es un hombre, quiere una pareja que le cuide maternalmente; si es una mujer, necesita una pareja fuerte (a menos que tenga una Luna muy prominente), pero a menudo escoge un hombre pasivo o muy tierno. Aunque parece algo inseguro y reservado, desea popularidad o algo de exposición al público, por lo cual puede tener éxito en un trabajo público porque tiene un olfato natural para saber lo que atrae a las masas. Si no tiene carrera propia, puede ser de gran ayuda para su pareja tanto en el hogar como en el trabajo.

*Presidente Zachary Taylor, comediante Jack Benny, reina Isabel II.*

**Cáncer ♋ en la cúspide de la octava casa.** (Ayuda de parte de los demás, legados y herencias, finales, impuestos, materias ocultas, rege- neración.) Si Escorpio o Capricornio son ascendentes, sucesos inespe- rados pueden complicarle la vida. Esta colocación da una notable habi- lidad para la premonición, pero la sombra de lo que se avecina puede causarle períodos de depresión o morbosidad. Si la Luna se halla en un signo estable, esta tendencia se dominará hasta cierto punto. Necesita ejercer un control constante sobre sus emociones y sentimientos, ya que la indulgencia con uno mismo es siempre un peligro con Cáncer aquí. Con Sagitario ascendente, la mejora del bienestar es siempre posible a través de la herencia o de regalos de otros. El sexo puede ser a veces difícil, porque necesita que se le asegure constantemente que es amado, una y otra vez.

*Líder Timothy Leary, vicepresidente Spiro Agnew, cantante Linda · Ronstadt.*

**Cáncer ♋ en la cúspide de la novena casa.** (La mente superior, formación universitaria, largos viajes, países extranjeros, parientes políticos, filosofía y religión.) A menos que Escorpio sea ascendente, fue fácilmente dominado por sus mayores cuando niño, pero al crecer y madurar es capaz de tener mucha influencia sobre los demás a causa de su intuición y poder de persuasión. Es un buen maestro, comprende las necesidades del público y tendrá éxito en cualquier campo donde la propia estimación y la aceptación social sean importantes. Le gusta viajar, y es posible que lo haga extensamente. Puede incluso pasar algún tiempo en un país extranjero, sobre todo si la Luna se halla en un signo mutable. Con Libra o Sagitario ascendentes, puede incidir en el campo de las leyes, y de ahí en política.

*Secretario de Estado John Foster Dulles, juez Oliver Wendell Holmes.*

**Cáncer ♋ en la cúspide de la décima casa.** (Profesión, uno de los progenitores, autoridad, ego, prestigio y reputación.) Para tener Cáncer en la cúspide de la décima casa, Capricornio debe estar en la cuarta, el hogar paterno. Esa persona ha tenido una educación tradicional, y sus padres esperan mucho de ello. A causa de esto, es bastante insegura y le cuesta decidirse en la elección de una carrera, por lo que puede haber muchos cambios en esta área, especialmente si Plutón está en la décima. Si la Luna es angular, o de alguna manera fuerte en la carta, las influencias femeninas son importantes y le ayudarán en el éxito final. Tiene un fuerte sentido del deber y de la responsabilidad y, por lo tanto, funciona bien en posiciones de autoridad. Las dificultades y obstáculos de los primeros tiempos aumentan la tendencia a la filantropía cuando gana dinero.

*Cantante Bing Crosby, presidente John Kennedy, actriz Norma Shearer.*

**Cáncer ♋ en la cúspide de la undécima casa.** (Amigos, esperanzas y deseos, intenciones y objetivos, grupos numerosos y organizaciones, sucesos inesperados.) Con Leo o Libra ascendentes, es socialmente activo, mantiene buenas relaciones con su familia y se siente muy unido con sus hijos. Con Virgo ascendente, es fuertemente consciente del dinero y de las cosas materiales. Tiene buenas inspiraciones, amigos de influencia, y prefiere las reuniones íntimas y amistosas antes que las funciones sociales de gran asistencia. Se siente maternal y desea ayudar a los demás. A menudo, tiene amigos que comparten su hogar. Es siempre un anfitrión amable y generoso.

*Escritor Oscar Wilde, enfermera Florence Nightingale.*

**Cáncer ♋ en la cúspide de la duodécima casa.** (El subconsciente, fuerza secreta, actividad entre bastidores.) Es enormemente sensitivo, pero el orgullo y el miedo a ser herido pueden impedirle demostrarlo, especialmente si Cáncer o Virgo están en el ascendente. Si la Luna tiene aspectos malos, o si se halla en un signo mutable, puede que hubiera una falta de amor materno en su infancia que le ha dejado presa de una gran falta de seguridad. Es amable con aquellos que pasan por momentos difíciles, y tendría éxito por ello en los campos de la medicina o como enfermero. Con Leo ascendente, se esforzará enormemente para impedir que los demás se den cuenta de sus aspectos vulnerables. La situación de la Luna en la carta es muy importante aquí, porque sus emociones y sentimientos subconscientes dan forma a su vida futura.

*Dramaturgo Eugene O'Neill, presidente Lyndon B. Johnson.*

# Leo ♌ en la cúspide de las casas

*Siempre debe combinarse la interpretación con el regente – el Sol*

**Leo ♌ en la cúspide de la primera casa.** (Personalidad, apariencia, identidad, el cuerpo físico.) Tiene una fuerte personalidad y puede fácilmente dominar a los demás, especialmente si el Sol es angular o fuertemente colocado por signo. Es honesto y directo, romántico e idealista, pero si no ha aprendido la lección de la generosidad, puede ser egoísta, obstinado e indisciplinado. Ostentoso, egocéntrico y orgulloso por naturaleza, tiene la habilidad de presentarse bien ante la gente y, gustándole el aplauso, le atrae a menudo la profesión de actor. Si el Sol está en un signo tímido, puede vacilar entre la ostentación y la reticencia, y los que le rodean nunca están completamente seguros de la clase de persona con la que tratan.

*Aventurero T. E. Lawrence, explorador Robert Peary.*

**Leo ♌ en la cúspide de la segunda casa.** (Finanzas, propia estimación, habilidades y talentos, valores, posesiones.) Es confiado con respecto al dinero, pero puede ser extravagante y está expuesto a sufrir pérdidas financieras. Prefiere trabajar por su cuenta más que en asociación, o para otra persona, especialmente con Leo ascendente. Dondequiera que Leo se halle en el gráfico, allí se acentuará el impulso a brillar; el impulso hacia el dinero por sí mismo, sin embargo, raras veces otorga a Leo la felicidad. A menudo triunfa más por su encanto que por su integridad, pero debería mejorar por medio de una honesta valoración de su talento y habilidad naturales. Con Cáncer saliente, triunfará en cualquier campo que implique administración de dinero. Si Géminis es ascendente, no se toma tan en serio el dinero; le importan más las cosas intelectuales, los valores y la libertad personal a menos que Mercurio esté en un signo muy práctico y real, como Capricornio.

*Escritor Truman Capote, actriz Lucille Ball.*

**Leo ♌ en la cúspide de la tercera casa.** (Hermanos, viajes cortos, ambiente y formación de los primeros años, comunicación.) Ambicioso y emprendedor, y con una mente clara e inteligente, siente avidez de aprender; le gusta leer y estar bien informado. Con Géminis ascendente, es un buen conversador y tiene un ingenio rápido y el poder de expresar lo que piensa. Habitualmente, tiene una infancia feliz y activa; era el centro de atención de la familia. Esta situación es, muchas veces, la del escritor de éxito que deja que el Sol brille a través de sus comunicaciones. Con Tauro ascendente, tiende a ser demasiado apegado a sus costumbres, y la gente puede pensar que es demasiado ostentoso u obstinado. Con Cáncer ascendente, puede usar la tercera casa como vía de escape de su verdadero modo de ser, y representar un papel hasta la saciedad.

*Escritores A. J. Cronin y Jack London, actor Edward G. Robinson.*

**Leo ♌ en la cúspide de la cuarta casa.** (El hogar, uno de los progenitores, bienes inmuebles, los últimos años, fundamentos.) Le gusta agasajar por todo lo alto, incluso cuando no puede permitírselo. Quiere y necesita lo mejor de todas las cosas –comida, vino, ropas–, sobre todo si tiene a Tauro ascendente, o si el Sol está en un signo fijo. Usualmente tiene una fuerte confianza interior adquirida por medio de las lecciones de la experiencia. Su hogar paterno era animado, y su padre probablemente le parecía muy fuerte y dramático. Los hijos tendrán un papel importante en su ancianidad, y le ayudarán a tener, frecuentemente, una buena vida. Su madre puede ser como el sol de su vida y puede vivir con él durante sus últimos años.

*Heredera Christina Onassis, jugador de golf Lee Trevino.*

**Leo ♌ en la cúspide de la quinta casa.** (Amor y aventuras románticas, hijos, deportes y juegos de azar, aficiones, expresión de sus pensamientos.) Ésta es la casa natural de Leo, y opera bien aquí a menos que el Sol tenga aspectos difíciles en la carta. El alcance natural del Sol se expresa mejor en todas las materias de la quinta casa. Aunque este individuo pueda parecer indulgente y festivo, tiene un gran valor para enfrentarse con la adversidad. Ansioso de atención, es bastante ingenuo al aceptar la lisonja, y esto puede causarle algunos problemas amorosos. Su naturaleza risueña y agradable personalidad hacen de él un actor natural y un buen maestro. Le gustan los niños, pero aunque el Sol es el regente natural de la quinta casa, raras veces tiene muchos hijos propios; especialmente si Aries es ascendente, porque estará demasiado ocupado dedicándose a sus aficiones.

*Cantantes Helen Reddy y Joan Baez, actriz Joan Blondell.*

**Leo ♌ en la cúspide de la sexta casa.** (Trabajo, salud y nutrición, servicio prestado, empleados, costumbres, guardarropa, animales domésticos.) Trabaja con una sonrisa en los labios, y puede llegar a ser un líder en su campo; si Aries o Acuario son ascendentes, sin embargo, no se siente feliz en una posición subordinada. Pocas veces se siente completamente satisfecho de su trabajo, y esto suele hacerle quisquilloso y difícil de tratar. Con Piscis ascendente, siente que su trabajo es un área en la que puede probar lo que vale y está dispuesto a trabajar duramente. Debe preocuparse de su salud; tiene predisposición a tener problemas de corazón y de espalda, especialmente si el Sol tiene aspectos difíciles con Saturno. El Sol, como regente de la sexta casa, no es fuerte aquí y a menudo indica una vitalidad debilitada. Es importante que aprenda a equilibrar sus actividades.

*Actores James Arness, Robert Redford y Keir Dullea.*

**Leo ♌ en la cúspide de la séptima casa.** (Asociados en matrimonio o en negocios, tratos con el público, enemigos públicos, asuntos legales.) Para tener Leo aquí, *debe* tener Acuario en el ascendente. Con el Sol como regente de su casa de asociados, espera completa devoción por parte de su pareja y tiene dificultades para hacer concesiones a este respecto. Generalmente atrae una pareja fuerte, y con Acuario en el Ascendente, tiene una naturaleza mucho más fija de lo que parece a primera vista; y esto puede crear problemas, porque ninguno de los dos quiere ceder ante el otro. Debe buscar una pareja que actúe más con el corazón que con la cabeza, porque necesita amor y aplauso en abundancia. Las aventuras románticas le complacen. En general, esta posición es más favorable para una mujer que para un hombre.

*Estrella del rock Janis Joplin, actor Charles Boyer, presidente James Monroe.*

**Leo ♌ en la cúspide de la octava casa.** (Ayuda de parte de los demás, posesiones del compañero, impuestos, sexo, muerte, regeneración.) Con Acuario ascendente es aventurero, gusta de exponerse y puede sentir desprecio a la muerte. Puede sufrir por el abuso de placer, que debilitará su vitalidad. Puesto que el sexo es una expresión de su personalidad total, puede gustarle probar una gran variedad de él. El sexo para él debe ser una experiencia compartida, no sólo suya, si ha de significar algo. Con Capricornio en el ascendente, quiere tener un completo control de los bienes de su compañero, pero es también generoso y liberal con sus pertenencias. Tiene que tener cuidado del esfuerzo excesivo y de la tensión del corazón, especialmente cuando el Sol tiene aspectos difíciles. Con Leo aquí, se siente a menudo atraído a servir al público en el área financiera, y con buenos aspectos en el Sol, es probable que obtenga una gran ayuda del público.
*Millonario J. Paul Getty, jefe del FBI Edgar Hoover, senador Ted Kennedy.*

**Leo ♌ en la cúspide de la novena casa.** (Religión, filosofía, leyes, viajes por el extranjero, comercio.) Su gran amor por la verdad le proporciona una filosofía idealista, pero elaborada sobre el concepto del déspota benévolo. Optimista y confiado, sobre todo con Sagitario ascendente, sería un buen maestro, y le gusta viajar. El Sol con aspectos difíciles puede hacerle arrogante y presuntuoso. Todos los campos intelectuales le importan, y se esforzará para mejorar mentalmente. Si Escorpio o Capricornio están en el ascendente, tiene una gran fe en sí mismo. Pocas veces aceptará la derrota, por muy malos que parezcan los sucesos del momento.
*Bailarín Fred Astaire, actor Hal Holbrook, presidente James Madison.*

**Leo ♌ en la cúspide de la décima casa.** (Profesión, ego, uno de los progenitores, autoridad, posición, estado social y reputación.) Es apreciado en su profesión y los demás aceptan fácilmente su liderazgo. Necesita y desea el poder, pero tendrá que esforzarse para lograrlo, porque no siempre le llegará fácilmente. Si Escorpio es saliente, debe aprender a comprender a los demás, y se desenvolverá mejor cuando gobierne por amor y no por disciplina. La popularidad puede serle impuesta y tendrá que aprender la lección de la humildad. Puede tener uno de los progenitores muy fuerte, o con mucho éxito, que trate de dominar su vida, especialmente si Sagitario es saliente. Alcanza estado social y prestigio fácilmente. Con Libra ascendente, puede llegar con facilidad a una posición elevada, pero una vez allí tendrá dificultad para imponer su autoridad, puesto que desea muchísimo gustar a los demás y ser apreciado por ellos.

*Princesa Ana, boxeador Max Baer, actor Charlie Chaplin.*

**Leo ♌ en la cúspide de la undécima casa.** (Fines y objetivos, esperanzas y deseos, amigos, grandes organizaciones, sucesos inesperados.) Puede alcanzar éxito y popularidad personal, pero no es muy apto como líder de masas, sea cual sea el signo saliente. Es amistoso y jovial, quiere gustar a la gente y complacerla, pero aspectos difíciles del Sol pueden darle un exceso de orgullo y egoísmo, negándole la realización y haciendo fracasar la necesidad de Leo de brillar a través de amistades. Esta posición puede darle la habilidad de trabajar con fines humanitarios y el impulso de triunfar en actividades de grupo. Es probable que predomine la amistad con varones.

*Actor William Holden, nadadora Marilyn Bell, compositor Wolfgang Amadeus Mozart.*

**Leo ♌ en la cúspide de la duodécima casa.** (Actividad entre bastidores, fuerzas internas, miedos, la mente subconsciente.) Ésta es a menudo la posición de los actores, ya que éstos brillan a través de sus papeles sin revelar nunca sus verdaderas naturalezas. La depresión o enemigos poderosos pueden ser aquí grandes obstáculos para Leo. Su mayor éxito llega a través de cosas que están ocultas –investigación, historia, cine, arqueología, y temas similares–. Con Virgo ascendente, es a menudo el poder detrás del trono, pero puede llegarle el dolor a través de los hijos, el amor y el juego, o la especulación. Mientras esté dispuesto a dejar que su luz brille a través de los demás, podrá alcanzar la felicidad. Con Leo o Libra ascendentes, puede sentir la tentación de desperdiciar su talento, a menos que el Sol esté bien colocado.

*Director de cine Federico Fellini, primera dama Rosalynn Carter, actor Montgomery Clift.*

# Virgo ♍ en la cúspide de las casas

*Siempre debe combinarse la interpretación con el regente – Mercurio ☿*

**Virgo ♍ en la cúspide de la primera casa.** (Personalidad, identidad, el cuerpo físico.) Tiene sentido común e iniciativa; es ordenado y con buena organización, pero tiende a perder el tiempo en cosas poco esenciales. Tiene el don de la eterna juventud, y también la habilidad de ver las debilidades de otros y aprovecharse de ellas. Generalmente lo hará con diplomacia y tacto; los demás, muchas veces, no se dan cuenta de que posee esta habilidad. Con aspectos difíciles con Mercurio, puede ser demasiado quisquilloso y criticón. Podría ser un buen analista, comediante o escritor; con su mente incisiva puede descubrir qué es lo que forma la personalidad de otros y les hace funcionar, especialmente si Mercurio tiene buenos aspectos.

*Enfermera Florence Nightingale, escritor Ernest Hemingway, actor Robert Taylor.*

**Virgo ♍ en la cúspide de la segunda casa.** (Posesiones, habilidades y recursos, valores, apreciación de uno mismo, habilidades financieras.) Controla finanzas de manera natural, por lo que sería un buen agente en esta área; es banquero por naturaleza, o contable, o gestor de impuestos. Una vez descubra que la honradez es la mejor política, puede llegar lejos. Puede ser manipulador en finanzas, especialmente si Mercurio tiene aspectos difíciles de parte de Neptuno o Júpiter. Es ambicioso, pero también cauto; pocas veces arriesgará su propio capital. Si Cáncer está ascendente, el dinero y la seguridad que éste aporta son muy importantes para él; a menudo triunfará en campos que requieren agudeza financiera. Con Leo ascendente, la gente se sorprenderá de que, siendo ostentoso y generoso, pueda ser tan riguroso y particular en lo que se refiere a su bolsillo.

*Presentador Hugh Downs, senador Henry M. Jackson.*

**Virgo ♍ en la cúspide de la tercera casa.** (Comunicación, ambiente de los primeros años e inmediato, escuela, viajes cortos, hermanos, la mente consciente.) Analítico, crítico y científico, hace multitud de preguntas y no toma una decisión hasta haber reunido todos los datos. Funciona bien en situaciones críticas. Es capaz de aprender rápidamente y se comunica bien, especialmente una vez vencido un sentimiento de inferioridad. Si Géminis o Cáncer están ascendentes, se preocupa mucho por sus hermanos; suele mantener una extensa correspondencia con ellos una vez ha dejado el hogar. Géminis ascendente con un Mercurio prominente significa a menudo éxito como escritor. Con Leo ascendente, su habilidad dramática innata puede ser puesta a la práctica.

*Escritor Alexandre Dumas, actrices Lily Tomlin y Liv Ullman.*

**Virgo ♍ en la cúspide de la cuarta casa.** (Hogar y familia, uno de los progenitores, bienes inmuebles, fundamentos, fin de la vida.) Virgo sin ocupar aquí da poca estabilidad, mucha incertidumbre, a veces una infancia pobre. Puede haber sentido que le faltaba el cuidado y el amor de sus padres. Con Géminis ascendente, puede sentirse ambivalente en muchos puntos. Con Tauro o Cáncer, hay una tendencia a ser dominado por las preocupaciones familiares. Está siempre dispuesto a actuar en servicio de la familia, y es frecuente que trabaje hasta muy pasada la edad de jubilación, porque cree que mantenerse activo conserva la juventud. Puede trabajar en casa la mayoría de las veces.

*Asesino Lee Harvey Oswald, boxeador Joe Louis.*

**Virgo ♍ en la cúspide de la quinta casa.** (Amor y aventuras románticas, hijos, especulación, aficiones.) Selectivo en el amor, tiende a ser algo mojigato y analizar con exceso sus emociones, sobre todo con Tauro ascendente. Cuando Aries está ascendente, retiene su entusiasmo natural en la demostración de amor y afecto. En las cartas de padres que han dejado que sus hijos obraran a su gusto se evidencia especialmente un exceso de tolerancia y paciencia. Odia los cambios y cualquier otra cosa que rompa su rutina, a menos que Mercurio se halle en un signo mutable. Ésta es una buena situación para poetas, pero no para maestros, ya que es difícil para éstos obtener obediencia en las aulas. Especialmente si se trata de mujeres, esta posición puede ocasionar un gran temor a la soledad. Puede ser también la posición de la prostitución, porque Virgo puede aislarse y tratar el amor como un negocio

*Escritor William Saroyan, presidente Herbert Hoover, actor George Peppard.*

**Virgo ♍ en la cúspide de la sexta casa.** (Salud y nutrición, trabajo, costumbres, servicio prestado, animales domésticos, empleados.) Ésta es la posición natural de Virgo en la carta plana; esta persona, por lo tanto, se siente naturalmente a gusto con las materias de la sexta casa. Higiénico, cuidadoso y concienzudo en su trabajo, tiene cuidado de los detalles y se interesa por la mecánica, la investigación y las dietas. Es un historiador nato y exigente en materias de orden, aunque a veces puede ser nervioso e impaciente, si Mercurio tiene aspectos difíciles; pero presta su servicio voluntariamente. Si Aries o Géminis se hallan en el ascendente, será muy importante que se dedique a algún trabajo, si no sus energías se convertirán en frustraciones y afectarán su salud. Debe prestar la debida atención a su dieta y hábitos en cuanto a la comida, para evi-

tar los problemas de hígado y digestivos que a menudo comporta esta
posición.

*Escritor Marcel Proust, presidente Andrew Jackson, estrella de la*
*ópera Beverly Sills.*

**Virgo ♍ en la cúspide de la séptima casa.** (Asociaciones matrimoniales y de nogocios, relaciones públicas, asuntos legales.) Con
Virgo en la cúspide de la séptima casa, Piscis *debe* estar en el ascendente. Este individuo tiene una personalidad compasiva y algo retraí-
da, pero, o tiende a casarse con una pareja crítica, o se siente crítico de
la pareja escogida. Busca en su pareja la seguridad, y puede tender a
casarse demasiado pronto; hay frecuentemente dos matrimonios, el
segundo mucho más feliz que el primero, porque al pasar los años esta
persona va haciéndose más realista. En sus asociaciones debe aprender
a ayudar y a no esperar demasiado, a su vez. Cuando aprenda a dar
más de sí mismo, alcanzará una mayor felicidad interna. Virgo aquí
está en una buena situación para una carrera en el servicio militar. Para
hallar una buena pareja, no debe olvidarse de combinar Mercurio y
Neptuno.

*Pianista Oscar Levant, cantante Jerry Reed, fotógrafo Anthony*
*Armstrong-Jones.*

**Virgo ♍ en la cúspide de la octava casa.** (Bienes del compañero,
ayuda de los demás, sexo, impuestos, muerte, regeneración, herencia.)
Es muy práctico en lo referente a la administración del dinero de los
demás; por lo tanto, tendría una buena carrera en la banca o en la contabilidad, especialmente si Capricornio o Piscis se hallan en el ascendente. Necesita mucha persuasión para llegar a interesarse por lo psíquico o las ciencias ocultas; necesita que le prueben las cosas antes de
que llegue a aceptarlas. Cualquier dificultad que surja en su vida
sexual se deberá a que es excesivamente crítico, analítico y muy exigente para con su pareja. Con Acuario ascendente, puede tener a
Géminis en la cúspide de la quinta casa. Esta combinación de Acuario-
Géminis-Virgo lleva a un deseo de cambio en la vida amorosa, pero
tiene miedo de dar a conocer sus profundas necesidades sexuales. Esto
da como resultado muchas experiencias sexuales que no son satisfac-
torias a menos que Mercurio esté en un signo fijo. Con Virgo en la
cúspide, esta casa probablemente está mejor vacía. Al describir esta
situación, debe prestarse una atención especial a todos los aspectos de
Mercurio.

*Mago Harry Houdini, psicoanalista Karl Jung, primera dama Pat*
*Nixon.*

**Virgo** ♍ **en la cúspide de la novena casa.** (Leyes, religión y filosofía, viajes por el extranjero, importación y exportación.) Necesita especialmente comprender la vida a través del corazón tanto como a través de la mente. La diplomacia es acusada en su personalidad, y tiene un enfoque práctico hacia la religión y la filosofía. Puede tener que viajar en conexión con su trabajo; si Sagitario está ascendente, los viajes y la comprensión mental son la clave de su bienestar. Con Capricornio en el ascendente, deseará una formación universitaria y le será fácil obtenerla. Tiene tacto y astucia y funcionaría bien al servicio de otra persona, frecuentemente como director, asistente o agente.

*Escritor Erich Remarque, director de orquesta Arturo Toscanini, juez Earl Warren.*

**Virgo** ♍ **en la cúspide de la décima casa.** (Profesión, ego, prestigio, estado social, uno de los progenitores, reputación.) Puede ejercer más de una profesión durante su vida, y una de ellas puede ser la de maestro. Trabajar mucho para obtener un determinado nivel social le parece muy importante. Si Escorpio o Capricornio se hallan en el ascendente, es un agudo crítico de sí mismo tanto como de los demás. Le disgusta que le demuestren que se ha equivocado. Con Sagitario ascendente, debería tener una coordinación excelente, a menos que Mercurio tenga aspectos difíciles. Si Mercurio está bien colocado, tiene el éxito asegurado en casi todas las áreas, pero especialmente en aquella en la que se requiera organización, movilidad, retos, y tratar al público con tacto.

*Compositor George Gershwin, atleta Bob Mathias.*

**Virgo** ♍ **en la cúspide de la undécima casa.** (Amigos, esperanzas y deseos, grandes organizaciones, circunstancias imprevistas.) Es básicamente tímido y rehúye los grupos numerosos, pero es comprensivo, compasivo y siempre está dispuesto a ayudar al desvalido. Se desenvolverá bien, por lo tanto, en cualquier empresa humanitaria. Es vulnerable y debe, por ello, evitar convertirse en víctima de los que se llaman sus amigos en épocas de prosperidad. Con Sagitario ascendente, y Mercurio y Júpiter en aspecto mutuo, su amor hacia los animales le permitiría ser un buen veterinario, cuidador de animales o entrenador. Con Escorpio ascendente, le gusta seguir su propio camino, que puede incluir trabajar en grupo. Con Libra ascendente, le va mejor el trabajo individual, ya sea con amigos o en una organización.

*Científico Louis Pasteur, escritora Faith Baldwin.*

**Virgo** ♍ **en la cúspide de la duodécima casa.** (Habilidades y recursos escondidos, actividad entre bastidores.) Crítico de sí mismo y de los demás, prefiere ser quisquilloso en trivialidades superficiales a enfrentarse honestamente consigo mismo. Con Virgo o Escorpio ascendentes, pueden atraerle el trabajo y las dificultades institucionales. Le interesa la naturaleza de la salud y de la enfermedad y trata de comprenderlas, pero tiene que precaverse contra la hipocondría. Cualquier trabajo que requiera atención a los detalles y habilidad para trabajar entre bastidores le atrae, pueden surgir dificultades en cuanto a la seguridad en el trabajo y en asuntos matrimoniales si Mercurio tiene aspectos difíciles. Si hay planetas en la duodécima casa, puede tener interés en algunas de las áreas psicológicas o de asesoramiento.

*Actor James Dean, gurú Maharaj Ji, líder indio Mahatma Gandhi.*

## Libra ♎ en la cúspide de las casas

*Siempre debe combinarse la interpretación con el regente – Venus ♀*

**Libra ♎ en la cúspide de la primera casa.** (Personalidad, identidad, el cuerpo físico, los primeros años.) Lleno de tacto y amante de la paz, tiene la habilidad de la conciliación y del desarrollo de relaciones con los demás. Para alcanzar realmente algo, necesita compañerismo. Suele ver ambos lados de una cuestión y le es difícil tomar partido; puede, por lo tanto, parecer indeciso. Es atractivo y, generalmente, bien parecido; desea gustar y siempre trata de equilibrar las cosas mental y emocionalmente, pero pocas veces lo logra a menos que Venus esté bien colocado. En su madurez puede tener poblemas de obesidad.

*Actriz Debbie Reynolds, princesa Grace de Mónaco, gran jugador de baloncesto Kareem Abdul-Jabbar.*

**Libra ♎ en la cúspide de la segunda casa.** (Finanzas, posesiones, bienes, propia apreciación, habilidad de ganar dinero.) Su capital se halla a menudo invertido en sociedades, y es extremadamente cauto en su deseo de mantener un buen equilibrio financiero. Prefiere un trabajo donde no tenga que ensuciarse, porque es pulcro y le gusta hacerlo todo sistemáticamente. Dotado de cortesía innata, especialmente si también tiene a Libra ascendente, tendrá éxito en cualquier área que requiera buen gusto y apreciación del arte y la belleza. Le atrae poseer bienes que sean bellos –joyas, pieles, cuadros artísticos– y generalmente los cuida bien, a menos que Venus tenga aspectos conflictivos. Con Leo ascendente, puede llegar a gastar más de lo debido, especialmente si Venus tiene aspectos difíciles con Júpiter.

*Escritor Thomas Mann, jugador de béisbol Warren Spahn.*

**Libra ♎ en la cúspide de la tercera casa.** (Hermanos, comunicaciones, viajes cortos, ambiente inmediato, la mente consciente.) Ama la justicia y le gusta cooperar con los que se hallan a su alrededor, por lo que generalmente se lleva bien con sus hermanos. Su gran versatilidad mental puede llevarle al diletantismo, a menos que encuentre un campo en el que no se requiera la especialización. Es musical, artístico y literario y puede ser, si se siente motivado a ello, el centro de reunión. Su habilidad para ver los dos lados de una misma cuestión hace que otros le pidan consejo. Se comunica con los demás de modo agradable y pocas veces se deja llevar a una discusión acalorada, a menos que Venus se halle pobremente situado. Con Leo ascendente, podría fácilmente combinar su personalidad dramática con alguna habilidad o afición artística. Si Virgo o Cáncer se hallan en el ascendente, puede comunicarse con los demás de manera más calmada y menos ostentosa.

*Compositor y director de orquesta Leonard Bernstein, cantante Tom Jones.*

**Libra ♎ en la cúspide de la cuarta casa.** (El hogar y los padres, bienes inmuebles, el final de la vida.) Con Cáncer saliente, necesita raíces, ama el hogar y lo necesita para hallar en él una estabilidad emocional. Si ha de sentirse verdaderamente cómodo, lo que le rodea debe ser hermoso y artístico. Es inquieto, y le resulta difícil quedarse en el mismo lugar. Con Leo o Géminis ascendentes, y a menos que determine cuáles son los valores que de verdad le importan, hallará poca paz, placer o prosperidad en sus años últimos porque puede encontrarse a sí mismo en una especie de carrusel social que no lleva a parte alguna.

*Actor Robert Stack, cantante Paul Simon.*

**Libra ♎ en la cúspide de la quinta casa.** (Amor y aventuras románticas, hijos, creatividad, aficiones, diversiones, especulación.) Los intereses musicales y artísticos son de gran importancia para su bienestar. Los amigos, las aventuras románticas y su relación con otros son todos muy importantes, especialmente si Géminis o Cáncer se encuentran ascendentes. Acostumbra a saborear la vida a edad temprana y a casarse tarde. Puede ser que otros le consideren un buscador de placeres y un irresponsable a causa de su enfoque de la vida ligero y frívolo. Mercurio en Libra aquí refuerza sus facultades mentales. Si Tauro está ascendente, será menos festivo pero seguirá teniendo una orientación sensual y la posición de Venus en su carta adquiere entonces una gran importancia. *Actores Ryan O'Neal y Desi Arnaz, diseñador Don Loper.*

**Libra ♎ en la cúspide de la sexta casa.** (Salud y nutrición, trabajo, empleados, servicio prestado, animales domésticos.) A menos que exista armonía en el ambiente en el cual trabaja, puede sentirse muy hostil, a pesar del hecho de que le guste dar y recibir servicio. Si le gusta su trabajo, es un perfeccionista en todo lo que hace, pero necesita constantemente la variedad, especialmente si Aries o Géminis se hallan en el ascendente. Con Venus con buenos aspectos, tendrá éxito en trabajos relacionados con el departamento de personal, o en cualquier lugar donde pueda usar su habilidad artística. Con Tauro ascendente, es perseverante y, con Venus en buena posición, podría expresarse en cualquier área artística como escribir o pintar. Es posible que sufra alguna enfermedad renal, a menos que cuide con atención su salud y su dieta.

*Escritora Taylor Caldwell, jugador de golf Lee Trevino.*

**Libra ♎ en la cúspide de la séptima casa.** (Asociaciones matrimoniales y de negocios, relaciones públicas, asuntos legales.) Ésta es la posición natural de Libra en la carta en reposo, y para que Libra esté aquí, *debe* tenerse a Aries en el ascendente. Tener compañero, y aprender a comunicarse y a estar con otras personas, se convierte en una necesidad natural. Aparece como exigente y arbitrario, por eso necesita, en su matrimonio, una pareja agradable y equilibrada. Generalmente no se esfuerza mucho en las relaciones de pareja, a menos que Venus y Marte tengan buenos aspectos uno con otro. Sentimental y artístico, a pesar de su personalidad algo exigente, necesita hallar a alguien que le acepte tal como es. Lo que quiere es una pareja que tenga buena apariencia, buen trato social, y que le llene de orgullo. Puesto que se siente atraído por la sociedad, puede ser en ella árbitro y líder.

*Princesa Carolina de Mónaco, cantante Helen Reddy.*

**Libra ♎ en la cúspide de la octava casa.** (Bienes de la pareja, herencia, impuestos, sexo, regeneración.) Con Piscis en el ascendente, puede casarse por dinero o esperando una herencia, pero tendrá un desengaño, a menos que Venus tenga una buena posición. A veces, un desengaño amoroso temprano le proporcionará mejores elementos de juicio la segunda vez. Debe evitar el exceso de alcohol, porque existe la tendencia a problemas renales. Aprender a hacer concesiones en materia financiera ayuda a lograr madurez. Libra aquí es a menudo el juez, el banquero o el administrador de los negocios de otros. Con Aries ascendente, su naturaleza ardiente puede orientarse hacia el sexo, y puede no bastarle con una aventura. Su deseo de explorar todas las alternativas puede llevarle a una gran variedad de relaciones, pero a pocas que tengan verdaderamente significado.

*Actriz Carole Lombard, escritora George Sand.*

**Libra ♎ en la cúspide de la novena casa.** (Filosofía y religión, formación universitaria, largos viajes, parientes políticos, tratos con el extranjero.) Es ardientemente idealista, con una mente liberal y dedicado a la paz y la justicia, tomando muchas veces la defensa del necesitado, especialmente si tiene Acuario ascendente. Si el ascendente se encuentra en Piscis, a su ambición puede faltarle realismo, pero es probable que tenga dotes artísticas. El buen gusto es esencial en su enfoque de la vida; le ofende la conducta torpe y grosera. No le apasionan los viajes si no puede hacerlos en primera clase, la única que vale la pena a su parecer. Con Capricornio ascendente, puede preferir áreas extravagantes; quizá la astrología, especialmente ahora que está siendo más aceptada en sociedad.

*Estrella de la ópera Leontyne Price, actores Spencer Tracy y Charles Boyer.*

**Libra ♎ en la cúspide de la décima casa.** (Profesión, reputación, ego, uno de los progenitores, honor, carrera.) Tiene mucho tacto en sus tratos con el público, mucho más que con aquellos con los que convive. Con Capricornio en el ascendente, tiene un fuerte sentido de forma y estructura (♄) con gusto por la belleza (♀); por lo tanto, le atraen la arquitectura y profesiones parecidas. Si Venus tiene buenos aspectos, los intereses femeninos son muy fuertes en su vida, y los hombres con Libra en esta posición tendrán éxito en carreras que se dediquen a la mujer. Es frecuentemente el romántico incurable que lo daría todo por el amor. Es probable que el éxito le llegue después de los treinta años, cuando haya aprendido y madurado después de su primera vuelta de Saturno, especialmente si tiene Capricornio ascendente. Con Sagitario o Acuario ascendentes, el éxito es un poco más fácil. La carrera de leyes es una buena profesión, porque puede considerar los dos lados de una cuestión y es justo en sus juicios.

*Pintor Leonardo Da Vinci, arquitecto Frank Lloyd Wright.*

**Libra ♎ en la cúspide de la undécima casa.** (Fines y objetivos, circunstancias imprevistas, dinero ganado a través de una profesión.)

Los amigos son muy importantes, y a menudo los escoge de los campos artísticos y musicales. Si Venus tiene aspectos difíciles, debe tener mucho cuidado en la elección de socios, porque puede ser atraído por gente irresponsable que le llevarán por el camino de la amargura. Con Escorpio o Capricornio ascendentes, necesita definirse claramente sus aspiraciones, a sí mismo, muy pronto en la vida; si no, el acto equilibrador de Libra puede dar como resultado una vida malgastada en fiestas, juegos y diversiones, en lugar de hacer algo productivo.

*Violinista Jascha Heifetz, director de orquesta Vincent López.*

**Libra ♎ en la cúspide de la duodécima casa.** (Fuerzas ocultas, actividades entre bastidores, instituciones, refugio.) Puede hacer frente a sus dificultades de un modo filosófico, pero necesita enfrentarse a sí mismo sin compadecerse quejumbrosamente, y ver a los demás tal como son y no como desearía que fueran. Si no lo hace así, tenderá a dar a los demás la culpa de sus propias dificultades y nunca aprenderá a ver la vida como realmente es. Puede haber un matrimonio o aventura secretos, especialmente con Escorpio saliente. Su sentido artístico y literario suele estar bien desarrollado, particularmente si Venus tiene una buena posición. Si Libra es también saliente, tendrá dificultad en mantener ocultos sus secretos y su vida privada: ambos serán, finalmente, conocidos por el público.

*Músico José Feliciano, comediante Red Skelton, actriz Ginger Rogers.*

# Escorpio ♏ en la cúspide de las casas

*Siempre debe combinarse la interpretación con el regente – Plutón ♀ y el corregente Marte ♂*

**Escorpio ♏ en la cúspide de la primera casa.** (Personalidad, identidad, expresión de sus ideas, el cuerpo físico.) No es fácil conocerle, porque mucho se esconde detrás de la superficie. Muchas veces parece tener un aspecto plácido, mientras en su interior es ciertamente un ser complicado, con mucha más sensibilidad de la que muestra. Tiene una gran fuerza y reserva, los demás le respetan, y tiende a llegar al final de lo emprendido, sobre todo si Marte y Plutón tienen buenos aspectos. Sin embargo, debe tener un cuidado constante para que su palabra sarcástica no haga que los demás se alejen de su lado.

*Actriz Bette Davis, escritor Upton Sinclair, pintor Paul Cézanne.*

**Escorpio ♏ en la cúspide de la segunda casa.** (Finanzas, propia estimación, habilidades y recursos, posesiones.) Suele sufrir dificultades financieras, pero su habilidad le permite aprender de la adversidad y sacar provecho de ella, especialmente si Escorpio también esta ascendente. Es sobrio, ahorrador y buen organizador, pero puede ser que emprenda más cosas de las que pueda llevar a cabo con eficiencia, porque siente que debe constantemente probarse a sí mismo y a los demás lo que puede hacer. El campo de la política y el de la ciencia pueden serle provechosos. Tiene también habilidad e inteligencia para los negocios, especialmente cuando se halla por medio gran cantidad de dinero. Tiende a tener en privado sus negocios financieros y, si Plutón tiene aspectos difíciles, puede tener una idea exagerada de su propio valor.

*Presidente Franklin D. Roosevelt y James Garfield.*

**Escorpio ♏ en la cúspide de la tercera casa.** (Comunicaciones, la mente consciente, viajes cortos, hermanos, ambiente inmediato.) Es un observador agudo, y puede ser o bien reservado y suspicaz o bien místico y oculto. Elige con cuidado sus palabras y puede usarlas para herir. Con Libra ascendente, examina y considera las cosas cuidadosamente antes de tomar una decisión. No es muy comunicativo verbalmente y la firmeza de sus ideas puede, a veces, provocar duros juicios de los demás, especialmente si Marte o Plutón tienen aspectos difíciles. Pero, si Mercurio es fuerte, Escorpio aquí le hará comunicarse de modo más agudo e ingenioso. Con Virgo ascendente, es analítico, con rápida comprensión y buena memoria. Su mente incisiva le permite ser un buen crítico literario o artístico.

*Comediante Groucho Marx, escritora Agatha Christie.*

**Escorpio ♏ en la cúspide de la cuarta casa.** (El hogar, uno de los progenitores, bienes inmuebles, fundamentos, el final de la vida.) Sus sentimientos son profundos y fuertes, y siente una gran necesidad de probar su valor. A menos que sus padres fueran muy intuitivos, su actitud rebelde en su juventud puede haber provocado una vida poco feliz en el hogar y resultar en su salida temprana de éste. Si Leo está en el ascendente, siente el impulso de triunfar en la vida por sus propios medios, y puede rechazar cualquier ayuda de los demás. Con una gran fuerza interna, es leal y persistente. Con Cáncer ascendente, es intuitivo y muy sensible, pero a menos que la Luna tenga una gran fluidez, eso no es visible para los demás. Muchas veces llega una herencia cuando la persona ya ha entrado en años.

*Escritora Zelda Fitzgerald, actriz Marilyn Monroe.*

**Escorpio ♏ en la cúspide de la quinta casa.** (Amor y aventuras románticas, creatividad, hijos, diversiones, aficiones.) Esta persona puede tener un tremendo control de sí mismo o no tenerlo en absoluto, según sean los aspectos de Marte y Plutón. Tiene un gran interés por el sexo, pero muchas veces se debe a la curiosidad más que a la pasión, especialmente con Géminis saliente. Puede sobresalir en los deportes, pero también le atrae la actividad mental, y se ocupa muchas veces de la ciencia y la investigación. Si puede, ama profunda y apasionadamente. Puede tener amoríos secretos y ser muy celoso, particularmente si Marte o Plutón se hallan en un signo fijo. Si decide canalizar sus energías en actividades creativas, puede ser una verdadera dinamo, sin ceder jamás.

*Actriz Polly Bergen, jefe de Estado Nikita Kruschev, diplomático Henry Cabot Lodge.*

**Escorpio ♏ en la cúspide de la sexta casa.** (Salud y nutrición, costumbres, guardarropa, servicio prestado, animales domésticos, empleados.) Le disgusta la rutina y la reclusión en su trabajo. Tiene una gran integridad profesional y se enorgullece de su escrupulosidad y de su resistencia a la fatiga. Cuando le gusta el trabajo, es un trabajador infatigable. Si Géminis o Cáncer se hallan en el ascendente, su sistema nervioso se halla en tensión y puede afectarle la salud hasta que aprenda a reducir el paso y a hacer las cosas con moderación, cosa que no le es fácil de aprender. No es siempre una persona a la que es fácil tratar, especialmente con Tauro ascendente, porque carece de flexibilidad en sus hábitos y actitudes. Escorpio es aquí, con frecuencia, un indicador potencial de problemas de salud que implican los órganos sexuales y el recto, especialmente cuando Plutón o Marte tienen aspectos difíciles.

*Actriz Loretta Young, astrónomo Johannes Kepler.*

**Escorpio ♏ en la cúspide de la séptima casa.** (Asociados en matrimonio o en negocios, asuntos legales, tratos con el público.) Con Escorpio aquí, Tauro *debe* estar en el ascendente. Es muy estable, firme y determinado en el camino a seguir, de manera que con una pareja de temperamento parecido, su básica lealtad le hará perseverar en el matrimonio por largo tiempo, a veces demasiado. Si Plutón o Marte tienen aspectos difíciles, puede haber celos y problemas sexuales; su salud, así, puede resentirse a causa de una compañía insatisfactoria. La intensa devoción de su pareja le atrae; de hecho, es una necesidad vital para permanecer leal, ya que exige lealtad y devoción. Si Venus tiene buenos aspectos con Plutón o Marte, su elección de pareja suele ser buena.

*Asesino Charles Manson, actriz Liza Minelli, compositor Giacomo Puccini.*

**Escorpio** ♏ **en la cúspide de la octava casa.** (Bienes de la sociedad, impuestos, sexo, herencia, materias ocultas, regeneración.) Ésta es la casa natural para Escorpio en la carta en reposo, y así todas las materias de la octava casa se aceptan como innatas. Aunque ama la vida, puede también aceptar objetivamente la muerte. Con Aries ascendente, puede tener un complejo de inferioridad y, para probarse a sí mimo, correrá riesgos y habrá la posibilidad de un accidente. Con Piscis o Tauro ascendentes, la tendencia es probar lo que vale por medio del sexo, de manera sensual y posesiva. Es buen administrador del dinero, sabe su valor, y puede tener éxito en la banca, la contabilidad y otras materias relacionadas con éstas. Hay a veces una preocupación morbosa con la muerte, si Marte o Plutón tienen aspectos difíciles y no ha encontrado una salida creativa para su energía. Se aferra a las realidades objetivas y generalmente deja a un lado los intangibles, a menos que Piscis esté ascendente y Neptuno sea fuerte en el horóscopo.

*Actor Ramón Novarro, actriz y cantante Barbra Streisand, bailarina Margot Fonteyn.*

**Escorpio** ♏ **en la cúspide de la novena casa.** (Religión y filosofía, ética, tratos con el extranjero, formación universitaria, parientes políticos.) Busca el significado de la vida con intensidad emocional, no con ortodoxia, sino más bien a través de lo oculto y lo místico. Viaja durante toda su vida; si no lo hace físicamente, lo hará de modo mental. Es a menudo lento para actuar y excesivamente prudente, a menos que Aries esté ascendente. Ésta es una buena posición para médicos, maestros y editores a causa de su comprensión de la vida innata y tácita. Si Plutón tiene aspectos difíciles, esa persona puede ser un religioso fanático. Con Acuario ascendente, no es probable que siga la religión de sus padres, sino que busque una filosofía de la vida y una religión que convenga a su estilo de vida y a sus creencias.

*Psicoanalista Karl Jung, actor Vincent Price, líder religioso Krishnamurti.*

**Escorpio** ♏ **en la cúspide de la décima casa.** (Reputación y consideración en la comunidad, profesión, uno de los progenitores, carrera.) Aunque puede sentirse poco apreciado, tiene un tremendo impulso y se esforzará para alcanzar la realización de sus fines, especialmente si tiene Capricornio o Piscis ascendentes. Cuando es Acuario el ascendente, esta posición es buena para trabajos que se refieran al gobierno, para investigación, medicina, o trabajos secretos como los de la CIA. Es versátil y digno de confianza, y trabaja bien cuando se le dan responsabilidades desde el principio. Con Plutón o Marte angulares, o si

tienen aspectos difíciles con el Sol o la Luna, puede haber tenido un progenitor de fuerte carácter que apagó su iniciativa.
*Presidente Thomas Jefferson, actor Dustin Hoffman.*

**Escorpio ♏ en la cúspide de la undécima casa.** (Amistades, fines y objetivos, grandes organizaciones, sucesos inesperados.) Debe aprender a tener más tolerancia y abstenerse de juzgar a sus amigos. Su iniciativa y seguridad en sí mismo impresionan a los demás, pero su liderazgo puede ser breve debido a su falta de tacto, especialmente si Sagitario o Acuario están ascendentes. Puede ser bastante fatalista. Si Capricornio está ascendente y Mercurio tiene aspectos difíciles, debe vencer el pesimismo. Sería bueno que estudiara la filosofía de Dale Carnegie, porque ganar amigos e influir en la gente no le es fácil. Sin embargo, una vez llega a ser amigo de unos pocos escogidos, es un verdadero amigo y hará cuanto esté en su mano para que la amistad se conserve intacta.
*Poeta Robert Browning, bailarín Fred Astaire, compositor Robert Schumann.*

**Escorpio ♏ en la cúspide de la duodécima casa.** (Fuerzas secretas, asuntos secretos, instituciones, la mente inconsciente.) Esta posición puede ser la luz que alumbra el camino hacia la mente inconsciente, o puede ser completamente destructora; la persona debe elegir. Puede parecer que tiene enemigos secretos, pero la mayoría de las veces es esta persona su peor enemigo a causa de la incapacidad de encararse consigo mismo, especialmente con Escorpio ascendente. Necesita aprender cómo regenerarse, pero sólo puede hacerlo por medio de su propio esfuerzo. Con Sagitario ascendente, su decisión parece ser siempre servir o sufrir, y puede tener que esforzarse mucho para arrancar de sí mismo la tendencia al resentimiento; pero, una vez haya examinado profundamente su propio ser y se haya aceptado a sí mismo, su fuerza interna no tendrá límites.
*Asesino frustrado Arthur Bremer, mariscal de campo nazi Hermann Goering.*

# Sagitario ♐ en la cúspide de las casas

*En la interpretación, no debe olvidarse la importancia del regente Júpiter ♃*

**Sagitario ♐ en la cúspide de la primera casa.** (Personalidad.

identidad, el cuerpo físico.) La palabra clave es libertad: de pensamiento, de palabra y de acción. Jovial, amistoso y optimista, fue probablemente muy inquieto en los primeros años de su vida, particularmente si Júpiter se halla en un signo mutable o tiene aspectos difíciles. Pero, puesto que es intuitivo e idealista, en años posteriores se interesa frecuentemente por niveles espirituales y se tranquiliza. Generoso y valiente, muy hablador y animado, con un modo de reír que atrae la atención, es una de esas personas que nunca pasan inadvertidas entre los demás.

*Pintor Leonardo Da Vinci, actriz Joan Crawford, escritor Erich Remarque.*

**Sagitario ♐ en la cúspide de la segunda casa.** (Poder de ganar dinero, propia apreciación, posesiones, habilidades, valores.) Hay generalmente buena suerte en las finanzas, a menos que Júpiter tenga aspectos muy difíciles. Es liberal, le gustan los juegos de azar, en los que generalmente gana. Generoso y dispuesto a compartir lo que tiene, puede estar bien dotado espiritual y psicológicamente, en especial con el segundo decanato en la cúspide. El dinero puede llegarle por medio de los viajes o en el campo de la enseñanza. Si Júpiter tiene aspectos demasiado buenos, puede haber una verdadera falta de interés hacia las cosas materiales y la tendencia a ser indiferente, o excesivamente confiado, en asuntos financieros.

*Patinadora Sonja Henie, presidente Ronald Reagan, actor Clint Eastwood.*

**Sagitario ♐ en la cúspide de la tercera casa.** (Comunicación, hermanos, viajes breves, ambiente local, la mente consciente.) Se adapta a las circunstancias, a menos que Escorpio se encuentre ascendente y que Júpiter esté en un signo fijo. Con Libra en el ascendente tiene un encanto natural y buenas maneras. Es imaginativo, posee una buena mente legal y ejecutiva y puede ser profético o religioso. Si en su familia existe habilidad literaria, puede acentuarse su talento para escribir, especialmente si Escorpio está ascendente, dándole un ingenio rápido e irónico. Le gusta viajar. Sagitario aquí proporciona buenas relaciones entre hermanos, si Júpiter tiene buenos aspectos. Cuando Júpiter tiene aspectos difíciles, se produce a menudo una interrupción en los estudios, o puede haber una temprana separación de miembros de la familia.

*Presidente John F. Kennedy, presentador Johnny Carson.*

**Sagitario ♐ en la cúspide de la cuarta casa.** (El hogar y uno de los progenitores, vida privada, bienes inmuebles, los últimos años de la vida.) Necesita claramente que se le considere por sí mismo y deberían proporcionársele conocimientos literarios desde muy temprano, para darle la oportunidad de enzarzarse en actividades mentales, especialmente con Virgo saliente. Sus padres trataron de darle una buena formación, basada en sólidas normas religiosas o filosóficas, que esta persona considera como la cosa más natural y acepta como si le correspondieran por derecho si Virgo está ascendente y Júpiter es inestable. Aunque puede pasar una gran parte de su vida viajando por países extranjeros, siente gran orgullo de su propio país y región, de su hogar familiar, y de sus seres amados. En algún momento de su vida puede compartir su hogar con sus parientes políticos. Prefiere vivir en una casa tan grande y espaciosa como sus medios le permitan. En sus últimos años puede aparecer el interés por la ley o por la religión. Especialmente con Leo ascendente, disfruta invitando amigos a su hogar y tiene un cuidado especial en los muebles y apariencia de su casa.

*Actriz Julie Andrews, heredera Patty Hearst, cantante Jaye P. Morgan.*

**Sagitario ↗ en la cúspide de la quinta casa.** (Amor y aventuras románticas, hijos, creatividad, especulación, aficiones.) Con Leo saliente, su espíritu optimista y ambicioso puede llevarle a la imprudencia y temeridad; éste es frecuentemente el signo del jugador nato cuya suerte depende de cuán buenos sean los aspectos de Júpiter en la carta. Sin embargo, su fuerte personalidad y buen humor le proporcionan muchos admiradores, y esto le complace. Tiene un marcado buen concepto de sí mismo. Afortunado, generoso e idealista en el amor, se enamora a menudo del amor mismo. Puede beneficiarse de sus hijos, de los deportes o de la especulación. Si Júpiter no está bien colocado en su carta, estas mismas áreas pueden causarle dificultades. Si Virgo está en el ascendente, será más prudente y menos dispuesto a zambullirse en asuntos del corazón, prefiriendo la salida más fácil del amor a los hijos, al deporte, a las labores y a la artesanía.

*Actor Jack Nicholson, nadador Mark Spitz, primera ministra india Indira Gandhi.*

**Sagitario ↗ en la cúspide de la sexta casa.** (Salud y nutrición, servicio prestado, costumbres, animales domésticos, trabajo, empleados.) Se enorgullece de su trabajo, pero necesita que Marte tenga aspectos fuertes y sea prominente para trabajar realmente de manera enérgica; de no ser así, tiende a ser bastante perezoso y necesita muchas horas de sueño. Le gusta un trabajo en el que haya mucha movilidad, preferentemente en forma de viajes, especialmente si Géminis o Cáncer están en el ascendente. Es limpio y ordenado, pero odia la rutina. Con Leo ascendente, busca un trabajo que le permita expansión y crecimiento. Si Júpiter tiene aspectos difíciles, a menos que domine su tendencia a excederse, estará expuesto a sufrir enfermedades del hígado y tumores. Con Sagitario aquí, es posible que se presenten también problemas con las caderas, la parte superior de las piernas y el nervio ciático.

*Pintor Vincent van Gogh, boxeador Jack Dempsey, inventor Guglielmo Marconi.*

**Sagitario ↗ en la cúspide de la séptima casa.** (Asociados en matrimonio y en negocios, asuntos legales, tratos con el público.) Con Sagitario aquí, Géminis *debe* estar en el ascendente. Es tan curioso, jovial y expresivo que se siente atraído por mucha gente y le es difícil amar a una sola persona. Su lema parece ser «sin ataduras». Cuanto mayor sea la libertad de que disfrute en su matrimonio, tanto más feliz será y más duradera será la unión. Se halla claramente indicado que habrá más de un matrimonio, especialmente si Júpiter y Mercurio tienen aspectos difíciles o se hallan en signos cardinales o mutables. Quiere camaradería más que amor y sexo, y la pareja que lo comprenda merecerá su respeto. Si halla la pareja adecuada y no se precipita a un matrimonio temprano, idealizará a su pareja y se esforzará por complacerla.

*Actriz Shirley Temple, escritores George Bernard Shaw y John Steinbeck.*

**Sagitario ↗ en la cúspide de la octava casa.** (Bienes de la asociación, sexo, muerte, regeneración, materias ocultas, legados.) Con Aries o Géminis salientes, ésta es una buena posición para la investigación científica. Imaginativo y perspicaz, siente gran interés hacia las filosofías religiosas y la vida del más allá. Con Tauro, puede beneficiarse de asociaciones, y hay la posibilidad de una herencia. Aunque el sexo le interesa mucho, este interés muchas veces es más mental que físico. Tiene la suerte de recibir ayuda de los demás, y puede tener mucho éxito en el campo político.

*Publicista William Randolph Hearst, escritor Jean Cocteau.*

**Sagitario ↗ en la cúspide de la novena casa.** (La mente superior, formación universitaria, largos viajes, ética, religión y filosofía.) Ésta es la casa natural de Sagitario en la carta en reposo; por lo tanto, a menos que Júpiter tenga muchos aspectos difíciles, todas las materias filosóficas y de la mente superior son de gran interés para esta persona. Tiene gran ideología de espíritu; le gusta ocuparse en trabajo social y en la causa general de la humanidad. Con Aries ascendente y Marte con aspectos difíciles, acciones imprudentes y atrevidas pueden ocasionarle serias dificultades con la ley. En general, sin embargo, y sobre todo con Piscis ascendente es un ciudadano devoto, religioso y respetuoso con la ley. Le gusta viajar y le interesa lo referente al extranjero; busca constantemente la ampliación de su horizonte. El éxito y una buena reputación le parecen especialmente importantes, y hará lo que sea necesario para alcanzarlos.

*Presidente Dwight D. Eisenhower, general Douglas MacArthur, pintor Maurice Utrillo.*

**Sagitario ↗ en la cúspide de la décima casa.** (Profesión, uno de los progenitores, reputación, ego, carrera, jefes.) Es alegre, amistoso y jovial, especialmente con Acuario saliente; la adversidad y la lucha por el éxito le estimulan. Con Piscis ascendente, y Júpiter con aspectos difíciles, puede hallar que otros obstaculizan el camino de sus fines. Sin embargo, con Júpiter fluido, puede aspirar a lo más elevado y alcanzarlo en profesiones como la de predicador, aviador o bailarín. Sería también un buen líder, administrador y ejecutivo, y puede convencer al público ya sea por escrito o de palabra. Si Aries está en el ascendente y Marte está bien situado, puede ser pionero de nuevas ideas y nuevos campos. Si Júpiter tiene buenos aspectos con Saturno, sus superiores le tenderán la mano en su ascensión hacia el éxito.

*Comediante Shelley Berman, aventurera Osa Johnson.*

**Sagitario ↗ en la cúspide de la undécima casa.** (Esperanzas y deseos, amigos, actividades sociales, circunstancias imprevistas.) Su superior inteligencia suele permitirle tomar un enfoque de la vida directa e impersonal. Puede ser líder en movimientos humanitarios, pero resiente cualquier intrusión en su vida personal, especialmente con Acuario ascendente. Puesto que es poco exigente con sus amigos, tiene muchos que le son leales a través de grandes distancias y por largos períodos de tiempo. Si Júpiter tiene aspectos difíciles, otros pueden tratar de aprovecharse de su buen carácter, y si Neptuno se halla implicado en estos aspectos, puede ser llevado por mal camino por falsos amigos. Se le conoce por su generosidad personal, especialmente con Piscis ascendente. Sin embargo, si se tiene a Capricornio ascendente, puede tener más fines que alcanzar y, a veces, utilizar a los amigos y abusar de ellos.

*Actor Desi Arnaz, jr., actriz Kim Novak, gobernador George Wallace.*

**Sagitario ↗ en la cúspide de la duodécima casa.** (Fuerzas secretas, el inconsciente, reclusión, asuntos secretos, instituciones.) Mantiene generalmente una fe optimista en la vida, y su tolerancia y amabilidad pueden brindar desarrollo y profunda comprensión especialmente si Júpiter se halla positivamente colocado en la carta. Con Sagitario o Acuario en el ascendente, puede conocerse mejor a sí mismo y usar, intuitivamente, sus propios recursos. Con Capricornio ascendente necesita visión y debe aprender a ser compasivo, porque cree que muchas veces no es apreciado ni personalmente ni en su trabajo. La influencia de Júpiter puede ser útil de manera oculta y sutil; le da protección cuando menos la espera.

*Escritores Hermann Hesse y Joseph Wambaugh.*

# Capricornio ♑ en la cúspide de las casas

*En la interpretación, debe siempre considerarse al regente – Saturno ♄*

**Capricornio ♑ en la cúspide de la primera casa.** (Personalidad, identidad, el cuerpo físico.) Suele ser de salud precaria en los primeros años de su vida, pero esto mejora al ir pasando los años, con ayuda de Saturno. Es muy trabajador y con una gran ambición de alcanzar el éxito; para esta persona, es muy importante triunfar a nivel material y demostrarse a sí mismo que puede hacerlo. Necesita ver resultados tangibles de sus esfuerzos. Digno, paciente y persistente, puede ser demasiado parcial, casi superdisciplinado, tomándolo todo muy en serio, con lo que puede parecer reservado y frío. La infancia puede ser una época difícil; nunca parece ser realmente joven, nunca el risueño adolescente. Pero, por eso mismo, envejece con elegancia y nunca aparentará los años que realmente tiene.

*Actores Spencer Tracy y Sean Connery, juez Earl Warren.*

**Capricornio ♑ en la cúspide de la segunda casa.** (Posesiones, habilidad de ganar dinero, valores, propia apreciación, habilidades.) Con ambición de ganar dinero y el deseo de ahorrar, puede ser generoso en la ayuda que puede prestar personalmente, pero raras veces con sus posesiones. Lo que es suyo le pertenece y lo guarda y lo vigila. Capricornio no niega el dinero aquí, pero indica la necesidad de ganarlo. A veces llega una herencia por parte del padre, pero puede ser condicionada si Saturno tiene aspectos difíciles. Con Sagitario ascendente, su jovial apariencia externa esconde el hecho de que es muy práctico y prudente; puede tener gran habilidad para todo lo que tenga que ver con bienes inmuebles y con inversiones. Con Escorpio o Capricornio ascendentes, es muy importante que su valor y apreciación personal no se basen solamente en cosas materiales, en cuyo caso tendría solamente seguridad externa.

*Actor Jackie Cooper, escritor Émile Zola.*

**Capricornio ♑ en la cúspide de la tercera casa.** (Comunicación, la mente consciente, viajes breves, hermanos, ambiente y formación de los primeros años.) Si Escorpio está ascendente es reflexivo, prudente, suspicaz y serio, porque sus primeros años no se desarrollaron, probablemente, en un ambiente feliz o alegre. Puede sentirse incomprendido y tener dificultad en expresar sus verdaderos sentimientos, escondiéndolos detrás de una falsa apariencia, especialmente si Libra o Sagitario son salientes. Tiende a tomarse muy en serio la vida, a menos que Saturno tenga aspectos fluidos. Esta posición puede indicar dificultades con los hermanos y, muchas veces, indica que esta persona debe cuidarse de sus hermanos más jóvenes. A veces le es imposible adquirir una preparación escolar en sus años jóvenes, si Saturno es afectado por el regente del ascendente.

*Comediante Lennie Bruce, industrial Henry Ford, escritor Victor Hugo.*

**Capricornio ♑ en la cúspide de la cuarta casa.** (El hogar y los padres, bienes inmuebles, últimos años de la vida, raíces.) A pesar de la restricción de los padres o de haber sido educado de manera rígida y tradicional, tiene mucho interés en su hogar, y siempre hay, generalmente, un fuerte lazo de unión con la madre. Puede quedarse en el hogar familiar demasiados años. Si Saturno está en un signo fijo, la persona gusta de echar raíces y no moverse mucho. Se siente orgulloso de sus antepasados y puede convertirse en puntal de su comunidad. A veces se siente solo, incluso cuando está en el seno de la familia. Si Virgo o Escorpio están en el ascendente, puede tener que cuidarse de miembros de la familia, que sienten que pueden confiar, personal y financieramente, en esta persona. Si Libra está ascendente, puede aumentar los ingresos de su pareja trabajando desde el hogar o en el negocio de propiedades inmobiliarias.

*Presidente John Quincy Adams, actriz Debbie Reynolds.*

**Capricornio ♑ en la cúspide de la quinta casa.** (Amor y aventuras románticas, hijos, creatividad, especulación, deportes, riesgos y peligros.) Aunque puede mostrar un exterior frío en el amor, particularmente si Virgo está ascendente, tiene muchas veces fuertes deseos sexuales, pero de manera más sensual que sensitiva; el miedo a ser rechazado le hace adoptar una apariencia fría. Es digno de confianza, a menos que Saturno tenga aspectos difíciles; en este caso, parecerá caprichoso. Es un buen maestro, aunque enseña con rigor; no se siente naturalmente inclinado a dar y puede construirse una barrera que mantenga alejados a los demás. Siente que ha tenido que trabajar mucho por todo lo que tiene y que, por ello, se lo merece. Suele tener pocos hijos, pero siente una gran responsablidad hacia ellos. A menudo los que tienen a Capricornio en esta posición son buenos músicos, especialmente con Leo o Libra ascendentes. No se siente atraído por la especulación o inclinado a arriesgarse; prefiere dedicar sus esfuerzos a cosas seguras que le traigan resultados tangibles.

*Compositor Franz Liszt, poetisa Emily Dickinson, músico Guy Lombardo.*

**Capricornio ♈ en la cúspide de la sexta casa.** (Trabajo, servicio prestado, salud y nutrición, costumbres, animales domésticos, empleados.) Es un gran organizador, posiblemente un experto en eficiencia, especialmente con Cáncer o Virgo salientes. Trabaja a menudo para el gobierno o para otras grandes organizaciones. Puesto que es quien más trabaja en el Zodíaco, necesita una ocupación permanente y estable en la que pueda avanzar y ser respetado. Si Leo está ascendente, puede tener problemas de salud crónicos en la columna vertebral, los huesos o el corazón, especialmente si no puede encontrar un trabajo que le atraiga. Si Cáncer está ascendente y Saturno está en situación difícil, especialmente a causa de Venus, existe la posibilidad de enfermedades de la piel. Si Saturno tiene aspectos difíciles, la persona puede quedar atrapada en un trabajo rutinario, aburrido y sin atractivos, particularmente con Virgo ascendente. Dondequiera que se halle Capricornio o Saturno hay una tendencia a sobrecompensar. Si no se usa esta energía en trabajo o en servicio, o si se rehúsa aceptar la responsabilidad en esta área de la vida, la salud puede ser gravemente afectada.

*Científico Thomas Huxley, astrónomo Galileo, actriz Betty White.*

**Capricornio ♈ en la cúspide de la séptima casa.** (Asociados en matrimonio y en negocios, tratos con el público, asuntos legales.) Con Capricornio en la cúspide de esta casa, *debe* tenerse a Cáncer en el ascendente. La naturaleza alimentadora de Cáncer busca una pareja madura, alguien que le proporcione seguridad. Sin embargo, no demuestra públicamente sus sentimientos; quiere afecto, pero no se fía cuando se lo ofrecen; así que reprime sus sentimientos y se encierra en sí mismo cuando se siente afectado por el sentimiento, a menos que la Luna –que rige su ascendente– tenga una gran cantidad de fluidez. No le resulta fácil ni dar ni tomar. Capricornio aquí puede retrasar el matrimonio, o la persona puede buscar una pareja que ya esté situada, un tipo de «imagen paterna»; si su naturaleza protectora es fuerte, puede casarse con una persona más joven. Tiende a limitar de algún modo a su pareja, o puede también suceder lo contrario y esta persona puede sentirse restringida por cualquier compromiso serio que contraiga.

*Cantante Kate Smith, pianista Van Cliburn, pintor Salvador Dalí.*

**Capricornio ♑ en la cúspide de la octava casa.** (Legados y testamentos, muerte, regeneración, bienes de asociación, sexo, impuestos.) Capricornio aquí promete una vida larga y raras veces la muerte súbita; sin embargo, le aterra envejecer y tiene miedo a la muerte. Con Tauro ascendente, es muy cuidadoso de las finanzas del matrimonio, pero puede tener dificultades con los bienes de su pareja, de todos modos. Con Géminis saliente, tiene una comprensión innata de la economía; por esta causa, se le halla muchas veces en lugares de responsabilidad para asuntos financieros de otras personas. A menos que lo niegue el resto de la carta, éste es prácticamente el tipo de un banquero. Si Saturno tiene aspectos difíciles, necesitará hacer un reajuste de sus valores. Tiene mucho valor y puede hacer frente con firmeza a la adversidad.

*Secretario de Estado Henry Kissinger, general George Patton, primer ministro Harold Wilson.*

**Capricornio ♑ en la cúspide de la novena casa.** (Formación universitaria, religión y filosofía, tratos con el extranjero, ética.) Tiene una buena comprensión legal; aunque es escéptico por naturaleza, siempre está dispuesto a escuchar. A menos que Saturno tenga buenos aspectos, no se siente especialmente atraído por los viajes, a no ser que se deban a su trabajo; no confía en los extranjeros. Hay aquí un conflicto entre el materialismo y la espiritualidad a menos que Tauro esté ascendente, lo que le hace más dogmático. Con Aries o Tauro ascendentes, es un buen organizador y administrador, con mucho sentido común y una valoración de todo aquello que sea tangible. Si tiene formación universitaria, es probable que la haya obtenido por medio de su propio esfuerzo.

*Naturalista John Audubon, escritor Arthur Conan Doyle.*

**Capricornio ♑ en la cúspide de la décima casa.** (Profesión, carrera, uno de los progenitores, reputación.) Ésta es la casa natural de Capricornio en la carta en reposo. Esta persona tiene grandes aspiraciones y busca una carrera o profesión que le traiga prestigio y reconocimiento. Uno de los progenitores, generalmente el padre, tuvo un importante papel en su vida; demostrar a este progenitor lo que vale, es una importante fuerza de motivación en la vida de esa persona. Muestra una gran perseverancia al tratar de alcanzar su meta; no le detienen ni oposición ni obstáculos, especialmente si tiene a Aries ascendente. Con Tauro o Piscis ascendentes, sin ser cobarde, es conservador en todas aquellas materias que podrían dañar su reputación; prefiere evitar a toda costa las dificultades. Su fuerte sentido de responsabilidad y organización le lleva a menudo a una carrera de ejecutivo en algún departamento de servicio gubernamental.

*Dramaturgo Tennessee Williams, senador Joseph McCarthy.*

**Capricornio ♑ en la cúspide de la undécima casa.** (Amigos, esperanzas y deseos, organizaciones sociales, circunstancias imprevistas.) Es una persona que no busca a la gente, por ello no tiene muchos amigos, pero unos pocos amigos íntimos es todo cuanto necesita. Las personas entradas en años parecen tener un importante papel en su vida, y puede sentirse fuertemente unido a sus abuelos. Con Acuario o Aries ascendentes, generalmente alcanza lo que se propone porque está dispuesto a trabajar duramente para ello. Si Saturno se halla mal colocado, Capricornio aquí puede hacerle desconfiar de los demás y sentirse contrario a participar en empresas conjuntas. Si Piscis está ascendente, puede sentir que siempre da más de lo que a su vez recibe; como resultado, prefiere ser un solitario antes que sentirse solo en medio de una muchedumbre.

*Actor David Carradine, princesa Margarita de Inglaterra, escritor Henry Miller.*

**Capricornio ♑ en la cúspide de la duodécima casa.** (Fuerzas escondidas, actividades entre bastidores, la mente inconsciente.) Un egoísmo inherente necesita ser vencido con Capricornio aquí, especialmente si Capricornio se halla también en el ascendente. A menos que aprenda a servir a los demás, puede haber mucho sufrimiento en el área de vida mostrada en la posición de Saturno en el gráfico. Hay tendencia a la artritis y a la cristalización de actitudes, porque da demasiada importancia al ego y al prestigio. La verdadera humildad es una importante lección que debe aprender. Le gusta trabajar solo, y generalmente tiene una afición que desarrolla en soledad. Sin embargo, con

Acuario ascendente, Capricornio puede darle aquí la solidez y la fuerza interior tan necesarias para poder utilizar lo mejor que Acuario puede ofrecer, y no ser un excéntrico con humor desigual.

*Fotógrafo Anthony Armstrong-Jones, presidente Warren G. Harding, escritora Sylvia Plath.*

## Acuario ♒ en la cúspide de las casas

*En la interpretación, debe considerarse el regente – Urano ♅ y en determinados casos, especialmente con niños pequeños, combinarlo con Saturno ♄*

**Acuario ♒ en la cúspide de la primera casa.** (Cuerpo físico, personalidad, identidad.) Parece tener mucha confianza en sí mismo y, especialmente al ir madurando, parece exudar un aire de «si te gusto bien; si no, también». Pero esto no es realmente cierto. Disfruta siendo diferente, e incluso se enorgullece de su individualismo, pero que le aprecien le importa tanto como a cualquier otra persona. Si Urano está prominentemente colocado, puede ser un rebelde, pero siempre *con* una causa. Su propia causa. Se aferra a su manera de hacer las cosas, a menos que Urano se halle en un signo mutable. Tiene suficiente magnetismo personal para atraer a otras personas, que muchas veces aceptarán de este individuo una conducta que no tolerarían en otros. Si Saturno es muy fuerte en su horóscopo, puede mantener determinadas tradiciones; si Urano es más fuerte que Saturno, hará lo que pueda para cambiar el *statu quo*. Es importante que cada día haga algún tipo de ejercicio físico; su circulación tiende a ser lenta.

*Escritor F. Scott Fitzgerald, líder sindical James Hoffa.*

**Acuario ♒ en la cúspide de la segunda casa.** (Posesiones, habilidad de ganar dinero, habilidades y recursos internos.) Si Capricornio está ascendente, puede sorprender a los que le rodean al no considerar tan seriamente el dinero y las posesiones como parece sugerir su personalidad más bien ambiciosa. De hecho, puede haber bastantes altibajos financieros en su vida, que sólo le afectarán profundamente si Urano tiene muchos aspectos difíciles; en otro caso, hará frente a lo sucedido y empezará de nuevo de buena gana. Su sistema personal de valores, y especialmente su libertad personal, son de gran importancia para esa persona; si Acuario o Sagitario están ascendentes, fijará estos valores a una edad relativamente temprana. Con Capricornio ascendente, puede inclinarse primero hacia lo material, y comprender más tarde que la verdadera libertad no se encuentra en el dinero o las posesiones. Sin embargo, sea cual sea el signo ascendente de su carta le gusta poseer cosas poco corrientes, como coches antiguos, muebles de anticuario o libros raros y poco corrientes.

*Animadores Liberace y Mike Douglas.*

**Acuario ♒ en la cúspide de la tercera casa.** (Comunicaciones, viajes breves, hermanos, primeros años de escuela, la mente consciente.) Se siente fuertemente motivado a comunicarse y a expresar lo que siente. Es más feliz cuando puede hacerlo de modo inusitado y realmente individual; le enorgullece que la gente le considere distinto a los demás. Es particularmente elocuente cuando se refiere a causas que defiende. Las áreas que tienen que ver con su mente le importan mucho, especialmente si hay aspectos que unen Urano con Mercurio, lo que le daría también habilidad para las lenguas extranjeras y para las matemáticas. Con Sagitario ascendente, puede tender a diseminar sus energías intelectuales en demasiadas direcciones, o puede ser un constante hablador. Con Escorpio o Capricornio ascendentes, hablará menos, pero su mente será igualmente activa. A menos que Urano tenga aspectos muy difíciles, aprende con avidez y facilidad y tiene un gran amor a los libros y a la lectura. Sus parientes y hermanos pueden no comprenderle o no entender lo que le gusta, y algunos pueden incluso considerarle la oveja negra de la familia, pero tolerarán que sea diferente, a menos que Urano tenga aspectos difíciles. En un momento determinado de su vida, y quizá simplemente por aburrimiento, puede decidir no continuar sus estudios.

*Astronauta John Glenn, actor Keenan Wynn, estrella de la ópera Patrice Munsel.*

**Acuario ♒ en la cúspide de la cuarta casa.** (El hogar, la familia, uno de los progenitores, bienes inmuebles, los últimos años de la vida.) Su vida familiar puede no ajustarse a los moldes habituales, o puede haber pensado que el hogar paterno era distinto del que tenían sus semejantes. Si Urano tiene aspectos difíciles, especialmente con el regente del ascendente, con el Sol, o con la Luna, sus padres pueden haberse separado o divorciado. Puede sentir que su vida hogareña es insegura, bien a causa de excesivos traslados o bien a causa de continuos altibajos. Como resultado, buscará un tipo de vida más armonioso y pacífico, especialmente en sus últimos años. En el hogar que esa persona cree, tratará de poder hacer lo que le plazca, cosa que puede no resultarle demasiado fácil si Libra es saliente y ha escogido una pareja de tipo Aries. Si Saturno es muy prominente en su carta, se siente más feliz rodeado de gente mayor que él, especialmente durante sus años de juventud; pero si Urano es más fuerte que Saturno, le atraerá un grupo más bohemio, especialmente cuando Sagitario está ascendente. Con Escorpio ascendente, se siente muy apegado a sus costumbres y tiende a ser demasiado exigente con los seres amados en su hogar. Puesto que es también bastante excitable, necesita aprender a dominar su irritabilidad desde una edad temprana y aprender a hacer concesiones.

*Filósofo Friedrich Nietzsche, actor Charlie Chaplin, cantante Glen Campbell.*

**Acuario ♒ en la cúspide de la quinta casa.** (Amor y aventuras románticas, hijos, creatividad, deportes, aficiones, especulación.) Con Libra o Escorpio ascendentes, tiende a explorar en asuntos de amor y aventuras; nada le parece demasiado improbable. Le parece que, si algo existe, ¿por qué no probarlo? Los hijos son muy importantes para esa persona, sobre todo cuando tienen edad suficiente para comunicarse, y puede ser un excelente maestro para ellos, porque le gusta moldear su mente y tiene la habilidad de tomarlos tal como son, hablarles a su propio nivel. Puede ser muy intuitivo y, si su carta muestra habilidad artística, puede ser creativo de un modo muy inventivo y poco corriente. Con Virgo ascendente, puede tener dificultades para expresarse del modo personal que desea, porque Virgo prefiere la manera de ser digna y conveniente más que la extravagante y diferente. A menos que Urano tenga buenos aspectos, ésta no es la mejor posición para juegos de azar o especulación.

*Actor Omar Sharif, presidente Richard Nixon.*

**Acuario ♒ en la cúspide de la sexta casa.** (Salud y nutrición, trabajo, empleados, servicio prestado, animales domésticos, costumbres.) Con Virgo ascendente, se complace en trabajar más que los demás, pero eso no quiere decir que sea muy organizado; de hecho, una y otra vez puede sentir que tiene los nervios deshechos, porque desea hacer muchas cosas y el día no parece tener bastantes horas en las que llevar a cabo todo lo que intenta hacer. Le importa mucho tener éxito en su trabajo, y puede ser un reformador nato. Le gusta un trabajo en el que pueda prestar algún tipo de servicio a los desvalidos o a la humanidad, y lo hará de buena gana, incluso sin cobrar. Si no dirige sus esfuerzos hacia el trabajo y el servicio, puede tender a ser hipocondriaco o a dar mucha importancia a la salud y la nutrición. Puesto que tiene un sistema nervioso bastante activo, especialmente con Virgo, sería mejor que dirigiera sus energías hacia áreas más positivas. Con Cáncer, puede sentirse muy interesado en toda clase de dietas que estén de moda, en alimentos orgánicos y también en trabajar en el campo de la medicina. *Cantante Doris Day, actriz Helen Hayes.*

**Acuario ♒ en la cúspide de la séptima casa.** (Asociados en matrimonio y en negocios, tratos con el público, asuntos legales.) Con Acuario aquí, *debe* tenerse a Leo ascendente. Esa persona buscará asociarse con alguien que le estimule intelectualmente, que pueda ser un verdadero amigo también, que no tenga miedo de obrar independientemente y aparecer o comportarse de manera genuina. Sin embargo, con Leo ascendente es una personalidad fuerte y dominante por sí mismo, y una vez ha conseguido lo que pensaba que quería, puede intentar cambiar el modo de ser de su pareja para adaptarla a su propia manera de ser, tratando de dominarla; el resultado suele ser un trastorno matrimonial que, a veces, acaba en divorcio. Si llega a encontrar una pareja que se acomode a sus demandas, él o ella se convertirá en su mejor amigo y en la persona más importante de su vida.

*Animador Maurice Chevalier, actor Richard Burton, presidente Lyndon B. Johnson.*

**Acuario ♒ en la cúspide de la octava casa.** (Recursos de la pareja, sexo, regeneración, muerte, impuestos.) Con Acuario aquí, disfruta del sexo como si se tratara de un juego, explorando todas sus fases de modo despreocupado y a veces original, especialmente con Leo o Géminis en el ascendente. Con Cáncer ascendente, sus básicas inseguridades pueden ser más fuertes que su curiosidad, por lo que habla mucho, pero no pasa de ahí. Es muy intuitivo, incluso puede ser psíquico, si desea encaminarse en esa dirección y si el resto de la carta lo apoya. Pero debe precaverse contra las intrigas. Puede ser bastante crédulo, especialmente cuando Urano tiene aspectos difíciles. Las ciencias ocultas le atraen, sea cual sea el signo saliente, y le gusta hacer cosas poco corrientes; poco corrientes para los demás, claro está. Si Urano o Saturno tienen muchos aspectos difíciles, puede tender a sentirse fácilmente deprimido, especialmente con Cáncer ascendente. Si el ascendente es Géminis, puede tener dificultades para administrar los recursos y el dinero de otros; debe aprender a ajustar sus propias cuentas primero. Con cualquier signo ascendente, con Acuario aquí esa persona tiende a ser un libre pensador en materias relacionadas con la muerte.

*Actriz Jane Russell.*

**Acuario ♒ en la cúspide de la novena casa.** (Religión y filosofía, ideales, ética, formación universitaria, tratos con el extranjero, parientes políticos.) Tiene buena imaginación. Con Géminis ascendente, podría ser escritor o inventor. Su mente es muy activa. La formación universitaria le interesa mucho; si no puede acudir a la universidad por alguna razón, continuará estudiando y aprendiendo durante su vida, acudiendo a clases de adultos, o lo que se ofrezca donde se halle. Siente curiosidad por la vida, y buscará sus propias respuestas por medio de alguna filosofía o religión completamente personal. Con Géminis o Cáncer ascendentes, le fascinan los viajes y las culturas extranjeras. A menos que Urano sea débil en la carta, sus ideas e ideales serán poco ortodoxos.

*Propietaria de un prostíbulo Xaviera Hollander, físico Albert Einstein.*

**Acuario ♒ en la cúspide de la décima casa.** (Profesión y carrera, uno de los progenitores, reputación, ego, estado social.) Con Tauro ascendente, su necesidad de triunfar y de sentirse estable puede ser más fuerte que su gran idealismo y sueños imposibles, y sólo la carta completa y la posición de Urano pueden indicar la dirección que tomará. Con Aries o Géminis ascendente, quiere una profesión o carrera que sea diferente, no ordinaria, y no le importa ser considerado un excéntrico. Si Urano tiene muchos aspectos difíciles, tendrá que estar sobre aviso: puede provocar escándalos y sentir desilusiones. Si el resto de la carta lo sostiene, esta posición es buena para el trabajo en grandes organizaciones, incluso en el gobierno o la política, porque atrae a la gente, que le admira por atreverse a mantener sus propias ideas. Con Urano en buena posición, recibirá a menudo la ayuda de los amigos en su profesión. Esta posición es también excelente para el campo astrológico, así como para trabajar en electrónica y con ordenadores.

*Escritor Herman Melville, actriz Celeste Holm.*

**Acuario ♒ en la cúspide de la undécima casa.** (Esperanzas y deseos, amigos, grandes organizaciones, sucesos inesperados.) Ésta es la casa natural de Acuario en la carta en reposo, y por ello todas las materias de la undécima casa deberían funcionar bien para esa persona, a menos que Urano esté muy mal colocado en su horóscopo. Con Aries ascendente, tiene muchos amigos. Sin embargo, con su enfoque brusco y su tendencia a sentir fácilmente hastío, esto no es indicativo de amistades de larga duración a menos que Urano y Marte se hallen en signos pasivos. El instinto humanitario es innato en su naturaleza básica, y se sentirá más feliz trabajando con grupos que traten de mejorar la humanidad de algún modo. Con Tauro ascendente, puede tener mucho éxito en política, especialmente si Urano es prominente y Venus tiene buena posición en la carta. Trabaja bien en grandes organizaciones y tiene la ambición de triunfar. Con Piscis ascendente, su imaginación puede ser demasiado buena y su habilidad para contar historias y dramatizar es tal, que le cuesta ceñirse a la verdad. Socialmente es muy popular, y ayuda a todo el mundo, mientras pueda hacerlo a su manera.

*Senador Robert Kennedy, escritor Percy Shelley, actor Jason Robards.*

**Acuario ♒ en la cúspide de la duodécima casa.** (Fuerzas ocultas, el subconsciente entre bastidores.) A Urano se le llama «el que despierta»; por eso, con Acuario en la Cúspide de la casa de la mente subconsciente, el despertar interior llega a ser más importante que cualquier otra cosa. Urano es un planeta trascendental y la mayoría de la gente no reacciona ante su influencia lejana y bastante abstracta hasta tarde en la vida. Por lo tanto, esa persona puede sentir una inquietud y un malestar internos que no puede explicarse realmente hasta mucho después que Saturno haya hecho su primera vuelta, hacia los 29 años. Esto sucede especialmente así si Aries es ascendente en la carta. Con Acuario ascendente, se resiente mucho cualquier tipo de restricción, pero aprende a enfrentarse con sus emociones bastante bien porque está más acostumbrado a los sentimientos de Urano, a menos que éste tenga aspectos muy difíciles en su horóscopo. Con Piscis ascendente, tiene una intuición generalmente bien desarrollada, se siente compasivo con los desvalidos y los necesitados. Esta combinación Acuario-Piscis le hace más feliz cuando presta servicio de algún modo o trabaja con los desvalidos; al mismo tiempo, le convierte en una persona muy reservada, que muestra al mundo una cara muy distinta, una máscara que esconde su verdadero ser interior. Es una buena posición para actores. Con una carta débil, la tendencia puede ser hallar una vía de escape a través del alcohol o de las drogas.

*Actriz Carole Lombard, actor Warren Beatty, gobernador John Connally.*

# Piscis ♓ en la cúspide de las casas

*En la interpretación, debe tenerse en cuenta el regente Neptuno ♆ y el subregente Júpiter ♃*

**Piscis ♓ en la cúspide de la primera casa.** (Personalidad, identidad, el cuerpo físico.) Puede no tener mucha energía y fuerza física a menos que Marte sea fuerte en su carta. Piscis es un signo dual, y hay dos tipos diferentes. El primero es el que actúa y sirve, que obtiene energía de esferas más elevadas y tiene buena intuición, que hace silenciosamente su trabajo de modo compasivo e imparcial. El otro tipo es el soñador que va a la deriva, que no puede enfrentarse con el fracaso y que, por lo tanto, no tratará de triunfar. Fácilmente descorazonado y no muy práctico, está muchas veces distraído. La música tiene un papel importante en la vida de ambos tipos; les suaviza el mal humor. Cualquiera de los dos tipos reacciona con gran emoción ante la vida.

*Director de orquesta Leopold Stokowski, vicepresidente Walter Mondale, director cinematográfico Alfred Hitchcock.*

**Piscis ⬚ en la cúspide de la segunda casa.** (Finanzas personales, posesiones, valores, habilidades y recursos.) Si Capricornio está ascendente, tiene dificultades financieras a menos que se libere de lo puramente material y comprenda que la seguridad que busca no puede comprarse, porque debe surgir del interior. Con un ascendente Piscis o Acuario, es muy emotivo en relación con la mayoría de materias de la segunda casa; pero las cosas tangibles no siempre significan mucho e incluso puede ser descuidado con sus posesiones. Si Neptuno tiene aspectos difíciles, debe estudiar cualquier documento antes de firmarlo. Puede ganar dinero en áreas relacionadas con Neptuno: películas, teatro, fotografía, música, petróleo, transporte de mercancías.

*Ayudante de la Casa Blanca John Dean, ilusionista Harry Houdini, actor Errol Flynn.*

**Piscis ⬚ en la cúspide de la tercera casa.** (Comunicaciones, hermanos, viajes breves, primeros años de escuela, la mente consciente.) Es musical, intuitivo, imaginativo y suele saber escribir bien de modo creativo, pero con Acuario o Sagitario ascendentes, debe aprender a concentrarse; de otro modo, el estudio puede ser muy difícil. Si Neptuno tiene aspectos difíciles, los hermanos pueden causar problemas y disgustos; pueden, incluso, provocar una separación entre ellos. Con Sagitario o Capricornio ascendentes, le gusta la sociedad y tiene el afán de emular a los vecinos. La sensibilidad de Piscis en la casa de comunicaciones puede intensificar su amor a la poesía, tanto en cuanto a leerla como en cuanto a escribir poemas, pero esto no significa que esa persona sea sensible en lo que se refiere a la manera de expresarse; en realidad, a veces puede ser muy brusco.

*Actriz Clara Bow, actor Dustin Hoffman, escritor James Joyce.*

**Piscis** ✕ **en la cúspide de la cuarta casa.** (El hogar, uno de los progenitores, la última parte de la vida, bienes inmuebles.) Su fuerte y emotiva unión con su familia hace que muchas veces preste servicios a miembros de la familia, especialmente cuando ya ha entrado en años. Con Escorpio o Capricornio ascendentes, parece estar inundado de obligaciones a las que tiene que hacer frente, cosa que no siempre le resulta fácil. Piscis aquí puede a veces indicar que hay un secreto celosamente guardado, como por ejemplo que uno de los progenitores sea alcohólico. A veces puede también sufrirse un dolor secreto o soledad espiritual. Su propio hogar será de importancia primordial; le servirá como refugio para alejarse del mundo, como lugar donde recargar sus pilas de energía.

*Actriz Mary Astor, minusválida Helen Keller, presidente Abraham Lincoln.*

**Piscis** ✕ **en la cúspide de la quinta casa.** (Amor y aventuras románticas, hijos, creatividad, aficiones, diversión, deportes.) Siendo dual e impresionable en el amor, es un verdadero romántico. Si Neptuno tiene aspectos difíciles, su gran idealismo puede proporcionarle dolor a través de los seres amados o de los hijos. Dondequiera que se halle Piscis, allí se encuentra a menudo una sensación de frustración o el síndrome de autosacrificio, y aquí en la quinta casa esto puede significar que nunca tiene el dinero o el tiempo suficientes para desarrollar su considerable potencial creativo. Puede suceder que descuide a su familia, preocupado en la búsqueda del placer; o puede ser que se dedique a sus hijos con exceso, tratando de sujetarlos con cuerdas de seda. Sus hijos pueden ser ángeles en casa y diablos en el vecindario o en la escuela, pero es difícil para esa persona ver su lado malo. Si Neptuno tiene aspectos difíciles, debe evitar los juegos de azar y las especulaciones que prometen ganancias rápidas.

*Escritor Pierre Salinger, actriz Ginger Rogers, cantante Glen Campbell.*

**Piscis** ✕ **en la cúspide de la sexta casa.** (Salud y nutrición, costumbres, trabajo, servicio prestado, animales domésticos.) Si Virgo o Escorpio están ascendentes, puede no ser demasiado fuerte físicamente y, si da rienda suelta a sus emociones, puede acabar con úlceras. Cuando Neptuno tiene aspectos difíciles, suele disminuir la resistencia a enfermedades y es difícil hacer el diagnóstico de problemas de salud. Tendría buen éxito en trabajos propios de Piscis, como los relacionados con arte, música o fotografía; en otros trabajos, pueden surgir problemas profesionales, algunos de ellos debidos a empleados poco dignos de confianza. Es aconsejable adoptar una afición creativa para relajar la tensión mental. Debe procurar que desaparezca la tendencia a preocuparse por cosas sin importancia. Con Libra ascendente, su afán de pesar y equilibrar cuanto hace puede hacerle muy exigente para sí mismo y para los demás en el trabajo; sin embargo, es también lo bastante intuitivo para saber cuándo parar de hacerlo, y por ello puede llegar a ser un buen jefe.

*Estrella del rock Alice Cooper, escritora Anaïs Nin, presidente Woodrow Wilson.*

**Piscis** ✶ **en la cúspide de la séptima casa.** (Asociaciones en matrimonio y en negocios, tratos con el público, asuntos legales.) Con Piscis aquí, *debe* tener a Virgo en el ascendente. Tiende a buscar una pareja idealista y poco práctica, a la que pueda prestar comprensión y ayuda —quizá un alcohólico o un minusválido— para poder experimentar dolor en el matrimonio. O quizá busque al príncipe encantador, montado en su caballo blanco, y no se conforme con nadie más. Con Piscis aquí y Virgo en el ascendente, la tendencia a la crítica y a ser quisquilloso puede causarle dificultades al enfrentarse con otras personas. El juicio bueno y equilibrado es un valor positivo, y le ayuda a enfrentarse con la credulidad de otros. Debe combinar las situaciones de Neptuno y Mercurio para determinar el tipo de pareja hacia la que se sentirá atraído.

*Comediante Groucho Marx, ex Beatle Ringo Starr, presidente Richard Nixon.*

**Piscis** ✶ **en la cúspide de la octava casa.** (Recursos de la pareja, sexo, impuestos, asuntos de muerte, regeneración.) Si Cáncer está ascendente, es muy sensible; una vez ha sentido compasión, puede orientar su habilidad intuitiva de modo muy positivo. Debería aprender a trabajar con otras personas o a ayudar a los demás, especialmente si Leo está ascendente, o verá que la experiencia es un maestro muy rápido. A veces puede haber engaño en cuanto a las posesiones de un asociado. Es enormemente sensible a cualquier crítica de su habilidad sexual. Si Neptuno tiene aspectos difíciles, debe tener mucho cuidado en el uso de medicinas y anestésicos, debe siempre buscar una segunda opinión cuando le recomienden una operación quirúrgica. Con Cáncer o Virgo ascendentes, el sexo puede no parecerle muy importante, o quizá lo ponga en segundo lugar después de lo que considera más prioritario, por ejemplo, una profunda relación con otra persona.

*Campeón de ajedrez Bobby Fischer.*

**Piscis** ✶ **en la cúspide de la novena casa.** (Filosofía y religión, formación universitaria, asuntos extranjeros, ética, largos viajes.) Se acerca a la religión de un modo místico, y es más piadoso que intelectual si tiene a Cáncer en el ascendente. Con Géminis ascendente, busca más una filosofía de la vida que una religión. Con Leo ascendente, puede ser muy espiritual. Por su ternura y compasión podría ser un buen enfermero, y puede desarrollar una capacidad curativa muy útil. Le gusta navegar, y pasar las vacaciones donde hay lagos y corrientes; le relaja. Puede pasar gran parte de su vida en el extranjero si Neptuno tiene un lugar prominente en su carta.

*Duquesa de Windsor, actriz Ava Gardner, príncipe Carlos de Inglaterra.*

**Piscis** ✶ **en la cúspide de la décima casa.** (Profesión y carrera, reputación, uno de los progenitores, ego, estado social, autoridad.) Puede ser un ejecutivo con una gran visión, pero no es siempre práctico, a menos que Tauro sea ascendente y Venus y Neptuno tengan buenos aspectos. Con Géminis o Cáncer ascendentes, puede tener dos empleos o profesiones, porque realmente le cuesta saber lo que quiere; siempre dudará de haber escogido la carrera que debía. Si Neptuno tiene buenos aspectos, esta situación es muy buena para triunfar en el campo de la música, del teatro o como escritor. En la carta de una mujer, indica frecuentemente que es feliz como ama de casa, con alguna afición para entretenerse.

*Tenor Enrico Caruso, escritor William Faulkner, el duque de Windsor.*

**Piscis** ✶ **en la cúspide de la undécima casa.** (Esperanzas y deseos, amistades, grandes organizaciones, sucesos inesperados.) Parte de sus amigos vienen de los campos psíquicos y de las ciencias ocultas; otros, de grupos literarios y del teatro. Debe precaverse contra el engaño que pueden proporcionarle amigos y conocidos, si Neptuno tiene aspectos difíciles. Le importa mucho lo que los demás digan de él, y siente un profundo dolor y resentimiento cuando se siente despreciado. Es muy generoso con aquellos a quienes ama, pero debe vencer la tendencia a ser demasiado susceptible donde otros están implicados. Con Géminis ascendente, le gusta chismorrear con sus amigos.

*Reina Victoria, comentador Tom Snyder, heredera Christina Onassis.*

**Piscis** ✶ **en la cúspide de la duodécima casa.** (Fuerzas escondidas, limitaciones, la mente subconsciente, frustración.) Ésta es la casa natural de Piscis en la carta en reposo; por consiguiente, todo lo que rige la duodécima casa debería ser fácil para esa persona, a menos que Neptuno tenga malos aspectos en el horóscopo. Con Tauro o Piscis ascendentes, tiene un fuerte sentido de servicio personal y está siempre dispuesto a ayudar al desvalido. A menos que Neptuno esté bien situado, puede haber mucha soledad y contrariedad en su vida, porque frecuentemente menosprecia o no comprende a otros; le cuesta también verse honestamente a sí mismo. A veces, necesita soledad para reponer fuerzas. Pero debe tener cuidado en no esconderse de los demás, ni debe tampoco hacer el papel de mártir. Con Aries en el ascendente, se presenta con mucha fuerza, como si quisiera esconder la sensibilidad y vulnerabilidad que siente muy profundamente en su interior. Si el regente del ascendente se halla en la duodécima casa, podrá verse a sí mismo mucho más objetivamente, y le convendrá dedicarse a campos como la psicología o el asesoramiento.

*Senador Robert Kennedy, compositor Johannes Brahms, actor Sal Mineo.*

## Cómo interpretar las cúspides de las casas

En la introducción a la lección 13 describimos brevemente la cúspide de la segunda casa de Walt Disney. Para dar otro ejemplo, vamos a examinar ahora su sexta casa. Acuario está en la cúspide; el regente, Urano, está en Sagitario en la tercera casa. Según nuestras notas, debería enorgullecerse de trabajar mucho, pero esto no quiere decir que sea un hombre organizado; quizá trate de hacer más de lo que el tiempo le permite y, como resultado, es muy nervioso. Hacer las cosas bien y triunfar es importante para él, y puede tener espíritu de reformador. De todo esto, ¿cuánto se le puede adjudicar a Walt Disney?

Con un estelio en Capricornio, el trabajo era definitivamente muy importante para él, y el regente Urano en conjunción con el Sol añade aún más énfasis a la sexta casa. Urano en su tercera casa indica que algún tipo de comunicación tenía un papel importante en la clase de trabajo que hacía. Estando en Sagitario, podía implicar algún tipo de reforma, o al menos algo que le permitiría aspirar a cosas más elevadas, algún fin idealista, que incluye claramente alguna forma de servicio humanitario. En el caso de Disney, el resto del gráfico nos muestra que la creatividad y las películas eran su forma de trabajar y prestar su servicio. ¿Era desorganizado y muy nervioso? Hay aquí demasiada tierra para que sea realmente desorganizado, pero bastante mutabilidad para florecer en energía nerviosa y, probablemente, irritabilidad de vez en cuando, puesto que hay muchas cuadraturas en su carta para producir toda clase de tensiones y retos. Con el regente de la sexta casa en la tercera, se acentúa la posibilidad de trabajar con un miembro de la familia. Roy, el hermano de Walt, fue la mano derecha de éste durante toda su vida.

Para dar un ejemplo más, observemos la décima casa de Walt Disney para examinar lo referente a su carrera, a su posición en la comunidad y a uno de sus progenitores. Géminis está en la cúspide con su regente, Mercurio, en Escorpio en la tercera casa. Lo primero que nos llama la atención es que el regente de su sexta casa de trabajo y el regente de su décima casa de carrera están, ambos, en la tercera casa de comunicaciones. Esto confirma, una vez más, que comunicarse de alguna manera es muy importante para Disney. Es necesario recordar que, al interpretar, siempre necesitamos confirmación.

Nuestras notas dicen que Disney debería disfrutar trabajando con otros; esto no se confirma ni se niega en su carta. Sabemos que tenía que tratar a mucha gente en su trabajo, pero hasta qué punto le gustaba hacerlo no lo sabemos. Un Sol Sagitario gusta de estar con gente, pero Mercurio en Escorpio puede disfrutar también de la soledad. Nuestras notas indican que puede haber cambios de carrera. En el caso de Disney, empezó como dibujante y luego se convirtió en productor; llegó a la televisión y, finalmente, fundó sus famosos parques de atracciones Disneyland y Disney World, mostrando claramente más de una carrera. Decíamos también que Géminis en la cúspide de la décima casa puede ser un excelente orador o maestro. Con el regente Mercurio en Escorpio implicado en un yod con el Medio Cielo (véase la lección 6) y su quinta casa, vemos que su habilidad para expresarse se da más en líneas artísticas que en las áreas de enseñanza o de oratoria.

Después de haber observado las cúspides y su regente, debemos notar que Neptuno está en la décima casa, y esto dará color a su carrera. Neptuno es el planeta más elevado de la carta. Es el dedo o cima del yod. Está a 0° (véase la lección 18). Está retrógrado (véase la lección 7), y es uno de los más importantes planetas en el horóscopo de Disney. Hay que recordar también que Mercurio, regente de la décima casa, está en recepción mutua con Plutón, regente de la tercera donde está situado Mercurio, uniendo las dos casas y los dos planetas de una manera muy armoniosa, permitiendo así que Disney usara los atributos más positivos de estos planetas y casas.

**Ejercicio de repaso:** Describir la quinta casa de Walt Disney. Se hallará nuestra interpretación en el apéndice, en la página 302.

# Lección 15

## Aspectos con el ascendente y el Medio Cielo

En el primer volumen de *Aprenda Astrología* dedicamos un buen número de páginas a los diferentes aspectos entre planetas. Le dimos también al lector las palabras clave para inculcarle no sólo cómo se manifiesta cada aspecto, sino también que siempre debía recordar qué era lo aspectado. Los aspectos con el Sol, por ejemplo, dan énfasis al ser interno; los aspectos con la Luna implican emociones, mientras que los aspectos con Mercurio son mentales, y así sucesivamente para cada planeta. Cada aspecto tiene un determinado sentimiento que puede expresarse por medio de una palabra clave. La conjunción da énfasis; la oposición de conocimiento de sí mismo; la cuadratura impulsa a la acción; el trígono crea fluidez; y el sextil da facilidad, mientras que el quincucio exige determinados reajustes. Todo esto lo explicamos en la lección 7 del primer volumen.

El ascendente y el Medio Cielo no son planetas; son puntos del horóscopo, los dos ángulos más importantes de la carta. El ascendente describe a la persona al nacer en el mundo y se basa en la hora exacta y el lugar de nacimiento. El ascendente muestra la personalidad exterior de la persona, su disposición natural, el modo como la gente ve a este individuo y el modo como él querría que le vieran; en otras palabras, la faz que esta persona representa al mundo. Representa también el cuerpo físico, cómo se enfrenta a la vida, su apariencia, porte y conducta. Por lo tanto, todos los aspectos del ascendente serán personales y afectarán la perspectiva y la conducta de esta persona.

El Medio Cielo es la cúspide de la décima casa, es el punto más alto o más meridional; lógicamente, es también el punto más alto que se puede alcanzar en un sentido terrenal. Es la reputación de la persona, su estado social y en la comunidad; describe su profesión o carrera, su fama y promoción, lo que alcanza en el mundo. Muestra toda clase de autoridad, sea del jefe en el trabajo o del gobierno. En la infancia representa la autoridad paterna; por lo tanto, describe a uno de los dos progenitores, aquel que en la mente de la persona representa la autoridad (la cuarta casa describe al otro progenitor). Puesto que nuestros sentimientos internos son siempre más importantes que las manifestaciones externas, la faceta más importante de la décima casa es que representa el ego de la persona y es, por lo tanto, una fuerza motriz que la impulsa o empuja a ser algo y a alcanzar algo. Todos los aspectos del Medio Cielo llevarán con ellos algo del empuje del ego. En los primeros años describirán la carrera y la facilidad o dificultades que se encontrarán para realizarla. La profesión adecuada para el individuo en cuestión será descrita por el signo que esté en la cúspide, por el planeta que le rige y por los planetas que estén situados en la décima casa.

Hemos clasificado los aspectos en tres categorías: 1) conjunciones para mostrar dónde se halla el mayor énfasis; 2) trígonos y sextiles para demostrar la fácil y fluida relación con los ángulos y 3) cuadraturas, oposiciones y quincucios para describir los retos y tensiones manifestados.

A continuación, ofrecemos algunas frases clave para los aspectos del ascendente y del Medio Cielo. Como siempre, recordamos al lector que estas palabras y frases no pueden usarse sin evaluar el resto del horóscopo. Al final de la lección, describiremos brevemente los aspectos del ascendente y del Medio Cielo de Walt Disney, para indicarle al lector el modo de hacerlo.

**Sol conjunción ascendente.** Siente la necesidad de hacer resaltar su personalidad, de que los demás adviertan su brillo, y es evidente que los demás le tienen en cuenta; que lo hagan de modo positivo o negativo depende de los otros aspectos de esta conjunción. En los signos de fuego hay una tendencia a tener una opinión un tanto exagerada de las propias habilidades, aunque, bien usada, esta conjunción puede ser una expresión positiva de la individualidad de esa persona. Es un líder (después de todo, ésta es la casa de Aries combinada con el poder del Sol), y a veces le cuesta aceptar y respetar la posición de autoridad de otra persona. Es generoso y suele ser sociable, a menos que el Sol esté en la duodécima casa. Tiende a la ostentación y quiere ser el centro de atención; sin embargo, tiene una gran integridad y, generalmente, un gran gusto por la vida y por vivirla. Con muchos aspectos difíciles, puede llegar a ser demasiado egocéntrico.

*Productor cinematográfico C. B. DeMille, director de orquesta Leonard Bernstein.*

**Sol trígono/sextil ascendente.** Este aspecto suele prometer una buena salud, la habilidad y la oportunidad de hacer resaltar su personalidad de modo muy positivo y una perspectiva creativa y filosófica de la vida. Es sociable y comunicativo, disfruta actuando para los demás y suele tener un buen concepto de sí mismo. Es honesto y directo en el planteamiento de las cosas, y puede perder el interés si las cosas no van como desea. Tiene buena coordinación y, si el resto de la carta lo confirma, podría sentir interés por los deportes y poseer la habilidad suficiente para practicarlos. El trígono y el sextil funcionan particularmente bien si hay cuadraturas u oposiciones para impulsarle a utilizar las oportunidades existentes.

*Boxeador Max Baer △, profesional del tenis Don Budge ⚹.*

**Sol cuadratura/oposición/quincucio ascendente.** Estos aspectos dan una excesiva cantidad de energía personal, pero al triunfo se llega por el método de eliminación de errores. A menudo hay que vencer problemas de salud (especialmente con el quincucio) y a veces puede surgir una situación de ego conflictivo en relación con un miembro masculino en la vida de esa persona, generalmente el padre. En la carta de una mujer, pueden surgir dificultades en el matrimonio o con socios en los negocios, sobre todo con la oposición. Muchas veces le cuesta llevarse bien con la gente hasta que comprende su propia personalidad; sin embargo, y puesto que definitivamente necesita la relación con los demás, es importante que aprenda a cooperar realmente. Quizá necesite suavizar su fuerte personalidad para que los demás puedan encontrar el modo de comprenderle y cooperar con él.

*Compositores Johann S. Bach □ y Frederic Chopin ☍, escritor Charles Dickens ⊼.*

**Sol conjunción Medio Cielo.** Es importante para el desarrollo de su ego que aprenda a liderar de modo positivo. Una carrera le es muy necesaria; incluso si no trabaja por dinero, convertirá en profesión el trabajo voluntario o hallará algún modo de brillar en la comunidad. A causa de su personalidad dominante, otros le seguirán; debe procurar por ello que su liderazgo merezca respeto. Considera muy importantes la admiración y el éxito y, si tiene las suficientes cuadraturas y oposiciones a esta conjunción, puede alcanzar posiciones elevadas en cualquier campo. Es excelente cuando se trata de asumir el mando, pero le es muy difícil aceptar un papel subordinado; por lo tanto, donde mejor se desenvuelve es en un campo donde pueda obrar o brillar individualmente. Un hombre ejerce, muchas veces, una influencia importante en su vida, especialmente durante su juventud.

*Tenor Enrico Caruso.*

**Sol trígono/sextil Medio Cielo.** Es fácil para esa persona actuar como líder, y con cuadraturas y oposiciones en operación en este aspecto, puede llegar a ser un ejecutivo, director o administrador excelente. Le es fácil alcanzar el éxito en el área de trabajo que escoja y, al tratar de alcanzar su meta, raras veces se enfrenta con otras personas de modo conflictivo. La influencia que ha recibido de sus padres obra buenos efectos sobre esa persona, que ha aprendido a desarrollar un sentido de valores personal. Las dificultades, aquí, pueden basarse en una pereza inherente; a causa de que el éxito es tan fácilmente asequible, no parece que valga la pena esforzarse por llegar a él, y puede decidirse por elegir el camino que ofrece menos dificultades.

*Actriz Mary Astor △, escritora Faith Baldwin ⚹.*

**Sol cuadratura/oposición/quincucio Medio Cielo.** Con cualquiera de estos aspectos, el éxito es a menudo pasajero, o alcanzado solamente a costa de un gran esfuerzo y de fuerza de voluntad. Necesita avanzar en la vida y quiere situarse a cualquier precio, pero debe aprender a hacer concesiones, y quizá le sea difícil decidir qué es lo que quiere hacer con su vida. Hay a menudo un conflicto con la autoridad paterna: siente la necesidad de hacer lo que desea y no escuchará buenos consejos ni aceptará ayuda ofrecida con la mejor de las intenciones. Cuando aprenda a dirigir su subjetividad y su sentimiento interno de limitación, podrá realizar sus aspiraciones.

*Compositor George Friedrich Händel □, autor Trumann Capote ⚹, pintor Leonardo Da Vinci ⚻.*

**Luna conjunción ascendente.** La palabra para esa persona es ambiental, y es importante que su ambiente sea pacífico y estable. Orientado hacia el hogar y la familia, tiene un instinto innato de cuidar a los demás, y le gusta hacerlo. Sin embargo, sabe lo que gusta a la gente/y podría ser un buen vendedor. En su infancia, la madre tuvo un papel muy importante en su vida, y siempre conservará una comprensión íntima de las mujeres y sus necesidades a causa de aquella relación materna. Es muy emotiva, y todo el mundo lo sabe porque no hace ningún esfuerzo por ocultar sus sentimientos, a menos que la Luna esté en la duodécima casa. Aunque otros responden a su manera de ser compasiva y solícita, se sienten también a menudo desconcertados por sus continuos cambios de humor. Es emocionalmente vulnerable, le es muy difícil aceptar la crítica y, cuando se enfrenta con ella, se repliega en sí mismo de una manera muy parecida a un Cáncer. Si la Luna está en la casa duodécima, el signo del ascendente marcará una gran diferencia en el mayor o menor grado en que mostrará sus emociones, aunque éstas seguirán existiendo de todos modos, y serán aún más vulnerables si se mantienen reprimidas y ocultas.

*Actor Charlie Chaplin.*

**Luna trígono/sextil ascendente.** Tiene mucha facilidad para mostrar sus sentimientos y, por su encanto personal y carácter sociable, atrae a los demás. Su madre es un factor importante en su vida y mantiene con ella una relación de cariño y ayuda que le llena de satisfacción. Puesto que le resulta muy fácil comunicarse con los demás y ser amistoso, y puesto que también le gusta trabajar en grupo, podría tener éxito en el teatro o en el campo de la política. Muchas veces la música es un factor dominante en su vida; en realidad, puede tener una voz buena y agradable para el canto. Usualmente de buen carácter, es bastante imaginativo y creativo. Le gusta divertirse y pasarlo bien con los amigos y la familia. Si la Luna estuviera en la novena casa, los viajes le ayudarían a ampliar sus horizontes.

*Cantante Deanna Durbin △ , actor Roddy McDowall *.*

**Luna cuadratura/oposición/quincucio ascendente.** Excesivamente sensitivo, hasta el punto de ser susceptible, su habilidad de llevarse bien con los demás depende directamente de su habilidad para sublimar sus sentimientos y emociones. Puede haber tenido un temperamento vivo y una lengua sarcástica en su juventud, pero, con la madurez, generalmente se da cuenta de que estos atributos deben ser reemplazados por la comprensión y la compasión por los demás. Le es difícil, a veces, controlar su ira sin dejarse llevar por sus emociones; éste es un rasgo que puede persistir en sus años de madurez. Sus sentimientos influyen en todas sus relaciones, por lo que le es difícil relacionarse con otros, excepto a nivel emocional, y siempre le parece que, hasta cierto punto, se halla a merced de otros cuando se trata de situaciones debidas a una asociación (oposición), al trabajo (quincucio), o al hogar (cuadratura). A causa de su vulnerabilidad, necesita mucha ayuda por parte de los demás. La relación con su madre es, muchas veces, retadora y busca ayuda maternal de parte de aquellos con los que se siente en armonía.

*Estadista Benjamin Disraeli* □, *animador Mike Douglas* ♂ , *comediante Jack Benny* ⊼.

**Luna conjunción Medio Cielo.** Sus sentimientos y emociones se hallan directamente enlazados con su ego, así que si alcanza rango social, honor y prestigio, su personalidad funciona bien. Sin embargo, si es contrariado en sus ambiciones, puede sentirse poco apreciado emocionalmente y, por ello, reprimido. Tiene el don natural de saber lo que atrae al público; por esto, haría un buen trabajo en relaciones públicas o en el área de ventas. En general, las mujeres pueden ayudarle mucho en su carrera; sin duda, su madre tuvo una gran influencia en lo que esta persona eligió como área de trabajo de su vida. Si la Luna está en la décima casa, pudo haber considerado a su madre la representación de la autoridad durante su infancia; en la carta de un hombre, a menos que el Sol, Marte o Saturno sean muy fuertes, su imagen masculina puede ser débil y es posible que necesite reiteradas ratificaciones para sentirse seguro.
*Cantante Nelson Eddy.*

**Luna trígono/sextil Medio Cielo.** Desempeñaría bien algún tipo de carrera pública a causa de su innata comprensión de las necesidades y deseos de la gente, en general. Por ser compasivo y considerado, la gente confiará en su juicio; su sensibilidad en cuanto a las necesidades de los demás le facilitará el éxito. Aprende a través de sus emociones; es, por lo tanto, muy importante que tenga confianza en sus sentimientos y en sus corazonadas. Puede atraerle lo antiguo y tradicional, lo que ya ha demostrado que funciona, pero eso no impide que sintonice con las nuevas tendencias que el público aceptará. Podría tener éxito en una carrera en la que tuviera que ocuparse de bienes inmuebles, de agricultura, de minería o de la venta de mercancías. Si la Luna estuviera en la sexta casa, quizá probará diversos trabajos antes de decidirse por una carrera definitiva.
*Cantante Johnny Cash* ⁎ .

**Luna cuadratura/oposición/quincucio Medio Cielo.** Puesto que muestra abiertamente sus sentimientos y emociones, la gente se percata de que es mejor evitarle o tratarle con suma consideración. Sus sentimientos tienden a estar en pugna con las necesidades y deseos de otros y le es difícil elegir entre satisfacer sus propias necesidades y exigencias emocionales o escuchar los consejos y sugerencias de los demás. A menudo, parece estar a merced de sus emociones y, en algún momento de su vida, quizá deba tener que resolver dificultades de negocios y de asociación. Aunque se siente fuertemente unido a su hogar y a su familia, especialmente cuando la Luna está en la quinta casa, les volverá la espalda para imponer respeto y establecer su propia seguridad. Si la Luna tiene muchos aspectos difíciles, le será difícil alcanzar popularidad; a veces, alcanza la fama a través de la notoriedad o por razones que no son las debidas.

*Pintor Paul Cézanne ♂, actor James Dean ⚻.*

**Mercurio conjunción ascendente.** Mercurio rige la comunicación y el ascendente representa la personalidad del individuo; por lo tanto, éste necesita expresarse gráfica y abiertamente. No encontrarse nunca falto de palabras es una frase que le describe perfectamente. Sin embargo, si esta conjunción tiene aspectos difíciles, puede usar palabras indebidas en un momento poco oportuno. Intelectualmente impulsivo, brillante e ingenioso, no teme hablar y tiende a dominar la conversación. Es mentalmente inquieto e incansable cuando se trata de hacer preguntas; esta inquietud puede mostrarse también en una actividad física constante; es, por ejemplo, la actividad del trabajador compulsivo, especialmente si Mercurio se halla en un signo mutable. Si aparece también un aspecto de Urano, esa persona puede tener hábitos nerviosos como morderse las uñas, retorcerse el pelo o arrugar la nariz. Mercurio aquí suele indicar un ávido lector, particularmente si se halla detrás del ascendente en la duodécima casa. Si Mercurio está en la primera casa, esa persona siente una gran necesidad de tratar con la gente en todas las áreas de su vida y suele sentirse atraído por los más jóvenes; por ejemplo, en el campo de la enseñanza.

*Comentador Tom Snyder.*

**Mercurio trígono/sextil ascendente.** Éste puede ser un aspecto de naturaleza creativa. Hay una necesidad de expresarse y comunicarse a través del campo literario, artístico o musical, especialmente si Mercurio está en la tercera o en la quinta casas. Expresar lo que piensa es fácil para esta persona; siente un gran interés por las cosas y las personas que le rodean. Las actividades y juegos mentales le atraen; tiene que mantener ocupadas tanto la mente como las manos, de lo contrario, se aburre fácilmente. Atento, amistoso y comunicativo, necesita la actividad social y es un agradable compañero a quien siempre se le invita a fiestas, diversiones y juegos. Curioso por naturaleza, puede ser el eterno estudiante, especialmente si Mercurio está en la novena casa.

*Diseñador de moda Gilbert Adrian △.*

**Mercurio/cuadratura/oposición/quincucio ascendente.** Aunque siente la necesidad de comunicarse, puede ser egocéntrico hasta el punto que los demás se resientan de su actitud autoritaria; debe aprender el arte de llegar a una avenencia por medio de la conversación para no anular a los demás. Muchas veces, es esta persona el hablador incansable que necesita estar en el centro de la escena para sentirse seguro en una situación social o de negocios. Necesita el estímulo de dares y tomares con los demás, pero debe procurar que no se reduzca todo a una sesión de dares, ¡sin ninguna de tomares! Le gusta trabajar con las manos y la mente, y podría ser un buen escritor. Debe reprimir la nerviosidad, sobre todo con el quincucio. Se encuentra a menudo enredado en rumores y chismorreos, a veces sin ni siquiera darse cuenta de ello, y puede descubrir que sus observaciones críticas alejan muchas veces a los demás, a pesar de que esas observaciones no tuvieran la intención de herir a nadie. Esa persona desea ser tenida en cuenta, sobre todo, por la agudeza de su mente.
*Autores Hermann Hesse ☌ y Charles Dickens ⚻.*

**Mercurio conjunción Medio Cielo.** Su sentido del ego se desarrolla en proporción directa a su habilidad de comunicar sus pensamientos e ideas al mundo en general. Actor, maestro o político por naturaleza, es muy fácil para esa persona levantarse y hablar, a menos que Mercurio tenga aspectos muy difíciles. Por hallarse mentalmente sintonizado con el público y sus necesidades, trabajaría bien en cualquier área en la que debiera comunicar sus ideas y opiniones. A menos que Mercurio se halle en uno de los signos de Tierra, debe aprender a cultivar la perseverancia en un tema; si no, con su enfoque vivaz de tantos temas distintos puede aparecer como superficial e inseguro. Tiene muchas veces un agudo sentido del humor que necesita compartir con los demás.
*Comediante Lenny Bruce y Red Skelton.*

**Mercurio trígono/sextil Medio Cielo.** Hay una facilidad y fluidez en su habilidad para conversar y en sus hábitos de trabajo que atraen a los demás. Buscan y siguen muchas veces su consejo porque parece saber y comprender qué es lo que mueve a los demás. Se siente generalmente atraído hacia lo que será el trabajo de toda su vida a edad muy temprana, y le resulta fácil seguir los estudios necesarios para desempeñar ese trabajo. La relación con sus padres es casi siempre armoniosa, y le ayudan a establecerse en su campo profesional, sea cual sea: leyes, política, arte o escribir. Estudiar le parece fácil y disfruta aprendiendo, leyendo y con cualquier reto mental.
*Senador Charles Pèrcy △, escritor Maurice Maeterlinck ✳.*

**Mercurio cuadratura/oposición/quincucio Medio Cielo.** Estos aspectos no le quitan habilidad mental, pero a veces puede parecerle difícil poner sus pensamientos en palabras, al menos en palabras comprensibles para los demás. Existe la tendencia a envolverse tanto en sus propios pensamientos, palabras e ideas que olvide que los demás necesitan también expresarse. No puede mantener una buena discusión si no deja que el otro individuo diga una sola palabra. Con la cuadratura, hay muchas veces una timidez inherente delante del público; esa persona puede ser muy locuaz en privado, pero tener dificultad cuando está en público. Esto, sin embargo, suele vencerse al llegar a la madurez y se puede desenvolver bien en cualquier escena. La tensión nerviosa, a veces, le hace decir las cosas sin pensarlas primero, sobre todo con el quincucio. Tiene que esforzarse para adquirir tacto y diplomacia, cosas ambas que no son naturales en esta persona.
*Cantante Pearl Bailey □, trompetista Louis Armstrong ⊼.*

**Venus conjunción ascendente.** Venus aquí añade generalmente encanto, sociabilidad y buena apariencia, pero puede también aportar indulgencia para uno mismo, lo cual puede causar problemas de salud si tiene aspectos difíciles, especialmente aspectos que impliquen a Júpiter, Urano y Plutón. Ingenioso, con un sentido del humor siempre presente, puede atraer a otros e influir en ellos por ser tan agradable, tan buen conversador y tan sincero en su enfoque. Esa persona suele tener hoyuelos en las mejillas o en la barbilla, y gusto por los dulces. Es conocido por su buen gusto en el vestir, y puede considerársele un dandi o una persona que presta excesiva atención a su atuendo. Sociable y comunicativo, es el centro de cualquier fiesta y, probablemente, la persona más popular. Si Venus está en la duodécima casa, podría ser algo tímido, pero, generalmente, es más importante su necesidad de un toma y daca social y, en conjunto, se le considera amistoso, complaciente y atractivo.
*Escritor Jean Cocteau, actor Ronald Colman.*

**Venus trígono/sextil ascendente.** Tiene talento, es creativo y quizá musical. Sus amigos, sus hermanos y sus hijos significan mucho para él, y se lleva bien con la mayoría de la gente de su ambiente. Encantador y amistoso, es un buen anfitrión que se desvive por sus invitados. De buen carácter y amante del placer, prefiere divertirse a trabajar. Le gusta causar buena impresión en los demás y generalmente puede hacerlo con facilidad, como la mayoría de las cosas de su vida. Toda esta facilidad y buen humor pueden hacerle algo perezoso, cosa que es el lado malo de todos los buenos aspectos de Venus. El talento artístico y musical abunda en este aspecto, especialmente si Venus está en la tercera o en la quinta casas.

*Ex Beatle Paul McCartney* ＊.

**Venus cuadratura/oposición/quincucio ascendente.** Estos aspectos parecen dar gracia, agilidad y una facilidad de movimiento que le son muy útiles en cualquier deporte en el que tome parte. Puede tener un progenitor indulgente, si Venus está en cuadratura desde la cuarta o la décima casas. Si está en oposición desde la sexta, o si está en quincucio, puede haber problemas de salud centrados en los riñones, o podría afectarle el exceso de peso. Causa una buena impresión a los demás y está en su mejor momento trabajando con gente. Se esfuerza en mostrarse muy atractivo para convencer a los demás, pero esto no es realmente necesario, ya que cuando actúa de modo natural atrae a la gente como un imán. Considera muy importante la asociación y, a menos que Venus tenga aspectos muy difíciles, su matrimonio será feliz y gratificante. Tiende a atraer a gente que quieren ocuparse de cuidarle y atenderle y, si estos aspectos se usan de modo impropio, podrían hacerle depender demasiado de los demás. Como todos los aspectos de Venus, éstos proporcionan talento creativo, artístico y musical.

*Actor Rory Calhoun* □.

**Venus conjunción Medio Cielo.** Su ego se siente directamente enlazado con su apariencia, y considera muy importante aparecer ante el público como persona atractiva y triunfante. Si Venus se halla en la décima casa, probablemente se ocupa en una carrera donde el arte, la actuación dramática o la belleza tienen importancia capital. Un excesivo optimismo puede acompañar este aspecto de Venus: la idea de que la vida es hermosa, es maravillosa y de que no se tiene que trabajar para alcanzar el éxito. Esto es especialmente cierto si Venus tiene muchos trígonos y sextiles. Sin embargo, esa persona quiere llegar a ser alguien, le gusta la gente y suele llevarse bien con todo el mundo. Por lo tanto, podría tener éxito en el campo de las relaciones públicas o del espectáculo.

*Actriz Loretta Young, músico José Feliciano.*

**Venus trígono/sextil Medio Cielo.** Por ser afable, social y atractivo, atrae a los demás y tiene muchas relaciones agradables y amistosas. Se esfuerza por ser agradable y amistoso y evitar enfrentamientos con otras personas. Todos aquellos con quienes se relaciona en su comunidad o en su trabajo tienen muy buena opinión de esa persona; generalmente, le cuesta poco avanzar en la vida. Sus padres le ayudan, así como sus hermanos y hermanas, y su vida es armoniosa, tanto en el hogar como en los negocios. Si otras áreas del gráfico lo indican, éste puede ser un aspecto de habilidad artística. La belleza, en sí misma y por sí misma, es muy importante para esa persona.

*Compositor Anton Bruckner* △ , *experimentador en drogas Timothy Leary* ⚹ .

**Venus cuadratura/oposición/quincucio Medio Cielo.** Dar y recibir amor es tan vital para esa persona, que puede llegar a comprometer su innato sentido del decoro a causa de la popularidad. Es afectuoso y amante, tiene un fuerte impulso artístico y creativo, pero teme a menudo que los demás no le acepten tal como es. Por lo tanto, se esfuerza para ayudar y ser útil a los demás para alcanzar la aceptación que tan importante le parece. Tiene una relación cálida y afectuosa con su familia y con su pareja, y su hogar está decorado y amueblado con gusto. La aceptación social es importante para el bienestar de esta persona, y la tiene a menos que Venus no tenga una buena situación. Si Venus está en quincucio desde la quinta casa, puede haber un cambio de carrera, de un campo creativo a otro.

*Actor James Dean* ☊, *científico Louis Pasteur* ⋊.

**Marte conjunción ascendente.** Lleno de confianza en sí mismo, atrevido y aventurero, se precipita donde otros más prudentes no acudirían y acepta gustosamente cualquier riesgo. A menos que Marte esté en un signo pasivo (como Cáncer o Piscis), y tenga pocos aspectos difíciles, nada le arredra y es capaz de grandes esfuerzos físicos. Con o sin aspectos difíciles y sea cual fuere el signo, tiene respuesta rápida y es franco al hablar. Si estas cualidades se usan positivamente, podrá desenvolverse bien en cualquier área que requiera facilidad de palabra y de expresión, por ejemplo, en la profesión legal, en el teatro, en política; o como ministro de la Iglesia. Fuertemente egocéntrico, encuentra que la cooperación con otras personas es difícil, prácticamente imposible. Por lo tanto, trabaja solo y debe aprender a dominar la irritabilidad y su carácter pendenciero. Los deportes le atraen y, si no se dedica activamente a una carrera relacionada con deportes, es un entusiasta espectador y aficionado. Si Marte está en la duodécima casa, algunas de las cualidades mencionadas están ocultas o mantenidas secretas en sus primeros años, pero tarde o temprano las expresará públicamente.

*Actor Dereck Jacobi.*

**Marte trígono/sextil ascendente.** De voluntad fuerte, independdiente y agresivo, nunca teme hablar y expresa sus ideas y pensamientos de manera positiva y decidida. Su creatividad halla vías de expresión en los viajes (especialmente si Marte está en la tercera o en la novena casas), o en los deportes (con Marte en la quinta casa), y puede ser muy original en estas áreas. Nunca se amilana ante un reto y se sumerge animosamente en todos sus asuntos. Sus amigos son predominantemente hombres y disfruta creando una imagen machista, incluso si es una mujer. No le gusta que otras personas le acosen con exigencias o peticiones, pero dará voluntariamente su ayuda y su tiempo en la mayoría de los casos.

*Atleta Bob Mathias △, actriz Mary Martin ✶.*

**Marte cuadratura/oposición/quincucio ascendente.** Estos aspectos son de los que poseen más fuerza impulsora en todo el Zodíaco. Pero debe aprender a canalizar este impulso en áreas productivas y a no diseminar su energía a los cuatro vientos. Su intensidad puede causarle, a veces, problemas físicos, por ejemplo, nervios en el estómago o úlceras, especialmente si Marte se halla en la cuarta o en la sexta casas. Tiene a menudo un temperamento muy irritable, si Marte está situado en la tercera o en la décima casas. Usado debidamente, Marte le da aquí la capacidad de producir en abundancia, tanto física como mentalmente, y puede trabajar durante más horas que la mayoría de la gente y necesitar menos descanso. Frecuentemente, sin embargo, abandona el tacto y la diplomacia en disputas y discusiones, porque es muy competitivo y está siempre dispuesto a aceptar cualquier reto. Atrae a menudo a gente que le hacen pasar malos ratos, pero esto no le importa porque esa clase de gente es la única que le inspira respeto. Es importante que aprenda a hacer concesiones, porque así podrá unir su energía a la de los demás y alcanzar grandes y elevadas metas.

*Compositor George Bizet □, transexual Christine Jorgenson ♂, actor y cantante Sammy Davis, jr. ⊼.*

**Marte conjunción Medio Cielo.** Su impulso y energía, idealmente, se orientan hacia una carrera. Se esfuerza para que sus méritos sean reconocidos, y lo hace con todas sus fuerzas. Es una persona muy decidida que sabe exactamente lo que se propone y se aproxima a sus fines con acción directa. En su avance no tolera ninguna interferencia y, si alguien se le enfrenta, no le resulta fácil retroceder con elegancia. Su personalidad es fuerte y dominante, y convendría que aprendiera a tratar con los demás amablemente y sin ira, cosa que es poco probable a menos que Marte posea algunos trígonos y sextiles. Aspira a tener una carrera donde pueda ocupar una posición de líderazgo o de autoridad, y a menudo tiene éxito en negocios de su propiedad.

*Industrial Henry Ford, general Douglas MacArthur.*

**Marte trígono/sextil Medio Cielo.** Tiene mucha labia y, con sus palabras, puede tanto encontrarse envuelto en cualquier situación como salirse de ella. Su impulso y energía se canalizan productivamente y es capaz de una prodigiosa cantidad de esfuerzo. De voluntad fuerte y muy individualista, entra en acción con enorme entusiasmo. Expone sus ideas de modo positivo y los demás aceptan, generalmente, su liderazgo con un mínimo de protesta. Independiente y expansivo, es una persona muy tratable siempre que los demás comprendan y respeten su enfoque de la vida exuberante y entusiasta.

*Actor Errol Flynn △.*

**Marte cuadratura/oposición/quincucio Medio Cielo.** Fuerte y dominante, alcanza su meta cueste lo que cueste, venciendo toda clase de obstáculos, incluso enfrentándose a las más desfavorables circunstancias. Nada le detiene en su esfuerzo por avanzar; al menos, si algo le detiene, no es por mucho tiempo. Intrépido es un buen calificativo para esta persona. Si Marte está en la séptima casa, puede ser problemático, pero no le preocupa porque parece crecerse en la adversidad. La gente puede alejarse de esa persona por su fuerza en imponerse, y debería tratar de usar algo de tacto y diplomacia al tratar con los demás. Una de las áreas difíciles es la actitud de esa persona hacia la autoridad; esta actitud podría tener su origen en la infancia, cuando quizá sintió que uno de sus progenitores trataba de dominarle. Una vez ha establecido su seguridad, esta fuerte necesidad de vencer a los demás y a sus ideas es más manejable y la persona se dulcifica un poco.

*Canciller Konrad Adenauer □, escritor Jack Kerouac ♂.*

**Júpiter conjunción ascendente.** Es sociable, amistoso y generoso, al menos superficialmente. La religión o la filosofía tienen un gran papel en su vida y suele ser tolerante y está dispuesto a conceder a los demás el beneficio de la duda. Sin embargo, si Júpiter tiene aspectos difíciles, puede ser muy testarudo en sus opiniones, e incluso fanático. A menudo le atraen los campos de deportes, y sobresale en todo lo que exija destreza física. Es servicial para los demás y muy tolerante mientras se respeten sus normas morales y éticas. Le gusta viajar y le gusta el campo; trata de aceptar sugerencias e ideas que amplíen sus horizontes. Si Júpiter se halla en la duodécima casa, no es tan sociable, pero es muy afor-

tunado y los demás le consideran como persona de suerte. Algunas veces, Júpiter en la primera casa puede causar problemas de obesidad.
*Productor Dino DeLaurentiis.*

**Júpiter trígono/sextil ascendente.** La gente es importante para esta persona y, con su encanto y personalidad sociable, no tiene dificultad en atraerla. Los amigos tienen un papel importante en su vida y le ayudan a menudo a conseguir sus fines. Ocurrente, amante de la diversión y sociable, disfruta cuanto puede de la vida y suele ser el centro de cualquier fiesta. Debe procurar no ser excesivamente locuaz y superficial, buscando sólo el placer, sin darse cuenta de que tiene la posibilidad de destacar en religión, leyes, filosofía, o en otros campos de estudio. Su palabra clave parece ser viaje, y su lema podría ser «No me cierren el camino», porque le place estar constantemente en movimiento. A menudo tiene éxito en un país extranjero.
*Periodista David Frost △, actriz Julie Andrews ✳.*

**Júpiter cuadratura/oposición/quincucio ascendente.** Tiene la tendencia a exagerar y dramatizar los hechos cotidianos. Si canaliza esta tendencia apropiadamente, puede usar esta habilidad para escribir o actuar en el teatro. Hay otras personas importantes en su plan de vida, pero siente la necesidad de dominar en sus asociaciones y en situaciones sociales. Descubrirá que, para que sus relaciones adquieran madurez, debe aprender a hacer concesiones y a considerar algo más que su propio punto de vista. Sus padres tienen una importancia vital en la formación de su concepto moral y ético; es posible que trate, por todos los medios, de vivir de acuerdo con la imagen que ellos forjaron y con sus expectaciones. Es una persona inquieta, tanto mental como físicamente, y es imperativo que se procure una adecuada válvula de escape para canalizar esta energía productivamente.
*Actores Desi Arnaz, jr. □ y Omar Sharif ♂, escritora Faith Baldwin ⊼.*

**Júpiter conjunción Medio Cielo.** Aparece como un ciudadano muy moral y muy recto. Su imagen pública le importa mucho y, aunque es ambicioso y quiere avanzar, nunca pondrá en peligro su posición en la comunidad para lograrlo. La religión puede tener un papel decisivo en su vida, y su carrera envolverá, sin duda, viajes y deportes. Si Júpiter está en la novena casa, puede descubrir que la enseñanza o el campo legal es una excelente salida para su interés en la ley, el orden y los valores éticos. Si Júpiter está en la décima casa, su carrera recibirá la ayuda de amigos o de uno de sus progenitores.
*Estrella del tenis Arthur Ashe, senador Robert Kennedy.*

**Júpiter trígono/sextil Medio Cielo.** Suerte es su palabra clave, y amigos y parientes le ayudan en todos los momentos de su vida. No tiene dificultad en llevarse bien con sus compañeros de trabajo, sus superiores y todas las personas con autoridad, a causa de su personalidad en apariencia dócil y de sus deseos de aprender. Nunca aparece ante los demás de modo dominante o amenazador. Sin embargo, a menos que haya fuertes aspectos de Saturno, puede ser algo perezoso para esforzarse en alcanzar la realización de sus ambiciones y tiene la tendencia de dejarse llevar. Como áreas de trabajo, le atraen los deportes, el trabajo social, las leyes, el trabajo editorial y la enseñanza. Sea cual sea el campo escogido, le será fácil triunfar en él.

*Juez Earl Warren △ , actor Ryan O'Neal* ✶ .

**Júpiter cuadratura/oposición/quincucio Medio Cielo.** Tiene grandes deseos de ganancias materiales, y cree que un buen día de trabajo vale un buen jornal. Posee mucha energía y quiere expresarse creativamente. Así, se desenvuelve bien en espectáculos y deportes, además de los campos propios de Júpiter. Puede atraerle la política, donde es capaz de alcanzar mucha popularidad; debe, sin embargo, tener cuidado de no enemistarse con otras personas a causa de la franqueza y contundencia de su enfoque y de sus opiniones. Su hogar y su familia son de importancia primordial para esa persona y, si Júpiter está en la cuarta casa, su hogar será grande y suntuoso, situado en el centro de una gran extensión de terreno y, quizá, en una colina. No puede soportar sentirse confinado, ni física ni emocionalmente y, a causa de este sentimiento, puede existir la tendencia a huir de amistades íntimas.

*Actor Marlon Brando ☐, presidente Abraham Lincoln ♂, cantante Cher ⊼ .*

**Saturno conjunción ascendente.** Saturno aquí añade un matiz de gravedad a la personalidad. Algo sombrío, le cuesta decidirse a reír o a sonreír, sobre todo en su adolescencia. Es una persona responsable y en la que se puede confiar; la clase de persona a la que se conoce por su estabilidad y entereza. Tiene buena estructura ósea, suele ser fotogénica, y esta situación puede hacerla esbelta, de poca altura pero bien proporcionada, o enjuta. Saturno limita aquella parte en la que se halle; cuando está cerca del ascendente, puede limitar el tamaño físico de la persona. Con aspectos difíciles, su salud puede presentarle problemas y, durante su infancia, puede incluso estar en peligro. Una vez pasados los primeros siete años, sin embargo, su salud mejora y puede esperar una larga vida. A menos que Venus, Mercurio o el Sol estén bien situados, esa persona puede ser muy pesimista, viendo sólo el lado oscuro de las cosas, sintiendo que la vida es difícil y que debe seguir el camino del trabajo duro. Es una persona seria; más adulta, durante su juventud, de lo que corresponde a su edad; con aspectos fluidos, sin embargo, aprende a relajarse, a disfrutar de la vida y parece rejuvenecerse al ir envejeciendo.

*Escritor Albert Camus, diseñadora de alta costura Coco Chanel.*

**Saturno trígono/sextil ascendente.** Es un buen trabajador, lleno de firmeza y dedicación. De ideas serias, maneja bien la responsabilidad y es considerado un líder por muchas personas. Es leal y digno de confianza; muchos saben que pueden estar seguros de que su sentido de la realidad hará que las cosas lleguen a buen término. Se siente atraído principalmente por todo lo que es útil y ordenado; por ello, vale mucho para las matemáticas y la música. Tiende a despreciar cualquier cosa trivial o puramente decorativa. Considera que sus amigos son muy importantes, especialmente si Saturno está en la tercera o en la undécima casas, pero es exigente y prefiere tener uno o dos buenos amigos a tratar con grupos. Tiende a ser algo pedante y a aferrase a lo ya conocido y probado, en lugar de aventurarse hacia lo nuevo y diferente. Esto suele suavizarse si Urano es fuerte.

*Cantante Glen Campbell △.*

**Saturno cuadratura/oposición/quincucio ascendente.** Su lema podría ser «La vida es seria; la vida es intensa». No es cosa fácil, para esa persona, relajarse y disfrutar, buscar a los demás, amar y ser amado. Esto no quiere decir que no sienta emociones: las experimenta, pero al hacerlo se siente tan culpable que, para ocultarlo, parece retraído, frío, incluso altivo. Es persona que gusta de llevar a cabo bien lo que empieza, considera el trabajo muy importante y lo coloca en primer lugar en su plan personal. Si recibe un fuerte apoyo emocional, puede vencer su profunda tendencia a ocultar sus sentimientos. Es importante que aprenda a apreciarse a sí misma, porque entonces sabrá que es digno de ser amado por otros. Esconde a menudo una sensación de inferioridad comportándose como un payaso o un comediante, burlándose de sí mismo. Esta situación puede indicar problemas de salud que pueden solucionarse con una dieta apropiada y una actitud mental sana. Le atrae la gente mayor, especialmente con la oposición, porque se siente más a gusto con ellos. Nunca es fácil, para esa persona, mantener relaciones con alguien y, si Saturno tiene aspectos difíciles, podría ser un completo solitario, que rehúye todo tipo de contacto con otras personas.

*Actor Charles Bronson □, estrella del rock Mick Jagger ⊼.*

**Saturno, conjunción Medio Cielo.** Ambición es su palabra clave; asume responsabilidad a una edad temprana y prospera con ella. La disciplina parece surgirle de su interior; aprendió a establecer su propio ritmo a edad temprana. Su triunfo o su fracaso dependerán, en gran manera, de cómo aprendió a manejar el triunfo o el fracaso en sus años jóvenes. En el primer retorno de Saturno —aproximadamente a sus 29 años— los sucesos que aporte y cómo esa persona los maneja serán una fuerte indicación de cómo reaccionará ante las experiencias de la vida en adelante. Debe aprender a abordar la autoridad. Antes de poder dirigir con éxito, debe aprender a seguir a otro. Haga lo que haga, otros le observarán; le guste o no le guste, les servirá de ejemplo, para bien o para mal.

*Músico Henry Mancini, gobernador Jerry Brown.*

**Saturno trígono/sextil Medio Cielo.** Paciente y concienzudo, hace las cosas de modo sistemático, cuidando bien sus posesiones y avanzando por la vida con método y organización. Si Saturno está en la tercera o la undécima casas, puede ser algo solitario, porque se dedica tanto a la consecución de sus fines, que no le queda mucho tiempo para actividades sociales. Sabe, intrínsecamente, que el éxito llega a base de mucho trabajo, y está más que dispuesto a hacer lo que le corresponda. Es un verdadero investigador, infatigable. Le parece más importante tener razón que ser popular. Es siempre respetuoso con la autoridad; por su actitud madura y digna de confianza, puede llegar a convertirse, por sí mismo, en una figura de autoridad.

*Científico Thomas Huxley △.*

**Saturno cuadratura/oposición/quincucio Medio Cielo.** Tiende a apartarse de los demás; no le resulta fácil la cooperación, especialmente la que sólo comprende dos personas. Prefiere hacer tan sólo lo que le interesa, por sí mismo. Hay una parte triste en su naturaleza: le parece, a este individuo, que a nadie le importa mucho lo que le suceda, que la vida es difícil y, a veces, ni siquiera vale la pena vivirla. Debe aprender a aceptar que estos sentimientos surgen de su propio interior y que no son generados por circunstancias externas. Quizá tenga un progenitor muy dominante (cuadratura), o que lo sea su pareja (oposición), pero esto tiene arreglo si se enfrenta con el problema con madurez y sentido común. Es difícil para esa persona dar y recibir amor, a menos que Saturno tenga algunos aspectos fluidos; tiene que enfrentarse a menudo con la soledad y la depresión. Sin embargo, la ayuda llegará de parte de personas de mayor edad y, una vez haya aprendido a enfrentarse con sus propios conflictos con serenidad y ecuanimidad, desarrollará su ego y tendrá éxito en cualquier posición en la que se necesiten y se admiren criterios elevados, moralidad y diligencia.

*Director Federico Fellini* □, *actor David Carradine* ✶.

**Urano conjunción ascendente.** Siempre se siente distinto a los demás o, al menos, desea ser inimitable de algún modo especial. Toda su vida le parecerá que marcha al compás de una música distinta a la de los demás. Es siempre algo avanzado a su propia época, y le interesa cualquier cosa que sea vanguardista o poco convencional. Inquieto y a veces nervioso (según qué aspectos tenga Urano), en su adolescencia fue el provocador de todas las travesuras entre sus compañeros: cualquier cosa para evitar la rutina de la vida cotidiana. Necesita estar siempre en movimiento. Debe tratar de canalizar su energía hacia áreas de productividad; prestar poca atención a los detalles y ser descuidado le conducirá a modos de obrar poco satisfactorios. Aunque este aspecto le convierte en rebelde, también le da un rasgo creativo y de invención que, si se usa positivamente, llega casi a la categoría del genio creador.

*Compositor George Gershwin, actor John Travolta.*

**Urano trígono/sextil ascendente.** Este aspecto hace que le resulte fácil sobresalir en su campo, estar muy por encima de sus competidores. Independiente y lleno de energía, a muy temprana edad exigió el derecho a su propia personalidad, a seguir sus propias inclinaciones; cuando se le da esta oportunidad, tiene un extraordinario éxito. Puede ser tan franco al hablar que ofenda a los demás; sin embargo, a causa de su agilidad mental, de sus ideas inimitables y de su habilidad para liderar, nadie le guarda rencor por largo tiempo. Le atraen amigos y conocidos que sean originales y poco corrientes, y necesita un cambio constante. De hecho, la vida le parecería aburrida si no se le presentara, frecuentemente, en pleno alboroto.

*Escritor Truman Capote* △.

**Urano cuadratura/oposición/quincucio ascendente.** Es rebelde y confía en poder seguir su propio camino haciendo lo que guste y seguir siendo aceptado por el mundo que le rodea. Cuando Urano o el ascendente tienen algunos aspectos útiles, eso suele suceder, y se le considera líder en su círculo. A causa de que ama la libertad hasta casi la excentricidad, le es difícil relacionarse con otras personas; todas sus relaciones se convierten, cuando menos, en un reto. Si otros deciden no aceptarle ni seguirle, esta persona –líder en el pleno sentido de la palabra– sigue su camino, haciendo lo que se había propuesto. La cuadratura se manifiesta como rebeldía contra sus padres y contra el *statu quo* de su juventud, y suele abandonar el hogar a edad temprana para seguir el camino deseado. La oposición aporta dificultades con asociados (en matrimonio o en negocios) y le reta a aprender la lección de la cooperación si Urano se halla en la séptima casa. Si se encuentra en la sexta casa, la energía se manifestará en situaciones de salud y de trabajo. El quincucio aporta una gran tensión física y emocional que necesita canalizarse en una empresa verdaderamente inventiva o creativa, de lo contrario, repercutirá negativamente en el cuerpo físico.

*Boxeador Muhammad Ali* □, *actriz Lucille Ball* ♂, *princesa Carolina de Mónaco* ⊼.

**Urano conjunción Medio Cielo.** Este aspecto usualmente le enfrenta al público de manera poco corriente. Se le considera completamente independiente, y rara vez sucumbe ante cualquier presión para adaptarse a las exigencias de la sociedad. Escoge a menudo un área de trabajo que se aparta de lo corriente; si escoge una de las áreas acostumbradas, sin embargo, la enfocará de modo nuevo y sin paralelo. A veces tiene un progenitor que no se ajusta al molde del hogar y en su niñez ésta fue una situación a la que le era difícil enfrentarse. Sin embargo, al ir creciendo, se dio cuenta de que podía infringir las normas y escapar a cualquier castigo a causa del ejemplo que tenía ante sus ojos. Muchas veces se siente atraído a una carrera en los medios de comunicación, en el campo de la electrónica o de los ordenadores.

*Escritor Vance Packard, comediante Tom Smothers.*

**Urano trígono/sextil Medio Cielo.** Tiende a escoger un campo progresista al buscar una carrera, algo fuera de lo corriente, científico o técnico, donde pueda demostrar sus cualidades de innovación y de liderazgo. Al no estar nunca dispuesto a observar la tradición, ni a dejarse apartar de su camino por ella, puede muy bien desarrollar un interés en las ciencias ocultas, en la astrología, o en cualquier extraño «-ismo» o filosofía. Le estimula su propia compañía y, aunque se relaciona bien con los demás, a menudo le gusta estar solo y disfrutar de la vida a su propio ritmo y a su manera. Raras veces se siente atado a sus posesiones materiales, ya que cree que éstas le obligarían a un estilo de vida convencional, y éste no es ciertamente apropiado para esa persona. Necesita vivir en constante agitación y busca siempre lo nuevo y lo distinto.

*Compositor Anton Bruckner* △, *escritor Victor Hugo* ✳.

**Urano cuadratura/oposición/quincucio Medio Cielo.** Excéntrico, individualista y muy excitable, puede crear una conmoción dondequiera que vaya. Se siente feliz cuando puede mantener en la incertidumbre a los que le rodean, que andarán preguntándose qué otra cosa rara hará esa persona. Su método de comunicación es errático, para calificarlo de modo suave, y disfruta incomodando a los demás con un lenguaje inaceptable y observaciones insultantes. Parte de su conducta ofensiva puede deberse a una relación difícil con uno de sus progenitores o con los dos (especialmente con la oposición). Su absoluto desprecio hacia lo convencional y la aceptación pública puede hacerle muy rebelde, y hacerle seguir su camino sin prestar ninguna atención a lo que otros puedan decir o pensar. A causa de su indocilidad, no le será fácil ni encontrar trabajo ni conservarlo, si lo obtiene, hasta que aprenda a canalizar la errática energía de Urano en áreas de productividad, que abarcan los campos científicos, técnicos, de ocultismo o astrológicos.

*Escritor Ernest Hemingway ♂, heredera Christina Onassis ♅.*

**Neptuno conjunción ascendente.** Observa la vida de manera idealista y romántica, casi hasta el punto de apartarse de la realidad, especialmente si la conjunción tiene solamente aspectos fluidos. Incluso con cuadraturas y oposiciones conserva su enfoque estético y está dispuesto a ver tan sólo lo mejor de los demás; sin embargo, ya es algo más realista y práctico. Es a menudo musical, artístico y creativo y es necesario que halle una salida para estas habilidades o tenderá a vagar por la vida, soñador, sin propósito determinado, buscando eternamente su propia utopía, donde todo el mundo sea como parece ser y la vida no presente ni retos ni exigencias. Esa persona depende, en gran manera, de las reacciones de los demás hacia ella; raramente actúa hasta que puede ver cómo sus acciones afectarán a los que la rodean. En su lado bueno, es una persona perceptiva e intuitiva; en el malo, es engañosa y poco digna de confianza.

*Activista Jerry Rubin, músico Cat Stevens.*

**Neptuno trígono/sextil ascendente.** Es capaz de tejer una malla de ilusión; por lo tanto, el arte dramático, escribir, política y leyes son áreas en las que puede sobresalir. Su sensibilidad le ayuda mucho en su trato con los demás; puede sintonizar muchas veces con sus necesidades y expectativas. Es intuitivo y perceptivo, sabe instintivamente lo que el público aceptará, y por ello podría desenvolverse bien en cualquier campo relacionado con ventas o con relaciones públicas. Tiene una imaginación en constante actividad y es muy creativo, si no en las artes, en artesanía. Debería confiar fuertemente en sus corazonadas, porque surgen de una poderosa fuente del interior de su subconsciente; cuando haya aprendido a escuchar esta voz pequeña y silenciosa, sabrá que ha encontrado su verdadero camino.

*Escritor James Joyce* △.

**Neptuno cuadratura/oposición/quincucio ascendente.** Estos aspectos dan tanta habilidad creativa y de inspiración como los trígonos y sextiles; solamente requieren un poco más de esfuerzo para ser productivos. Debe aprender a ser directo y sincero, más que evasivo y manipulativo. Cuando expone directamente su punto de vista, los que le escuchan se sienten atraídos por sus palabras y por su inspirada manera de enfocar su discurso. Sin embargo, si fantasea, exagera y cuenta las cosas sin proporción ni medida, alejará a los que le escuchen y tendrá dificultades en todas sus relaciones con otros, porque a la gente le costará creerle y confiar en esa persona. Con el quincucio, debería tener mucho cuidado con las medicinas y con el alcohol; es muy susceptible a sustancias extrañas introducidas en su cuerpo. Con la oposición, pueden engañarle fácilmente, y debe acostumbrarse a no asumir los problemas de los demás. Esta tendencia, unida a una profunda necesidad de que alguien necesite de su ayuda, le hace presa fácil para todo aquel que busca a alguien en quien descargar sus propios problemas. Debe tener mucho cuidado en evitar ser engañado, pero también debe evitar engañar a los demás.

*Mago Harry Houdini* □, *escritor Erich Remarque* ♂, *cantante Johnny Cash* ⊼.

**Neptuno conjunción Medio Cielo.** Su palabra clave es encanto. Otros le ven como carismático y apremiante. Con su imagen, le iría bien una carrera en el cine, en televisión, fotografía, petróleo o la marina mercante. Sensible a todo lo que le rodea, absorbe experiencia como una esponja y, muchas veces, su sensibilidad para las impresiones que recibe le lleva a una carrera en el campo de la literatura. Debe evitar sentirse deprimido cuando las cosas no van como desea. Quizá tenga que probar muchas áreas antes de hallar una que le otorgue las recompensas espirituales que tan importantes son para esa persona. Muchas veces tiene habilidad intuitiva o psíquica y, si no la usa en una carrera pública, puede al menos servirle como guía privada.

*Actor Tyrone Power.*

**Neptuno trígono/sextil Medio Cielo.** Pasivo y amante de la paz, es idealista en su visión del mundo, y muy generoso en sus relaciones con los demás. Le atraen los animales y los necesitados; no hay nada que no hiciera para ayudar a sus semejantes. Creencias, color, raza y religión no significan nada para esa persona en sus tratos con el público; es verdaderamente un ciudadano del mundo. Sin embargo, sí asume los sentimientos y vibraciones de aquellos con los que se asocia; por lo tanto, es necesario que trate de rodearse de gente positiva y jovial, en lugar de hacerlo de gente negativa y deprimida. Sus sentimientos, algo tímidos y reservados hasta que sabe que puede confiar en alguien, son fácilmente heridos. Es a menudo víctima de desprecios involuntarios.

*Princesa Margarita de Inglaterra* △ , *presidente Harry Truman* ∗ .

**Neptuno cuadratura/oposición/quincucio Medio Cielo.** Le es difícil enfrentarse a sus errores a causa de su inseguridad y sus dudas sobre sí mismo. Sus primeros años pueden haber sido dañados por una mala relación con uno o ambos progenitores, que pueden haber estado enfermos, o ser débiles, o alcohólicos. Debe esforzarse en desarrollar su propia imagen de sí mismo, porque hasta que esa persona no halle en sí mismo algo digno de amor, en otros será difícil, si no imposible, hallarle algo digno de atención y de afecto. Tiende a disiparse en muchas direcciones y necesita definirse sus metas, en cuanto a una carrera, a edad temprana; de otro modo, andará dando tumbos indefinidamente, sin llegar nunca a establecerse realmente en un campo de trabajo. Perceptivo en intuitivo, e incluso religioso si lo indica su ambiente, puede hallar una gran paz mental en la búsqueda de una filosofía idealista.

*Compositor Frederic Chopin* ♂ , *actriz Judy Garland* ⊼ .

**Plutón conjunción ascendente.** Éste es un poderoso aspecto para el bien o para el mal; da intensos poderes de concentración y la necesidad de ejercitar su voluntad y poder sobre otros. A menos que use este aspecto positivamente, puede causarle dificultades, porque le cuesta tomarse la vida a la ligera. Se lanza de cabeza en todo lo que hace, y sufre más tarde las consecuencias. Intensamente emotivo, dramatiza todo lo que le ocurre, a veces fuera de toda proporción y, cuando se halla así inmerso, puede ser irritable, susceptible e, incluso, irracional. Cuando se usa positivamente, este aspecto da gran resistencia física, el impulso de llevar las cosas a un fin, la habilidad de controlar casi cualquier situación. Su competitividad hace que esa persona sea la dominante en la mayoría de las relaciones que sostenga; por eso, tiende a atraer gente débil, o a enfrentarse con los que tienen una personalidad fuerte en una competición y confrontación cara a cara.

*Actores Jack Nicholson y Cristopher Reeve.*

**Plutón trígono/sextil ascendente.** Entra en todas sus relaciones con gran intensidad, y muchas de sus amistades tienen una influencia duradera en su vida. Atrae a la gente a causa de su fuerza y de su actitud positiva. Siente mucha curiosidad por saber qué es lo que mueve a los demás y siempre está envuelto en investigaciones psicológicas. Se toma la vida seriamente, es líder y promotor, y una vez ha tomado una decisión sobre algo, raras veces cambia de opinión. Necesita reformar y regenerar a los que le rodean, y la mayoría de las veces lo hace de modo positivo y productivo. Otras personas le buscan como guía y director y raras veces quedan desengañadas.

*Animador Maurice Chevalier* ∗.

**Plutón cuadratura/oposición/quincucio ascendente.** Dotado de una poderosa personalidad, tiene mucho que dar y mucho que compartir, pero debe hallar un modo positivo de hacerlo. Tiene la tendencia de tiranizar a los demás, inflingiéndoles su voluntad, sean o no receptivos a ella. Su vida parece ser una crisis tras otra —especialmente con el quincucio—, pero le gusta el estímulo de la agitación y aprende, al fin, a ir con la corriente; pero, cuando las cosas se desenvuelven con suavidad, se aburre y hace lo imposible para crear agitación, a menudo tratando de manipular a otros para alcanzar sus fines. Generalmente, cuando no puede llevarse bien con los demás, no comprende que es, en parte, culpa suya que así suceda; al contrario, le parece que la culpa es toda de los demás, porque no hacen un esfuerzo para ver su punto de vista. Tiene que enfrentarse continuamente con su propia conducta coercitiva; debe evitar las amistades que le lleven por el camino del engaño.

*Astrónomo Johannes Kepler* □, *escritora Helen Keller* ♂, *científico Louis Pasteur* ↗.

**Plutón conjunción Medio Cielo.** Necesita ser líder. Para esa persona, es imperativo estar al frente de lo que suceda. No toma nunca un segundo lugar; incluso cuando nadie le sigue, hace las cosas siguiendo el camino que se ha trazado, sin mirar nunca hacia atrás y raramente haciendo concesiones. Uno de sus progenitores tiene una gran influencia sobre esa persona, y ambos tienen una relación intensa. Esto puede ser bueno, pero si la conjunción tiene aspectos difíciles, este progenitor tratará de dominarle, en perjuicio suyo. En algún momento de su vida habrá un importante cambio de dirección, a veces sin que se de cuenta de ello, y lo comprenderá más tarde, al contemplarlo retrospectivamente.

*Actor Sidney Poitier, compositor Igor Stravinsky.*

**Plutón trígono/sextil Medio Cielo.** Una vez más aparece la habilidad de liderar, pero es más suave en su efecto y más fácilmente aceptada por aquellos con los que esta persona entra en contacto. Es ambiciosa, con deseos de triunfar; puede desenvolverse bien en ocupaciones en las que pueda dar consejos y asesoramiento. Generalmente, decidirá hacia qué dirección se encaminará su carrera a edad temprana, a menudo con ayuda de un amigo en esta misma área. Dado que es una persona introspectiva y diestra en manipulación financiera, la práctica de las leyes y la dirección de empresas son las profesiones en las que puede sentirse a gusto y en las que puede forjarse una buena reputación. Sorprendentemente, estos aspectos muchas veces indican triunfo en el campo de la música.

*Violinista Yehudi Menuhin △, músico Herb Alpert ⋆.*

**Plutón cuadratura/oposición/quincucio Medio Cielo.** Es una persona poderosa en su campo, pero necesita tiempo, energía y dedicación para alcanzar los fines que se ha propuesto. Muchas veces encontrará el fracaso en su camino hacia el éxito, y cada vez se levantará de las cenizas, como el ave Fénix, para continuar su camino. Puede usar algo de subterfugio y manipulación para alcanzar lo que quiere. Hasta que no aprenda a hacer concesiones y a ceder a los deseos de los demás, encontrará muy difícil mantener buenas relaciones basadas en concesiones mutuas. Su peor defecto es tratar de tiranizar a otros para alcanzar el punto al que desea llegar; puede suceder que, cuando llegue a la cima, descubra que no es la cómoda cumbre que esperaba.

*Fundador de* Playboy *Hugh Hefner □, campeón de boxeo Joe Louis ☍, arquitecto Frank Lloyd Wright ⊼.*

Para dar un ejemplo de cómo utilizar las palabras clave que acabamos de ofrecer, miremos de nuevo el horóscopo de Walt Disney. Empleamos siempre la misma carta con toda intención; a estas alturas, el lector debe tener una idea bastante clara de las facetas más importantes de ese horóscopo. Debe ser ya capaz de juzgar y decidir qué palabras le convienen y cuáles no le corresponden. Walt Disney tiene un quincucio de Mercurio con el Medio Cielo. Miremos el texto que dimos para ese aspecto: «Dificultad en poner sus pensamientos en palabras que puedan entender los demás...». Hemos sabido que, cuando era muy joven, Walt Disney tuvo un poco este problema, cosa que fue una de las razones de su adoración por el mundo de la fantasía. Pero tiene también el quincucio de Mercurio con Neptuno, el cual

—siendo parte de un Yod— le ayudó a expresarse artísticamente a través de Neptuno, haciendo que las palabras o los pensamientos fueran menos importantes que las imágenes visuales. «Demasiado ensimismado para dejar que otros hablaran o para escucharles...» Un estelio de Capricornio da mucha disciplina, y así lo hace también un ascendente en Virgo. Incluso si existió esa tendencia, probablemente la venció muy pronto. El mismo razonamiento valdría para la afirmación: «La tensión nerviosa le hace, a veces, decir cosas sin pensarlas primero».

¿Qué diremos del sextil de Mercurio con el ascendente? «Creativo, con necesidad de expresarse artísticamente, sobre todo con Mercurio en la tercera o quinta casas; le es fácil expresar lo que siente, se interesa en todas las cosas y todas las personas que le rodean». La mayor parte de esta descripción puede aplicársele y es doblemente confirmada por el Sol de Disney, también en la tercera casa de expresión, y Neptuno, el más elevado en el gráfico a 0° (véase la lección 18: Grados críticos). «Le atraen los juegos y actividades mentales, y la mente y las manos deben mantenerse ocupadas para evitar el aburrimiento». Esta carta tiene una orientación artística y de negocios, opuesta a lo mental o intelectual; por lo tanto, diríamos que se sentiría feliz al expresarse artísticamente (usando, desde luego, las manos), combinando esto con buenos negocios siempre que fuera posible, y usando su idealismo de manera práctica, más que enzarzándose en juegos mentales. (No debemos olvidarnos del estelio en Capricornio.)

«Amistoso, jovial, apreciado socialmente, etc.» Todo esto puede usarse, pero razonándolo, una vez más. Disney equivale a un tipo Capricornio, tiene, desde luego, un ascendente Virgo y bastantes cuadraturas a su Luna en la primera casa. La Luna en Libra en la primera casa confirma que alguien es versado en sociedad, y cuya compañía otros disfrutarán. Sin embargo, todas las cuadraturas pueden retarle a que haga algo más que ser sociable; han de producir algún resultado. Puede actuar de manera encantadora, pero quizá no siempre tenga ganas de hacerlo ni le guste llevarlo a cabo. Por lo tanto, sea lo que sea lo indicado por el sextil con el ascendente, el resto del horóscopo debe también tenerse en cuenta.

**Ejercicio de repaso:** Interprete, en la carta de Walt Disney, Venus en trígono con el ascendente, y su Neptuno y Plutón en conjunción con el Medio Cielo. Nuestra interpretación se hallará en el apéndice, en la página 303.

# Prueba de repaso para la segunda parte

Conteste a cada pregunta «verdadero» (V) o «falso» (F). Ponga un círculo alrededor de la letra adecuada. Compruebe luego las respuestas en el apéndice, página 304.

1. Las estructuras de la carta son la parte más importante de la interpretación.     V     F

2. La estructura de cuenco contiene los diez planetas dentro de 180°.     V     F

3. La estructura de locomotora debe tener, al menos, una cuadratura vacía.     V     F

4. Si hay recepción mutua, puede haber un último dispositor.     V     F

5. Un planeta retrógrado obra de manera nociva o debilitante.     V     F

6. El Sol y la Luna nunca aparecen como retrógrados.     V     F

7. Una interceptación puede ocurrir en cualquier horóscopo.     V     F

8. Si una casa tiene un signo interceptado, también lo tiene la casa opuesta.     V     F

9. Las actividades de dos casas que comparten el mismo signo están enlazadas de algún modo.     V     F

10. Al Nodo Norte se le llama «la Cola del Dragón».     V     F

11. El Nodo Sur es donde «cedemos».     V     F

12. Si Venus está en Libra y Marte está en Aries, se dice que estos planetas están en recepción mutua.     V     F

13. Un planeta que es el último dispositor debe estar dignificado.     V     F

14. 22° Tauro está en el segundo decanato.     V     F

15. 12° Virgo está en el duad de Capricornio.     V     F

16. Si el regente de la carta está en la novena casa, hay un interés en amigos y actividades sociales.     V     F

17. Si el elemento aire falta en la carta, la persona puede tener un modo de comunicarse completamente distinto.     V     F

18. Si falta la cualidad fija, esa persona tiene la habilidad de acabar lo que empieza y es firme y estable.     V     F

19. Una persona que no tiene planetas en las casas angulares es como una persona sin planetas mutables.     V     F

20. Un planeta sin aspectos es el que no tiene aspectos mayores.     V     F

21. Los signos de las cúspides de las casas son una clave para saber cómo esa persona reacciona en cuanto a las actividades de esa casa en particular.     V     F

# Tercera parte

# Introducción

## Cómo profundizar más en
## la interpretación de la carta

○

En esta parte del libro mostraremos al lector lo que suele conocerse como «golosinas» y, en cierto modo, esto es lo que son: ciertos puntos, conceptos y grados que no son verdaderamente necesarios para interpretar una carta; sin embargo, nos ayudarán para obtener una visión más profunda de la persona de la que se trate. Al ir avanzando en Astrología, el lector conocerá otras muchas maneras de alcanzar esta visión. Algunas serán válidas, otras le ayudarán, pero otras pueden muy bien resultar ser una pérdida de tiempo. Sin embargo, el lector no debe dejarlas a un lado sin haberlas probado antes.

La Astrología es un enfoque muy personal de la psique del individuo, de su personalidad y de su constitución. El astrólogo es quien hace la interpretación; por lo tanto, lo que para él funcione, lo que le ayude, es lo único importante.

Una vez aprendido el básico ABC de Astrología, que expusimos en el primer volumen y en las dos primeras partes de este libro, el resto es como miel sobre hojuelas; puede hacerse un trabajo excelente sin esta miel, pero no debe rechazarse nunca un instrumento adicional que puede ayudarnos a alcanzar algunas de las áreas ocultas o subconscientes del ser humano.

A lo largo de los últimos dieciséis años, hemos probado centenares de los llamados nuevos enfoques. La mayoría son antiguos y se han reciclado. Usualmente, nos entusiasmamos con ellos al principio. Después los ponemos en práctica y, al cabo de un año aproximadamente, decidimos que trabajamos igualmente bien sin ellos y, a veces, incluso mejor. Pero, de vez en cuando, descubrimos que alguno de esos enfoques es realmente valioso; en ese caso, desde luego, lo incorporamos en nuestras clases y lo usamos para nuestros clientes.

Ésta es la actitud que debe adoptar el lector al estudiar la tercera parte. Lo que hallará aquí son algunas «golosinas» muy básicas, usadas por muchos astrólogos. Debe probarlas todas. Debe usarlas durante un año y, si decide entonces que no las necesita, dejarlas a un lado.

# Lección 16

## Planetas de aparición oriental, el eclipse prenatal y el vértex

### Planetas de aparición oriental

Cualquier planeta que se eleve antes del Sol, se dice que se halla en aparición oriental, ya que la palabra Oriente significa Este o ascendente. Si, por ejemplo, se tiene un Sol a 15° Géminis, el planeta que se eleve inmediatamente antes de ese número de grados en Géminis, o incluso en Tauro, estará en aparición oriental, porque habrá salido, en la fecha de nacimiento de la persona de que se trate, justo antes que el Sol.

Repetimos que no se trata aquí de un elemento indispensable para la interpretación, sino de un matiz adicional que nos permitirá conocer algo más a fondo las necesidades psicológicas o las motivaciones de un individuo. Éste es un método que procede de la antigüedad; no debería desecharse o ignorarse sólo por ser antiguo. Es bastante fácil de hallar en cualquier horóscopo. En el gráfico de Hermann Hesse de la página 45, por ejemplo, el Sol está a 10° Cáncer 52', y el primer planeta que surgió antes de su Sol fue Mercurio a 22° Géminis 40' en la séptima casa.

Se considera que un planeta de aparición oriental es más fuerte de lo que podría parecer a primera vista, como si los rayos del Sol que está a punto de salir le iluminaran ya, dándole luz y fuerza. El planeta occidental, que surge *después* del Sol, no recibe esta fuerza y luz adicionales; éste sigue al Sol y, desde luego, el Sol naciente esparce más luz que el Sol poniente. Esto es parecido al principio adoptado en los aspectos, cuando investigamos si un aspecto es aplicativo o separativo. El aspecto aplicativo siempre encierra más fuerza que el separativo.

Puesto que, en el horóscopo de Hermann Hesse, Mercurio ha surgido antes que el Sol, todos los principios de Mercurio son muy importantes para Hesse. Los más importantes son: claridad de pensamiento, habilidad para escribir, necesidad de usar la mente, curiosidad acerca de lo que le estimula a él y a los demás, y otros elementos de Mercurio en la posición de Géminis en la séptima casa.

En el horóscopo de Walt Disney en la página 290, Mercurio había aparecido también justo antes del Sol y se dice que está en aparición oriental. La primera motivación de Disney se basaría en todo aquello representado por Mercurio. La razón, el pensamiento racional y lógico, sería muy importante, y también lo sería la necesidad de comunicarse de modo bastante indagatorio (Mercurio en Escorpio). En el caso de Disney esto es muy significativo, porque saca de las nubes a su elevado Neptuno y lo lleva a tierra firme. En otras palabras, el principio de Mercurio será fuerte, independientemente de cómo y dónde se halle situado Mercurio en la carta.

Puesto que en una descripción no podemos considerar ningún elemento completamente aparte de los demás, el lector debe asegurarse de que otros factores confirman esta tendencia, en cuyo caso el énfasis será mucho más fuerte. Si los otros factores la niegan, tendrá que empezar a combinar, añadiendo un matiz en una parte y disminuyendo algo en otra, para comprender el total presentado.

**Ejercicio de repaso:** Interprétese el planeta de aparición oriental de la carta de Joan Sutherland. Nuestro análisis se hallará en el apéndice, en la página 305.

# Eclipses

Astronómicamente hablando, hay dos clases de eclipses, el solar y el lunar. El eclipse lunar ocurre cuando la Tierra pasa entre el Sol y la Luna e impide, temporalmente, que la Luna sea iluminada; el eclipse solar coloca a la Luna entre la Tierra y el Sol, cosa que oculta la luz del Sol para la Tierra, de modo que no puede verse el Sol durante un espacio de tiempo. Un eclipse lunar puede ocurrir solamente cuando hay Luna llena o plenilunio; un eclipse solar solamente puede ocurrir cuando hay Luna nueva o novilunio. Ambos tipos de eclipses pueden ocurrir solamente cuando el Sol y la Luna están cerca de los Nodos lunares, de uno o de ambos.

Al ir avanzando en Astrología, el lector comprenderá el efecto de los eclipses al ocurrir cada año en los cielos y cómo afectan el horóscopo natal y el avanzado. En este momento, sin embargo, le aconsejamos que halle el eclipse que tuvo lugar justo antes de su nacimiento, el eclipse prenatal. Es indiferente que fuera un eclipse solar o lunar. Para su información, incluimos una Tabla de Eclipses desde el año 1900 al 2000. Los eclipses anteriores a 1900 se hallarán en la mayor parte de las efemérides para esos años.

Aconsejamos al lector que anote el grado de su eclipse prenatal en algún lugar de su carta natal, como futura referencia. En el horóscopo de Farrah Fawcett tuvo lugar en diciembre de 1946, a 16° Géminis, que cae en su duodécima casa. Este grado, aunque no sea un planeta, permanecerá siempre como un punto sensible y, cosa aún más importante, la casa donde el eclipse cae se acentuará durante toda la vida del individuo.

## Eclipses solares y lunares

| Año | Mes | Día | Hora | S/L | Posición |
|-----|-----|-----|------|-----|----------|
| 1900 | MAY | 28 | 14:57 | S | 06♊47 |
| | JUN | 13 | 3:28 | L | 21♐33 |
| | NOV | 22 | 7:22 | S | 29♏34 |
| | DIC | 6 | 10:26 | L | 13♊46 |
| 1901 | MAY | 3 | 18:30 | L | 12♏42 |
| | MAY | 18 | 5:28 | S | 26♉34 |
| | OCT | 27 | 15:15 | L | 03♉36 |
| | NOV | 11 | 7:18 | S | 18♏13 |
| 1902 | ABR | 8 | 14:5 | S | 17♈48 |
| | ABR | 22 | 18:52 | L | 01♏43 |
| | MAY | 7 | 22:34 | S | 16♉25 |
| | OCT | 17 | 6:3 | L | 22♈57 |
| | OCT | 31 | 7:60 | S | 06♏58 |
| 1903 | MAR | 29 | 2:5 | S | 07♈13 |
| | ABR | 12 | 0:13 | L | 20♎53 |
| | SEP | 21 | 5:10 | S | 27♍02 |
| | OCT | 6 | 15:17 | L | 12♈08 |
| 1904 | MAR | 2 | 3:3 | L | 11♍16 |
| | MAR | 17 | 5:46 | S | 26♓13 |
| | MAR | 31 | 12:32 | L | 10♎15 |
| | SEP | 9 | 20:49 | S | 16♍43 |
| | SEP | 24 | 17:35 | L | 01♈07 |
| 1905 | FEB | 19 | 19:0 | L | 00♍34 |
| | MAR | 6 | 4:52 | S | 14♓58 |
| | AGO | 15 | 3:41 | L | 21♒42 |
| | AGO | 30 | 12:50 | S | 06♍27 |
| 1906 | FEB | 9 | 7:47 | L | 19♌41 |
| | FEB | 23 | 7:43 | S | 03♓48 |
| | JUL | 21 | 13:14 | S | 27♋50 |
| | AGO | 4 | 13:0 | L | 11♒13 |
| | AGO | 20 | 1:13 | S | 26♌06 |
| 1907 | ENE | 14 | 6:12 | S | 22♑57 |
| | ENE | 29 | 13:38 | L | 08♌28 |
| | JUL | 10 | 15:27 | S | 17♋12 |
| | JUL | 25 | 4:23 | L | 01♒01 |
| 1908 | ENE | 3 | 21:45 | S | 12♑08 |
| | ENE | 18 | 13:22 | L | 26♋58 |
| | JUN | 14 | 14:6 | L | 23♐11 |
| | JUN | 28 | 16:31 | S | 06♋32 |
| | JUL | 13 | 21:34 | L | 20♑54 |
| | DIC | 7 | 21:55 | L | 15♊32 |
| | DIC | 23 | 11:49 | S | 01♐17 |
| 1909 | JUN | 4 | 1:29 | L | 12♐49 |
| | JUN | 17 | 23:31 | S | 26♊05 |
| | NOV | 27 | 8:54 | L | 04♊31 |
| | DIC | 12 | 19:44 | S | 20♐11 |
| 1910 | MAY | 9 | 5:3 | S | 17♉41 |
| | MAY | 24 | 5:34 | L | 02♐08 |
| | NOV | 2 | 2:8 | S | 08♏47 |
| | NOV | 17 | 0:21 | L | 23♉45 |
| 1911 | ABR | 28 | 22:16 | S | 07♉30 |
| | MAY | 13 | 5:56 | L | 21♏15 |
| | OCT | 22 | 3:54 | S | 27♎38 |
| | NOV | 6 | 15:36 | L | 13♉00 |
| 1912 | ABR | 1 | 22:14 | L | 11♎54 |
| | ABR | 17 | 12:3 | S | 27♈06 |
| | SEP | 26 | 11:45 | L | 03♈06 |
| | OCT | 10 | 14:0 | S | 16♎53 |
| 1913 | MAR | 22 | 11:58 | L | 01♎17 |
| | ABR | 6 | 17:33 | S | 16♈19 |
| | AGO | 31 | 20:52 | S | 07♍49 |
| | SEP | 15 | 12:48 | L | 22♓05 |
| | SEP | 30 | 4:46 | S | 06♎25 |
| 1914 | FEB | 25 | 23:56 | S | 06♓33 |
| | MAR | 12 | 4:13 | L | 20♍42 |
| | AGO | 21 | 11:55 | S | 27♌34 |
| | SEP | 4 | 13:55 | L | 11♓08 |
| 1915 | ENE | 31 | 4:58 | L | 10♌24 |
| | FEB | 14 | 4:23 | S | 24♒24 |
| | MAR | 1 | 18:20 | L | 09♍59 |
| | JUL | 26 | 12:25 | L | 02♒34 |
| | AGO | 10 | 22:52 | S | 17♌12 |

| | | | | | | | | | | |
|---|---|---|---|---|---|---|---|---|---|---|
| | AGO | 24 | 21:27 | L | 00♓30 | 1929 | MAY | 9 | 5:58 | S | 18♉07 |
| 1916 | ENE | 20 | 8:40 | L | 29♋04 | | MAY | 23 | 12:37 | L | 01♐47 |
| | FEB | 3 | 16:22 | S | 13♒32 | | NOV | 1 | 11:47 | S | 08♏35 |
| | JUL | 15 | 4:46 | L | 22♑24 | | NOV | 17 | 0:3 | L | 24♉04 |
| | JUL | 30 | 2:40 | S | 06♌35 | 1930 | ABR | 13 | 5:59 | L | 22♎41 |
| | DIC | 24 | 20:46 | S | 02♒45 | | ABR | 28 | 19:27 | S | 07♉46 |
| 1917 | ENE | 8 | 7:45 | L | 17♋31 | | OCT | 7 | 19:7 | L | 13♈53 |
| | ENE | 23 | 7:29 | S | 02♒45 | | OCT | 21 | 22:4 | S | 27♎47 |
| | JUN | 19 | 13:16 | S | 27♍39 | 1931 | ABR | 2 | 20:10 | L | 12♎10 |
| | JUL | 4 | 21:39 | L | 12♑17 | | ABR | 18 | 0:46 | S | 27♈02 |
| | JUL | 19 | 2:43 | S | 25♋51 | | SEP | 12 | 4:41 | S | 18♍28 |
| | DIC | 14 | 9:23 | S | 21♐50 | | SEP | 26 | 19:48 | L | 02♈47 |
| | DIC | 28 | 9:47 | L | 06♋05 | | OCT | 11 | 12:56 | S | 17♎15 |
| 1918 | JUN | 8 | 22:8 | S | 17♊16 | 1932 | MAR | 7 | 6:54 | S | 16♓30 |
| | JUN | 24 | 10:28 | L | 02♑00 | | MAR | 22 | 12:33 | L | 01♎38 |
| | DIC | 3 | 15:23 | S | 10♐40 | | AGO | 31 | 19:17 | S | 08♍08 |
| | DIC | 17 | 19:6 | L | 24♊57 | | SEP | 14 | 21:1 | L | 21♓46 |
| 1919 | MAY | 15 | 1:14 | L | 23♏16 | 1933 | FEB | 10 | 13:18 | L | 21♌31 |
| | MAY | 29 | 13:7 | S | 07♊06 | | FEB | 24 | 12:34 | S | 05♓28 |
| | NOV | 7 | 23:44 | L | 14♉37 | | MAR | 12 | 2:33 | L | 20♍58 |
| | NOV | 22 | 15:8 | S | 29♏16 | | AGO | 5 | 19:46 | L | 13♒02 |
| 1920 | MAY | 3 | 1:51 | L | 12♏21 | | AGO | 21 | 5:44 | S | 27♌42 |
| | MAY | 18 | 6:15 | S | 26♉59 | | SEP | 4 | 4:52 | L | 11♓05 |
| | OCT | 27 | 14:11 | L | 03♉53 | 1934 | ENE | 30 | 16:43 | L | 10♎13 |
| | NOV | 10 | 15:52 | S | 17♏58 | | FEB | 14 | 1:3 | S | 24♒46 |
| 1921 | ABR | 8 | 9:56 | S | 18♈01 | | JUL | 26 | 12:16 | L | 02♒53 |
| | ABR | 22 | 7:44 | L | 01♏35 | | AGO | 10 | 9:13 | S | 17♌03 |
| | OCT | 1 | 12:10 | S | 07♎46 | 1935 | ENE | 5 | 5:36 | L | 13♋58 |
| | OCT | 16 | 22:54 | L | 22♈59 | | ENE | 19 | 15:48 | L | 28♋41 |
| 1922 | MAR | 13 | 11:14 | L | 22♏06 | | FEB | 3 | 16:17 | S | 13♒55 |
| | MAR | 28 | 13:12 | S | 07♈05 | | JUN | 30 | 20:0 | S | 08♋05 |
| | ABR | 11 | 20:32 | L | 21♎03 | | JUL | 16 | 5:0 | L | 22♑44 |
| | SEP | 21 | 4:47 | S | 27♍25 | | JUL | 30 | 9:17 | S | 06♌17 |
| | OCT | 6 | 0:44 | L | 11♈53 | | DIC | 25 | 17:47 | S | 03♋01 |
| 1923 | MAR | 3 | 3:32 | L | 11♓38 | 1936 | ENE | 8 | 18:10 | L | 17♋16 |
| | MAR | 17 | 12:24 | S | 25♓54 | | JUN | 19 | 5:16 | S | 27♊44 |
| | AGO | 26 | 10:40 | L | 02♓15 | | JUL | 4 | 17:26 | L | 12♑27 |
| | SEP | 10 | 20:31 | S | 17♍05 | | DIC | 13 | 23:27 | S | 21♐49 |
| 1924 | FEB | 20 | 16:9 | L | 00♍47 | | DIC | 28 | 3:49 | L | 06♋09 |
| | MAR | 5 | 15:44 | S | 14♓49 | 1937 | MAY | 25 | 7:51 | L | 03♐47 |
| | JUL | 31 | 19:59 | S | 08♌17 | | JUN | 8 | 20:41 | S | 17♊36 |
| | AGO | 14 | 20:21 | L | 21♒45 | | NOV | 18 | 8:19 | L | 25♉41 |
| | AGO | 30 | 8:23 | S | 06♍40 | | DIC | 2 | 23:3 | S | 10♐22 |
| 1925 | ENE | 24 | 15:7 | S | 04♐09 | 1938 | MAY | 14 | 8:44 | L | 22♏56 |
| | FEB | 8 | 21:42 | L | 19♌36 | | MAY | 29 | 13:43 | S | 07♊31 |
| | JUL | 20 | 21:57 | S | 27♋37 | | NOV | 7 | 22:27 | L | 14♉54 |
| | AGO | 4 | 11:53 | L | 11♒30 | | NOV | 21 | 23:52 | S | 29♏01 |
| 1926 | ENE | 14 | 6:39 | S | 23♑21 | 1939 | ABR | 19 | 17:14 | S | 28♈45 |
| | ENE | 28 | 21:20 | L | 08♌07 | | MAY | 3 | 15:12 | L | 12♏16 |
| | JUN | 25 | 21:25 | L | 03♑39 | | OCT | 12 | 21:11 | S | 18♎38 |
| | JUL | 9 | 23:6 | S | 16♋57 | | OCT | 28 | 6:37 | L | 03♉54 |
| | JUL | 25 | 5:0 | L | 01♒22 | 1940 | MAR | 23 | 19:48 | L | 03♎11 |
| | DIC | 19 | 6:20 | L | 26♊42 | | ABR | 7 | 20:29 | S | 17♈52 |
| 1927 | ENE | 3 | 20:23 | S | 12♑29 | | ABR | 22 | 4:26 | L | 01♏47 |
| | JUN | 15 | 8:24 | L | 23♐17 | | OCT | 1 | 12:21 | S | 08♎10 |
| | JUN | 29 | 6:28 | S | 06♋31 | | OCT | 16 | 8:1 | L | 22♈42 |
| | DIC | 8 | 17:35 | L | 15♊40 | 1941 | MAR | 13 | 11:56 | L | 22♍37 |
| | DIC | 24 | 4:0 | S | 01♑21 | | MAR | 27 | 19:49 | S | 06♈45 |
| 1928 | MAY | 19 | 12:49 | S | 28♉16 | | SEP | 5 | 17:47 | L | 12♓51 |
| | JUN | 3 | 12:10 | L | 12♐37 | | SEP | 21 | 4:18 | S | 27♍47 |
| | JUN | 17 | 20:27 | S | 26♊21 | 1942 | MAR | 3 | 0:22 | L | 11♍49 |
| | NOV | 12 | 9:48 | S | 19♏47 | | MAR | 16 | 23:37 | S | 25♓45 |
| | NOV | 27 | 9:1 | L | 04♊51 | | AGO | 12 | 2:45 | S | 18♌46 |

| | | | | | |
|---|---|---|---|---|---|
| | AGO | 26 | 3:48 | L | 02♓18 |
| | SEP | 10 | 15:39 | S | 17♍17 |
| 1943 | FEB | 4 | 23:57 | S | 15♒18 |
| | FEB | 20 | 5:38 | L | 00♍40 |
| | AGO | 1 | 4:32 | S | 08♌04 |
| | AGO | 15 | 19:29 | L | 22♒02 |
| 1944 | ENE | 25 | 15:30 | S | 04♒33 |
| | FEB | 9 | 5:15 | L | 19♌14 |
| | JUL | 6 | 4:40 | L | 14♑06 |
| | JUL | 20 | 5:44 | S | 27♋22 |
| | AGO | 4 | 12:27 | L | 11♒51 |
| | DIC | 29 | 14:50 | L | 07♋54 |
| 1945 | ENE | 14 | 4:58 | S | 23♋41 |
| | JUN | 25 | 15:14 | L | 03♑43 |
| | JUL | 9 | 13:26 | S | 16♋57 |
| | DIC | 19 | 2:21 | L | 26♊52 |
| 1946 | ENE | 3 | 12:16 | S | 12♑32 |
| | MAY | 30 | 21:0 | S | 08♊49 |
| | JUN | 14 | 18:39 | L | 23♐03 |
| | JUN | 29 | 3:52 | S | 06♋48 |
| | NOV | 23 | 17:37 | S | 00♐50 |
| | DIC | 8 | 17:48 | L | 16♊01 |
| 1947 | MAY | 20 | 13:35 | S | 28♉42 |
| | JUN | 3 | 19:15 | L | 12♐16 |
| | NOV | 12 | 19:49 | S | 19♏35 |
| | NOV | 28 | 8:34 | L | 05♊10 |
| 1948 | ABR | 23 | 13:39 | L | 03♏24 |
| | MAY | 9 | 2:44 | S | 18♉23 |
| | OCT | 18 | 2:36 | L | 24♈43 |
| | NOV | 1 | 6:16 | S | 08♏44 |
| 1949 | ABR | 13 | 4:11 | L | 22♎56 |
| | ABR | 28 | 7:49 | S | 07♉42 |
| | OCT | 7 | 2:57 | L | 13♈33 |
| | OCT | 21 | 21:12 | S | 28♎08 |
| 1950 | MAR | 18 | 14:27 | S | 27♓26 |
| | ABR | 2 | 20:45 | L | 12♎30 |
| | SEP | 12 | 2:46 | S | 18♍47 |
| | SEP | 26 | 4:17 | L | 02♈29 |
| 1951 | FEB | 21 | 21:30 | L | 02♍36 |
| | MAR | 7 | 20:39 | S | 16♓28 |
| | MAR | 23 | 10:37 | L | 01♎53 |
| | AGO | 17 | 3:15 | L | 23♒34 |
| | SEP | 1 | 12:43 | S | 08♍16 |
| | SEP | 15 | 12:27 | L | 21♓45 |
| 1952 | FEB | 11 | 0:40 | L | 21♌20 |
| | FEB | 25 | 9:37 | S | 05♓44 |
| | AGO | 5 | 19:48 | L | 13♒22 |
| | AGO | 20 | 15:49 | S | 27♌32 |
| 1953 | ENE | 29 | 23:48 | L | 09♌50 |
| | FEB | 14 | 0:50 | S | 25♒03 |
| | JUL | 11 | 2:44 | S | 18♋30 |
| | JUL | 26 | 12:22 | L | 03♒13 |
| | AGO | 9 | 15:55 | S | 16♌45 |
| 1954 | ENE | 5 | 2:11 | S | 14♑13 |
| | ENE | 19 | 2:32 | L | 28♋27 |
| | JUN | 30 | 12:23 | S | 08♋10 |
| | JUL | 16 | 0:21 | L | 22♑53 |
| | DIC | 25 | 7:33 | S | 02♑59 |
| 1955 | ENE | 8 | 12:34 | L | 17♋22 |
| | JUN | 5 | 14:23 | L | 14♐16 |
| | JUN | 20 | 4:12 | S | 28♊05 |
| | NOV | 29 | 16:60 | L | 06♊48 |
| | DIC | 14 | 7:4 | S | 21♐31 |

| | | | | | |
|---|---|---|---|---|---|
| 1956 | MAY | 24 | 15:32 | L | 03♐28 |
| | JUN | 8 | 21:21 | S | 18♊01 |
| | NOV | 18 | 6:48 | L | 25♉57 |
| | DIC | 2 | 8:1 | S | 10♐08 |
| 1957 | ABR | 29 | 1:38 | S | 08♉29 |
| | MAY | 13 | 22:31 | L | 22♏51 |
| | OCT | 23 | 4:54 | S | 29♎31 |
| | NOV | 7 | 14:27 | L | 14♉53 |
| 1958 | ABR | 4 | 4:0 | L | 14♎02 |
| | ABR | 19 | 3:36 | S | 28♈35 |
| | MAY | 3 | 12:13 | L | 12♏27 |
| | OCT | 12 | 21:4 | S | 19♎02 |
| | OCT | 27 | 15:28 | L | 03♉37 |
| 1959 | MAR | 24 | 20:12 | L | 03♎32 |
| | ABR | 8 | 3:8 | S | 17♈33 |
| | SEP | 17 | 1:4 | L | 23♓30 |
| | OCT | 2 | 12:13 | S | 08♎33 |
| 1960 | MAR | 13 | 8:28 | L | 22♍48 |
| | MAR | 27 | 7:25 | S | 06♈38 |
| | SEP | 5 | 11:22 | L | 12♓55 |
| | SEP | 20 | 22:60 | S | 27♍58 |
| 1961 | FEB | 15 | 8:43 | S | 26♒27 |
| | MAR | 2 | 13:26 | L | 11♍40 |
| | AGO | 11 | 11:10 | S | 18♌32 |
| | AGO | 26 | 3:9 | L | 02♓36 |
| 1962 | FEB | 5 | 0:17 | S | 15♏43 |
| | FEB | 19 | 13:4 | L | 00♍18 |
| | JUL | 17 | 11:55 | L | 24♑33 |
| | JUL | 31 | 12:28 | S | 07♌49 |
| | AGO | 15 | 19:57 | L | 22♒22 |
| 1963 | ENE | 9 | 23:20 | L | 19♋05 |
| | ENE | 25 | 13:30 | S | 04♒52 |
| | JUL | 6 | 22:3 | L | 14♑10 |
| | JUL | 20 | 20:29 | S | 27♋24 |
| | DIC | 30 | 11:7 | L | 08♋03 |
| 1964 | ENE | 14 | 20:30 | S | 23♑43 |
| | JUN | 10 | 4:34 | S | 19♊19 |
| | JUN | 25 | 1:7 | L | 03♑30 |
| | JUL | 9 | 11:18 | S | 17♋15 |
| | DIC | 4 | 1:32 | L | 11♐56 |
| | DIC | 19 | 2:38 | L | 27♊12 |
| 1965 | MAY | 30 | 21:6 | S | 09♊13 |
| | JUN | 14 | 1:49 | L | 22♐43 |
| | NOV | 23 | 4:1 | S | 00♐39 |
| | DIC | 8 | 17:10 | L | 16♊19 |
| 1966 | MAY | 4 | 21:12 | L | 14♏03 |
| | MAY | 20 | 9:51 | S | 28♉56 |
| | OCT | 29 | 10:13 | L | 05♉39 |
| | NOV | 12 | 14:37 | S | 19♏46 |
| 1967 | ABR | 24 | 12:7 | L | 03♏39 |
| | MAY | 9 | 14:43 | S | 18♉17 |
| | OCT | 18 | 10:16 | L | 24♈23 |
| | NOV | 2 | 6:24 | S | 09♏08 |
| 1968 | MAR | 28 | 23:0 | S | 08♈20 |
| | ABR | 13 | 4:48 | L | 23♎17 |
| | SEP | 22 | 10:22 | S | 29♍28 |
| | OCT | 6 | 11:42 | L | 13♈15 |
| 1969 | MAR | 18 | 4:38 | S | 27♓25 |
| | ABR | 2 | 18:33 | L | 12♎44 |
| | AGO | 27 | 10:48 | L | 04♈08 |
| | SEP | 11 | 19:45 | S | 18♍53 |
| | SEP | 25 | 20:10 | L | 02♈29 |
| 1970 | FEB | 21 | 8:31 | L | 02♍24 |

| | | | | |
|---|---|---|---|---|
| | MAR | 7 | 18: 4 S | 16♓45 |
| | AGO | 17 | 3:24 L | 23♋54 |
| | AGO | 31 | 22:29 S | 08♍05 |
| | SEP | 15 | 10: 0 L | 21♓28 |
| 1971 | FEB | 10 | 7:45 L | 20♌57 |
| | FEB | 25 | 9:48 S | 06♓09 |
| | JUL | 22 | 9:32 S | 28♋56 |
| | AGO | 6 | 19:44 L | 13♒42 |
| | AGO | 20 | 22:40 S | 27♌15 |
| 1972 | ENE | 16 | 10:34 S | 25♍24 |
| | ENE | 30 | 10:54 L | 09♌37 |
| | JUL | 10 | 19:30 S | 18♋36 |
| | JUL | 26 | 7:17 L | 03♒20 |
| 1973 | ENE | 4 | 15:40 S | 14♑10 |
| | ENE | 18 | 21:18 L | 28♋34 |
| | JUN | 15 | 20:50 L | 24♐42 |
| | JUN | 30 | 11:41 S | 08♋32 |
| | JUL | 15 | 11:40 L | 22♑43 |
| | DIC | 10 | 1:45 L | 17♊58 |
| | DIC | 24 | 15: 3 S | 02♑40 |
| 1974 | JUN | 4 | 22:17 L | 13♐58 |
| | JUN | 20 | 4:56 S | 28♊30 |
| | NOV | 29 | 15:14 L | 07♊03 |
| | DIC | 13 | 16:13 S | 21♐16 |
| 1975 | MAY | 11 | 7:17 S | 20♉00 |
| | MAY | 25 | 5:49 L | 03♐24 |
| | NOV | 3 | 13:16 S | 10♏30 |
| | NOV | 18 | 22:24 L | 25♉55 |
| 1976 | ABR | 29 | 10:33 S | 09♉14 |
| | MAY | 13 | 19:55 L | 23♏04 |
| | OCT | 23 | 5:22 S | 29♎56 |
| | NOV | 6 | 23: 2 L | 14♉34 |
| 1977 | ABR | 4 | 4:19 L | 14♎23 |
| | ABR | 18 | 10:19 S | 28♈16 |
| | SEP | 27 | 8:30 L | 04♈14 |
| | OCT | 12 | 20:15 S | 19♎23 |
| 1978 | MAR | 24 | 16:23 L | 03♎42 |
| | ABR | 7 | 15: 4 S | 17♈26 |
| | SEP | 16 | 19: 5 L | 23♓36 |
| | OCT | 2 | 6:28 S | 08♎43 |
| 1979 | FEB | 26 | 17:22 S | 07♓31 |
| | MAR | 13 | 21: 9 L | 22♍39 |
| | AGO | 22 | 17:53 S | 29♌02 |
| | SEP | 6 | 10:55 L | 13♓13 |
| 1980 | FEB | 16 | 9: 0 S | 26♒51 |
| | MAR | 1 | 20:46 L | 11♍20 |
| | JUL | 27 | 19: 9 L | 05♒01 |
| | AGO | 10 | 19:17 S | 18♌17 |
| | AGO | 26 | 3:31 L | 02♓56 |
| 1981 | ENE | 20 | 7:51 L | 00♌17 |
| | FEB | 4 | 21:58 S | 16♒01 |
| | JUL | 17 | 4:48 L | 24♑36 |
| | JUL | 31 | 3:36 S | 07♌51 |
| 1982 | ENE | 9 | 19:57 L | 19♋17 |
| | ENE | 25 | 4:43 S | 04♒53 |
| | JUN | 21 | 12: 4 S | 29♊47 |
| | JUL | 6 | 7:32 L | 13♑55 |
| | JUL | 20 | 18:45 S | 27♋43 |
| | DIC | 15 | 9:32 S | 23♐05 |
| | DIC | 30 | 11:29 L | 08♋24 |
| 1983 | JUN | 11 | 4:34 S | 19♊43 |
| | JUN | 25 | 8:23 L | 03♑10 |
| | DIC | 4 | 12:20 S | 11♐46 |

| | | | | |
|---|---|---|---|---|
| | DIC | 20 | 1:50 L | 27♊30 |
| 1984 | MAY | 15 | 4:41 L | 24♏39 |
| | MAY | 30 | 16:53 S | 09♊26 |
| | JUN | 13 | 14:26 L | 22♐36 |
| | NOV | 8 | 17:56 L | 16♉37 |
| | NOV | 22 | 23: 5 S | 00♐50 |
| 1985 | MAY | 4 | 19:57 L | 14♏19 |
| | MAY | 19 | 21:30 S | 28♉50 |
| | OCT | 28 | 17:43 L | 05♉17 |
| | NOV | 12 | 14:50 S | 20♏10 |
| 1986 | ABR | 9 | 6:21 S | 19♈07 |
| | ABR | 24 | 12:43 L | 04♏01 |
| | OCT | 3 | 18:21 S | 10♎15 |
| | OCT | 17 | 19:19 L | 24♈06 |
| 1987 | MAR | 29 | 12:31 S | 08♈17 |
| | ABR | 14 | 2:20 L | 23♎31 |
| | SEP | 23 | 2:54 S | 29♍33 |
| | OCT | 7 | 4: 2 L | 13♈16 |
| 1988 | MAR | 3 | 16:14 L | 13♍24 |
| | MAR | 18 | 2:23 S | 27♓43 |
| | AGO | 27 | 11: 6 L | 04♓29 |
| | SEP | 11 | 5:15 S | 18♍41 |
| 1989 | FEB | 20 | 15:36 L | 02♍01 |
| | MAR | 7 | 18: 9 S | 17♓09 |
| | AGO | 17 | 3: 9 L | 24♒13 |
| | AGO | 31 | 5:32 S | 07♍48 |
| 1990 | ENE | 26 | 18:53 S | 06♒34 |
| | FEB | 9 | 19:12 L | 20♌45 |
| | JUL | 22 | 2:38 S | 29♋03 |
| | AGO | 6 | 14:13 L | 13♒48 |
| 1991 | ENE | 15 | 23:45 S | 25♑20 |
| | ENE | 30 | 5:60 L | 09♌45 |
| | JUN | 27 | 3:16 L | 05♑08 |
| | JUL | 11 | 19: 8 S | 18♋59 |
| | JUL | 26 | 18: 9 L | 03♒09 |
| | DIC | 21 | 10:34 L | 29♊09 |
| 1992 | ENE | 4 | 23:16 S | 13♋51 |
| | JUN | 15 | 4:58 L | 24♐24 |
| | JUN | 30 | 12:23 S | 08♋57 |
| | DIC | 9 | 23:45 L | 18♊13 |
| | DIC | 24 | 0:32 S | 02♑27 |
| 1993 | MAY | 21 | 14:20 S | 00♊32 |
| | JUN | 4 | 13: 1 L | 13♐54 |
| | NOV | 13 | 21:46 S | 21♏32 |
| | NOV | 29 | 6:27 L | 07♊01 |
| 1994 | MAY | 10 | 17:21 S | 19♉49 |
| | MAY | 25 | 3:31 L | 03♐38 |
| | NOV | 3 | 13:48 S | 10♏55 |
| | NOV | 18 | 6:45 L | 25♉36 |
| 1995 | ABR | 15 | 12:19 L | 25♎10 |
| | ABR | 29 | 17:24 S | 08♉56 |
| | OCT | 8 | 16: 5 L | 15♈01 |
| | OCT | 24 | 4:23 S | 00♏17 |
| 1996 | ABR | 4 | 0:11 L | 14♎33 |
| | ABR | 17 | 22:38 S | 28♈11 |
| | SEP | 27 | 2:55 L | 04♈19 |
| | OCT | 12 | 14: 3 S | 19♎31 |
| 1997 | MAR | 9 | 1:55 S | 18♓32 |
| | MAR | 24 | 4:40 L | 03♎33 |
| | SEP | 2 | 0: 5 S | 09♍34 |
| | SEP | 16 | 18:48 L | 23♓54 |
| 1998 | FEB | 26 | 17:37 S | 07♓55 |
| | MAR | 13 | 4:21 L | 22♍17 |

| | | | | | | | | |
|---|---|---|---|---|---|---|---|---|
| | AGO | 8 | 2:26 | L | 15♒31 | | | |
| | AGO | 22 | 2:15 | S | 28♋48 | | | |
| | SEP | 6 | 11:11 | L | 13♓34 | | | |
| 1999 | ENE | 31 | 16:19 | L | 11♌27 | | | |
| | FEB | 16 | 6:22 | S | 27♒07 | | | |
| | JUL | 28 | 11:35 | L | 05♒03 | | | |

| | | | | | |
|---|---|---|---|---|---|
| | AGO | 11 | 10:53 | S | 18♌21 |
| 2000 | ENE | 21 | 4:45 | L | 00♌29 |
| | FEB | 5 | 12:50 | S | 16♒01 |
| | JUL | 1 | 19:34 | S | 10♋15 |
| | JUL | 16 | 13:57 | L | 24♑20 |
| | JUL | 31 | 2:14 | S | 08♌11 |
| | DIC | 25 | 17:36 | S | 04♑15 |

Algunos astrólogos creen que, si el eclipse está más cerca del Nodo Norte natal, la vida será más fácil; si está más cerca del Nodo Sur, la persona se enfrentará a mayores dificultades. Hemos tratado de probar y documentar esta aseveración, pero no podemos decir categóricamente que estamos de acuerdo. Sugerimos que el lector lo observe por sí mismo y saque después sus propias conclusiones. El libro de Robert Jansky, *Interpreting the Eclipses,* explora ese tema en profundidad.

El eclipse prenatal de Hermann Hesse sucede a 25° Piscis en su tercera casa, lo cual pone de relieve toda clase de comunicaciones. Podría decirse que, con un estelio de planetas en la tercera casa, esto es evidente, de todos modos; es verdad, pero aquí se le añade una confirmación adicional, que es lo que siempre buscamos. 25° Piscis se convierte también en un grado sensible en el horóscopo de Hesse cuando le rozan los tránsitos del firmamento. De este tema hablaremos en las lecciones intermedias del próximo volumen.

**Ejercicio de repaso:** Hállense los puntos del eclipse prenatal en las cartas de Walt Disney y de Joan Sutherland. Nuestra respuesta se hallará en el apéndice, en la página 305.

## El vértex

En años recientes, el astrólogo Charles Jayne ha hecho unas investigaciones muy interesantes sobre el vértex en el horóscopo natal. Otros astrólogos lo han usado con resultados bastante buenos.

El vértex y el antivértex (su punto opuesto) son el tercer ángulo *imaginario* del horóscopo. Los otros dos son el ascendente-descendente y el MC-IC. Les llamamos imaginarios porque trasponer cualquier factor tridimensional sobre un pedazo de papel plano y bidimensional siempre da como resultado la formación de puntos o ángulos imaginarios. Conocemos el ángulo ascendente-descendente, que simboliza la disección del globo por latitud entre el Sur y el Norte, o Ecuador, y que representa el horizonte. Conocemos también el segundo grupo de ángulos, el Medio Cielo (Medium Coeli) o MC y el Imum Coeli, que simboliza la división del globo por longitud. El tercer eje sería el vértex y el antivértex, simbolizando la dimensión de arriba abajo que existe en cualquier esfera tridimensional. Charles Jayne ha dado la siguiente fórmula para calcular este eje:

> Se resta la latitud del lugar de nacimiento de 90°, para obtener la colatitud. Se usa el IC (cúspide de la cuarta casa) como si fuera el MC; se halla este grado en la Tabla de Casas y se busca la colatitud que se acaba de obtener. Lo que se encuentre para el ascendente se convierte en el vértex. El punto opuesto (a diferecia de 180°) es el antivértex.

Veamos como ejemplo el horóscopo de Hermann Hesse: su IC es 20° Aries 30'. En la página 15 de la Tabla de Casas de Koch hallamos 20° Aries. La latitud de nacimiento de Hesse es 48°N01', y restando esto de 90° obtenemos la colatitud de 41°N59', o aproximadamente 42°, que muestra 4° Leo 23' como ascendente en esta columna. Así, 4° Leo 23' se convierte en el vértex de Hesse, y 4° Acuario 23' en su punto antivértex.

Según Jayne, la naturaleza del vértex se orienta hacia los demás. Participa más de la parte occidental de la carta, donde no siempre se está en pleno control, sino que suele dependerse de los caprichos y deseos de los demás. En otras palabras, el vértex debería considerarse *reactivo* más que activo, *responsivo* más que iniciador. Si, hablando astrológicamente, el ascendente representa la consciencia personal y el Medio Cielo la social, entonces el vértex podría decirse que representa la *consciencia del grupo.* O, para decirlo más sencillamente, si a través del ascendente emprendemos una acción personal, y a través del Medio Cielo una acción social (carrera, profesión, rango), el vértex es el punto de reflexión o de reacción a cualquier cosa que hayamos iniciado. Delphine Jay, en un artículo sobre el vértex en *Astrology Now*, lo explica muy bien: «En el ascendente *somos,* en el Medio Cielo *obramos,* y en el vértex se refleja el camino de crecimiento alcanzado que puede estimular posibilidades futuras».

En nuestra investigación, hemos hallado que el vértex refleja muchas de estas cualidades. También hemos hallado que es útil para comparar cartas. Por ejemplo, ¿por qué se han unido John y Mary, cuando no parecen tener gran cosa en común? Busquemos su vértex y a menudo encontraremos que uno de los planetas de Mary está en conjunción con el vértex de John, o viceversa.

En la descripción de una carta natal, el vértex debería expresarse o comunicarse como potencial de crecimiento futuro. Quizá la persona no sea consciente de ello, porque no es un planeta, pero es uno de los puntos sensibles del horóscopo; sin embargo, subconscientemente, sentirá la necesidad de expresarlo quizá sin saber realmente por qué.

Hermann Hesse, por ejemplo, tiene su vértex en su octava casa de investigación, ciencias ocultas, regeneración y sexo, en el signo de Leo. Hesse necesitaba demostrar, experimentar y regenerar desde su interior, pero de un modo bastante espectacular y dramático. En sí mismo, esta carta no es muy sexual, aunque Urano en la octava casa gusta de experimentar. Si el vértex muestra potencial de crecimiento, entonces Hesse en la octava casa necesita la ayuda de otros para hallar liberación. Esto se vería confirmado por el Sol en la séptima casa, que necesita comprender a los demás y relacionarse con ellos.

Puesto que el vértex es un instrumento relativamente nuevo en Astrología, instamos al lector a investigarlo por sí mismo, y nos gustaría que nos comunicara si halla resultados interesantes. Nuestra investigación parece indicar que el vértex es más importante que el punto antivértex, pero esto también debería investigarlo el lector por su cuenta y ver qué resultados le da.

**Ejercicio de repaso:** Calcular el vértex para Walt Disney. Nuestra respuesta se hallará en el apéndice, en la página 305.

# Lección 17

## Partes Árabes

## Las partes Árabes (o puntos Árabes)

Como indica su nombre, estas partes o puntos se usaban en la Astrología árabe y han sido muy admiradas, y después desdeñadas, a lo largo de la historia de la Astrología. La Astrología india aún usa muchas de estas partes, mientras que las naciones occidentales usan sobre todo la Parte de Fortuna, o simplemente Fortuna (⊗).

Es importante recordar que estas Partes o Puntos son exactamente lo que su nombre indica; es decir, un punto sensible del horóscopo –NO SON UN PLANETA–, por lo tanto, no son nunca básicamente necesarios para la interpretación de un horóscopo. Sin embargo, muchos astrólogos los encuentran muy útiles, porque parecen señalar áreas sensitivas a nivel subconsciente, un nivel del cual la misma persona puede no darse plenamente cuenta.

Existen centenares de Partes Árabes; para información del lector, incluimos una lista de unas cincuenta. Como puede verse, una vez se comprende el razonamiento lógico en que se basan, cada lector puede crearse su propia lista de puntos.

Casi todas las Partes Árabes se basan en el ascendente como partida, y la fórmula es generalmente así: Ascendente + Planeta X – Planeta Y = La Parte. La «Parte del Padre», por ejemplo, vendría dada como: Ascendente + el Sol – Saturno (tanto el Sol como Saturno representan al padre en astrología). La «Parte de la Madre» sería: Ascendente + la Luna - Venus (la Luna y Venus representan a la madre).

Para interpretar cualquiera de las Partes que el lector decida usar, o con las que quiera hacer algún experimento, es importante comprender el procedimiento completo.. Primero, *se necesita saber la hora exacta del nacimiento* para conocer el grado exacto y el signo del ascendente. Se necesita también saber qué significa realmente el ascendente: representa la personalidad externa, el cuerpo con el cual se nació al mundo, la cara que se muestra al mundo, la realidad física de la persona en esta vida.

Si se usa la Parte de Fortuna, la más popular de todas las partes, la fórmula es: Ascendente + Luna – Sol. El ascendente es el punto de partida de la realidad del aquí y el ahora, al cual se le añade la Luna. La Luna es la personalidad emocional de la persona y, puesto que las emociones no se basan en razonamientos o sentidos sino en sentimientos, la mayoría de nuestras emociones van condicionadas por lo que sucedió antes: experiencias pasadas, nuestra educación, nuestros recuerdos. Cuando reaccionamos emotivamente, es casi siempre un reflejo debido a algún suceso en el pasado que pone en marcha nuestro depósito de recuerdos. De esta combinación de realidad física y personalidad emocional, restamos el Sol. El Sol es nuestra personalidad interior, el que da la vida, el corazón de la carta; pero también refleja el crecimiento potencial innato en la ardiente extensión de Leo y la creatividad de la quinta casa. Restando esta extensión, o crecimiento potencial, lógicamente nos queda lo que se halla profundamente impregnado en el interior de nuestra naturaleza. Por lo tanto, hay que fijarse siempre muy bien en los planetas que estamos manejando, en cuál de ellos debe sumarse y cuál debe restarse para lograr una descripción razonable.

Debe también recordarse que al usar el Sol, la Luna y el ascendente, la parte resultante se hallará conectada con estos tres cuerpos; y si la Parte está en aspecto con alguno de ellos, mostrará la habilidad de integrar los tres. Recomendamos que se limite el orbe de aspecto para cualquier parte a un máximo de ± 3°. Cada astrólogo debe hacer sus pruebas y decidir si desea usar cualquiera de las Partes, algunas Partes o muchas Partes. Algunos astrólogos incluso forjan Partes si lo creen necesario. Todo lo que se refiera a la carrera debería empezar con el Medio Cielo en lugar del ascendente; las preguntas sobre los hijos podrían emplear la cúspide de la quinta casa como punto de partida, y así sucesivamente *ad infinitum*.

Cuando hacemos una descripción en profundidad, nosotras preferimos usar solamente dos Partes: la Parte de Fortuna, previamente explicada, y la Parte del Espíritu ( ⚦ ). La Parte del Espíritu es el contrario exacto de la Parte de Fortuna: ascendente + Sol – Luna. Añadimos el crecimiento potencial del Sol y restamos el pasado (la Luna). Por lo tanto, lo que queda es el crecimiento interno o subconsciente del individuo.

## Para calcular la Parte de Fortuna:

Usaremos como ejemplo el horóscopo de Joan Sutherland.

|  |  | S. G. M. |  |  |
|---|---|---|---|---|
| Ascend. = 3° Tauro 00' o | | 1ˢ 03° 00' | | |
| + Luna = 4° Sag. 06' o | | +8ˢ 04° 06' | | S. G. M. |
| | | 9ˢ 07° 06' tomando prestado | | 8ˢ 36° 66' |
| – Sol = 14° Escor. 08' o | | –7ˢ 14° 08' | | –7ˢ 14° 08' |
| | | | Resultado: | 1ˢ 22° 58' |
| | | | o: | 22° Tauro 58' |

## Explicación de la fórmula

El zodíaco tiene doce signos. Aries es el primero, por lo tanto 3° Aries sería igual a 0 signos 3°. 3° Tauro se convierte en un signo completo (es decir, Aries) y 3° de Tauro, o 1ˢ 3° (s = signo). 3° Géminis es 2ˢ 03°, y así sucesivamente a través de todo el zodíaco, hasta que se llega a Piscis, que sería 11ˢ 03°.

Algunos prefieren convertirlo a números enteros en lugar de signos. En ese caso, 3° Aries serían 03; 3° Tauro sería 33, 3° Géminis sería 63, y 3° Piscis sería 333. El lector debe usar el método que le parezca más fácil. Debe tenerse en mente que, al tomar prestado, se trata de 60 minutos, 30 grados y 12 signos. En nuestro ejemplo, tomamos prestados 60 minutos para restar, por lo tanto, nuestros grados se reducen a 6° que, a su vez, no son bastantes para restar de ellos 14°. Por lo tanto, tenemos que tomar prestado un signo completo, o 30°, dejando sólo 8 signos completos en lugar de 9. Esto son, desde luego, matemáticas corrientes, pero hay que recordar que no estamos usando decimales, sino minutos, grados y signos.

Si el lector decide usar el segundo método, la fórmula aparecería así:

Ascendente = 33° 00'
+ Luna     = 244° 06'

        277° 06' reducido por tomar prestado:     276°   66'
                posición del Sol:              −224°   08'
                                             52°   58' o
                                 22° Tauro 58'

De escoger este sistema, debe recordarse que se toman prestados 360 grados completos si la cifra de la parte superior es menor que la de la parte inferior.

Para comprobar que el resultado es correcto: Hemos de darnos cuenta de que la Parte de Fortuna debe estar a la misma distancia del ascendente que la Luna dista del Sol. En el caso de Joan Sutherland, el Sol está 19°58' alejado de la Luna. A 22° Tauro 58' la Parte de Fortuna está también 19°58' lejos del ascendente; es, por lo tanto, correcto.

Al interpretar la Parte de Fortuna de Joan Sutherland, diríamos que ella es producto de su educación, recuerdos del pasado, frustraciones y problemas emocionales. Pero, puesto que esta Parte cae en su primera casa, está acostumbrada a manejar y enfrentarse con todo eso de manera muy práctica y realista (Tauro). Puesto que todas las Partes operan a nivel subconsciente o profundo, podría ni haberse dado cuenta de ello. Simplemente lo hace, sin pensar en ello, y por eso le sale bien.

La Parte del Espíritu se calcula igual que la Parte de Fortuna, pero con la fórmula contraria (Ascendente + Sol − Luna). En el caso de Sutherland, es 13° Aries 02' y cae en la duodécima casa. Podríamos decir que, para su desarrollo final o crecimiento interno, Joan Sutherland tiene que entrar en su propio interior, conocerse a sí misma al nivel más profundo y más privado, para poder alcanzar verdadera paz interior y esclarecimiento.

**Prueba de repaso:** Calcular la Parte de Fortuna y la Parte del Espíritu de Hermann Hesse, Walt Disney y Farrah Fawcett. Nuestras respuestas aparecen en el apéndice, en la página 306.

## Partes Árabes en Astrología

| PARTE | FÓRMULA |
|---|---|
| Asesinato | Marte + Neptuno − Urano |
| Astrología | ASC + Mercurio − Urano |
| Servidumbre | ASC + Luna − determinante de la Luna |

| | |
|---|---|
| Hermanos y hermanas | ASC + Júpiter – Saturno |
| Catástrofe | ASC + Urano – Saturno |
| Hijas | ASC + Venus – Luna |
| Hijos | ASC + Júpiter – Luna |
| Comercio | ASC + Mercurio – Sol |
| Muerte | ASC + octava cúspide – Luna |
| Deseo y atracción sexual | ASC + quinta cúspide – regente de la quinta |
| Discordia y controversia | ASC + Júpiter – Marte |
| Divorcio | ASC + Venus – séptima cúspide (siempre oposición a Venus) |
| Fe | ASC + Mercurio – Luna |
| Padre | ASC + Sol – Saturno |
| Fortuna | ASC + Luna – Sol |
| Fortuna en matrimonio de mujeres | ASC + Saturno – Venus |
| Amigos | ASC + Luna – Urano |
| Mercancías | ASC + segunda cúspide – regente de segunda |
| Honor | ASC + 19° Aries – Sol |
| Cárcel, dolor | ASC + Parte de Fortuna – Neptuno |
| Aumento | ASC + Júpiter – Sol |
| Herencia, posesiones | ASC + Luna – Saturno |
| Vida (femenina) | ASC + Luna – Luna llena anterior al nacimiento |
| Vida (masculina) | ASC + Luna – Luna nueva anterior al nacimiento |
| Amor y matrimonio | ASC + Venus – Júpiter |
| Amor y engaño de mujeres | ASC + Venus – Sol |
| Karma (Destino) | ASC + Saturno – Sol |
| Matrimonio | ASC + séptima cúspide – Venus |
| Madre | ASC + Luna – Venus |
| Organización | ASC + Plutón – Sol |
| Pasión | ASC + Marte – Sol |
| Peligro | ASC + regente de la octava – Saturno |
| Perversión | ASC + Venus – Urano |
| Enemigos privados | ASC + duodécima cúspide – regente de la duodécima |
| Enemigos públicos | ASC + séptima cúspide – regente de la séptima |
| Sirvientes | ASC + Luna – Mercurio |
| Enfermedad | ASC + Marte – Saturno |

| | |
|---|---|
| Espíritu | ASC + Sol – Luna |
| Avance súbito | ASC + Parte de Fortuna – Saturno |
| Cirugía | ASC + Saturno – Marte |
| Viaje por tierra | ASC + novena cúspide – regente de la novena |
| Viaje por aire | ASC + Urano – cúspide de la novena |
| Viaje por mar | ASC + 15° Cáncer – Saturno |
| Comprensión | ASC + Luna – Venus o ASC + Marte – Mercurio |
| Vocación | MC + Luna – Sol |
| Enredo | ASC + Neptuno – Sol |

# Lección 18

## Estrellas Fijas y grados críticos

## Estrellas Fijas

El término Estrellas Fijas fue creado hace miles de años para diferenciar estos cuerpos de los que se llamaban Estrellas Errantes, y que hoy conocemos como planetas. El término fijas parece adecuado incluso hoy, porque la distancia de la Tierra a la más cercana de esas estrellas es tan grande, que parecen inmóviles o fijas en su posición celeste. En realidad, sí se mueven, pero no más de alrededor de un minuto cada año; por lo tanto, la mayoría necesita más de cincuenta años para cambiar de posición o avanzar un grado.

Algunas de las antiguas escuelas creían que las Estrellas Fijas poseían influencia propia cuando estaban en conjunción con un planeta o con el ascendente o con el Medio Cielo. Su influencia era menos poderosa cuando se hallaban en oposición. El orbe admisible debería mantenerse a un máximo de ± 1°. Puesto que se trata de normas que datan, aproximadamente, del año 150 d. de C., todas las cualidades atribuidas a las distintas estrellas son de bastante mal agüero, ya que los sumos sacerdotes mantenían su poder sobre la gente y sobre los reyes a base de infundir temor. Como todo lo referente a Astrología, estas terribles palabras clave deben tomarse con algo de escepticismo, deberían traducirse al lenguaje moderno e impregnarse del contenido más psicológico y humanístico que adoptamos en nuestros tiempos.

Vamos a dar unos pocos ejemplos que explicarán lo que acabamos de exponer. *Caput Algol,* a 25° Tauro 47', es conocida como la más maligna de todas las estrellas fijas. Algunas de sus palabras clave son: «La Maligna, violencia, accidentes en el cuello y la garganta, estrangulación, decapitación». Un lenguaje ciertamente terrible. Conocemos a un niño que nació cuando Marte se hallaba a 25° Tauro 10', o sea, en conjunción con *Caput Algol.* Durante el nacimiento, el cordón umbilical se le enrolló alrededor del cuello; el doctor se dio cuenta inmediatamente, hizo una incisión y el niño nació perfectamente sano y sin problemas. En tiempos antiguos, este niño probablemente hubiera muerto estrangulado. En nuestros tiempos, no es así. De un hombre con 25° Tauro en su MC, se dice que pierde la cabeza, figurativamente hablando, cuando se pone nervioso a causa de un asunto de negocios.

Otra Estrella Fija que parece bastante temible es *Pléyades* (también llamada Hermanas Lloronas), en 29° Tauro 36'. Conocemos a bastante gente que tiene planetas en este grado, pero nadie parece haber sufrido «violencia, ceguera, o accidentes», según predicen las palabras clave; aunque hemos notado que la mayor parte de esa gente llora por nimiedades.

En el caso contrario, las Estrellas Fijas afortunadas como *Betelgeuze, Spica* y *Arcturus* prometen honores, riquezas, fama, inspiración. De todas las personas que conocemos que tienen una o más de estas grandes y prometedoras estrellas en su horóscopo, ninguna ha alcanzado fama, solamente una tiene riqueza, y una pocas tienen inspiración. Pero, sin embargo, todas parecen salir indemnes de situaciones difíciles o peligrosas. Estas estrellas afortunadas parecen ofrecer un tipo determinado de protección. Las Estrellas Fijas parecen acentuar cualidades que son ya evidentes en la carta; no cambian el significado básico del horóscopo. Según la naturaleza de la estrella de la que se trate, puede reforzarse o debilitarse lo que ya existe. Puede interpretarse cualquier carta sin usar ninguna Estrella Fija en absoluto, pero, una vez más, si se usan puede adquirirse alguna percepción adicional, añadir algún otro matiz o combinación a la descripción hecha.

En la página siguiente hallará una lista de las Estrellas Fijas más prominentes. Hay muchas más, desde luego. Si el lector desea más información, podrá hallarla en los libros siguientes: *Fixed Stars,* de Vivian Robson; *Fixed Stars and Degrees of the Zodiac Analyzed,* de E. C. Matthews; *The Power of Fixed Stars,* de Joseph Rigor.

Como un ejemplo del posible funcionamiento de las Estrellas Fijas, tomemos el horóscopo de Walt Disney. En él tenemos las Estrellas Fijas *Bungula* en conjunción con Mercurio, *Vega* en conjunción con Saturno, y *Altair* en conjunción con Venus. Debemos tener presente que Disney nació en 1901 y que las Estrellas Fijas se hallaban a 1°10' menos de donde se hallan hoy. El autoanálisis y la tendencia filosófica de *Bungula* en conjunción con Mercurio y su habilidad de razonar, ciertamente aumentaron el enfoque mental de Disney. Sus películas, supuestamente designadas para un público infantil, están llenas de reflexiones morales y filosóficas. La practicalidad y generosidad de Vega en conjunción con Saturno (que rige su quinta casa de creatividad) es también bastante evidente. Ciertamente, sus esfuerzos creativos vistos por Venus en la quinta casa muestran el atrevimiento y la confianza procedentes de *Altair*. Debe recordarse que esto son matices y combinaciones que, a menos que se vieran ya en la interpretación natal, deben aceptarse con reservas. En el caso de Disney, sin embargo, sirven para confirmar factores que ya habían aparecido en su carta natal.

Queremos repetir, una vez más, que las Estrellas Fijas por sí mismas no bastan para predecir accidentes, violencia, honores o riquezas. Pero si algo de eso es ya evidente en el horóscopo natal, las Estrellas Fijas proporcionan una confirmación adicional; y hemos repetido muchas veces que, en Astrología, todo debería confirmarse más de una vez para poder ser verdaderamente efectivo e importante.

**Ejercicio de repaso:** Localizar las Estrellas Fijas importantes en las cartas de Joan Sutherland y de Farrah Fawcett, y dar una breve interpretación de ellas. Nuestra respuesta se hallará en el apéndice, en la página 306.

## Estrellas Fijas importantes

**(Orbe máximo admisible: 1° – Posiciones calculadas para 1972)**

**Nombre**

| | | |
|---|---|---|
| **Difda** | Energía, propia destrucción, nerviosidad | 2° ♈ 11 **Neutral** |
| **Alpheratz** | Gracia, popularidad, independencia, honores | 13° ♈ 55 **Afortunada** |
| **Mirach** | Buena fortuna a través del matrimonio, belleza, amor, talento | 0° ♉ 01 **Afortunada** |
| **Hamal** | Violencia, crueldad, brutalidad. También el «Sanador» | 7° ♉ 16 **Aciaga** |
| **Almach** | Éxito en ocupaciones de Venus, habilidad artística | 13° ♉ 50 **Afortunada** |

| | | | |
|---|---|---|---|
| **Caput Algol** | Estrangulación, decapitación, peligro para garganta y cuello, violencia, el «Maligno» | 25° ♉ 47 | **Aciaga** |
| **Pléyades** | Accidentes, ceguera, violencia, las «Hermanas Lloronas» | 29° ♉ 36 | **Aciaga** |
| **Aldebaran** | Elocuencia, valor, negociar con la guerra, agitación | 9° ♊ 24 | **Neutral** |
| **Rigel** | Habilidad técnica y artística, imaginación, humor | 16° ♊ 26 | **Afortunada** |
| **Bellatrix** | Locuacidad, accidentes, súbito deshonor | 20° ♊ 53 | **Aciaga** |
| **Capella** | Curiosidad, mente abierta, amigos poderosos | 21° ♊ 28 | **Afortunada** |
| **Betelgeuze** | Aspiraciones sociales, encanto, cultura | 28° ♊ 22 | **Afortunada** |
| **Alphena** | Sensibilidad aguda, imaginación, daño en los pies | 8° ♋ 43 | **Neutral** |
| **Sirius** | Ambición, orgullo, emotividad, riqueza, fama | 13° ♋ 42 | **Afortunada** |
| **Castor** | Fama o pérdida súbitas, distinción, mente aguda | 19° ♋ 51 | **Neutral** |
| **Pollux** | Especulación contemplativa, audacia, el «Juez Cruel» | 22° ♋ 50 | **Neutral** |
| **Procyon** | Violencia, éxito súbito y después fracaso, política | 25° ♋ 24 | **Aciaga** |
| **Regulus** | Nobleza, ambición, viveza, ruina súbita | 29° ♌ 26 | **Neutral** |
| **Denebola** | Crítica, perseverancia, control, falta de imaginación | 21° ♍ 14 | **Neutral** |
| **Spica** | Riqueza, fama, honor, encanto, la «Afortunada» | 23° ♎ 27 | **Muy afortunada** |
| **Arcturus** | Inspiración, fama, honor, ganancias a través de viajes | 23° ♎ 50 | **Muy afortunada** |
| **Acrux** | Interés en Astrología y religión, la «Mujer Fatal» | 11° ♏ 29 | **Oculta** |
| **North Scale** | Mente brillante, el «Grado Maldito» | 18° ♏ 59 | **Aciaga** |
| **Agena** | Buena salud, elevada moralidad, desilusión en amor | 23° ♏ 24 | **Afortunada** |
| **Bungula** | Tendencias filosóficas y ocultas, autoanálisis | 29° ♏ 03 | **Afortunada** |
| **Antares** | Espíritu de aventura, obstinación, heridas en los ojos | 9° ♐ 22 | **Aciaga** |
| **Vega** | Suerte en política, generosidad, practicalidad | 14° ♑ 56 | **Afortunada** |
| **Altair** | Fortuna súbita, pero efímera, impulsividad | 1° ♒ 23 | **Neutral** |

| Fomalhaut | Defectos de nacimiento congénitos, fe, «Estrella de Alquimia» | 3° ⅹ 28 **Neutral** |
| Achernar | Éxito en cargos públicos, beneficios religiosos | 14° ⅹ 54 **Afortunada** |
| Markab | Violencia, honores y riquezas, «Estrella del Dolor» | 23° ⅹ 06 **Neutral** |
| Scheat | Encarcelamiento, asesinato, suicidio, anegación | 28° ⅹ 29 **Aciaga** |

## Grados críticos

Éste es otro de los términos que nos ha llegado a través de la historia, y no debe tomarse en el sentido que damos hoy a la palabra crítico. En la Astrología india, el zodíaco de 360° está dividido en 28 mansiones, cada una de las cuales representa un promedio del recorrido diario de la Luna, es decir, aproximadamente 13°, partiendo del punto 0° Aries. Si dividimos el zodíaco (360°) por 28, el resultado será 12°51'25", y, ajustándolo, tenemos 13° Aries. Así, añadiendo a este resultado 12°51'25" tenemos 25°42'50", aproximadamente 26° Aries. Añadiendo una vez más ese incremento, alcanzamos 8°34'15" de Tauro, o casi 9° Tauro. Si seguimos añadiendo, veremos que las mansiones se clasifican así:

SIGNOS CARDINALES – 0°, 13° y 26°
SIGNOS FIJOS – 9° y 21°
SIGNOS MUTABLES – 4° y 17°

En lenguaje moderno, el término crítico debería interpretarse como dando un énfasis adicional o puntos de sensibilidad.

Puesto que estos grados no son aspectos ni relaciones planetarias, sino simplemente puntos basados en un promedio de moción lunar, el orbe debe mantenerse dentro de ± 1°; de hecho, no admitimos generalmente más que un orbe de ± 45'.

Un ejemplo: Joan Sutherland tiene la Luna a 4° Sagitario 06', claramente en uno de los llamados grados críticos mutables. Su Luna se halla en una casa sucedente, tiene relativamente pocos aspectos (la gente muy pública tiene generalmente una Luna prominente), pero rige su tercera casa de comunicaciones y este grado le da, en cierto modo, una sensibilidad o énfasis adicional a su Luna, porque realmente se comunica, con su gloriosa voz de Tauro.

El término grado crítico se usa también frecuentemente al referirse a algún planeta, ascendente o Medio Cielo a 0° o a 29° de cualquier signo. En este caso, la palabra crítico sólo indica que el individuo está justamente empezando o casi acabando alguna fase, la naturaleza de la cual la mostrará el signo, la casa o el planeta implicados.

Por ejemplo, Walt Disney tenía Neptuno a 0° Cáncer en su décima casa. Esto añade énfasis a Neptuno. De alguna manera, sintió ese pequeño impulso adicional, la necesidad de poner a prueba este nuevo sentimiento innato en 0° que siempre indica principios. Puesto que se trata del planeta Neptuno, el énfasis se daría a nivel creativo o, si el resto de la carta lo confirma, a nivel espiritual. En el caso de Disney sabemos, desde luego, que fue creatividad. Tenía también Venus a 29° Capricornio 42'. Aquí el énfasis se siente de manera distinta. Venus está a punto de salir de Capricornio y de entrar en 0° Acuario en unos 18', es decir, muy pronto. Hay una sensación de urgencia para acabar rápidamente todo lo que debe llevarse a cabo antes de que Venus salga de Capricornio. En este caso, Venus está en la quinta casa, lo que de nuevo puede significar esfuerzo creativo y, en Capricornio, un esfuerzo disciplinado y bien planeado. No debe darse una importancia excesiva a estos grados; deben usarse solamente para adquirir una visión, combinación y sentimiento adicional de lo que puede existir en el subconsciente o profundidad de la mente del individuo.

**Ejercicio de repaso:** Interpretar brevemente los grados críticos en el horóscopo de Hermann Hesse. Véase el apéndice, en la página 307, para compararlo con nuestra respuesta.

# Lección 19

## La Tierra

## La posición de la Tierra en el horóscopo natal

Los astrólogos han cometido, durante mucho tiempo, el error de ignorar la posición de la Tierra en el horóscopo natal. Creemos que, puesto que hemos nacido en este planeta, esta posición debería tenerse en cuenta en todas las cartas, del mismo modo que lo hacemos con la posición del Sol, de la Luna y de los otros planetas. De darse el caso de que hubiéramos nacido en Marte (¡y esto puede suceder antes de lo que podría esperarse!), no dejaríamos Marte fuera del horóscopo. Por lo tanto, ¿por qué omitir la posición de la Tierra en nuestra construcción del horóscopo natal?

La posición de la Tierra se halla en el grado signo, y casa exactamente opuestos a la posición del Sol. El símbolo de la Tierra es la cruz de la materia encerrada dentro del círculo de lo infinito (⊕), y no debe confundirse con la parte de fortuna árabe (⊗).

Aunque construimos nuestro horóscopo en dos dimensiones, sobre una hoja plana de papel, debemos percatarnos de que la carta tiene profundidad y tiene en cuenta la rotación diaria de la Tierra juntamente con su rotación anual alrededor del Sol. Así, cuando decimos que el Sol está en Cáncer, queremos decir que, en la Tierra, vemos al Sol sobre el signo del zodíaco de Cáncer. Si estuviéramos en el Sol en ese instante, veríamos a la Tierra sobre el signo de Capricornio. Mientras permanezcamos en la Tierra, veremos al Sol sobre el signo que se halla opuesto a aquel en el que la Tierra está en cualquier momento dado.

Si se acepta la necesidad de estudiar la posición de la Tierra en el horóscopo, avancemos un paso más y considerémosla regente del signo Tauro. Venus, tradicionalmente considerado como regente de Tauro, parece ligero, aéreo y suave para tener una gran relación con el práctico, realista y estable Tauro. Es cierto que los de Tauro tienen un gran sentido de la belleza y son frecuentemente creativos y musicales, pero esto podría muy bien deberse a una afinidad con el planeta en el cual vivimos. Hay pocos Tauro que no tengan los pies firmemente sentados en el suelo. Son muy conscientes de su cuerpo físico, se preocupan mucho de su salud; son impasibles, firmes y suelen presentar al mundo una faz serena. Pero, cuando sufren una tensión nerviosa, pueden estallar o comportarse violentamente, de manera parecida a como obra la Tierra cuando es afectada por condiciones atmosféricas adversas. La Tierra nos muestra nuestra misión en la vida, cuándo y cómo nos enfrentaremos al mundo en nuestros propios términos. Donde la Tierra se halle situada en la carta, será el punto del cual podremos obtener nuestro mayor potencial productivo, porque, si la aceptamos como regente de Tauro, rige la segunda casa natural del talento innato y de la propia apreciación.

En la carta de Farrah Fawcett, la Tierra está en su segunda casa, en Leo y en conjunción con Plutón. Esto indica su rápida y drámatica (Leo) elevación hasta el estrellato, y los problemas financieros que sufre en el camino.

En el horóscopo de Walt Disney, la tierra está en su novena casa en Géminis, y rige la novena casa (como regente de Tauro). Esto indica su habilidad de transformar la fantasía en un negocio concreto, usando sus sueños (novena casa) y sus manos (Géminis).

Hay bastantes teorías acerca de la importancia de la Tierra en el horóscopo natal. Algunos astrólogos creen que la Tierra rige a Cáncer; otros, están de acuerdo con nuestra teoría de su regencia sobre Tauro. Pero, como sucede con todas las teorías, ni se puede ni se debe sacar ninguna conclusión definitiva hasta que no se ha experimentado durante mucho tiempo. Nosotras hemos observado la Tierra en las cartas durante bastantes años y creemos que su regencia de Tauro explica muchas cosas y funciona muy bien. Pero el lector debe probarlo por sí mismo. De hecho, agradeceríamos que pusiera la Tierra en los horóscopos que use, que la observara en acción y nos comunicara los resultados y sus pensamientos sobre ello. Se necesita aún una gran cantidad de investigación, con muchos horóscopos, con la Tierra en cada uno de los signos y rigiendo cada casa, antes de que pueda obtenerse una mejor comprensión de su significado e importancia para la Astrología.

# Lección 20

## Etapas de la interpretación

En todo proceso de aprendizaje llega un momento en que el estudiante tiene que detenerse, reunir todo el material y, antes de disponerse a pasar al nivel siguiente, sentarse y hacerlo. Hacerlo quiere decir PRÁCTICA. El lector debe obtener la fecha de nacimiento de alguien que conozca, levantar la carta y entonces INTERPRETARLA. Debe, luego, buscar la fecha de nacimiento de otra persona, preferentemente a la que no conozca muy bien, calcular la carta y, una vez más, INTERPRETARLA sea la persona de quien se trate o a alguien que la conozca bien. Una vez hecho esto, debe el lector obtener la fecha de nacimiento de alguien a quien no conozca en absoluto, pero que esté interesado en Astrología y quiera que le interpreten su horóscopo. Debe entonces trazar la carta e interpretarla, muy cuidadosamente, tomándose todo el tiempo que necesite, paso a paso, revisando todas las fases tal como hemos hecho en este libro y en el primer volumen. Después, usando sus notas, debe el lector sentarse cara a cara con el individuo en cuestión e interpretarle el horóscopo. Debe fijarse especialmente en los puntos que acertó y aquellos en los que se equivocó. Debe tomar abundantes notas de los puntos en que no estuvo acertado. Aquí es donde empieza, en realidad, el proceso de aprender. Debe también darse cuenta, de todos modos, que la gente no suele conocerse por completo a sí misma. Quizá al mencionar algún talento o habilidad se le responda: «¿Quién, yo? ¡Ni pensarlo!». En ese punto, conviene investigar algo más a fondo antes de volver atrás y calcular dónde se equivocó. Esto es especialmente verdad cuando se está tratando con una persona muy joven; pocas veces conocen, los jóvenes, su propio potencial.

Para ayudar al lector a reunir el material aprendido, le hemos preparado una lista en la que se enumeran las etapas a seguir, para no olvidar nada. Nuestros estudiantes siempre la han considerado muy útil; esperamos que lo sea también para el lector.

## Primera fase: Visión general

*a.* Énfasis Norte/Sur, Este/Oeste. ¿Cuántos planetas hay encima o debajo del horizonte, al Este o al Oeste del Meridiano?

*b.* Estructuras de la carta (cuenco, cubo, locomotora, balanza, extendida, esparcida, bulto, abanico, o sin forma determinada).

*c.* Énfasis en las casas. ¿Cuántos planetas angulares, sucedentes o cadentes hay? ¿Cuántos se hallan en las casas vitales, de sustancia, de relaciones o terminales?

*d.* Elementos y cualidades. ¿Hay alguna dominante, y tiene esta persona un tipo determinado? (Predominio de cardinal/fuego sería un tipo Aries, por ejemplo). O bien, ¿falta alguna cualidad o elemento?

*e.* ¿Hay un último dispositor? ¿Hay recepciones mutuas? ¿Qué planeta es el regente de la carta?

*f.* ¿Cuántos planetas están dignificados? ¿Y exaltados? ¿Y en su detrimento o caída?

*g.* Al estudiar los aspectos, debe tomarse nota de cualquier aspecto compuesto (grandes cruces, cuadraturas en T, grandes trígonos, yods, y todos los demás). Hay que anotar, también, si hay un estelio, o si un planeta parece más importante por estar elevado en el horóscopo, o por recibir la mayor cantidad de aspectos.

*h.* Debe combinar el Sol, la Luna y el ascendente para obtener un sentido general de la persona de la que se trata.

*i.* Para usarlos más tarde en la interpretación, debe tomarse nota de los grados críticos, de los planetas en aparición oriental, Estrellas Fijas importantes, el punto de eclipse prenatal, las Partes Árabes que decida usar, el vértex, si se desea, y la Tierra (una vez más, sólo si el lector quiere usarla). Debe anotar también si hay interceptación, o planetas retrógrados.

Al combinar los pasos de (*a*) hasta (*h*), se obtiene un cierto conocimiento del individuo. Cuando el lector se disponga a interpretar cada parte de la carta, debe siempre conservar en su mente esta visión general.

## Segunda fase: Interpretación de cada una de las áreas de la carta

Al describir cualquier planeta de la carta, debe tenerse siempre en mente lo siguiente:

*a.* La naturaleza básica del planeta. (Luna = emociones, Marte = impulso, etc.)

*b.* El signo en el que se encuentra el planeta. (Para el Sol, la Luna y el ascendente debe añadirse el decanato.)

*c.* El signo y la casa en los que está el regente. (Mercurio en Capricornio, ¿en qué signo y casa está Saturno?) Esto nos proporciona un nuevo matiz.

*d.* La casa regida por el planeta. (Mercurio rige dos casas: las que tienen a Géminis y a Virgo en la cúspide.)

*e.* La casa en la que el planeta está situado (Mercurio en la segunda casa obrará de modo distinto a Mercurio en la cuarta.)

*f.* Todos los aspectos que este planeta haga.

*g.* Consideraciones especiales: ¿Se halla el planeta en un grado crítico? ¿Está en conjunción con una Estrella Fija? ¿Está interceptado, retrógrado o estacionario, elevado, dignificado, exaltado, en detrimento o caída?

Puesto que el Sol es el corazón de la carta, recomendamos que se empiece por éste al emprender la segunda fase que acabamos de apuntar.

Inmediatamente después se describe la Luna, seguida por el ascendente.

Algunos astrólogos opinan que, al llegar a este punto, debe describirse a Mercurio, ya que éste representa la mente y la habilidad de razonar, que son importantes. Para conocer una motivación adicional, debe estudiarse el planeta en aparición oriental.

Se tiene ahora una buena comprensión de la persona de que se trate, pero aún no se tiene el cuadro completo. Para hallar todo su potencial y sus características, debe recorrerse toda la carta, casa por casa y planeta por planeta.

Si hay planetas en la primera casa, deben describirse como sugerimos antes. Después, se pasa a la segunda casa. Se observa primero el signo de la cúspide, se busca dónde está situado el regente, por casa y por signo. Se combina la cúspide con el regente (el lector puede usar nuestras notas acerca de las cúspides como una ayuda). Se interpretan los valores, asuntos financieros, habilidad de ganar dinero y todo lo que representa la segunda casa. Si hay algún planeta en esta casa, se describe. Si se desea, se puede describir a continuación el regente de la segunda casa.

Se sigue este procedimiento, casa por casa y planeta por planeta, hasta que se llegue a la duodécima casa y se hayan descrito los diez planetas.

Cuando se interprete una casa, debe tenerse en mente lo siguiente:

*a.* La naturaleza básica de la casa.
*b.* El signo de la cúspide de esa casa en relación con esa naturaleza básica.
*c.* El regente planetario del signo de la cúspide. Deben combinarse los dos signos y las dos casas. (Aries en la cuarta casa – regente Marte en Géminis en la sexta; se combina el impulso de Aries con el intelecto de Géminis y la habilidad de comunicación. Regente de la cuarta en la sexta: se puede trabajar en el hogar.)
*d.* Cualquier planeta en la casa que matice el énfasis de la casa.
*e.* Cualquier interceptación que dé a la casa un regente más, o la convierta en la mayor de las casas de la carta.

# Apéndice

## Horóscopo para la primera parte: Cálculos matemáticos

WALT DISNEY
nacido 5/12/1901 a las 12:30 AM CST
Chicago, Ill. 87W37 – 41N53
Corrección LMT – añadir 9'30"
EGMT – añadir 5h50'30"

| H.M.S. | |
|---|---|
| 00:30:00 AM | 5/12/1901 CST |
| +      9:30 | corrección de meridiano para Chicago |
| 00:39:30 AM | LMT 5/12/1901 |
| +12:00:00 | para tener en cuenta el AM |
| 12:39:30 | LMTI |
| +      2:07 | corrección LMTI |
| +      0:56 | corrección EGMT |
| +16:50:25 | S.T. 4/12/1901 |
| 28:91:118 | se reduce |
| 29:32:58 | |
| 24:00:00 | se resta un día |
| 5:32:58 | T.C.S.T. |

**Nombre:** Walt Disney
**Fecha:** 5 de diciembre de 1901
**Hora:** 12:30 AM CST
**Lugar:** Chicago, Il.
**Long.** 87W37
**Lat.** 41N53

**Fuente**
D C Doane, Charles Jayne y Jos Silverman confirman los datos que se facilitan. La hija menciona 7:30 AM CST

**DD**

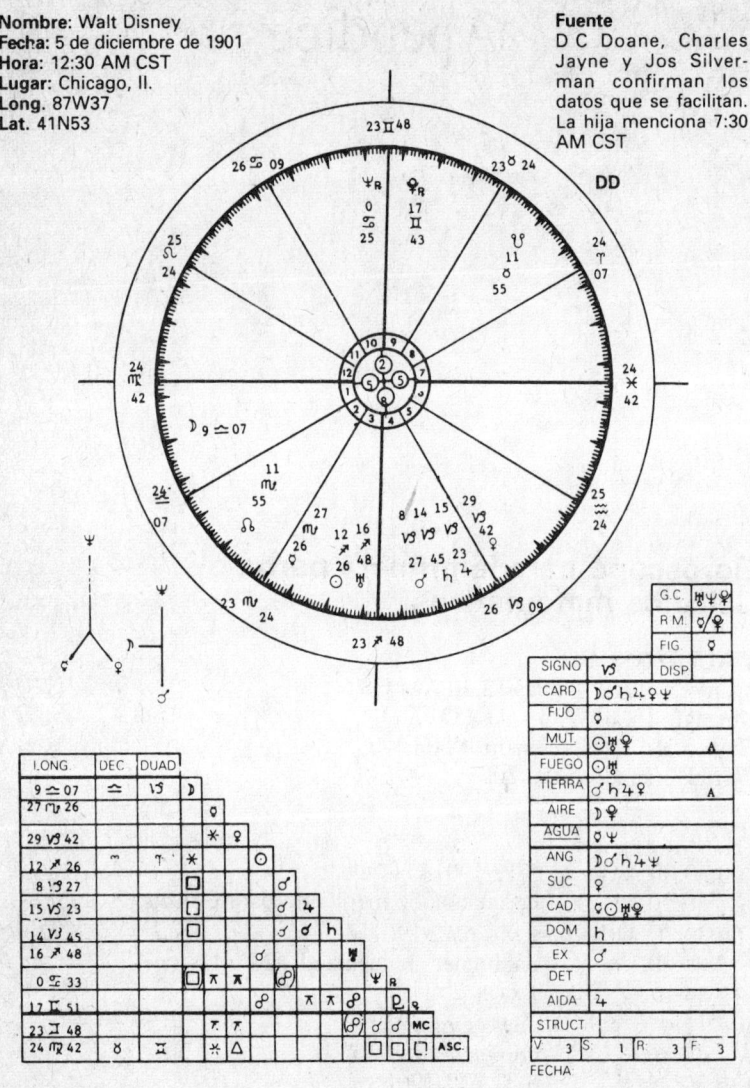

Para hallar la GMT

| 00:39:30 AM | LMT 5/12/1901 |
|---|---|
| + 5:50:30 | EGMT para Chicago |
| 6:30:00 AM | GMT 5/12/1901 |

Para hallar la Constante Logarítmica:

| 11:60 | (mediodía en horas y minutos) |
|---|---|
| − 6:30 AM | GMT |
| 5:30 | Intervalo |

Constante Logarítmica para 5°30' = 6398

|  | Sol | Luna | Mercurio | Venus | Marte |
|---|---|---|---|---|---|
| 5/12 | 12°♐40' | 11°♎53' | 27°♍47' | 29°♑56' | 8° ♑38' |
| 4/12 | −11°♐39' | 29°♍48' | 26°♍17' | 28°♑55' | 7° ♑52' |
|  | 1° 01' | 12° 05' | 1° 30' | 1° 01' | 46' |
|  | 1.3730  PLR | 2980 | 1.2041 | 1.3730 | 1.4956 |
| + | 6398  CL | 6398 | 6398 | 6398 | 6398 |
|  | 2.0128 | 9378 | 1.8439 | 2.0128 | 2.1354 |
| − (5°) | 14' | 2° 46' | 21' | 14' | 11' |
|  | 12°♐26' | 9°♎07' | 27°♍26' | 29°♑42' | 8° ♑27' |

# Horóscopo para la primera parte: Cálculos matemáticos

FARRAH FAWCETT
nacida 2/2/1947 a las 3:10 PM CST
Corpus Christi, TX. 97W24 – 27N47
corrección LMT – se resta 29'36"
EGMT – se añaden 6h29'36"

| H.M.S. | |
|---|---|
| 3:10:00 PM | 2/2/1947 CST |
| − 29:36 | corrección de meridiano para Corpus Christi |
| 2:40:24 PM | LMTI |
| + 0:27 | corrección LMTI |
| + 1:05 | corrección EGMT |
| +20:47:20 | S.T. 2/2/1947 |
| 22:88:76 | se reduce |
| 23:29:16 | T.C.S.T. |
| 2:40:24 PM | LMT 2/2/1947 |
| + 6:39:36 | EGMT para Corpus Christi |
| 8:70:00 | se reduce |
| 9:10:00 PM | GMT 2/2/1947 |

Constante Logarítmica para 9h10' = 4180

**Nombre:** Farrah Fawcett
**Fecha:** 2 de febrero de 1947
**Hora:** 3:10 PM CST
**Lugar:** Corpus Christi, TX
**Long.** 97W24
**Lat.** 27N47

**Fuente**
Certificado de nacimiento

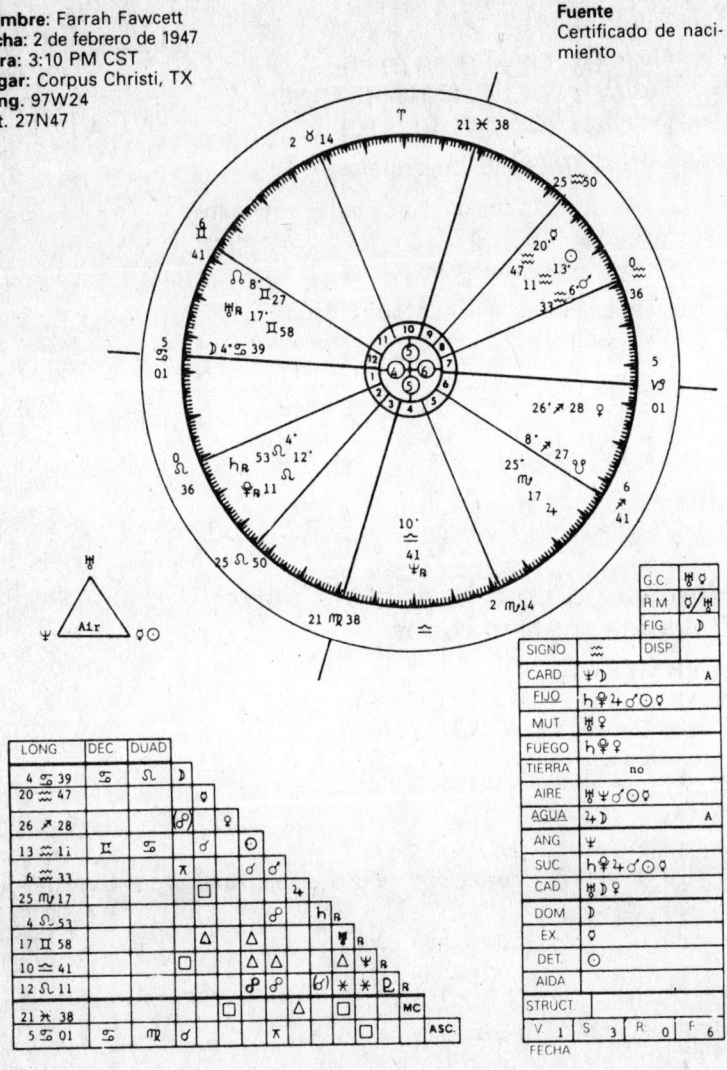

| LONG | DEC | DUAD | | | | | | | | | | |
|---|---|---|---|---|---|---|---|---|---|---|---|---|
| 4 ♋ 39 | ♋ | ♌ | ☽ | | | | | | | | | |
| 20 ♒ 47 | | | | ♀ | | | | | | | | |
| 26 ♐ 28 | | | (☍) | | ♀ | | | | | | | |
| 13 ♒ 1¡ | ♊ | ♋ | ♂ | | ☉ | | | | | | | |
| 6 ♒ 33 | | ♏ | | ♂ | ♂ | | | | | | | |
| 25 ♏ 17 | | | ☐ | | | ♃ | | | | | | |
| 4 ♌ 53 | | | | | ☍ | | ♄ ℞ | | | | | |
| 17 ♊ 58 | | | △ | △ | | | ♀ ℞ | | | | |
| 10 ♎ 41 | | | ☐ | | △ | △ | | △ ♆ ℞ | | | |
| 12 ♌ 11 | | | | ☍ | ☍ | (☉) | * | * | ♇ ℞ | | |
| 21 ♓ 38 | | | | | ☐ | | △ | | | MC | |
| 5 ♋ 01 | ♋ | ♍ | ♂ | | | ⚹ | | | ☐ | | ASC. |

| G.C. | ☿ ♀ |
|---|---|
| R.M | ♀/♅ |
| FIG. | ☽ |

| SIGNO | ♒ | DISP. | |
|---|---|---|---|
| CARD | ♆ ☽ | | A |
| FIJO. | ♄ ♀ ♃ ♂ ☉ ☿ | | |
| MUT. | ♅ ♀ | | |
| FUEGO | ♄ ♀ ☿ | | |
| TIERRA | no | | |
| AIRE | ♅ ♆ ♂ ☉ ☿ | | |
| AGUA | ♃ ☽ | | A |
| ANG. | ♆ | | |
| SUC. | ♄ ♀ ♃ ♂ ☉ ☿ | | |
| CAD. | ♅ ☽ ♀ | | |
| DOM | ☽ | | |
| EX. | ♀ | | |
| DET. | ☉ | | |
| AIDA | | | |
| STRUCT. | | | |
| V 1 | S 3 | R 0 | F 6 |

FECHA

|        | Sol | Luna | Mercurio | Venus | Marte |
|--------|-----|------|----------|-------|-------|
| 2 3 | 13°≈49' | 13°♋48' | 21°≈53' | 27°♐06' | 7°≈03' |
| 2/2 | −12°≈48' | 28°♊59' | 20°≈06' | 26°♐04' | 6°≈15' |
|     | 1°01' | 14°49' | 1°47' | 1°02' | 48' |
|     | 1.3730 | 2095 | 1.1290 | 1.3660 | 1.4771 |
|     | +4180 CL | 4180 | 4180 | 4180 | 4180 |
|     | 1.7910 | 6275 | 1.5470 | 1.7840 | 1.8951 |
| +(2º) | +23' | 5°40' | 41' | 24' | 18' |
|     | 13°≈11' | 4°♋39' | 20°≈47' | 26°♐28' | 6°≈33' |

Nótese que 9:10 PM GMT es 9 horas, o más de 1/3 de 24 horas, después de la posición de mediodía de los planetas, por lo tanto, todas las correcciones deberían ser mayores que 1/3 y menores que la mitad. Éste es un buen modo de comprobar los cálculos. La Luna, por ejemplo, tiene una moción de 14°49', o casi 15°, por lo tanto la corrección debería ser más de 5°, y lo es, a 5°40'. El Sol tiene una moción de más de 1°, por lo tanto, la corrección debería ser más de un tercio de 60 minutos (20') y lo es, a 23'.

La misma técnica, desde luego, puede usarse para corregir los planetas más lentos, que no recorren más que unos pocos minutos cada día. En la carta de Farrah, por ejemplo, Júpiter va desde 25°10' a 25°18' desde el 2 al 3 de febrero. Tomando la corrección de más de un tercio, pueden añadirse 3' a la posición de Júpiter en la segunda y se coloca en la carta a 25°13'. Saturno corregido sería 4°49', la moción es de 6 minutos *hacia atrás* (retrógrado), por lo tanto se restarían 2 minutos de la posición de Saturno en la segunda.

# Respuestas a la prueba N.º 1 — Primera parte

1. Tiempo Sideral, Hora Media Local, Hora Media de Greenwich, Primer Meridiano, Constante Logarítmica, Hora Verdadera Sideral Calculada.
2. 1 minuto, 60 minutos, 30 grados, todo el zodíaco.
3. De Este a Oeste; de Norte a Sur.
4. 4°.
5. En un nacimiento AM. Cuando la TCST es más de 24 horas. Si DST o WT se hallan en efecto.
6. Quinta.
7. 4 minutos.
8. Añadido. Restado.
9. Hora Media Equivalente de Greenwich.

10. 14/6/52. 16/6/52 y 15/6/52.
11. 11° ♒ 21'.
12. 6:10 PM GMT.
13. De manera opuesta a como se corrigen los otros planetas.
14. Se resta. Se suma.
15. Debe usarse 0:00:00 PM para mediodía; 0:00:00 AM para la medianoche.
16. Debe restarse GMT del mediodía para hallar el Intervalo.
17. Se resta.
18. Deben añadirse 12 horas.
19. Cuando la persona ha nacido en PM.
20. El plano o el de Equilibrio Solar.

## Respuesta a los ejercicios de repaso — Lección 7

**Retrógrados – Joan Sutherland:** Urano, en la carta de Joan Sutherland, está retrógrado en la undécima casa, en dignidad accidental porque la undécima casa es la posición de casa natural para Urano y Acuario en la carta en reposo. Esto, unido al trígono con Saturno, da a Urano una fuerza adicional. La necesidad de ser distinto e inimitable podría usarse de modo disciplinado y positivo con bastante rapidez. La necesidad de dominar se halla menos acentuada en una posición sucedente que en una posición angular y, con Marte retrógrado en su primera casa, ella aprendió a planear antes de obrar; probablemente comprende que, para alcanzar sus fines, necesita someterse más que ordenar. Con Marte rigiendo su duodécima casa, su subconsciente, probablemente ni siquiera encuentra difícil entrar dentro de sí antes de presentarse al exterior. Puesto que Urano rige su décima casa de carrera y posición social, sabe que va a usar su originalidad en su profesión. Por lo tanto, los dos planetas retrógrados le son probablemente útiles.

## Respuesta a los ejercicios de repaso — Lección 8

**Interceptaciones – Bob Dylan:** Bob Dylan tiene Piscis interceptado en la tercera casa y Virgo interceptado en la novena casa. Estas dos casas cubren un arco de más de 53° cada una, una extensión bastante grande que empujará a Dylan, congénitamente, en la dirección de comunicación y religión, palabras clave ambas para la tercera y la novena casas. Cuatro planetas se hallan implicados aquí: Urano, regente de la cúspide de la tercera casa; Neptuno, regente de la interceptación; el Sol, regente de la cúspide de la novena casa y Mercurio, regente de esta interceptación. Urano, el Sol y Mercurio son parte de un apretado grupo de planetas que ocupan la quinta casa de creatividad, la sexta casa de trabajo y la séptima casa de asociados y el público, mientras que Neptuno no sólo rige una casa interceptada, sino que es él mismo interceptado en la novena casa; está también retrógrado. Esto podría mostrar que alguna de las ideas, ideales y esfuerzos creativos de Dylan pueden haber sufrido dilaciones, y que puede haber vacilado mucho antes de decidirse a expresar abiertamente sus pensamientos, especialmente porque Marte está interceptado en la tercera casa. Pero este mismo Marte le da también la energía suficiente para trabajar duramente por el éxito, sobre todo porque está en cuadratura con el Sol y le reta, por lo tanto, a la acción.

Dylan debería usar su novena casa para liberarse de sus tensiones y frustraciones, pero como el énfasis de la carta está en la quinta y sexta casas (6 planetas en esas dos casas), las energías tendrán que surgir de la creatividad, la diversión, los amoríos y posiblemente los hijos (materias de la quinta casa), y desde luego del trabajo (sexta casa). Pero el trabajo nunca le parecerá excesivamente duro con Júpiter, el Sol y Venus en esa casa.

La acción se encuentra en las casas quinta y sexta no sólo por los muchos planetas implicados, sino también porque estas casas están enlazadas por el mismo signo, Tauro, en las cúspides. Dylan trabaja, ciertamente, en un campo creativo, y quizá finalmente sirva a los jóvenes a través de su trabajo religioso, como sugerimos en nuestra explicación del enlace de estas dos casas. Desde luego, las casas undécima y duodécima también están unidas con Escorpio en ambas cúspides. Desde el momento en que Dylan halló la religión, ha trabajado mucho en beneficencia; con Plutón, regente de Escorpio, en la octava casa, debería continuar recibiendo apoyo público para sus esfuerzos, especialmente si hace los reajustes necesarios en el modo de comunicarse con aquellos cuyo apoyo solicita (Plutón quincucio Marte en la tercera casa).

Puesto que la interpretación precedente necesita confirmación, y puesto que debe considerarse la carta completa, el lector debería ir tomando algunas notas al observar el horóscopo de Dylan. Se dará cuenta de que Neptuno es el planeta más elevado de la carta, de que está retrógrado, de que hay un último dispositor, de que no hay planetas cardinales y hay bastantes planetas en grados críticos, de que hay algunas estrellas fijas y otros factores que hacen de Bob Dylan lo que es: una persona única en su género.

# Respuesta a los ejercicios de repaso — Lección 9

**Recepción mutua – Farrah Fawcett:** Farrah Fawcett tiene una recepción mutua entre Mercurio en Acuario en la octava casa y Urano en Géminis en la duodécima casa. Mercurio está exaltado en Acuario. Está en trígono con Urano, que rige a Mercurio. Incluso sin la recepción mutua, la relación Mercurio-Urano es bastante benéfica. Mercurio funciona bien, incluso sin este don adicional. Urano, por otra parte, realmente se beneficia de la recepción mutua. En Géminis, Urano tiende a desprenderse en todas direcciones. La persona que lo tiene siente la inclinación de empezar demasiadas cosas sin acabar ninguna de ellas. Urano aquí es casi demasiado mental. En la duodécima casa y retrógrado, las energías de Urano pueden ser excesivamente orientadas hacia el interior. Urano está en trígono con el Sol y Mercurio, da una mente fantástica e indica una persona realmente inteligente, incluso intelectual; pero el sentido de Piscis de la duodécima casa, y el retrógrado tienden a cubrir con un velo la personalidad real de Farrah «Lo que se ve no es todo lo que hay». Su recepción mutua ayuda a sacar al exterior la expresión más positiva de Urano. En lugar de huir hacia un mundo imaginario, o de negarse a verse a sí misma tal como es, Farrah usa el velo escondiéndose detrás del papel que representa. Es una actriz y el público la ve en el papel que decide representar. Pero no tiene que esconderse de sí misma.

**Último dispositor:** El Sol de Walt Disney está en Sagitario, regido por Júpiter en Capricornio, regido por Saturno en Capricornio. Su Luna está en Libra, regida por Venus en Capricornio, lo que nos lleva de nuevo a Saturno. Su Mercurio en Escorpio lleva a Plutón en Géminis —una recepción mutua—, por lo tanto, no hay último dispositor. Resumiendo el resto de lo que ocurre en la carta, Neptuno en Cáncer está regido por la Luna, que nos lleva de nuevo a Venus y a Saturno. Esto da cuenta de todos los planetas y signos, y nos muestra que Disney tiene a Saturno en dignidad y una recepción mutua.

El Sol de Joan Sutherland está en Escorpio, regido por Plutón en Cáncer, regido por la Luna en Sagitario, regido por Júpiter en Acuario, regido por Urano en Piscis, regido por Neptuno en Leo, y esto nos lleva de nuevo al Sol en Escorpio, y así una vuelta tras otra sin ir a ninguna parte. El único planeta que no se ha tenido en cuenta es Marte, regido por Venus en Escorpio, y devolviéndonos al círculo infinito. Resultado: No hay último dispositor.

El Sol de Farrah Fawcett en Acuario está regido por Urano en Géminis, que lleva a Mercurio en Acuario, una recepción mutua, y vuelta a empezar. Su Luna está dignificada y se sostiene por sí misma. Los dos planetas de Leo llevan de vuelta al Sol. Júpiter en Escorpio lleva de vuelta a Plutón en Leo, de vuelta al Sol. Neptuno en Libra lleva a Venus en Sagitario, de vuelta a Júpiter y así sucesivamente; ningún planeta es el último dispositor.

**El regente de la carta – Walt Disney:** Walt Disney tiene Virgo en el ascendente; su regente Mercurio está en Escorpio en la tercera casa. La necesidad de comunicación es importante, como lo son las actividades mentales, pero en Escorpio el pensamiento es profundo e investigador, la comunicación puede ser incisiva, casi sarcástica a veces. Si sobreponemos ese sentimiento al analítico y a veces crítico Virgo, sabemos que Disney decía lo que pensaba de modo muy claro. Pero el sextil con Venus lo hacía soportable. La gente no se sentía muy ofendida porque Disney podía llegar a sus corazones como por arte de magia. La Luna en Libra en la primera casa lo confirma. El regente del ascendente en la tercera casa indica a menudo que hay un trato más fuerte de lo corriente con los hermanos. En el caso de Disney, su hermano Roy tuvo un papel muy importante en la vida de Walt; Roy era el hombre de negocios que se hallaba detrás de toda la organización Disney, permitiendo a Walt expresar sus habilidades creativas y artísticas mientras Roy se encargaba de todo lo demás.

## Respuesta a los ejercicios de repaso — Lección 10

**Estructura de bulto – Jean Claude Killy:** Como implica el nombre de este diseño, todos los planetas están agrupados o arracimados en los apretados límites de un trígono. En el caso de Killy, éste es un trígono exacto de Mercurio a Marte. Puesto que el gráfico de Killy está tan apretadamente concentrado, puede haber muy poca integración con las muchas casas vacías, no hay aspectos compuestos, ni siquiera una oposición es posible con ese tipo de carta. Esta falta de conocimiento, incluso el que no se necesite a otras personas, da como resultado una persona bastante egocéntrica, y todas las energías están concentradas en aquellas áreas en las que se hallan colocados los planetas. En el caso de Killy, hablamos de las casas décima, undécima, duodécima, primera y segunda.

Sabemos que en Astrología necesitamos algo que nos empuje a usar un trígono o un sextil. Si no hay oposición, tenemos que buscar un fuerte estelio o algunas cuadraturas. La cuadratura más cercana en orbe (la carta de Killy no tiene un verdadero estelio) será el planeta que nos impulsa a actuar, el planeta disparador, como lo llama Marc Edmund Jones. Killy tiene una apretada cuadratura (2° de orbe) entre su Sol a 5° Virgo en la primera casa y Marte a 3° Géminis en la décima casa. Para dar a Marte aún más importancia y reto, está en cuadratura con la Luna, en conjunción con Urano, y es el planeta más elevado en el horóscopo de Killy. Marte está situado en la décima casa, a la que rige. Por lo tanto, pedemos ver qué es lo que impulsa a Killy a trabajar tan duramente como lo hace, a ser tan ambicioso como es. Sabemos que Leo ascendente gusta de hacer cosas que son bastante espectaculares y dramáticas, como ciertamente lo es esquiar, especialmente del modo como Killy vuela descendiendo por una pendiente.

El diseño de bulto tiene muchas veces otro efecto. Mientras el nativo de la carta alcanza el éxito haciendo lo que se ha propuesto hacer, la necesidad de salir de los estrechos confines y explorar el ancho mundo representado por las casas vacías le empuja hacia las materias de esas casas. Pero, como sólo ve el mundo a su manera, en lugar de adaptarse a las acciones y costumbres de otra gente convencerá a los demás, engatusándoles, para que consideren las cosas desde su punto de vista; por eso, será siempre considerado un líder, raramente un seguidor. Killy es aún demasiado joven para haber demostrado lo que hará con el resto de su vida y qué camino seguirá; es también un buen hombre de negocios, bastante ansioso de ganar dinero, y se desenvolvería bien en cualquier área del mundo del espectáculo. Ya ha tomado parte en varios anuncios comerciales de la televisión de Estados Unidos.

A pesar del riesgo de aburrir al lector y de que parezca que repetimos las cosas excesivamente, hemos de decir una vez mas que las palabras y las frases clave que damos para las estructuras de la carta y para todo lo demás SON SOLAMENTE GUÍAS: NUNCA DEBERÍAN USARSE SIN CONSIDERAR EL HORÓSCOPO EN SU TOTALIDAD.

La estructura de la carta puede ser importante, pero *lo que se deduzca de esa forma debe confirmarse en algún otro lugar de la carta*. Al hacer la interpretación, debe siempre tenerse esto en mente.

## Respuesta a los ejercicios de repaso — Lección 11

**Visión general de la carta – Joan Sutherland:** Cuatro planetas en el Este y seis planetas en el Oeste no es, básicamente, una división importante; pero, en este caso, los seis planetas del Oeste incluyen el Sol, la Luna, el regente de la carta (Venus) y Mercurio; por lo tanto, sabemos que la relación con los demás y agradar a la gente es muy importante para Joan Sutherland. Siete planetas por encima del horizonte y sólo tres por debajo de él muestran que la necesidad de llegar a ser alguien, de tener una carrera pública y de elevarse por encima de la posición que tenía al nacer son cosas de gran importancia para ella. Esto muestra también la habilidad de ser sociable y objetiva. Esto último, sin embargo, debe evaluarse, porque Escorpio no es el signo más objetivo del zodíaco. La decisión final sobre este punto debe reservarse hasta que toda la carta haya sido interpretada.

No hay una estructura evidente de los planetas en la carta; no puede decirse que sea una verdadera esparcida, porque hay demasiadas conjunciones.

Sus cualidades muestran una clara tendencia hacia lo fijo; hay un solo planeta cardinal, pero tiene seis en casas angulares. Esto compensa de sobra la carencia cardinal. No tener suficiente impulso *no* es, ciertamente, uno de sus problemas. Marte en la primera casa lo confirma. Los elementos muestran una preponderancia de agua, con la tierra y el aire bastante escasos. El sentimiento de Aire es ampliamente proporcionado por cinco planetas en las casas de relaciones, mientras que el único planeta de Tierra es compensado por el ascendente en Tauro. Por lo tanto, a pesar de que a primera vista se percibe un desequilibrio, cuando se examina cuidadosamente se ve que los elementos de Sutherland están bien distribuidos y que ella puede usar los cuatro elementos cuando los necesite. Su tipo final es Escorpio (fijo-agua), cosa que parece bastante obvia, con tres planetas en ese signo. No hay último dispositor, ni recepción mutua, ni interceptaciones.

Venus es el regente de la carta. Está en la séptima casa, por lo cual sus asociados y el público llegan a ser muy importantes para Sutherland. Con Venus en conjunción con el Sol, Joan puede brillar con el público y con su pareja. Estando en Escorpio, lo tomará todo muy en serio y sentirá muy profundamente. Venus no es realmente feliz en Escorpio (el signo de su detrimento), pero se siente muy a gusto en la séptima casa, donde está accidentalmente dignificada (Venus rige Libra). La combinación del detrimento y la dignidad accidental, la fácil conjunción de Venus con el Sol y la más difícil oposición con Marte, todo debe tenerse en cuenta al interpretar el horóscopo de Joan.

Joan Sutherland no tiene planetas en dignidad, exaltación o caída. Venus, Mercurio y Marte están en su detrimento. Exactamente como Venus, Marte es también accidentalmente dignificado por su posición en la casa (primera casa/Aries), cosa que facilita el manejo de la energía de Marte. Mercurio puede dispersarse bastante en Sagitario, pero, con tantos planetas fijos en la carta, Mercurio es más un beneficio que un detrimento: da ligereza a rasgos que, de otro modo, serían demasiado serios y demasiado sensibles, cosa que es particularmente buena porque Mercurio rige su quinta casa del amor y la creatividad así como su segunda casa de los valores.

Sutherland tiene una configuración muy importante, una cuadratura en T que envuelve a Venus y al Sol, ambos en oposición a Marte y todos en cuadratura a Júpiter. En primer lugar, esto reúne las casas primera, séptima y décima; en segundo lugar, esto es aún más importante en este caso porque las tres casas implicadas son todas angulares. Las casas de acción. En tercer lugar, tres planetas personales se hallan envueltos en esta configuración, mostrando que Sutherland tiene que reaccionar ante esos aspectos a temprana edad. El Sol, Venus y Marte tienen, todos, aspectos fluidos con Plutón; esto, por lo tanto, se convierte en el canal a través del cual ella usará la energía generada por la cuadratura en T. Plutón rige sus tres planetas en Escorpio. Está colocado en la tercera casa de comunicación y diríamos que ella usa estas energías muy positivamente.

Hemos ya hablado de los retrógrados Marte y Urano en la lección 6. Plutón retrógrado no añade mucho más a esta visión general.

El aspecto más exacto en la carta de Sutherland es una cuadratura entre Saturno y Neptuno, que le da la capacidad de usar toda su habilidad creativa de la manera más disciplinada y de un modo muy concreto. Es también exacta la oposición de Venus a Marte, que la atrae en dos direcciones (hacia sí misma y hacia los demás o pareja), pero que le permite también darse cuenta de sus propias necesidades en referencia a otras personas. El quincucio entre Urano y Neptuno está también muy cerrado; la obliga a hacer reajustes o concesiones entre su hogar y la vida de hogar, por una parte, y todas las materias de la undécima casa por otra; esto probablemente incluyó a sus amigos, en edad temprana, y las organizaciones amplias (como las compañías de ópera, por ejemplo) en los años posteriores.

*Debe siempre tenerse en mente esta visión general al interpretar cada uno de los planetas y cada una de las casas.*

# Respuesta a los ejercicios de repaso — Lección 12

**Decanatos – Hermann Hesse (Sol):** El Sol de Hermann Hesse, a 10° ♏ 52', está en el segundo decanato o de Escorpio, regido por Plutón en Tauro en la quinta casa. Al sensitivo y bastante sensible Sol, le añadimos ahora un matiz Escorpio, haciéndole aún más profundo, más inquisidor y también más exigente. Plutón, regente del decanato, está en Tauro, en la quinta casa, añadiendo una sobreposición de valores, de practicalidad y de la creatividad innata en la quinta casa. La posición del Sol en la séptima casa (Libra), tiene ya matices de necesidad de equilibrio, necesidad de relacionarse, por lo tanto, nos encontramos con una personalidad interna bastante complicada; todas las sensibilidades de los elementos de agua (el Sol hace un trígono muy cerrado con Marte en Piscis), pero con la necesidad de recibir la aprobación de los demás. Hesse es intenso en su deseo de crear (Plutón en la quinta casa) y la oportunidad de hacerlo (Sol sextil Neptuno), pero a menudo le retiene su deseo de complacer a los demás o de equilibrar sus necesidades para ajustarse a las necesidades de sus compañeros (Sol en la séptima casa). Al añadir a este Sol el decanato de Escorpio podemos darnos cuenta de la importancia de Plutón en la carta, y podemos comprender la profunda turbulencia que siempre existe en Hesse, aunque generalmente oculta tras la máscara amistosa, optimista e idealista de Sagitario.

**Duads – Farrah Fawcett (Luna):** La Luna de Farrah Fawcett, a 4° ♋ 39', está en el duad de Leo. Esto añade una buena parte de drama y espectacularidad a su Luna de Cáncer. La Luna se siente bien en Cáncer porque allí está dignificada. Emocionalmente, Farrah es sensitiva, y puesto que la Luna se halla justamente detrás de su ascendente, o en la duodécima casa, es también muy intuitiva. Sin embargo, esta posición puede hacerla bastante pasiva, especialmente porque la Luna no tiene demasiados aspectos. El duad de Leo ayuda a Farrah a revelarse, le da confianza en sí misma y un trazo romántico.

El ascendente de Farrah, a 5° ♋ 26', cae en el duad siguiente, es decir, en Virgo. A la naturaleza de Cáncer, regido por la Luna en Cáncer, añadimos ahora una sobreposición del práctico, analítico Virgo, permitiendo a Farrah el uso práctico de algunos de los atributos prometidos por el ascendente.

# Respuesta a los ejercicios de repaso — Lección 13

**Los nodos de la Luna – Walt Disney:** El Nodo Norte Medio de Walt Disney está a 11° ♍ 56', su verdadero Nodo Norte a 13° ♍ 20' en la segunda casa; el Nodo Sur está, naturalmente, a 11° ♉ 56' o 13° ♉ 20' en oposición en la octava casa. Una manera de interpretar las casas sería decir que Disney se complacía en las ciencias ocultas. o que el sexo tenía mucha importancia para él y que se esforzaría en ganar su propio dinero. Pero debe observarse toda la carta antes de emitir juicios semejantes. El sexo no parece un tema que fuera de importancia primordial en la mente de Disney, como tampoco lo eran las ciencias ocultas. Una mejor interpretación sería que Disney probablemente confiaba en los recursos de otros hasta que, finalmente, se dio cuenta de que podía sostenerse por sí mismo, encontró su sistema de valores y actuó de acuerdo con ellos; y el resultado fue que ganó mucho dinero y desarrolló el sentido de apreciación de su propio valor.

## Respuesta a los ejercicios de repaso — Lección 14

**Descripción de la cúspide de la quinta casa de Walt Disney:** Puesto que la creatividad parece tan importante en la carta de Walt Disney, la quinta casa debería darnos buena indicación de ello. Con Capricornio en la cúspide y su regente, Saturno, dignificado en Capricornio y situado en la cuarta casa, sabemos que las materias de la quinta casa son una parte muy básica de la naturaleza de Disney, casi una necesidad. Puesto que Saturno está en conjunción con Júpiter, que le da la habilidad de extenderse, y también en conjunción con Marte, el planeta del impulso y la acción, nos damos cuenta de que todas las materias de la quinta casa fueron muy importantes para él desde una edad temprana. Saturno está en cuadratura con la Luna; probablemente sintió falta de ternura de parte de sus padres, en particular de su madre (Venus está en Capricornio). Es muy corriente que esta sensación de rechazo –y decimos sensación porque esto es lo que al niño le parece que sucede, no necesariamente la manera como sus padres realmente se comportan–, esta sensación, pues, suele llevar a una doble ambición de probar lo que uno vale, especialmente en un gráfico como el de Disney, donde hay un estelio en Capricornio.

Aparte de su habilidad creativa y de la necesidad de expresarla y de tener éxito, ¿cuál de las pautas que indicamos para Capricornio en la quinta casa puede considerarse adecuada para esta carta? ¿Un exterior frío en toda demostración de cariño? Es probable, pero considerablemente suavizado por el regente del ascendente en Escorpio y el Sol en Sagitario. ¿Digno de confianza? Sí. ¿Un maestro severo, que por naturaleza no se siente inclinado a ser generoso? Bastante severo y muy exigente, pero también suavizado por los aspectos citados anteriormente. ¿Trabaja mucho por todo lo que consigue y siente que se merece lo que obtiene? Desde luego. Según su carta, trabajó muchísimo para lograr todo lo que alcanzó.

Debe recordarse que Venus está en la quinta casa, y que, dondequiera que se encuentre Venus en la carta, indica lo que nos gusta hacer. Venus se halla también implicado en el yod mencionado previamente y, por todo ello, tiene un papel muy importante en la carta. Puesto que Venus está también en Capricornio, se verifica el hecho de que los esfuerzos de Disney deben proporcionarle resultados tangibles.

# Respuesta a los ejercicios de repaso — Lección 15

## Aspectos con el ascendente y el Medio Cielo – Walt Disney

**Venus trígono ascendente:** En la carta de Disney, Venus está en trígono con su ascendente desde la quinta casa; ambos planetas están en signos de tierra. Este elemento terrestre, más el estelio de Capricornio y el tipo final Capricornio eliminan cualquier posibilidad de pereza. Con la Luna en Libra en la primera casa es encantador, y con Sagitario en la cúspide de la cuarta es un buen anfitrión. Amigos, hermanos e hijos significan mucho para él, según indica Venus en la quinta, que representa hijos. Disfruta estando con ellos, pero de manera disciplinada y capricorniana. Los hermanos están representados por la tercera casa, donde encontramos el Sol, Mercurio y Urano, lo que confirma el hecho de la importancia de los hermanos. Todas las palabras que se refieren a talento y creatividad han sido confirmadas muchas veces anteriormente, por lo que ya sabemos que le corresponden bien.

**Plutón y Neptuno en conjunción con el Medio Cielo:** Los orbes aquí exceden los 6°; esto debe tenerse en mente al interpretar. Sea cual sea la importancia que demos a esos aspectos, debe ser modificada por el orbe en cuestión. Parte de la fuerza de una conjunción disminuye cuando la amplitud del orbe aumenta a partir de los 0°, a pesar del hecho de que Plutón y el Medio Cielo están ambos en Géminis. Es útil también recordar que un planeta que se dirige al Medio Cielo desde la novena casa obrará de modo distinto al planeta situado en la décima casa (Neptuno está en la décima – Plutón está en la novena). Con todas estas reflexiones en mente, veamos qué palabras clave corresponden a Disney.

Empecemos con Neptuno. Encanto se refiere más a la parte femenina de la especie humana; una personalidad apremiante y carismática correspondería bien aquí. Todos conocemos su carrera en el cine y la televisión. Puesto que usó sus energías en esa dirección, dejaremos a un lado la fotografía, la exportación y el petróleo. Conservando el resto de la carta en la mente, vemos que podría haber escrito si lo hubiera deseado, pero como Disney fue un hombre muy próspero y ocupado, probablemente no encontró el tiempo necesario para hacerlo. Con un estelio en Capricornio en la cuarta casa, había una tendencia a la depresión cuando las cosas no seguían el camino deseado inmediatamente. No sabemos si permitió que esta depresión le asaltara periódicamente o si aprendió a vencerla a edad temprana. Cualquier inclinación hacia lo psíquico sería probablemente descartada, con Virgo ascendente y Capricornio tan fuerte en su gráfico, pero su intuición debió de ser muy buena y resultarle muy útil en muchas áreas de su vida. Y, después de todo, su producción de *Fantasía* fue una de sus mejores películas.

Plutón está en conjunción con el Medio Cielo desde la novena casa, por eso, todas las palabras clave deben analizarse cuidadosamente antes de usarlas. La necesidad de seguir su propio camino y de ser líder está ahí, pero en lugar de ser un líder de gente, Disney decidió serlo en el uso de su talento y en la carrera que siguió. En otras palabras, combinó el idealismo de la novena casa con la necesidad de liderar inherente en la conjunción con el Medio Cielo. Puesto que toda la frase que se refiere a relaciones con sus padres se relaciona con Plutón en la décima casa, la descartamos. En cuanto a cambios de dirección durante su vida, Disney ciertamente los tuvo cuando desvió su considerable habilidad hacia el parque de atracciones y la televisión, probablemente sin darse cuenta de que esto se convertiría en un trabajo absorbente hasta que llegó a serlo.

## Respuestas a la prueba de la segunda parte

1. Falso
2. Verdadero
3. Falso
4. Falso
5. Falso
6. Verdadero
7. Verdadero
8. Verdadero
9. Verdadero
10. Falso
11. Verdadero
12. Falso
13. Verdadero
14. Falso
15. Verdadero

16. Falso
17. Verdadero
18. Falso
19. Falso
20. Verdadero
21. Verdadero

## Respuesta a los ejercicios de repaso — Lección 16

**Planetas en oriental – Joan Sutherland:** En la carta de Joan Sutherland, Venus es el planeta de aparición oriental, que sale inmediatamente antes que el Sol. Venus asume ahora una importancia adicional, no sólo porque es el regente de la carta (Tauro ascendente, regido por Venus), y porque está en una casa angular que siempre acentúa el planeta, sino también porque ahora nos damos cuenta de que Venus y todo lo que simboliza en la carta mostrará algunos factores psicológicos que la motivan. Venus representa valores, afecto, amor en su más pura connotación, habilidades artísticas y necesidades sociales. En la séptima casa, nos damos cuenta de que lo que Sutherland haga será motivado por su pareja o por el público. En su caso, es por ambos. Joan es, desde luego, una persona muy pública, que dedica su vida a su carrera de cantante de ópera, pero es interesante notar que nunca canta en ninguna parte si su esposo, el director de orquesta Richard Bonynge, no es quien dirige, ya sea en la ópera, en un concierto o en una grabación.

**Punto de eclipse prenatal – Sutherland y Disney:** El punto de eclipse prenatal de Joan Sutherland se halla en i Acuario 22. Cae en su novena casa, en conjunción con el Medio Cielo, lo que confirma que una carrera es algo muy importante para ella; especialmente una carrera que le permite recorrer el mundo. Este eclipse lunar en Acuario también marca la originalidad de su profesión.

El punto del eclipse solar prenatal de Walt Disney se halla a 18° Escorpio, en su segunda casa.

**El vértex – Disney:** La cúspide de la cuarta casa de Disney es 24° Sagitario. Se encuentra como MC en la Tabla de Casas. (En Koch, en la página 137.) Si restamos su latitud natal 41°N53' de 90°, se obtiene 48°N07'. Bajamos por la página 137 hasta encontrar 48°N. Buscamos en la columna del ascendente y encontraremos 16° ♓ 23'. Éste es el vértex de Disney. Cae en su sexta casa.

## Cálculos de las Partes de Fortuna y Espíritu — Lección 17

Las Partes de Fortuna y Espíritu para Walt Disney, Hermann Hesse y Farrah Fawcett

| Parte de Fortuna ⊗ | Walt Disney | Hermann Hesse | Farrah Fawcett |
|---|---|---|---|
| Ascendente | 5ˢ 24° 53' | 8ˢ 21° 20' | 3ˢ 5° 26' |
| + Luna | 6ˢ 9° 07' | 11ˢ 28° 16' | 3ˢ 4° 39' |
| | 11ˢ 33° 60' | 19ˢ 49° 36' | 6ˢ 9° 65' |
| − Sol | 8ˢ 12° 26' | 3ˢ 10° 52' | 10ˢ 13° 11' |
| | 3ˢ 21° 34' | 16ˢ 38° 44' | 7ˢ 26° 54' |
| | | 17ˢ 8° 44'* | |
| | | 5ˢ 8° 44' | |
| | 21° ♋ 34' | 8° ♑ 44' | 26° ♍ 54' |

| Parte del Espíritu ↓ | | | |
|---|---|---|---|
| Ascendente | 5ˢ 24° 53' | 8ˢ 21° 20' | 3ˢ 5° 26' |
| + Sol | 8ˢ 12° 26' | 3ˢ 10° 52' | 10ˢ 13° 11' |
| | 13ˢ 36° 79' | 11ˢ 31° 72' | 13ˢ 18° 37' |
| − Luna | 6ˢ 9° 07' | 11ˢ 28° 16' | 3ˢ 4° 39' |
| | 7ˢ 27° 72' | 0ˢ 3° 56' | 10ˢ 13° 58' |
| | 7ˢ 28° 12' | | |
| | 28° ♍ 12' | 3° ♈ 56' | 13° ♒ 58' |

* Hay solamente 12 signos del zodíaco, por lo tanto, restamos 12 de 17 para hallar el signo debido.

## Respuestas a los ejercicios de repaso — Lección 18

**Estrellas fijas – Sutherland y Fawcett:** En la carta de Joan Sutherland, la Estrella Fija Acrux está en conjunción con Venus. Está ahora a 11° ♑ 29'; cuando Joan nació en 1926, se hallaba aproximadamente a 10° ♑ 45', y estaba ciertamente en orbe. No sabemos si Sutherland tiene alguna tendencia hacia la religión o hacia el ocultismo, pero podemos confirmar que la imagen de *Femme fatale* le corresponde, quizá no en su implicación sexual, pero ciertamente por una personalidad en extremo escultural y fascinante, hacia la cual el público se siente fuertemente atraído.

Para Farrah Fawcett, la Estrella Fija Markab está en conjunción con el Medio Cielo. Farrah nació en 1947, cuando Markab estaba aproximadamente a 22° ✕ 41', dentro del orbe. Sabemos que ha recibido honores y riquezas, es decir, en lenguaje moderno: es famosa. No sabemos cuánto dolor ha sufrido o puede aún sufrir, pero el resto de su carta dará alguna indicación de cómo reaccionaría ante cualquier dolor que surgiera en su camino. El lector notará que no hemos usado las Estrellas Fijas Aldebaran y Antares en conjunción con sus Nodos Norte y Sur de la Luna. Hemos visto que las Estrellas fijas parecen ser muy potentes cuando se hallan en conjunción con un planeta, con el ascendente o con el Medio Cielo, pero no son muy importantes cuando están en conjunción con uno de los Nodos, con las otras cúspides de las casas, con Puntos Árabes o con otros puntos. Pero, como siempre, no debe el lector aceptar simplemente lo que decimos; debe experimentarlo por sí mismo.

**Grados críticos – Hermann Hesse:** En el gráfico de Hesse, tan sólo un planeta se halla verdaderamente en un grado crítico: Venus, a 26° ♋ 12'. Los Nodos se hallan en grado crítico para signos mutables, pero no consideramos que los Nodos sean planetas. Algunos astrólogos incluyen los Nodos en los grados críticos, en las formas de la carta, en configuraciones, etc. Nosotras, no. Pero, una vez más, instamos al lector a que experimente y decida usar lo que más útil le sea en su trabajo.

Venus no es uno de los planetas más fuertes en la carta de Hesse. No está angular, ni dignificado, ni exaltado. No tiene cuadratura que le rete a la acción, ni oposiciones o conjunciones. Sin embargo, Venus rige la quinta casa de creatividad de Hesse, así como su décima casa de carrera, estado social y ego. ¿De dónde saca la fuerza para utilizar los trígonos con la Luna y Saturno y el sextil con Plutón? Porque sabemos que Hesse usó a Venus en todo su trabajo, sus escritos, su poesía, su pintura, e incluso en su amor por la naturaleza y la jardinería. Una respuesta, claro está, se encuentra en el yod (Júpiter/Venus/Plutón), pero el énfasis adicional de sensibilidad creado por el grado crítico fue también muy útil. Nos da la confirmación que siempre buscamos en la interpretación astrológica.

# Índice de horóscopos (ordenados alfabéticamente)

De acuerdo con el sistema que hemos establecido, en todos los horóscopos se incluye la clave siguiente:

A     – fecha exacta
B     – biografías o autobiografías
C     – cautela, no existen fuentes
DD    – datos dudosos, inconcretos

# Índice

TERCERA PARTE

## LECTURAS RECOMENDADAS

**Libros:**

*Cosmic Combinations,* de Joan Negus (ACS Publications, Inc., San Diego, California)
*Con 99 ejercicios para establecer las distintas combinaciones posibles.*

*12 Times 12,* de Joan McEvers (ACS Publications, Inc., San Diego, California)
*Cómo relacionar las posiciones del Sol con el signo ascendente.*

*The Goldmine in Your Files,* de Anna Kria King (ACS Publications, Inc., San Diego, California)
*Un sistema práctico para catalogar las cartas astrales.*

*Test astrológico de la pareja,* de Emilio Salas y Juan Trigo (Ediciones Martínez Roca, S. A.)
*Cómo confeccionar la carta astral y elaborar el test personal.*

*Los secretos del zodíaco,* de François-Regis Bastide (Ediciones Martínez Roca, S. A.)
*Los rasgos característicos de cada signo.*

*Astrología y salud,* de Paul Adams y Michel Bontemps (Ediciones Martínez Roca, S. A.)
*La influencia de los astros sobre la salud y la enfermedad.*

*Conoce a tu hijo por la Astrología,* de Doodie y Allan Edmands (Ediciones Martínez Roca, S. A.)
*El desarrollo infantil desde la perspectiva psico-astrológica.*

*Astrología y geomancia,* de Gwen Le Scouézee (Ediciones Martínez Roca, S. A.)
*Iniciación a los aspectos fundamentales de dos ciencias ancestrales.*

**Revistas:**

*Mercurio-3,* **dirigida por Gloria de Pubill.**

Única revista especializada que se edita en España, cuyo objetivo primordial es informar sobre las diferentes tendencias y corrientes de pensamiento que existen en el ámbito astrológico, así como sobre nuevas técnicas, actividades, etc.

Entre sus secciones habituales, en las que colaboran astrólogos españoles y extranjeros de reconocido prestigio mundial, se encuentran:

- Astrología para principiantes.
- Métodos de interpretación.
- Cursos por capítulos de Astrología horaria, hindú, médica, psicológica, esotérica, sideral, kármica y muchas más.
- Coleccionables sobre los planetas.
- Dossiers completos sobre temas diversos.
- Horóscopos comentados y datos natales de personalidades, países entidades o temas de interés.
- Informática astrológica.
- Consultorio.
- Entrevistas...

Para más información sobre la revista, de periodicidad trimestral, dirigirse a:

Revista Astrológica
MERCURIO-3
Apartado 92001
08080 Barcelona (España)
Teléfono (93) 242 89 28

## ASTROLOGIA Y GEOMANCIA
### Gwen Le Scouézec

Análisis científico de dos sistemas de adivinación, la astrología y la geomancia, bajo las más actuales investigaciones. Una obra que disipa dudas y errores.

## LOS SECRETOS DEL ZODIACO
### F.R. Bastide

Para el astrólogo, el cielo es un campo científico. Este libro es una guía perfecta de astrología popular.

## CARTOMANCIA Y QUIROMANCIA
### Gwen Le Scouézec

Todo el simbolismo de las cartas del Tarot y el de las líneas de la mano, en un libro serio y competente.

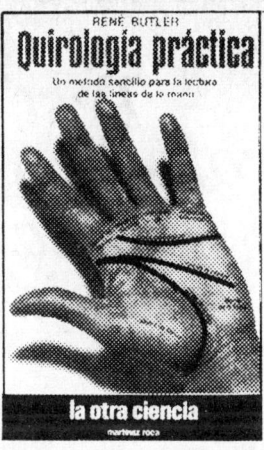

## QUIROLOGIA PRACTICA
### René Butler

El método más sencillo para la lectura de las líneas de la mano. El único libro que contiene un dibujo explicativo para cada línea y signo.

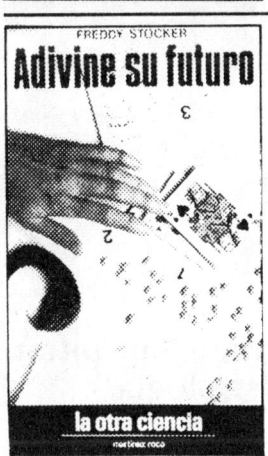

## ADIVINE SU FUTURO
### Freddy Stocker

Los diversos métodos que, desde la Antigüedad hasta nuestros días, se han utilizado para descifrar los avatares que nos depara el porvenir.

Adivinación con objetos, predicción con alimentos, el mensaje de los sueños, cartomancia, talismanes...

## LA MAGIA DE LAS RUNAS
### Gebu Urdiz

El sistema de adivinación geomántica. Con cada ejemplar se acompañan las "tablillas de adivinación".

Las runas, antiguos signos de una escritura que se remonta al siglo II de nuestra era.

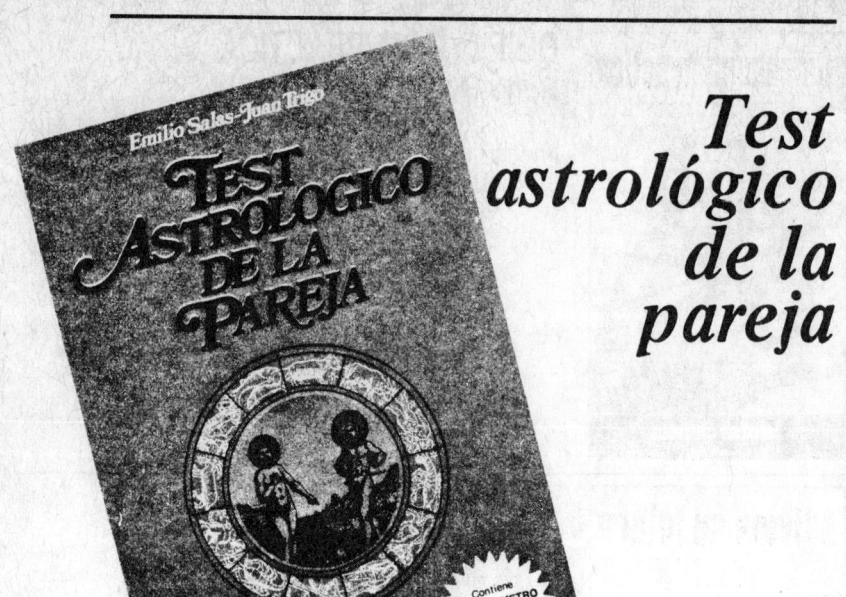

# Test astrológico de la pareja

**El primer libro-guía que le permite encontrar a su pareja ideal mediante la astrología.**

*Hágase usted mismo su carta natal.*

Una obra de astrología práctica que le permitirá "levantar" su tema natal y el de su pareja sin necesidad de cálculos complicados.

Este libro contiene:

Tablas de casas y posiciones planetarias.

Ficha-TEST para evaluar armonías y desavenencias.

Aspectómetro para descubrir las relaciones astrológicas.

Román J. Cano

# BIORRITMOS

Nueva edición actualizada con las tablas hasta el año 2000 y la interpretación del biorritmo de la pareja.

Incluye **Agenda de los Biorritmos**

Esta obra se terminó de imprimir
el día 14 de marzo de 1991
en los talleres de Fórmulas Gráficas, S.A.
Buenavista 98-D
C.P. 04650 México, D.F.
la edición consta de 2000 ejemplares